U0634027

集人文社科之思　刊专业学术之声

刊　　名：民族学人类学研究

主办单位：云南省社会科学院民族学研究所

　　　　　云南民族团结进步示范区建设研究创新团队

主　　编：郑晓云

副 主 编：郑成军　古文凤

ETHNOLOGY AND ANTHROPOLOGY STUDIES (2018)

2018年卷

集刊序列号：PIJ-2018-322

中国集刊网：http://www.jikan.com.cn/

集刊投约稿平台：http://iedol.ssap.com.cn/

民族学人类学研究

〔2018年卷〕

ETHNOLOGY
AND ANTHROPOLOGY
STUDIES (2018)

主　编　　郑晓云

副主编　　郑成军　古文凤

社会科学文献出版社
SOCIAL SCIENCES ACADEMIC PRESS (CHINA)

卷首语

　　新的一期《民族学人类学研究》即将和读者见面了，同时也成为社会科学文献出版社出版的集刊大家庭中的一员，这是我们引以为自豪的。希望这本刊物的出版能够成为一个基于云南的国内外民族学人类学研究工作者共同发表成果、交流学术的平台。

　　民族学与人类学研究在云南有丰富的资源禀赋和深厚的研究底蕴，新中国成立以来人才辈出、成果丰硕。在新的历史时期，仍然肩负着深入研究各民族社会文化、推动学术发展、促进民族团结进步的使命。这本年刊的创办，正是试图在这样的基点上做出应有的贡献。

　　作为在社会科学文献出版社出版的第一期刊物，这本杂志考虑到了聚焦一些研究的主题，以使研究能够更加深入。在这一期中，我们重点聚焦了少数民族的生态文化、少数民族地区的发展和文化传承保护、民族宗教和历史文化以及民族工作、影视人类学等主题。在这些主题之下既有基于云南少数民族地区的研究，也有一些全国性的话题。我们力图突出一些前沿性的话题，同时突出云南民族学研究的一个共同特点，那就是注重田野调查研究，这一期刊物发表的大多数文章都反映了这些特点。

　　新中国的民族学已经走过了近70年的历史，为中国各民族的相互理解和繁荣发展作出了积极贡献，也形成了自己的传统。在新的历史时期，我们在办刊过程中将继承中国民族学人类学发展的优良传统，同时力图突出我们的特色。我们将在未来的编辑工作中突出四个方面的特点：一是关注民族地区的发展问题和各少数民族的文化传承保护问题，这其中尤其是紧扣各民族发展进步过程中面临的现实问题加强研究，体现出刊物的时代性。二是关注学术研究的前沿问题，与国内外学术研究的前沿相呼应，力图使刊物具有学术的前沿性特点。三是在关注理论发展的同时，注重发表论文的田野基础，使田野研究的第一手资料成为大多数发表论文的支撑，显现出刊物发表论文的原创性特点。四是有限地注重地方性，把云南和周边地区研究的论文作为发表的重点，显现出一定的地方性特点。

　　总之，要达到这些目标不仅需要我们加倍努力，更需要学术界的大力支持。我们希望在未来的办刊过程中能得到国内外民族学人类学界同人的鼎力帮助，指出办刊的前景、对于不足提出批评，同时也希望更多的专家能够将新的力作赐予我们。

　　尽管在此之前我们已经在地方出版社编辑出版了多期相关的年刊，但是仍然处在初创阶段，仍然存在诸多不足。我们将在未来的工作中充分听取意见，力争将这个刊物办成学界公认的学术平台。

编者

目　录
CONTENTS

宗教问题研究

史志问题研究

方法论研究

政治问题研究

族际政治：中国该如何选择？

周　平[*]

摘　要： 近来美国夏洛茨维尔的种族冲突在吸引全球目光的同时，也将与其有着直接关联的族群政治理论再次凸显。与西方近年来一系列族际冲突有千丝万缕联系的族群政治理论，于20世纪七八十年代首先以多元文化主义的形式出现，在凸显族群的身份和权利的基础上，进一步形成了承认政治、差异政治等理论，从而把西方国家"多族化"背景下的族群权利问题拉抬到前所未有的高度。该理论于20世纪90年代被介绍到中国，并与中国注重少数民族地位和权益的政治文化相结合而得到迅速传播，为中国相关问题的解释和解决提供了新的思路。但是，随着族群政治理论的传播和日益意识形态化，它在理论和逻辑上的不严谨广为人们诟病，可能引发严重政治后果的问题更是引起了学界和政界的高度关注和批评。近年来美欧与族群政治理论相关的矛盾和冲突日渐突出，已经将族群政治理论可能的政治后果变成了现实。在此背景下，中国对已在国内广泛传播的族群政治理论进行全面检视，进而做出理性的选择，就成为必然的选择。如能根据中国的历史文化和中国经验，在族际关系领域构建起中国的解释方式和解决方案，就更能彰显这一审视的意义。

关键词： 族群政治　族际政治　族群差异　族群权利　身份政治

---

* 周平（1959~），云南省大姚县人，法学博士，长江学者，云南大学特聘教授、博士生导师。

近年来被斥为种族主义冲突的社会矛盾在美国陡然增多，给美国社会造成了极大困扰。从目前的情况来看，这样的矛盾和冲突并无止息的迹象，大有愈演愈烈之势，最终会给美国乃至西方社会造成多大的影响尚难预料。此类矛盾和冲突的具体形式多种多样，但从本质上看都是以"身份政治"为核心的族群政治的表现。这种族群矛盾和冲突迅速增多是近年来的事，但这样的问题实际上酝酿已久并与西方的族群政治理论直接相关。族群政治理论在 20 世纪七八十年代首先出现于加拿大、美国。它满足了 20 世纪五六十年代民权运动激发起来的对弱势族群的同情心和道德正义感，并以对族际关系的新颖阐释赢得了后现代社会对社会平等具有更高希冀的人们的赞赏和支持，因而得到了迅速的传播。这样的理论也被引入了中国。① 国内的许多人以欣喜的心情来拥抱这个具有不同于传统理论的解释力的新理论。然而，吊诡的是，在该理论提出还不到半个世纪的当下，美国社会就以一种近乎残酷的现实来了一个预料之外的"回敬"。基于建立良好族际关系愿望的族群政治理论带来的并非族际关系的持续好转，而是族际关系中更多和更加复杂的矛盾。这让世人看到，那些后现代色彩浓郁的新颖理论带来的结果未必如设想的那么美好；具有后现代基因的种子播撒下去后长出的果实可能是酸涩的。这个外来理论被移植到中国已经 30 多年，长期在中国土地上酝酿、发酵、生长，在改变人们看待和分析中国族际关系的价值取向和思维方式方面已经发挥了深刻的影响。在族群政治理论对西方社会的负面影响日渐凸显的今天，中国有必要对其进行冷静地审视，进而做出理性的选择。

一 族群政治在西方的兴起与发展

族群政治理论兴起于 20 世纪七八十年代的加拿大、美国等西方国家，是一种围绕族群权利的承认、提升而提出的主张、观点和理论的统称。该

---

① 西方的族群政治理论传入中国后，中国学者常常以"族际政治"或"族际政治理论"来指称它，相关的研究也多冠以"族际政治"之名。

理论在多元文化主义的基础上形成，主要的观点和诉求都在多元文化主义基础上阐述。因此，常有人从多元文化主义的角度对它进行论述和分析，甚至直接将它称为"多元文化主义政治思想"。其实，这一套理论的核心是族群政治权利，所有理论都围绕族群政治权利展开。多元文化主义在为该理论奠定基础的同时，其基本观点也服从和服务于族群政治权利的论述，并内涵于族群政治理论当中。包含多元文化主义的族群政治理论的兴起，并非只为满足人们对文化多样性的追求，还有更为深刻的社会政治原因，那就是民族国家日渐凸显的"多族化"现象。

民族国家是近代以来主导性的国家体制。它首先出现于西欧，是在王朝国家将国内居民整合为民族以后为消除日益觉醒的民族与王朝之间的二元对立而创设的国家制度。其要义在于，构建一套实现和维护民族认同国家的制度机制，并以此来实现民族与国家的统一。在民族国家制度框架中，民族是国家的主体，国家是民族的政治形式。① 这套制度体系虽然内容丰富、结构复杂，却是在一元性的公民权利的基础上建立起来的。其实，国家制度本身就是维护某种社会权利秩序的制度框架。作为一种国家制度框架，民族国家通过维护民族成员或国民的权利而获得必要的认同。而为了维护民族成员或国民的权利，就必须将公民确定为基本的权利主体，进而通过各种制度机制来确保其权利的实现。从这个意义上说，以公民权利为核心的一元性社会权利体制以及相应的一元性权利价值观，构成了民族国家的基础。随着民族国家这样一种国家制度架构拓展到全世界，以及世界民族国家体系的形成，民族国家普遍主义的一元性权利机制就具了有全球的意义。

然而，随着民族国家的发展和普遍化，新的情况逐渐凸显。一方面，数量庞大的模仿性民族国家的出现，促成了民族国家世界体系的形成。但是，它们都是将国内多样性的族类群体整合为民族而构建起民族国家制度的。民族国家构建起来后，国内的族类群体或民族的多样性仍然存在。另

---

① 关于民族国家、民族国家制度体系等，可参见笔者的《对民族国家的再认识》和《民族国家与国族建设》，前者载《政治学研究》2009 年第 4 期，后者载《政治学研究》2010 年第 3 期。

一方面，欧美那些原生型的民族国家，随着移民的增多及其代际累积，人数众多的移民及族裔为了维护自己的利益而聚众成族的现象日益普遍，从而导致这些国家出现了多种族类群体。上述两种情况凸显了民族国家的"多族化"现象。随着"多族化"的发展，它与民族国家体制之间的张力也在不断增强。当这种张力达到一定的程度并获得特定社会力量支持的时候，族群政治的火苗就会在特定的条件下被点燃。

加拿大、美国等国本来就存在多个族群以及明显的族际矛盾，在移民增多的基础上形成的"多族化"现象叠加，就为族群政治的形成提供了合适的土壤。在 20 世纪 50 年代美国的民权运动以及继之而起的族裔政治运动的影响下，加拿大、美国国内以共同文化为纽带联结而成的各种群体的利益诉求日渐清晰和凸显，并促成了相应的社会运动。为了从理论上对这样的社会矛盾进行回应，加拿大首先出现了多元文化主义。"1971 年，联邦政府推出了'双语言框架内的多元文化主义政策'，承认了加拿大族裔文化的多样性，并以财政资助鼓励各族裔保持自己的文化特性。"[1] 随后，澳大利亚、新西兰也实行了多元文化主义。不过，多元文化主义的兴盛及影响的扩大，则与美国直接相关。美国 20 世纪 50 年代声势浩大的民权运动，激发了黑人以外的其他族裔群体的权利意识。在此背景下，始于 20 世纪 60 年代的"肯定性行动计划"，就被添加了维护族群利益的内容，成为实践中的多元文化主义，从而扩大了多元文化主义的影响。

在多元文化主义政策实施的基础上，相关的理论逐渐形成和丰富，并从多元文化转向了族群政治。从总体上看，"直到 1970 年代关于族群政治的研究才开始结出硕果"，并"开始被广泛地理论化"[2]。加拿大政治哲学家威尔·金里卡，首先在这方面做出了贡献。金里卡认为，所有社会都是多元文化的。但是，他是以"民族"来解释"文化"的。他指出："所谓

---

[1]　常士訚主编《异中求和：当代西方多元文化主义政治思想研究》，人民出版社，2009，第16 页。

[2]　沙伯力（Barry Sautman）：《族群政治：本土化理论与全球化实践》，载关凯《族群政治》，中央民族大学出版社，2007，第 15 页。

文化是指文化社群或文化结构本身。"① 在另一部著作中，他说得更加明白："我在这里用的'文化'与'民族'是同一语。"② 这样一来，"多元文化"的含义就变成了"多元族群"，凸显了族群的地位。在此基础上，金里卡进一步提出："少数群体权利与个人权利同等重要，因而应受到同等重视。"③ 少数族群基于特定的族群意识而形成的文化成员身份，就是族群身份。④ 不仅如此，金里卡还主张给予某些族群特殊的"集体权利"。他认为，他们"应该有一种超出平等权利和平等财力的特殊的宪法地位"。而这些权利中还包含着特别的"权力"。他说："依照'集体权利'的许多定义，只有当一种措施明确规定了某一社群自身可以行使确定的某些权力时，才可以把它视为一项集体权利去看待。"⑤

多元文化主义蕴含的族群政治内涵，被查尔斯·泰勒放大并进一步凸显。泰勒不赞成"忽视人与人之间的差异"的"平等尊重的原则"，认为这"实际上是一种文化霸权的反映"⑥，要求各种族群的差异性的文化和差异性的权利都得到同等的尊重和承认。在他看来，"我们的认同部分是由他人的承认构成的；同样地，如果得不到他人的承认，或者只是得到他人扭曲的承认，也会对我们的认同构成显著的影响。"⑦ 泰勒的"承认政治"理论从根本上改造了多元文化主义，此后多元文化主义就成了各个族群表达对承认的需要的理论工具。加拿大学者克林·坎贝尔（Colin Campbell）就指出："多元文化主义是一种意识形态，它认为加拿大是由许多种族和

---

① 〔加〕威尔·金里卡：《自由主义、社群与文化》，应奇、葛水林译，上海译文出版社，2005，第 159 页。

② Andrew Vincent, *Nationalism and Particularity*, Cambridge：Cambridge University Press, 2002, p. 170.

③ 〔加〕威尔·金里卡：《少数的权利：民族主义、多元文化主义和公民》，邓红风译，上海译文出版社，2005，第 240 页。

④ 〔加〕威尔·金里卡：《自由主义、社群与文化》，应奇、葛水林译，上海译文出版社，2005，第 154~171 页。

⑤ 〔加〕威尔·金里卡：《自由主义、社群与文化》，应奇、葛水林译，上海译文出版社，2005，第 133 页。

⑥ 〔加〕查尔斯·泰勒：《承认的政治》，载旺晖、陈燕谷主编《文化与公共性》，三联书店，1998，第 317 页。

⑦ 〔加〕查尔斯·泰勒：《承认的政治》，载旺晖、陈燕谷主编《文化与公共性》，三联书店，1998，第 290 页。

少数民族团体组成的。"①也有学者指出："20 世纪 90 年代以来，随着加拿大著名哲学家查尔斯·泰勒《承认的政治》一文的发表，多元文化主义概念越来越具有明确的政治含义。"多元文化主义越来越"强调不同社会群体共处一个社会时的政治承认和文化权利问题。这样，多元文化主义便逐渐地发展成为一种政治理论、一种政治意识形态"②。

要求承认和维护族群特殊权利的理论，被玛丽恩·扬推到了极致。她对"当代参与民主的理论家都坚持公认普遍公正与普遍公民观念，全然不顾公民的独特性与差异"③的理论深表不满，极力要求建立"差异政治"。在她看来，"一个民主的公共制度应该为那些处于不利地位的群体提供有效的承认机制和独特的代表制度。"④概括起来看，她主张的"差异政治"主要包括三方面内容：一是清除政治领域中体现占统治地位的主流群体文化的程序、象征及准则；二是各种群体应该在同等的基础上参与政治生活，并且在参与政治生活的过程中应该鼓励各个群体确认其独特的文化身份；三是通过论坛而形成的决策与政策充分体现群体的差异。尤其要排除决策过程中的简单多数决定。⑤

上述理论表达了西方国家"多族化"背景下多样性的族群的权利诉求，不仅得到了相关族群的欢迎，也满足了后现代背景下社会大众对弱势群体的同情和关怀的心理需求，因而得到了广泛传播，进而演变为社会大众思潮和社会运动，并成了社会意识形态。在此过程中，对族群权利的要求也逐渐扩展到其他族类群体，如白人、黑人、同性恋者、社会弱势群体等。这一套理论逐渐完备以后，便从加拿大、美国传播到澳大利亚、新西兰和欧洲。欧洲由于特定的历史和文化，尤其是社会和民族的同质性程度

---

① C. Campbell & W. Christian, *Parties, Leaders, and Ideologies in Canada*, New York: Mc Graw-Hill Ryerson Limited, 1996, p. 250.

② 王建娥：《族际政治：20 世纪的理论与实践》，社会科学文献出版社，2011，第 202 页。

③ Iris Marion Young, *Justice and the Politics of Difference*, Princeton: Princeton University Press, 1990, p. 97.

④ Iris Marion Young, *Justice and the Politics of Difference*, Princeton: Princeton University Press, 1990, p. 184.

⑤ 常士誾主编《异中求和：当代西方多元文化主义政治思想研究》，人民出版社，2009，第 345 ~ 346 页。

较高，并未对此理论表现出太大的热情。但是，这一理论对欧洲的影响也不可小觑。在欧洲移民逐渐增多以后，这一影响正在进一步地彰显。

主张族群权利的多元文化主义，以及在此基础上形成的承认政治、差异政治理论，因为提出的观点、论证的方式、回应现实要求的关注点乃至具体的诉求等都有较大的差异，因而显得庞杂。但是，这一系列理论都是围绕着族群权利而构建的，核心诉求都是在承认族群差异的基础上维护和增强族群的权利。从这个意义上说，这一套理论本质上就是族群政治理论。

族群政治的观点和理论是由不同的学者提出和论证的，因而各具特色，但它围绕族群权利而构建的理论逻辑十分清晰：一是要求确认民族国家"多族化"背景下的文化的多样性，并给予多样性文化以尊重；二是以多样性的族群替代多元文化，要求肯定族群的文化权利；三是把族群确定为人类社会的基本单位，主张赋予族群特殊的政治权利，以实现族群在事实上的平等；四是主张以族群来确定社会成员身份，确立基于族群的特殊公民权[①]，实现差异政治；五是要求调整现行的宪政体制，以确保基于族群身份的差异性权利，建立族群权利保障制度。

族群政治理论的各种观点，都由学者以学术的名义提出和论证。但是，该理论的各种观点的学术论证都是围绕着族群权利、提升族群权利的机制而展开，都是为了论证某种政治诉求，政治意义明显强于学术的意义，或者说，这种学术论证是为政治目的服务的。因此，它本质上并不是学术理论，而是社会政治理论，具有强烈的意识形态色彩。的确，多元文化主义越来越"强调不同社会群体共处一个社会时的政治承认和文化权利问题。这样，多元文化主义便逐渐地发展成为一种政治理论、一种政治意识形态"。[②]

族群政治理论在提出和论证族群权利的同时，也蕴含着明确的政治伦

[①] 有学者指出，族群政治理论所要求的基于族群身份的公民权，实际上就是一种特殊的族群权。"族群权成了一种特殊的公民权，族群身份成为一种与公民身份有所'差异'的、特殊的公民身份。"常士闿主编《异中求和：当代西方多元文化主义政治思想研究》，人民出版社，2009，第 94 页。

[②] 王建娥：《族际政治：20 世纪的理论与实践》，社会科学文献出版社，2011，第 202 页。

9

理要求。族群政治的所有理论和诉求都建立在族群身份之上，并认为族群"身份是由我们所处的社会团体所铸成的"①，进而要求建立相应的身份权利体系，即"身份政治"。按照这样的要求或逻辑，同质的公民须区分为"我"与"他"，"我们"与"他们"。在族群政治理论看来，"'我们'和'他们'、'群体内'和'群体外'的概念，是互为条件、彼此依存而又相互对立的。"② 这样一种二元性的价值选择和权利机制，就必然要求改变传统的在同质性公民权利基础上构建社会权利机制的政治伦理规则，重构"我"与"他"区别和对立的社会权利规则。这样的政治伦理要求和相应的政治文化，对政治生活造成的影响将十分深远。

二　族群政治理论传入中国及演变

20 世纪 90 年代，西方的族群政治理论被介绍到了中国，并受到了热烈的欢迎。中国的历史和文化迥异于西方，社会价值观尤其是权利观念完全不同于西方，也不具备欧美国家尤其是北美族际关系环境，西方的族群政治理论仍然能够在中国大行其道，这绝非偶然，这是特定的社会历史条件下的必然结果。

中国自秦统一并建立了中央集权的国家政权后，国家就以王朝的形式存在（是典型的王朝国家），并形成了自己独特的国家形态演进过程。中国并没有内生地形成自己的民族国家，当然也就没有形成与民族国家结合在一起的民族。随着国家的发展和演变，在中国广阔的疆域内出现了众多的族类群体，但这些族类群体与现代意义的民族有着本质的不同。它们在王朝国家的框架之内交往交流交融，逐渐朝着一体化的方向演化。王朝国家走向终结的时候，由诸多族类群体凝聚而成的一个庞大民族实体已经呼之欲出。在此背景下，梁启超将西方的民族概念引入了中国。为适应已初具雏形的庞大民族实体，以及虽然逐渐凝聚成为新的更大的民族实体却仍

---

① 常士訚主编《异中求和：当代西方多元文化主义政治思想研究》，人民出版社，2009，第 27 页。

② 王建娥：《族际政治：20 世纪的理论与实践》，社会科学文献出版社，2011，第 33 页。

保持相当独立性的各种族类群体对族称的迫切需求，梁启超创制了"中华民族"与"国内诸族"这样两个具有强烈意识形态色彩的概念，促成了中华民族和中国各民族的构建，使古老的中国出现了现代民族。①

肇始于 20 世纪初的民族构建进程，对中国历史产生了极其深远的影响。一方面，中华民族的构建，为中华民族国家的构建造就了国家主体，即国族，促成了民族国家的构建，并最终建立了现代国家——中华人民共和国。中华人民共和国就是中华民族的民族国家。另一方面，中国各民族的构建，使历史文化性质的多种族类群体成为 56 个民族，它们是中华民族的组成成员。在新的民族国家中，组成中华民族的各个民族单位尤其是少数民族受到了极大的重视，以维护少数民族权益为核心的民族理论和政策逐渐形成。这样的理论和政策，又进一步巩固了各民族的地位，促进了少数民族的发展，同时也塑造了重视少数民族权益的政治文化。

十一届三中全会后中国实行改革开放政策，国门逐渐打开。随着对外开放的全面推进，中国与西方国家在发展程度上的巨大差距赫然显现。发展程度的巨大差距以及被西方国家远远甩在后面的落后境地，让一些中国人"迷信"西方。这样的情形不仅出现于一般社会生活领域，也出现于思想领域和知识界。那些国人闻所未闻的西方理论，不仅对于西方的问题有很强的解释力，而且十分新颖和富有启发性，对中国知识界和知识分子产生了相当大的吸引力，触及中国学者对中国问题的迷茫、渴望对其做出合理解释的柔软的内心，也促成了一些国人对西方知识、学术和思想的盲目相信。在理论资源、学术资源匮乏以及学界和知识分子的理论自信、学术自信缺失的情况下，学习和接受西方的思想和理论便成为时髦。"这一时期成长起来的学者几乎都成了'留学生'，要么亲自到美国读书而成为名副其实的留学生，要么潜心研读外来作品而成为'精神上'的留学生。"②在这样的背景下，西方的知识和思想很容易被不加选择地全盘接收。

在现代化的推动下，中国社会发生了深刻而巨大的变化，并迅速由传

---

① 关于中国 20 世纪初以来的中华民族的构建和中国各民族的构建，可参见笔者的《中国民族构建的二重结构》，《思想战线》2017 年第 1 期。

② 杨光斌：《中国政治学的学习——反思与知识转型》，《新华月报》2011 年第 19 期，第 60 页。

11

统社会向现代社会转型。中国复杂的民族现象和族际关系也在深刻的社会变革中被激活，出现了许多新的情况并更加复杂，少数民族争取自身权益的意识和行动日渐凸显。这样的现实催生了对中国的民族现象和族际关系进行解释的理论需求。在此条件下，引入西方的族群政治理论，并以新的理论视角和方式来探索中国民族问题的解决方法，就成为民族问题研究和相关理论回应现实的重要方式。而且，20 世纪 90 年代，西方的族群政治理论刚形成完整的体系，传播的势头很猛，对西方社会不合理的方面进行校正的功能正在彰显，其所包含的负面影响却尚未显露。在这样的情况下，中国的族群政治研究迅速兴起并对相关的理论和实践产生了深刻的影响。不过，中国的族群政治研究把西方理论中的"族群"概念转变为"民族"，而且更多关注族际关系和族际关系的调整，因而常常以"族际政治"来冠名。

当代中国的民族关系调整，总体上是提升少数民族的权利，维护少数民族的权益，促进少数民族地区的发展。民族理论的主要内容也是保障和维护少数民族权益的论述。在此基础上形成的政治文化的基本取向，就是维护少数民族的权利。在此背景下，国内一些学者自然对西方的族群政治抱有极大的热情，甚至以欣喜的态度来拥抱这一新的理论，不仅积极地将西方的族群政治理论介绍到中国，并主张按照西方族群政治理论来开展族群政治或族际政治研究。按照这样的要求，"族际政治研究把民族作为各种利益载体和单位，承认群体的存在，承认群体的差异，承认个人对群体的认同和归依心理所蕴含的巨大的社会能量，探讨群体沟通和群体权利保障，把保障民族政治权利提高到与尊重公民政治权利和党派政治权利同等的地位，给予个人政治权利、党派政治权利和民族政治权利同样的尊重关注。"[1] 在具体的族际政治研究中，他们不满足于现行政治体制给予少数民族的权利，要求实现"族际政治民主"，使"各民族在政治平等和权利共享的前提下分享国家的公共权力"[2]，并对少数民族权利提出了更高的要

---

[1] 王建娥、陈建樾等：《族际政治与现代民族国家》，社会科学文献出版社，2004，第 8 页。

[2] 王建娥：《族际政治民主化：多民族国家建设和谐社会的重要课题》，《民族研究》2006 年第 5 期。

求，认为民族区域自治"是一种不完整的权利保障概念"①，"少数民族的政治权利不能只是限于自治权，还应包括共治权"，从而实现"对少数民族政治权利的进一步扩展和提升"②。

同时，国内一些学者也用差异政治、身份政治的理论来阐述对民族关系的看法。他们提出："承认并不是政治行为的终点。在承认的背后，还需要相应的协调和处理差异的政治行为。这就是通过一系列制度设计创造对族裔文化多样性的承认和对差异的尊重。"③ 要求"在承认构成多民族国家的所有民族都是国家权力主体、拥有平等政治权利的前提下，针对多民族存在的情况进行特殊的政治设计，制定一套符合多民族社会特殊要求的法律、制度和政治程序"，并认为这样的"制度性的安排"是对"多数原则基础上的传统民主手段的改造和超越"，须能满足"少数民族由于自我意识的增长而提出的集体权利要求"。④ 从总体上看，主张在中国实行身份政治的学者，并不满足于多元文化主义基础上的承认差异、尊重差异以及承认和尊重族群权利的要求，他们还要求调整国家的宪政体制，构建起保障少数民族权利的机制。

此外，在西方族群政治理论广泛传播的条件下，国内也有学者以一种学术化的方式来对待在国内盛行已久的族际政治理论，主张把西方的族群政治研究范式作为一种学术资源来加以借鉴和利用，从而以一种新的视角来审视中国的民族现象和族际关系，对中国的民族现象和族际关系做出更为恰当的解释。但是，没有必要照搬西方族群政治理论中植根于西方历史和文化的价值观，也没有必要将体现西方政治权利价值观的权利秩序架构搬到中国，而是要以新的视角来构建中国自己的解释理论。笔者就曾提

---

① 朱伦：《自治与共治：民族政治理论新思考》，载王建娥、陈建樾等《族际政治与现代民族国家》，社会科学文献出版社，2004，第299页。

② 朱伦：《论民族共治的理论基础与基本原则》，载王建娥、陈建樾等《族际政治与现代民族国家》，社会科学文献出版社，2004，第245页。

③ 王建娥：《多民族国家社会政治凝聚力的锻造》，《中央社会主义学院学报》2017年第2期。

④ 王建娥：《族际政治民主化：多民族国家建设和谐社会的重要课题》，《民族研究》2006年第5期。

出："对西方族际政治理论盲目推崇的态度并不可取。科学的态度是，对其进行批判性的改造，剥离其基于西方的历史、文化、体制的价值诉求，将族际政治转变为一个描述多民族国家族际的政治互动，分析族际政治关系的概念，即将其转变为一个普遍性的概念，转变成一个有效的概念工具，以弥补现有政治学、民族学在相关研究中概念工具的不足。"①

上述情形表明，族群政治理论被介绍到中国以后，在具体的发展和演变的过程中已经分成了泾渭分明的两权：一权是全面地接受西方的族群政治理论，并以这样的理论来解释中国的民族现象和民族问题，阐述在民族现象和民族问题上的政治主张，要求在中国实行族群政治理论，强化少数民族的地位和利益，进而构建维护少数民族的地位和权利的政治机制，而且，他们还常常以少数民族代言人的身份来发表观点或意见，要求对现有的制度按照族群政治或族际政治理论的要求进行改造。从总体上看，"这些学者通常转述西方的理论，而不是直接对理论作出贡献"②。他们提出的理论基本上就是西方族群政治理论的翻版。另一权是把族群政治作为一种分析工具或研究范式，对中国的族际关系以及其中的矛盾和冲突进行分析和论述，强调国家的立场和整体利益，要求根据中国的经验以及基于中国历史文化尤其是大一统思想和传统的中国智慧，以及民族国家的性质和特点（也包括苏联解体的经验）来解释中国的族际关系，构建了族际政治整合概念并开展相关的研究。③很显然，两种族际政治研究的价值取向、目标追求和研究路径都有很大的差别。前者常常被称为族际政治理论，后者则被称为族际政治整合理论。

在当代中国特定的社会历史环境中，尤其是在族际关系问题上几乎一边倒的政治文化背景下，以西方族群政治理论来论述少数民族权利差异、提升和维护问题，既能满足权利意识日渐突出的少数民族的期待并得到他

---

① 周平：《族际政治理论：中国视角的批判性建构》，《中国社会科学报》2011 年 8 月 11 日。
② 沙伯力（Barry Sautman）：《族群政治：本土化理论与全球化实践》，载关凯《族群政治》中央民族大学出版社，2007，第 15 页。
③ 族际政治整合是笔者构建的一个描述和分析多民族国家族际政治互动的概念，笔者也在这方面做了一定研究。同时，也有学者对笔者的族际政治整合理论进行了研究，参见李陶红《周平：多民族国家中的族际政治整合研究》，《民族论坛》2014 年第 6 期。

们的拥护，也符合"政治正确"的要求而得到舆论的广泛支持。因此，族际政治理论得到了迅速而广泛的传播并产生了巨大的深刻的影响。

以西方族群政治理论来解释中国民族现象和民族关系的族际政治理论在传播的过程中，不仅被学界和学者所接受，也得到各民族精英的支持，并在民族意识增强以及民族意识的系统化、理论化的过程中发挥了重要的作用，自身也越来越具有意识形态的色彩。因此，中国族际政治理论的兴起，在中国民族关系和民族问题的理论和实践中增添了新的因素，犹如播种下了新种子，增加了新的变量，从而使中国的民族问题更加复杂。首先，在原有的民族政策理论中添加了阐释方式，形成了以差异政治理论来论述民族权益的路径，改变了传统的民族问题的认知方式，从而使民族政策理论更加复杂；其次，族际政治理论激发和促进了各民族民族意识的增强和理论化，改变了传统的民族问题的思维方式，这样的现实又反过来影响到现实的民族关系，从而使民族关系更加复杂；最后，使各民族精英的思想更加复杂，并为他们提供了一个论述本民族利益诉求的理论工具。

三　族群政治理论的后果始料未及

加拿大、美国等国原本族际关系就十分复杂，人们对以种族歧视为核心的种族主义及其危害有着深刻的记忆。在 20 世纪 50 年代声势浩大的民权运动的影响仍然存在的情况下，对种族主义的厌恶情绪弥漫于整个社会。在这样的背景下，针对种族主义弊端并凸显族际差异、强调族群权益的族群政治理论，十分容易地得到了社会的广泛接受。这些观点在提出的时候虽有理论论证，但表达利益诉求的很多理论和观点大多是以一种不容置疑的口吻提出的。社会大众也将其作为一种社会政治观念和意识形态来接受。

正因如此，族群政治的许多理论缺乏严密的论证，显得武断甚至难以自圆其说。金里卡先将文化等同于族群，把"多元文化"的含义变成"多元族群"，实际上是以接受度极高的"文化"概念来对尚不具影响力的"族群"进行包装。在确定了族群的地位和人们的族群身份后，多元文化主义"又毫无必要和毫无意义地将少数民族引进到公民领域中"①，而且不满足于赋予族群特殊的权利（"族群权"），要把权利转化为权力，要求以"明确规定了某一社群自身可以行使确定的某些权力"来确保其"集体权利"的实现。② 这样的要求，显然有违政治权力的本质。罗尔斯就曾指出："在终极意义上说，政治权力乃是公共的权力，即是说，它是作为集体性实体的自由而平等的公民的权力。这种权力是按照规则强加在作为个体和作为联合体成员的公民头上的。"③

要求确立人们的族群身份的玛丽恩·扬，则直接把文化转换为人们的身份背景。很明显，"在这里，扬对文化的认识存在着一定的模糊性。"④ 而且，他们一方面要求承认人们在公共生活的族群身份，认为"在一个团体划分的社会中，正义需要的是团体的社会平等、相互承认和团体差异的肯定"。⑤ 但另一方面，又反对公共领域的共识。扬就认为，在一个以团体为基础的社会中，大众的共识是令人作呕的东西。相反在公共领域中，所需要的是"公开和可介入"，没有社会行为可以被排除在外。⑥

另外，族群政治在要求承认和尊重自己所主张的族群权利的同时，也对其所贬斥的族群的权利进行排斥。在美国，他们就"想要用主要与种族相联系的各种文化来取代美国主流的盎格鲁——新教文化"⑦。有西方学者指出，多元文化主义运动是"反对欧洲中心论价值观的单文化霸权，因为

---

① Stephen May, *Critical Multiculturalism and Cultural Difference*：*Avoiding Essentialism*, in Stephen May（ed.）, *Critical Multiculturalism*：*Rethinking Multicultural and tiracistEducation*, Philadelphia：Falmer Press ，1999，p. 11.

② 〔加〕威尔·金里卡：《自由主义、社群与文化》，应奇、葛水林译，上海译文出版社，2005，第 133 页。

③ 〔美〕约翰·罗尔斯：《政治自由主义》，万俊人译，译林出版社，1996，第 144 页。

④ 常士訚主编《异中求和：当代西方多元文化主义政治思想研究》，人民出版社，2009，第 27 页。

⑤ Iris Marion Young, *Justice and the Politics of Difference*, Princeton：Princeton University Press，1990，p. 191.

⑥ Iris Marion Young, *Justice and the Politics of Difference*, Princeton：Princeton University Press，1990，p. 119.

⑦ 〔美〕塞缪尔·亨廷顿：《我们是谁？——美国国家特性面临的挑战》，程克雄译，新华出版社，2005，第 142 页。

这一单文化霸权普遍排斥其他种族的文化价值观"①。

族群政治理论更为根本的影响体现在实践中。作为一种影响广泛的社会意识形态，只有将其置于历史长时段中考察，才能对其形成全面的认识和客观的评价。历史研究长时段理论的倡导者布罗代尔说："长时段是社会科学在整个时间长河中共同从事观察和思考的最有用的河道。"② 他还指出，长时段的历史－结构是人类社会发展起决定性作用的力量，它以半个世纪、100年、200年的时段为基本量度单位，是人类深层持久、恒在的结构；在这种时段中，人们可以观察到政治、经济、社会、文化等各种结构的变化。③ 从族群政治理论形成至今近40年的西方历史来看，族群政治理论已经导致诸多始料不及的后果。

第一，消解传统价值。西方社会近代以来构建和逐渐完善起来的社会价值体系，建立在以公民身份为基础的个人的基础之上，体现"天赋人权"的公民权利观念构成了西方近代以来社会权利的基础，支撑着西方社会的价值体系。族群政治理论主张的族群身份和族群权利观念，与西方社会传统的社会权利观念是抵触的，对传统社会价值观具有直接的消解作用。"'族群身份'强调族群差异，关注族群特权，督促族群有意识地强化其内在的文化特征，自然会冲击公民身份所内含的公共精神，甚至危及社会团结。"④ 这一点早为亨廷顿所看透，他不仅认为"美国国内的多元文化主义对美国和西方构成了威胁"⑤，而且断言："多元文化主义实质上是反欧洲文明。……它基本上是一种反西方的意识形态。"⑥

第二，撕裂同质社会。近代以来的西方社会出现了越来越明显的异质

① 转引自〔美〕塞缪尔·亨廷顿《我们是谁？——美国国家特性面临的挑战》，程克雄译，新华出版社，2005，第142页。
② 布罗代尔：《历史和社会科学：长时段》，《史学理论》1987年第3期。
③ 孙晶：《布罗代尔的长时段理论及其评价》，《广西大学学报》2002年第3期。
④ 常士訚主编《异中求和：当代西方多元文化主义政治思想研究》，人民出版社，2009，第90页。
⑤ 〔美〕塞缪尔·亨廷顿：《文明的冲突与世界秩序的重建》，周琪等译，新华出版社，2002，第368页。
⑥ 〔美〕塞缪尔·亨廷顿：《我们是谁？——美国国家特性面临的挑战》，程克雄译，新华出版社，2005，第142页。

性特征，但一元性的公民身份和权利机制一直强有力地维持着社会的同质性。而这样一种普遍主义的同质性社会，恰恰是族群政治理论不能容忍的。"多元文化主义的核心假设是，一致的待遇并不等于公民的待遇"①，进而要求把族群身份作为人们的基本身份，在同质化的公民社会中构建"他者"，强调"我"与"他者"的差异和身份，进而要求"抛弃了国家建构过程中的强制同化的政治实践，承认不同文化的平等价值，并给予所有社会文化群体以平等的政治、社会和文化地位"，"把文化差异的保护提高到了政治的层面"②。然而，问题是当人们把"我"与"他"的差异作为考虑问题的出发点，并构建差异性权利的时候，"我们"就无立足之地了，社会的同质性就受到了置疑和冲击。而如果一个社会中异质性的力量超过同质性的力量，社会中消弭纷争的能力就难以形成和维持，社会的撕裂就难以避免。

第三，引发社会矛盾。在族群政治理论广泛传播的情况下，强调族群差异和身份差异成为意识形态的重要内容，差异化的族群争取自身权益渐成风尚。如此的政治文化底色，又塑造了具有特定内容的"政治正确"，甚至出现"政治正确"的泛滥。在这样的社会环境中，政治极化就难以避免。"许多多元文化主义者矫枉过正，其理论努力只是将'歧视性措施颠倒过来'，使原先处于不利地位的群体（移民、妇女、黑人）等享有其他群体没有的特殊优势。"③ 将社会的各种历史和现实问题置于这样的基础上考虑，并按族群"画线站队"，社会政治矛盾就会显著滋生，并导致"因因相报"的链式反应。曾有学者发出警告："不能无视多元文化主义、族群认同（ethnic identity）在美国社会中产生的分裂作用，而片面地沉浸于对美国多元文化主义成功地消弭族际纷争的'文化化'想象和颂扬之中。"④ 遗憾的是，这样的担心终于变成了现实。美国的唐纳德·特朗普为

① 王建娥：《族际政治：20 世纪的理论与实践》，社会科学文献出版社，2011，第 205 页。
② 王建娥：《族际政治：20 世纪的理论与实践》，社会科学文献出版社，2011，第 206 页。
③ 常士訚主编《异中求和：当代西方多元文化主义政治思想研究》，人民出版社，2009，第 244 页。
④ 郝时远：《民族认同危机还是民族主义宣示？——亨廷顿〈我们是谁〉一书中的族际政治理论困境》，《世界民族》2005 年第 3 期。

了当选总统煽动了白人的种族主义情绪，担任美国总统后又推出了"禁穆令"、修建边界隔离墙、移民政策改革等具有种族主义内涵的政策。接下来，以拆除美国内战时期南方将领罗伯特·李雕像为代表的"拆像运动"就在美国兴起。随后，白人至上主义者的反扑又接踵而至，导致了夏洛茨维尔发生的暴力事件。"此次事件看似是白人种族主义者冒犯了美国多元主义的'政治正确'，但实际上却是长期被压制的中下层白人对美国多元主义虚伪性的不满。"① 与此同时，欧洲以族群为主体的社会政治行动也在逐渐凸显，并对欧洲社会和政治形成了严重的冲击。

第四，侵蚀国家认同。作为一种经由认同而将民族与国家结合为一体的国家形态，民族国家对国家认同具有高度的依赖。② 构建并保持必要的国家认同，是民族国家的国家建设的核心内容。但是，把族群视为社会结构的基本单位，并要求建立差异性权利机制的族群政治理论，与民族国家的国家认同构建的要求相抵牾，不仅直接冲击国家认同的价值基础，对建立在个人权利基础上的国家认同机制形成解构，而且还会解构主流文化，削弱国族的地位，甚至对国族形成直接的解构作用，破坏国家认同的基础。就美国的情况来看，"多文化论和多样性理论的意识形态出现，损害了美国国民身份和国家特性尚存的中心内容，即文化核心和'美国信念'的合法地位"③，直接导致"民族的熔炉"的破裂，使美国面临解体的威胁。另外，这样的理论要求把族群构建成为国家与公民之间的实质性环节，还会改变西方国家在国家认同构建中长期形成并行之有效的"族群模式"④，从而使国家认同的构建面临更多的困难。

第五，解构民族国家。作为人类历史上取代王朝国家进而构建起现代

---

① 张飞岸：《解蔽美国多元主义意识形态》，《中国社会科学报》2017年9月6日，第7版。
② 关于民族国家对国家认同的依赖问题，塞缪尔·亨廷顿在《我们是谁》一书中做了专门的论述。也可参见笔者的《民族国家认同构建的逻辑》和《"亨廷顿之忧"发出了一个严重的警示》，前者载《政治学研究》2017年第2期，后者载《思想战线》2017年第5期。
③ 〔美〕塞缪尔·亨廷顿：《我们是谁？——美国国家特性面临的挑战》，程克雄译，新华出版社，2005，第16页。
④ 关于国家认同构建的模式问题，可参见笔者的《民族国家认同构建的逻辑》一文，载《政治学研究》2017年第2期。

世界体系的国家形态，民族国家本质上是一套保障民族认同国家的制度体系。而该制度体系又是通过对每个国民（公民）权利的有效保障，来实现全体国民组成的民族对国家的认同。因此，一元性的公民权利构成了民族国家制度的基础。而族群政治理论对一元性的公民权利制度的否定，必然动摇民族国家制度的基础，对民族国家制度形成解构。的确，"族群可以是一个文化概念，但一旦作为一种主义、一种集权的社会运动，它就具有政治的含义，带有挑战国家现存的政治、社会和文化权利结构的意义。"①"在族裔多样性存在于全世界几乎每一个国家的现代世界，少数民族权利诉求作为一种普遍现象，对传统的单质性民族 - 国家政治模式或理论设计提出了严峻的挑战。"② 从美国实行族群政治的实际结果来看，族群政治对国家的统一形成了直接冲击。兹比格涅夫·布热津斯基早就指出，"具有潜在分裂作用"的多元文化主义"可能使多民族的美国巴尔干化"。这种状况发展下去，"美国的社会就有面临解体的危险"。③ 亨廷顿也认为，以多元文化主义为主的族群政治理论，使美国面临解体的威胁。④

在中国，随着以族群政治理论来解释国内民族问题及阐释民族政策渐成风气，逐渐塑造了总是要把与少数民族有关或沾边的问题置于族群差异和族群权利的思维中审视的思维定式，因而总是要并能在其中找到"民族问题"，并常用少数民族遭受"汉族的强权、霸凌"，以及"同化、汉化"等字眼来描绘和分析这样的"民族问题"，国家在边疆多民族地区推动现代化也被说成是"推行同化政策"，扶贫工作被说成是把不同的生活方式强加于少数民族，普及国家通用语言被说成是实行汉化，进而还塑造了只允许谈少数民族的权益提升、不允许谈少数民族的权利的限制和民族融合的"政治正确"。于是，中国的族际关系在被植入新因素和认知方式后变

---

① 王建娥：《族际政治：20 世纪的理论与实践》，社会科学文献出版社，2011，第 244 页。
② 王建娥：《族际政治民主化：多民族国家建设和谐社会的重要课题》，《民族研究》2006 年第 5 期。
③ 〔美〕兹比格涅夫·布热津斯基：《大失控与大混乱》，潘嘉玢、刘瑞祥译，中国社会科学出版社，1994，第 125、118、126 页。
④ 〔美〕塞缪尔·亨廷顿：《文明的冲突与世界秩序的重建》，周琪等译，新华出版社，2002，第 16、368 页。

得更加复杂。

四 中国应做出理性而审慎的选择

如果说，在 20 世纪 90 年代特定的社会历史条件下族群政治理论传入中国有一定的合理性的话，那么，历史发展到今天情况已经发生根本性的变化，能够为族群政治理论的传播提供合理性论证的条件已经不复存在。从今天的情况来看，西方族群政治理论的缺陷日渐显现，负面的影响日渐突出，受到的诘难和批评也越来越多。与此同时，中国的崛起已经在经济总量居于世界第二位后浮出了水面，中国道路的优势已经充分显现，在道路自信、理论自信、制度自信、文化自信的基础上形成的学术自信也日渐强烈，立足于中国自己的历史文化和独特发展道路来构建自己的解释系统已成为学界的共识，中国的学界已经具有对中国现实和中国问题作出合理解释的信心和能力。这样的社会历史条件，既冰释了在中国搞西方式的族群政治的合理性，又促成了对已经在中国广泛传播的族群政治或族际政治理论进行反思的必要性。

目前对族群政治或族际政治理论进行反思，是要以科学的态度来对国内的族群政治或族际政治研究进行全面检视，进而立足于中国的历史文化和现实国情，以理性而审慎的态度对是否要实行西方那样的族群政治做出应有的选择。今天，历史既给我们提供了看清问题所必需的视距，也给我们站稳自己的立场提供了必要的支点。站在目前的历史基点上审视来自西方的族群政治或族际政治理论，需要的并不是看到新颖的西方理论时抑制不住的欣喜，也不是为某些群体的不公平待遇打抱不平的激昂情绪，而是要站在中华民族和中华人民共和国的立场，以冷静而理性的态度对族际政治理论进行审视。进行这样的审视，必须重视以下几个方面的事实。

首先，中国并不存在实行西方族群政治的族际关系环境。中国历史上的确存在数量和种类都很多的族类群体，但这些族类群体经过长期的民族构建过程，一是凝聚成为统一的中华民族，二是成为组成中华民族的 56 个民族单位。中华民族是具有国家形态的民族，即国族。中华民族是一个

"多元一体"的结构，由 56 个民族组成。各个民族是中华民族大家庭的成员，你中有我、我中有你，谁也离不开谁，各自的发展必然受到中华民族的规制。少数民族的权益已经在现有的族际关系格局中得到有效的维护。而且，"中华民族多元一体格局存在着一个凝聚的核心"，这个核心就是汉族，今天仍占全国人口的绝对多数。① 随着中国现代化的快速推进，具有五千多年文明史的中国正在由传统的农业文明向工业文明快速转型，塑造各个民族的民族特性的社会基础正在发生根本性的改变，各个民族的共同利益正在交往交流交融中迅速增强。这样的族际关系历史和现实环境完全不同于西方，在中国实行西方的族群政治的基础并不存在。

其次，中国的政治制度完全不同于西方，并不支持西方式的族群政治。中国自秦代建立中央集权的国家政权以来，一直实行高度的中央集权。国家政权尤其是中央政权对于族际关系的形成和演变具有重要的影响。当代中国实行社会主义制度，中国共产党的领导是现行政治制度的核心。作为领导核心的中国共产党，既是中国工人阶级的先锋队，也是中国人民和中华民族的先锋队，代表着各族人民的根本利益。在这样的政治制度或政治体制条件下，在现有的制度安排之外确立某些民族的差异性特殊权利的要求，与中国共产党代表各族人民的根本利益的体制的要求并不一致，不符合现行政治体制的要求。

再次，中国历史上形成的权利观念迥异于西方国家，并不支持西方式的族群政治权利要求。西方近代以来的社会权利体系，是建立在"天赋人权"观念基础上的。"天赋人权"理论在促成一元性的公民权利体制的同时，也导致对权利"天赋"的肯定及其思维的根深蒂固。受其影响，族群政治理论在主张差异性的族群权利的时候，总是把赋予各个族群特殊权利看作理所当然，要求在承认族群差异的基础上突出和提升族群的权利。但是，这样一种理所当然地要求赋予某个群体特殊权利或特殊权力的要求，并不符合中国传统的权利理念和政治伦理。中国在五千多年文明史上既没有产生"天赋人权"理论，也没有形成会导致"天赋人权"理论和观念的

---

① 费孝通：《中华民族的多元一体格局》，《北京大学学报》1989 年第 4 期。

历史文化基础。相反，中国在家国一体的观念和机制的基础上形成的社会权利观念体系有自己的特点：一是承认并重视权利的历史和自然形成，不支持对特殊群体的赋权；二是重视国家的整体性权利，把家庭权利与国家权利紧密结合，对"家是最小国、国是千万家"有着高度的认同；三是给予处于弱势的群体以某些权利，是出于对其进行帮扶和照顾的考虑。这样的社会权利观念、机制政治伦理，并不支持给予某些民族以特殊权利的族群政治主张。

最后，还必须对中国进一步融入世界以后族际关系的复杂性具有前瞻性的考虑。中国快速的现代化是在日渐扩大的对外开放中实现的。今天的中国已经完全融入世界。随着中国"一带一路"倡议的实施，中国融入世界的程度还会进一步加深。这样的过程已经并且还会继续带来外来移民的增多。来自不同文明、不同国家、不同宗教信仰的移民在数量增多并形成数量庞大的族裔群体后，他们聚众成族的后果是可以预见的。今天如果把西方在"多族化"背景下形成的族群政治理论在中国推行的话，要求赋予族群更多权利的思想与移民及其后裔聚众成族的现实结合，必然会导致始料不及的后果，产生如外来物种在中国的土地上扎根和蔓延那样的严重后果。对此，我们必须未雨绸缪，对有可能在今后产生严重后果的思想和理论，要保持高度的警惕。

从中国的实际情况来看，基于提升族群或民族权利而强调族际的差异和界限的族群政治理论，与中国族际关系的实际和发展的要求并不一致，有对作为国族的中华民族以及中国经过多年努力而建立的平等、团结、和谐的族际关系形成解构之虞，有可能导致族际关系的凸显和进一步的刚性化，从而使族际关系更加复杂，同时也直接冲击中华民族的稳定和一体化，对实现中华民族伟大复兴的"中国梦"形成干扰。而且，"人为地固化少数民族身份，让族群边界始终成为分隔公民群体的'身份之墙'，显然既不利于国家整合，也不符合一些少数民族正在甚至已经与主体民族高度整合的社会现实。"① 因此，中国不应该盲目地采取西方的族群政治理

---

① 关凯：《族群政治》，中央民族大学出版社，2007，第144页。

论，更不能以西方的族群政治来解释中国的族际关系，并设计中国族际关系问题的解决方案。

但是，族群政治理论被引入中国已经 20 多年了，对中国的学界和实际工作都有很深的影响，其中的很多概念，如"承认差异""尊重差异"等，在学界和决策性文件中都有使用。而且，在西方国家具有很大影响的族群政治研究范式，也是现代政治研究和族际问题研究的重要学术资源，自有其学术价值。在此情况下，对族群政治理论简单地说"不"的做法并不可取，对其进行扬弃才是科学和明智的态度。而且，在中国通过独特发展道路获得长足发展的时候，在道路自信、理论自信、制度自信、文化自信正在确立的当下，我们也应该以坚定的学术自信，基于中国的历史文化和现实国情，借鉴西方族群政治的学术资源，站在新的历史基点上，创新学术思维，在族际关系领域构建具有中国智慧的解释方式和解决方案。联合国教科文组织宣称："战争起源于人的思想，故务需于人之思想中筑起保卫和平之屏障。"[1] 这一警句突出了思想之于社会矛盾的影响，也凸显了思想在防止社会冲突的作用。这给了我们一个启示：不恰当的族际政治理论会导致更多的矛盾，恰当的族际政治理论则能促成族际矛盾的化解。在族群政治理论已经广泛传播的中国，构建一个有利于中国族际关系和谐的族际政治理论，才是一个理性而合理的选择。

在中国考虑族际关系问题，务必注意这样一个基本的事实，即中国在长期的历史发展中的确形成了数量众多的族类群体，但这些族类群体在 20 世纪的民族构建中，一方面凝聚成为一体的中华民族，另一方面构建了 56 个民族。中华民族的形成，彻底改变了中国社会"一盘散沙"的状况，凝聚巨大的民族力量，最终战胜了一切入侵的外敌，建立了自己的民族国家——中华人民共和国，从而自立于世界民族之林。56 个民族在中华民族大家庭中已形成平等、团结、互助的关系。众多的族类群体凝聚为中华民族，既是巨大的历史遗产，也是一笔重要的财富。当然，也给中国各民族的权利的形成、族际政治互动造成了无法回避的历史规制。离开或回避这

---

[1]　这句话，用多种语言镌刻在联合国教科文组织总部大楼前的石碑上。

样的现实来谈中国各个民族的权利，重构族群间的政治伦理关系，都是不切实际的空谈。在这样的背景下，族际政治整合才是族际政治互动的真正主题。所谓的族际政治，只能是中华民族大家庭中各民族的政治互动。

首先，族际政治是命运共同体内不同成员之间的政治互动。中国历史上存在诸多的族类群体，但在近代以来长期的民族构建过程中确立的民族单位只有56个。一些未获得民族地位的族类群体为争取民族的地位而进行了长期的努力，但这样的努力终因无法得到政策的支持而注定不会成功。今天，中国的族际政治，就是这56个民族之间的政治互动。族际政治互动有一个根本性的前提，那就是56个民族已经凝聚成为中华民族。中华民族是一个命运共同体。这个命运共同体内的各个民族群体一荣俱荣、一损俱损，只有把自己的命运同中华民族的命运紧紧连接在一起，才有前途，才有希望，自身的权益也才能得到有效的保障。离开这个根本性的前提条件，片面地要求给予某个或某些民族群体以特定的权利，就无法回避对中华民族整体利益造成损害的问题，不仅没有前提而且还会导致适得其反的后果。

其次，政治互动的各个民族都是中华民族大家庭中的成员。族际政治互动中的各个民族，在长期的历史发展中已经形成在分布上的交错杂居、文化上的兼收并蓄、经济上的相互依存、情感上的相互亲近的历史局面，你中有我、我中有你，谁也离不开谁。各个民族之间的关系，是中华民族大家庭里不同成员的关系。在族际政治互动中，作为族际政治之主体的民族，在看到"我"与"他"之差异的同时，也要看到"我"与"他"共同组成了"我们"——各个民族都是中华民族的成员。中国处理社会关系的"和为贵"传统，以及在家庭关系中倡导的相互友爱，为族际政治互动提供了重要的思想资源。各个民族应保持民族特性而不强化特性，尊重差异而不强化差异，相互关爱、相互帮助，共建和谐的族际关系。

再次，各民族间政治互动的主基调应是族际政治整合。诚然，共处于中华民族大家庭中的各个民族，都会在民族特性和民族差异的基础上形成自己的民族意识、民族认同和民族利益，并在争取、实现和维护自身利益的过程中诉诸政治权力，从而形成族际政治互动。各个民族的合理利益诉求，应该得到承认和尊重并给予合理的满足。但是，各个民族又都是中华民族大家庭中的成员，自己的命运同中华民族的命运不可分割，只有自觉维护中华民族的整体利益，促进中华民族的发展，才能通过相互间的政治互动来实现自己的利益。在中华民族在全球激烈的民族竞争中实现伟大复兴的历史时期，更应该把中华民族的整体利益放在首位，在实现中华民族伟大复兴的过程中实现各自的利益。因此，中国族际政治互动的主基调，应是族际政治整合，共同维护统一的国家政治共同体。

最后，各民族在政治互动中将日渐接近和融合。中国历史上的各个族类群体，"经过接触、混杂、联结和融合，同时也有分裂和消亡"，最终"形成一个你来我去、我来你去，我中有你、你中有我，而又各具个性的多元统一体"的中华民族。① 这是一种在漫漫历史长河中体现出来的历史必然性。今天中国多民族之间的政治互动，是在"多元一体"格局中进行的，它对各民族群体之间的"联结和融合"的作用，是历史上的族际政治互动不可比拟的。这样一种以中华民族的"多元一体"为基础，以统一和一体化的中华民族为规约，坚持中华民族一体的主线和方向的族际政治互动，势必强化各民族之间的交往交流交融，导致各个民族接近和整合的深化，促进中华民族的巩固和发展，使各个族类群体在历史上交往交流交融发展的历史必然性在新的社会历史条件下进一步延续和凸显。

---

① 费孝通：《中华民族的多元一体格局》，《北京大学学报》1989 年第 4 期。

云南民族团结工作回眸[*]

金黎燕[**]

摘　要： 云南多民族的特殊省情，决定了民族团结问题对全省的民族工作具有全局性的意义。新中国成立以来，云南省委、省政府始终坚持从云南的实际出发，围绕党和国家各个时期的中心工作，把加强民族团结摆在首位，在不同时期，根据云南民族地区的特点，出台了一系列与云南实际相结合的妥善处理民族团结问题的政策措施，使云南的民族团结工作取得了显著成绩，积累了开展民族团结工作的宝贵经验。

关键词： 云南　民族团结　民族政策

在统一的多民族国家中，民族之间的团结不仅关系到多民族国家的统一和安定，也关系到民族关系的发展与和谐。对于边疆民族地区而言，民族团结与民族关系的和谐还关系到边防的巩固和与周边国家的关系。在中国，"民族团结是指各民族在社会生活中的和睦、友好和互助、联合的关系。民族团结要求在反对民族压迫和民族歧视的基础上，维护和促进各民族之间和民族内部的团结，各民族人民齐心协力，共同促进国家的发展繁荣，反对民族分裂，维护国家统一。"[①] 坚持民族团结是我国处理民族关系的重要原则，是中国共产党关于民族问题的基本观点和民族政策的重要

---

[*]　本文是云南省社会科学院创新工程"云南民族团结示范区建设研究创新团队"的阶段性成果。

[**]　金黎燕，云南省社会科学院民族学研究所研究员。

① 国务院新闻办：《中国的少数民族政策及其实践》，《人民日报》1999 年 9 月 28 日。

内容。

云南是一个多民族的省份，多民族的特殊省情，决定了民族团结问题对全省的民族工作具有全局性的意义。为了维护和增强云南各民族人民的团结，新中国成立以来，云南省委、省政府在党和国家的民族政策指导下，始终遵循中共中央、中央人民政府关于马克思主义与中国实际相结合的民族理论、方针、政策，始终遵循《中国人民政治协商会议共同纲领》《中华人民共和国宪法》《民族区域自治法》等国家的法律、法规，始终坚持从云南多民族、边疆、山区和欠发达的实际出发，围绕党和国家各个时期的中心工作，把加强民族团结工作摆在首位，高举民族团结的旗帜，认真贯彻党的民族政策和民族区域自治制度，切实加强对民族团结工作的领导。历届云南省委、省政府高度重视民族问题和民族团结工作，提出了"在云南，不谋民族工作就不足以谋全局"的观点，在不同的时期，根据云南民族地区的特点，出台了一系列与云南实际相结合的妥善处理民族团结问题的政策措施，在民族团结和边疆稳定工作方面取得了显著成绩，积累了宝贵经验。

一　从实际出发，推进民族团结

实事求是是中国共产党一贯坚持的思想路线，是研究和解决一切问题的根本指导思想。从新中国成立伊始，云南民族工作的开展就长期坚持从云南边疆、民族、发展不平衡的实际出发，创造性地贯彻落实党的民族政策。中央每作出一个重大决策，云南省委、省人民政府都结合云南边疆民族地区实际，审时度势，认真研究，提出切合实际的具体贯彻落实的方针政策。民族团结工作也如此，在不同时期、不同地区，对不同民族采取不同的方针和措施，持续推进云南的民族团结，使云南长期保持了安定和谐的良好局面。

云南是我国民族种类最多、独有民族最多的多民族边疆省份。在新中国成立之初，云南省少数民族的人口就占全省人口总数的 33.1%，与内蒙古、宁夏等省级自治地方的少数民族人口比例相近，对于云南来说，民族工作不仅涉及全省，也涉及国家的边疆安全。云南各民族之间虽有"葫芦生几子"的兄弟同根传说，但也有彼此歧视征战的历史事实与恩怨纠结，还有汉族与少数民族之间的隔阂与不信任。在20世纪50年代初建立人民民主政权的时期，面对云南民族众多、社会经济发展不平衡、民族隔阂深的实际情况，云南省委按照中央"团结第一、工作第二"的指示和"慎重稳进"的方针，从云南边疆民族地区的实际情况出发，把"搞好团结，消除隔阂"确定为民族工作的中心任务。1950年7月20～31日，云南省委第一次党代会根据中共七届三中全会精神，结合云南地处边疆、民族众多的实际情况，在会议的《决议》中，提出了少数民族工作坚持贯彻"民族和睦、加强民族团结、消除历史造成的民族隔阂、工作稳步前进"的方针。在实际工作中，采取暂缓解决边疆地区民族内部的阶级问题，从疏通民族关系入手，解决历史遗留下来的民族歧视、民族隔阂问题，以促进各民族的团结。在正确地区分和处理敌我矛盾、阶级矛盾和民族矛盾的基础上，把工作的重心放在了加强民族团结和对敌斗争上，采取了"通过民族上层，联系和发动群众"，逐步实现"依靠群众推动民族上层进步"，"首先团结各民族一切与人民有联系的领导人物和全体爱国人士，共同实行民族区域自治"的基本指导方针。[1] 1951年1月1日，普洱区48位土司、头人、少数民族代表和党政军领导共同立下了"民族团结誓词碑"。碑文为："我们二十六种民族的代表，代表全普洱区各族同胞，慎重地于此举行了剽牛，喝了咒水，从此我们一心一德，团结到底，在中国共产党的领导下，誓为建设平等自由幸福的大家庭而奋斗！此誓。"[2] 誓词下面是48位代表用汉文、傣文、拉祜文书写的签名。此举表达了各族人民决心在中国共产党的领导下，团结一心、奋斗到底，誓为创造平等、自由、民主、幸福的革命大家庭而努力奋斗的决心。"民族团结誓词碑"见证了云南民族团结工作的良好开局。

在建立民族自治地方政权的工作中，云南重视团结民族上层，对一般

---

① 王连芳：《云南民族工作实践与理论探讨》，云南民族出版社，1989，第187页。

② 云南省民族事务委员会编《云南民族工作大事记（1949—2007）》，云南民族出版社，2008，第9页。

的民族上层本着"既往不咎"的原则，妥善处理他们的位置、待遇、武装，在民族区域自治地方政府中对主要民族上层人士的政治地位、职务、薪金做了安排，放手任用他们担任州长、县长等主要领导职务。通过争取民族上层，团结了各族人民，孤立了境内外的敌人，巩固了边疆新生的人民民主政权，促进了民族团结，保障了边疆政局的稳定。

在土地改革和社会主义改造时期，根据新中国成立前云南各民族的社会发展还处于资本主义前不同发展阶段的复杂社会形态，中共云南省委在调查研究的基础上，从边疆少数民族的特殊情况出发，制定了与内地汉族地区不同的民主改革方针和办法。在边疆地区已进入阶级社会的民族中采取了"联合封建反封建"的"和平协商"方式进行土改。在阶级分化不明显的景颇族、独龙族、怒族、德昂族、佤族、布朗族、基诺族等少数民族中，则采取不分土地、不划阶级，通过互助合作的方式发展生产，发展文化教育事业，向社会主义直接过渡，成功地引导发展不平衡的各民族走上了社会主义道路。"和平协商土改"和"直接过渡"，是云南根据中央大政方针结合云南实际处理民族问题的一个创举。它成功地把必须改革的原则性、共同性与从实际出发的灵活性、特殊性有效地结合在了一起，正确地处理了阶级矛盾和民族矛盾中的各种关系，既顺利地完成了边疆民族地区的社会改革，又保持了社会稳定，增强了民族团结。

在社会主义建设的新时期，云南省委、省政府坚持以各民族"共同团结奋斗、共同繁荣发展"为指导，从新时期云南少数民族的实际和促进民族团结进步的需要出发，提出了"决不让一个兄弟民族掉队"的战略目标，出台了一系列没有先例可循的加强民族工作的具体政策和措施，在全国实施了民族工作的"五个率先"：率先在全国实施民族团结目标管理责任制、率先制定实施民族区域自治法的地方性法规、率先制定扶持人口较少民族发展的特殊政策、率先在边境一线实行"三免费"教育、率先提出并实现 25 个少数民族在省直部门都有一名厅级领导干部等措施。

这些从云南实际出发的创新工作思路、创新政策措施，促进云南民族团结进步事业取得了新的成绩，开创了云南民族团结的新局面，极大地推进了云南的民族团结进步事业的发展。

二 健全法律法规，保障民族团结

民族团结，需要健全的法律法规作为保障。中国共产党从成立之初就非常重视民族团结的问题，1922 年，就提出要"尊重边疆各族人民的自主权利"，建立真正民主统一的共和国，并为此而努力奋斗。1949 年 9 月，中国人民政治协商会议第一届全体会议通过的《中国人民政治协商会议共同纲领》（以下简称《共同纲领》）用法律形式确定了中国各民族平等、团结的原则。《共同纲领》中规定："中华人民共和国境内各民族，均有平等的权利和义务。""中华人民共和国境内各民族一律平等，实行团结互助，反对帝国主义和各民族内部的人民公敌，使中华人民共和国成为各民族友爱合作的大家庭。反对大民族主义和狭隘民族主义，禁止民族间的歧视、压迫和分裂各民族团结的行为。"1950 年，为了从社会生活各方面消灭民族歧视的历史遗迹，建立平等、团结、互助的新型民族关系，政务院颁布《关于处理带有歧视或侮辱少数民族性质的称谓、地名、碑碣、匾联的指示》。1954 年，中华人民共和国第一部宪法颁布，宪法明文规定了中国各民族平等、团结、互助的原则。《民族区域自治法》对民族团结的问题也进行了明确规定，序言中指出："在维护民族团结的斗争中，要反对大民族主义，主要是大汉族主义，也要反对地方民族主义。"① 第一章《总则》第九条则规定："上级国家机关和民族自治地方的自治机关维护和发展各民族的平等、团结、互助的社会主义民族关系。禁止对任何民族的歧视和压迫。禁止破坏民族团结和制造民族分裂的行为。"② 民族区域自治制度的实施，对维护民族团结起到了积极的促进作用。此外，为了不断增进各民族的团结，党和国家采取了一系列有效措施，做了大量卓有成效的工作，许多政策文件和法规都有维护和发展民族团结的内容。云南在这个方

---

① 《中华人民共和国民族区域自治法》（2001 年修订版），中华人民共和国国家民族事务委员会官网，http://www.seac.gov.cn/art/2004/7/10/art_57_56319.html。
② 《中华人民共和国民族区域自治法》（2001 年修订版），中华人民共和国国家民族事务委员会官网，http://www.seac.gov.cn/art/2004/7/10/art_57_56319.html。

面也做了大量的工作，无论是省级制定的有关民族方面的地方性法规，还是民族自治地方制定的自治条例、单行条例，都对维护国家统一、加强民族团结、保证各民族共同发展作出了具体规定，使维护民族团结有法可依。

在 20 世纪 50 年代，根据《共同纲领》和 1954 年《宪法》的规定，云南就初步开展过民族立法工作，一些民族自治地方制定了组织条例和人大代表选举条例。云南系统地开展民族法制建设是在 1982 年新《宪法》修订和 1984 年《民族区域自治法》公布施行以后。1986 年 7 月云南省人大常委会审议批准云南省第一个民族自治地方自治条例——《云南省楚雄彝族自治州自治条例》，从那时至今，全省 37 个民族自治地方都制定和修订了自治条例。这 37 部自治条例坚持从自治地方的实际出发，对加强民族团结，维护国家统一，保证各民族共同发展，帮助人口较少民族发展政治经济文化等都作出了具体规定。每部自治条例都有专章、专条规范民族团结的内容。例如，《云南省镇沅彝族哈尼族拉祜族自治县自治条例》规定："自治县的自治机关维护和发展各民族平等、团结、互助的社会主义民族关系，禁止破坏民族团结和制造民族分裂的行为。"① 并把"加强各民族团结的教育"作为自治县自治机关的职责之一。② 有的自治条例还把某月、某周定为"民族团结月""民族团结周"，例如，《红河哈尼族彝族自治州自治条例》第 69 条就规定："每年 11 月为民族团结活动月，开展民族团结友爱活动。"③ 这些规定使维护民族团结有法可依。

除自治地方的自治条例外，云南省在不同时段制定的不少地方法规和地方行政法规也对民族团结的内容进行了规定。1988 年 4 月，经云南省人大常委会审议通过、由云南省人民政府发布的《云南省贯彻〈中华人民共和国民族区域自治法〉的若干规定（试行）》（以下简称《规定》），2001

---

① 《云南省镇沅彝族哈尼族拉祜族自治县自治条例》第十条，110 法律法规全国站，http：∥www.110.com/fagui/law_25414.html。
② 《云南省镇沅彝族哈尼族拉祜族自治县自治条例》第九条，110 法律法规全国站，http：∥www.110.com/fagui/law_25414.html。
③ 《红河哈尼族彝族自治州自治条例》第 69 条，110 法律法规全国站，http：∥www.110.com/fagui/law_25414.html。

年 2 月《民族区域自治法》修订后，云南省人大常委会于 2004 年 5 月审议通过的《云南省实施〈中华人民共和国民族区域自治法〉办法》（以下简称《办法》），都对民族团结作出了具体规定。例如，作为地方性法规的《办法》中规定："省人民政府定期召开民族团结进步表彰会议，对民族团结进步模范集体和个人，给予表彰奖励"①；"各级国家机关应当在全社会开展民族团结进步宣传教育。各级干部院校应当将民族理论、民族政策列入必修课；大中专院校应当开设有关民族理论、民族政策的讲座；中小学校应当开展民族团结教育活动。"② 此外，1999 年《中共云南省委、云南省政府关于进一步做好新形势下民族工作的决定》、2005 年《中共云南省委、云南省人民政府关于进一步加强民族工作加快少数民族和民族地区经济社会发展的决定》和 2009 年《中共云南省委、云南省人民政府关于进一步加强民族工作促进民族团结加快少数民族和民族地区科学发展的决定》等重要地方性行政规章，也都对民族团结工作进行了详尽的规定和部署。《中共云南省委、云南省人民政府关于进一步加强民族工作加快少数民族和民族地区经济社会发展的决定》，提出了新世纪新形势下增强全省各民族的大团结、加强民族团结宣传教育工作、正确处理影响民族团结的问题等加强民族团结，巩固和发展社会主义民族关系的具体措施。确定了以"团结、教育、疏导、化解"的方针，处理影响民族团结的问题；明确规定了"要不断完善民族团结进步的激励机制，长期坚持、广泛深入地开展民族团结进步活动。省委、省政府每 5 年召开 1 次民族团结进步表彰大会，各级党委、政府也要定期召开民族团结进步表彰会议，对在民族团结进步事业中作出突出贡献的集体和个人给予表彰和奖励"③。《中共云南省委、云南省人民政府关于进一步加强民族工作促进民族团结加快少数民族和民族地区科学发展的决定》则规定："各级党委和政府要进一步建立健

---

① 《云南省实施〈中华人民共和国民族区域自治法〉办法》第六条，云南省民族宗教网，http://www.ynethnic.gov.cn/fgzc/flfg/201506/t20150626_10433.html。
② 《云南省实施〈中华人民共和国民族区域自治法〉办法》第四十五条，云南省民族宗教网，http://www.ynethnic.gov.cn/fgzc/flfg/201506/t20150626_10433.html。
③ 《中共云南省委、云南省人民政府关于进一步加强民族工作，加快少数民族和民族地区经济社会发展的决定》，找法网，http://china.findlaw.cn/fagui/p_1/80120.html。

全处理影响民族团结问题的长效机制，坚持和完善民族团结目标管理责任制，做到责任到位、任务落实、量化管理、经费保障，确保民族团结工作的顺利开展。加强对民族类学会的支持和指导，发挥其促进民族团结的重要作用。要定期进行民族团结工作形势研判，认真开展影响民族团结矛盾纠纷排查调处，不断完善涉及民族方面的群体性事件预案，努力把影响民族团结和社会稳定的问题解决在基层，处理在萌芽状态。"①

　　为了推进民族团结进步事业，用法规引导和规范民族关系和民族团结，2010年5月28日，云南省第十一届人民代表大会常务委员会第十七次会议批准了《云南省迪庆藏族自治州民族团结进步条例》，在全国30个民族自治州开创了以民族自治地方单行条例推进和促进民族团结进步事业，加强民族团结，维护祖国统一，反对民族分裂，保障和引导地方民族团结进步事业健康发展的先河。该条例涵盖保障平等权利、促进繁荣发展、尊重风俗习惯、维护团结稳定等内容。条例结合当地实际，主要规定了促进迪庆州民族团结进步事业创新发展的内容，如结合目标管理责任制，确定了国家机关、企事业单位、社会团体及组织维护民族团结的不同职责，并规定该项工作实行领导负责制，进入领导班子和领导干部的考核。条例还将民族团结创建活动以及民族团结进步教育进机关、进学校、进厂矿、进社区、进村寨、进寺院、进教堂等近年来迪庆州民族团结进步事业的成功经验和做法上升为地方法规；对加强民族干部队伍建设，着力发展民族教育事业，发展城乡社会保障事业等做出了规定。其中明确提出，州内人口在1000人以上的民族都应配备1名以上干部担任处级领导职务；条例结合生态建设，规定要合理开发生态资源和自然资源，维护资源地各民族群众切身利益，改善人居环境；条例设立了民族团结进步月（日），将每年的9月和9月12日分别确定为迪庆州民族团结进步月、民族团结进步日；将表彰相关的模范集体和个人制度化、规范化，明确规定：该州各级政府应当定期召开民族团结进步表彰大会，时限分别为州级

---

① 《中共云南省委、云南省人民政府关于进一步加强民族工作促进民族团结加快少数民族和民族地区科学发展的决定》，云南省民族宗教网，http://www.ynethnic.gov.cn/fgzc/flfg/201506/t20150626_10433.html。

每 5 年、县级每 3 年、乡镇每 2 年，获得州级民族团结进步模范称号的个人，享受同级劳模待遇。①

以上法律法规，对加强民族团结，反对民族分裂，从法律、法规的角度进行了规定，保障了云南的民族团结、民族和谐和边疆稳定。

三 开展宣传教育，维护民族团结

在云南这个多民族的地区，民族团结直接关系到云南的稳定和发展。开展民族团结的宣传教育，引导广大干部群众牢固树立马克思主义民族观，树立"汉族离不开少数民族，少数民族离不开汉族，各少数民族之间也互相离不开"的观念，是云南维护民族团结的重要工作方式。从新中国成立开始，云南就重视民族团结的宣传教育工作，20 世纪 50 年代初期，少数民族参观团到北京，受到党和国家领导人的接见，少数民族代表到内地参观考察，受到当地的热情接待和欢迎。这些活动，新闻媒体都给予了及时充分的报道，大大提高了少数民族的主人翁意识，增强了民族团结。20 世纪 50 年代多次开展的民族政策执行情况检查，通过新闻媒体的报道，增强了各级干部执行党的民族政策的自觉性。改革开放以来，在云南省委、省政府的领导下，云南加强了民族团结宣传教育工作，工作内容更加扎实、丰富。

一是加强民族团结的舆论宣传工作。运用广播、电视、报刊、图书、网络等媒体，不断加强对民族理论、民族政策、法律法规，民族团结的宣传。云南日报社、云南人民广播电台设有民族部，专门负责有关民族方面的宣传报道和民族语广播。省电视台几乎每天都有民族新闻与观众见面。1976 年恢复了云南民族出版社。1980 年创办了《民族工作》杂志（现名《今日民族》）。1992 年创办了《云南民族报》，专门从事民族理论、民族政策、法律法规，民族文化、民族团结等方面的宣传与出版工作。2010 年

---

① 《云南省迪庆藏族自治州民族团结进步条例》，云南省政府信息公开导航网，http：//xxgk. yn. gov. cn/Info_ Detail. aspx？DocumentKeyID。

7 月，云南民族出版社用汉文、景颇文、傈僳文等 12 种文字出版的《民族团结一家亲——云南省民族团结知识简明读本》，以问答形式，简洁明了、通俗易懂地宣传民族团结的重要意义，介绍民族发展基本知识，回顾云南民族工作的成功经验。各新闻媒体把集中宣传报道，如《民族区域自治法》的颁布施行、省里召开重要的民族工作会议、表彰民族团结先进模范、民族自治地方成立和逢十周年庆祝、大型民族文化体育活动等与平时的正常宣传结合起来，宣传报道民族地区的发展成就和民族团结的先进典型。民族团结的舆论宣传工作，使读者、观众、听众能经常了解民族地区的形势及民族团结的状况，看到民族地区日新月异的变化。营造了多方关注民族团结、宣传民族团结、重视民族团结、自觉维护民族团结的社会氛围。

二是重视对干部进行民族理论、民族政策的学习和教育。在民族地区工作，如果不掌握马克思主义民族理论，不熟悉党的民族政策和相关的法律法规，就不可能胜任工作。改革开放以来，云南省委领导多次指出，在云南工作的干部尤其是领导干部，要熟悉云南的民族情况，懂得党的民族政策，才能做好工作。在每一个关键时期，省委在布置民族工作任务时，都要结合当时的形势，提出开展民族理论、民族政策教育的有关问题。在 1978 年开展真理标准问题大讨论期间，云南省委领导通过在民族地区的实际调查指出：在一切工作中，都要从实际出发，实事求是，凡是实践证明是正确的，就要敢于坚持，凡是实践证明是错误的，就要勇于改正。特别是在民族工作中，更要坚持实践是检验真理的唯一标准。云南民族工作战线的同志紧密联系实际，认真学习党的十一届三中全会文件，对"民族问题的实质是阶级问题"进行理论上的拨乱反正，端正了各级干部的思想路线，使他们能够正确地执行党的民族政策。1982 年，为了让各级党委、各条战线、各个部门必须牢固树立边疆观念、民族观念，中共云南省委在全省开展了民族政策再教育。为配合这一工作的开展，省委宣传部、民族工作部还编印出版了《搞好党的民族政策再教育，为实现四个现代化而奋斗》一书，供各地学习党的民族理论、民族政策时参考。1994 年 10 月，云南省委五届五次全会的工作报告提出：从云南实际出发，各级党校的干部和党员培训，要加上马克思主义民族观、宗教观这一课；在同级党校、行政学校、民族干部学校开设马克思主义民族观、党的民族政策、民族法律法规课程或讲座。全省各级党校和干部学校，遵照省委的指示把民族理论民族政策教育引进了课堂。成立了民族理论教研组，配备了专职教师，编写了教材，向各级干部学员进行党的民族理论、民族政策、民族法律法规的教育，树立边疆、民族、团结意识，提高他们贯彻执行党的民族政策的水平、自觉意识和做好民族工作的能力，以维护民族团结。

三是在各级各类学校特别是中小学中开设民族团结教育课程。在云南，民族团结教育工作向来都是教育工作和民族工作的重中之重。1999年，云南被教育部和国家民委正式批准为"中小学开展民族团结教育活动"试点省份，2001年，云南的民族团结教育已经覆盖了全省16个州市所属中小学。2006年，全省确立了434所中小学作为云南省民族团结教育活动示范学校，并举行了隆重的挂牌仪式，这种以示范推动民族团结教育工作的方式在全国尚属首创。2007年，由省民委牵头，联合省教育厅、省财政厅、省文明办众多专家历时两年编写的《云南省民族团结教育教材（小学版）》正式出版。教材中囊括了云南25个世居少数民族的风土人情、文化传承、民族团结的传统和历史。报经云南省人民政府批准，2008年秋季学期该教材被免费提供给云南省小学五年级学生使用。2012年，云南专门成立了从省级到各州市，由教育部门牵头民族工作部门参与的学校民族团结教育活动领导小组，负责指导当地学校开展民族团结教育活动。从当年春秋学期开始，全省中小学开始开设民族团结教育课程。① 多年来云南省开展学校民族团结教育活动成效显著。做到了把民族团结教育放在优先位置，优先保证课时，优先进行教师培训；突出课堂教学主渠道、突出示范作用、突出学校民族团结教育的目标任务；课程建设创新、活动内容创新、开展活动创新。此外，在云南省高等院校中也开设了民族团结教育课程。为了充分发挥高校教学、科研优势，引领社会发展，为全面推进云南省民族团结教育，云南省教育厅、云南省民族

---

① 刘瑜澍：《学校民族团结教育在云南》，《今日民族》2015 年第 2 期。

宗教事务委员会在昆明学院设立了民族团结教育基地，积极深入开展民族团结教育相关研究，对云南的民族文化进行深入挖掘、整理、保护、传承、创新和发扬，探索多元化的民族团结教育方式。云南学校民族团结教育工作由个别试点到全省铺开，由进学校到进课程，由编写教材到培训教师，逐步推进、层层落实，走在了全国前列，成为云南民族工作的一道亮丽的风景。

四是开展民族团结日、民族团结周、民族团结月活动。以民族团结日（月）为平台，通过丰富多彩的群众性活动，进行党的民族理论、民族政策、民族法律法规和民族基本知识宣传教育，积极引导全社会努力形成人人宣传民族团结、人人爱护民族团结的良好氛围。例如：德宏州，自 1983 年将每年 10 月确定为"民族团结月"，集中开展系列民族团结进步活动以来，历届州委、州政府，本着高位推动、主题突出、形式多样、内涵丰富、深入群众的方针，将开展"民族团结月"活动，作为党的民族政策在德宏州全面贯彻落实的创新性举措，连续 35 年不间断地开展民族团结月活动。每年 9 月，德宏州委常委会、州政府常务会都要对民族团结月活动进行专题研究部署，全州各级各部门按照州委、州政府的统一部署，精心组织，扎实开展，形成了上下联动的工作机制，做到组织领导机构明确，人员到位；活动方案明确，责任分工到位；工作举措明确，任务落实到位；保障要求明确，专项经费到位。在全州各级各部门的积极参与、共同努力下，"民族团结月"已成为德宏州各民族学习政策、相互交融、促进友谊、共谋发展的大舞台。通过 35 年的实践，"民族团结月"已经深得德宏州各族群众的拥护，成为德宏州民族工作的一大特点、亮点。①

通过民族团结的宣传教育，把党的民族工作方针、政策及时传达给各族干部群众，使"汉族离不开少数民族，少数民族离不开汉族，各少数民族之间也相互离不开"的思想日益深入人心，在全社会营造了团结和谐的良好氛围，对云南的民族团结起到了很好的维护作用。

---

① 赵芳、刘瑜澍：《谱写中国梦德宏新篇章——专访德宏傣族景颇族自治州州委副书记、代理州长卫岗》，《今日民族》2017 年第 11 期。

四　表彰先进模范，激励民族团结

党的十一届三中全会以来，在推进民族团结进步事业的过程中，云南把开展民族团结进步表彰活动作为经常性的工作来抓，通过这项活动，总结经验，表彰先进，树立典型，激励民族团结，推动民族团结进步事业不断发展。

云南对民族团结进步模范集体和模范个人的表彰活动始于1983年。1983年8月29日~9月2日，云南省委、省政府在昆明召开全省第一次民族团结进步表彰大会，云南省人民政府对77个单位和集体授予了云南省民族团结进步先进单位和先进集体称号，对121位个人授予了云南省民族团结进步模范称号，颁发了荣誉证书、奖牌、奖章、奖品。对模范个人给予特殊待遇，退休时仍保持荣誉者，能够享受特殊贡献待遇。大会向全省各族人民和驻滇人民解放军、武警部队全体指战员发出进一步推进民族团结进步事业向前发展的《倡议书》。云南省委、省政府号召全省各族干部群众认真学习贯彻党的路线、方针、政策，尤其是民族、宗教政策，积极开展学习民族团结进步先进集体和模范个人的先进事迹活动，把云南民族团结进步事业继续推向前进。

从1983年云南省第一次民族团结进步表彰大会至今，云南省已召开了7次民族团结进步表彰大会，共表彰了各条战线为民族团结进步事业作出突出贡献的915个模范集体和847名模范个人，并广泛宣传他们的先进事迹，从正面树立榜样，用激励的方式来鼓舞和带动民族团结。20世纪90年代以后，云南各地州市也定期召开民族工作会议暨民族团结进步表彰大会，对民族团结进步模范集体和模范个人进行表彰。

对民族团结进步模范集体和模范个人的表彰，在云南已形成了制度。2004年5月，云南省人大常委会批准通过的《云南省实施〈中华人民共和国民族区域自治法〉办法》规定："省人民政府定期召开民族团结进步表彰会，对民族团结进步模范集体和个人，给予表彰奖励。"2005年9月，云南省委、省政府再次明确规定，每5年召开一次全省民族团结进步表彰会。2009 年 9 月 8 日由云南省人民政府颁布的地方性法规《中共云南省委、云南省人民政府关于进一步加强民族工作促进民族团结加快少数民族和民族地区科学发展的决定》，也进一步规定："各级党委、政府要定期召开民族团结进步表彰会议，对在民族团结进步事业中作出突出贡献的集体和个人给予表彰、记功和奖励。"

结合民族团结进步表彰活动，云南各地和各部门把检查民族政策贯彻落实情况，作为一项重要内容来抓，解决了一些在执行民族政策方面存在的问题，提高了各族干部群众贯彻落实民族政策的自觉性；在民族团结进步表彰活动中，各地和各部门坚持对各族干部群众进行马克思主义民族理论、党的民族政策和民族知识的宣传教育，使"汉族离不开少数民族，少数民族离不开汉族，各少数民族之间也相互离不开"的思想深入人心；表彰活动中涌现出的大量民族团结进步模范，是全省各条战线上积极投身于民族团结进步事业、成绩突出、群众公认的模范代表，他们为维护民族团结、社会稳定和国家统一，促进少数民族和民族地区经济社会发展，做出了突出贡献。同时，他们作为推进民族团结进步事业的先进代表，其先进事迹、优秀品质和高尚情操，为各族干部群众树立了榜样；省和各州市的每一次民族团结进步表彰大会，都会在深入调研的基础上，总结几年来民族团结进步事业的成就和经验，部署当前和今后一段时期民族工作的主要任务，使民族团结进步表彰大会，成为统一思想、提高认识、总结经验、明确任务和团结鼓劲的大会。

20 多年来，民族团结进步表彰活动，有力地推动了云南民族团结进步事业的发展。

五　建立长效机制，管理民族团结

为了进一步协调民族关系、妥善处理民族团结问题，1999 年，云南在全国率先实施了民族团结目标管理责任制，建立了民族团结稳定工作的长效机制，对民族团结工作进行规范管理。

民族团结目标管理责任制是云南省维护民族团结、边疆稳定的一项重要机制保障。这项制度以责任制的形式，将涉及民族团结、边疆稳定的各项工作任务进行量化，分解到各级党政部门的相关单位和组织中，通过每年逐级签订《民族团结稳定目标管理责任书》的方式，按照"党政动手，各尽其责，依靠群众，化解矛盾，维护稳定，做到小事不出村，不出厂矿，大事不出乡镇，矛盾不上交"的原则，坚持"团结、教育、疏导、化解"的方针，层层落实到各级党政组织和基层组织，采取目标管理、逐级考核、标准量化、百分考评的方式进行量化考核。年初签订责任制，年内进行检查督促，年末考核并兑现奖惩。其目的在于通过"属地管理、分级负责""谁主管、谁负责"的原则认真抓落实，力争把矛盾解决在基层，处理在萌芽状态。

民族团结目标管理责任制，是一套严密而科学的目标管理体系。整套制度包括目标的制定、目标的展开、目标的传递、目标的实现、目标的考核，五大目标管理过程。目标的制定，包括总体目标、工作方针和具体措施的制定；目标的展开，包括各级民族工作部门围绕总目标，结合当地具体情况层层细化和完善，从而形成一整套的目标体系；目标的传递，包括目标要求的层层分解以及目标责任的逐级落实；目标的实现，包括事件发生前的预案，事件发生后的正确处理和及时上报；目标的考核，包括对目标实施过程中的督查，阶段性的科学考核以及合理的激励手段。而这些目标管理过程又通过领导、宣教、示范、反馈、协调、预警、应对、督查、考核、激励十个机制来加以实现。①

目标管理责任制的内容，在实践中不断完善。这一制度开始实施时，目标管理的基本要求和主要考核内容包括积极争取党委、政府对民族工作的领导，把民族工作纳入党委、政府的议事日程；在辖区内全面签订责任书；认真开展马克思主义民族观、党的民族政策和民族法律法规的宣传教育；主动采取措施，积极协调、化解、排查、调处影响民族团结的矛盾纠纷；加强调查研究，不断总结经验等。② 在实践中，结合民族工作的时代

---

① 徐畅江等：《未雨绸缪　岁岁安澜——云南省实施民族团结目标管理责任制纪实》，《今日民族》2003 年第 9 期。
② 徐畅江等：《未雨绸缪　岁岁安澜——云南省实施民族团结目标管理责任制纪实》，《今日民族》2003 年第 9 期。

律动，目标管理责任被不断赋予了新的内涵。例如，2010 年，根据形势需要，责任书中增加了认真落实中央和云南省委藏区工作会议精神情况、认真做好新疆籍务工人员的管理服务、认真进行民族团结进步创建活动、认真开展城市民族工作、认真开展民族关系分析暨团结稳定形式、每年召开民族工作会议等内容和评价指标。[①] 考核指标体系与时俱进，不断完善，保证了目标管理责任制的生机和活力，使这一制度更具针对性和实效性。

责任书签订的范围，在实践中不断延伸。1999 年，目标管理责任书仅在民委系统中签订，当年省民委仅与 16 个地、州民委签订了责任书。之后，逐步延伸。截至 2010 年 6 月，民族团结目标管理责任制已覆盖云南省所有 16 个州（市）、129 个县（市、区），全省全部 1335 个乡（镇）、9929 个村（居）委会和社区，以及 205 个企业、33 个农场、1890 个宗教活动场所、920 个其他活动场所，共签订责任书 14312 份。[②] 形成了上下左右、方方面面配合，齐抓共管，"横向到边、纵向到底"的系统化、网络化的工作格局。

民族团结目标管理责任制这一量化管理、分级负责、分层落实民族团结工作目标的崭新的工作机制，强化了基层自觉做好民族团结工作的意识，加强了各有关部门之间的联系和合作，使各类影响民族团结、社会稳定的矛盾纠纷和隐患得到及时排查调处，在实施不长的时间内就取得了显著的成效，民族地区各类影响民族团结的矛盾纠纷呈现减少的良好态势。以红河哈尼族自治州为例，仅在 2002 年，这个州的民族工作部门就调处或参与调处矛盾纠纷 164 件，涉及人数 8065 人，比上年减少 94 件，下降率达 36.43%，人数减少 3332 人，下降率为 29.24%。从云南省的情况来看，全省民委系统仅 2009 年一年，就排查调处各类矛盾纠纷隐患 89 件，涉及群众 48646 人，[③] 有力地维护了云南的民族团结和社会稳定。

---

① 云南省民委：《云南省民族团结目标管理责任制不断完善》，中华人民共和国国家民族事务委员会官网，http://www.seac.gov.cn/art/2010/7/28/art - 57 - 56319.html。
② 云南省民委：《云南省民族团结目标管理责任制不断完善》，中华人民共和国国家民族事务委员会官网，http://www.seac.gov.cn/art/2010/7/28/art - 57 - 56319.html。
③ 徐畅江等：《未雨绸缪　岁岁安澜——云南省实施民族团结目标管理责任制纪实》，《今日民族》2003 年第 9 期。

民族团结目标管理责任制的实施，是云南民族工作适应社会主义市场经济发展的一次创新，是云南民族工作应对云南民族地区在市场经济大潮的冲击和震荡下，因经济利益调整而引发的各种新、旧矛盾不断增多，影响民族团结的突发事件、群体性事件频频出现的情况，而进行的一次重大变革。它把现代公共管理中的相关理论与云南民族工作的实际相结合，形成了制度化、规范化、科学化的民族团结系统管理工程。使传统的民族团结工作方式实现了从被动到主动的转变，从局部分散运作状态到网络化系统化运行状态的转变，从单一工作职能向综合性工作职能的转变。①

民族团结目标管理责任制实施十多年来，在预防、处理影响民族团结的矛盾纠纷过程中发挥了巨大的作用，改变了过去一些地方在民族团结稳定工作方面平时过问少、研究少，遇有问题时相互推诿，上交矛盾等种种弊端，显示出了勃勃的生机与活力，成为云南做好民族工作、维护民族团结、维护边疆稳定的重要保障机制，有力地巩固了云南的民族团结。民族团结目标管理责任制的实施，使云南民族自治地方成为全国最稳定的地区之一，进一步巩固发展了云南各民族平等、团结、互助的社会主义民族关系。

六　以典型示范，带动民族团结

以典型示范带动民族团结，是云南民族团结工作的一种重要方式。"民族团结示范点"创建是新时期云南民族工作的重要组成部分，是云南省民族事务委员会为加强民族工作、增进民族团结、促进少数民族和民族地区经济社会又好又快发展，而以典型引路，推动民族地区建设文明富裕新农村的一个举措。云南的"民族团结示范点"创建工作始于2003年，由云南省民族事务委员会根据2003年云南省民委工作会议关于"抓团结、促发展、奔小康，开创新世纪新阶段云南民族工作新局面"的精神，按照

---

① 畅江：《民族团结目标管理：民族工作的一个创新——访云南省民族事务委员会副主任高广》，《今日民族》2003年第9期。

"典型引路，示范推动"的工作思路推出。《关于创建"民族团结示范点"和"兴边富民示范点"工作的通知》确定了从 2003 年 7 月起，在全省开展"民族团结示范点"和"兴边富民示范点"创建活动。创建活动旨在通过创建"示范点"，经常性地开展马克思主义民族观和党的民族政策的宣传教育，开展群众性公民道德实践活动，营造有利于民族团结的社会氛围，建立健全群防群治和治保调解组织，消除影响团结稳定的各种隐患，使示范点无毒、无刑事案件，社会治安良好，民族关系和谐；村容村貌整洁，基础设施完善，实现通公路、通电、通水、通电话；人民生活水平不断提高，全面解决温饱，人均纯收入达到本县（市）中上水平；普及九年制义务教育，适龄儿童入学率、巩固率达到本县（市）平均水平以上；计划生育无超生。"民族团结示范点"创建工作拟通过示范点的典型示范效应，在巩固和发展社会主义民族关系、发展经济方面对周边地区起到良好的带动辐射作用。

示范点创建活动开始后，确定了省、州（市）、县三级共建的 16 个示范点，涉及 16 个乡（镇），16039 户农户、65720 人。① 部分县（市）也确定了自己的示范点，开始了以点带面的创建活动。到 2007 年，云南省已经创建民族团结示范村 440 个。在创建活动中，通过建立健全示范点建设的领导机构和工作机构、科学规划、合理布局、突出重点、示范推动、民委牵头、部门参与、群众苦干、整合资源，"民族团结示范点"建设取得明显成效，民族团结进一步增强、村容村貌明显改观、经济文化更加发展。通过示范点创建活动，把开展马克思主义民族观、党的民族政策和有关法律法规的宣传教育制度化，开展群众性公民道德实践活动，营造了有利于民族团结的社会氛围，建立健全群防群治和治保调解组织，消除影响民族团结、社会稳定的隐患。通过大力开展典型示范，以点带面地带动了各地民族团结进步工作加速发展，为民族团结工作，注入了新的活力，发挥了较好的民族团结示范作用。

---

① 云南省民委相关处室：《云南民族工作成就与经验——亮点聚焦》，《今日民族》2005 年第 8 期。

2011 年，国务院明确提出"把云南建设成为我国民族团结进步、边疆繁荣稳定的示范区"，同年 7 月，习近平同志对云南示范区建设作出重要批示。2015 年初，习近平总书记在云南考察工作时，提出把云南建设成为我国民族团结进步示范区、生态文明建设排头兵、面向南亚东南亚辐射中心的战略定位和指示要求。云南省委、省政府高度重视，2015 年 3～8 月半年间连续下发了《中共云南省委云南省人民政府关于加强和改进新形势下民族工作的实施意见》《中共云南省委关于深入贯彻落实习近平总书记考察云南重要讲话精神创出跨越式发展路子的决定》《中共云南省委云南省人民政府关于加快建设民族团结进步示范区的实施意见》三个文件，高位推进示范区建设，对全力推动云南民族团结进步示范区建设做出了具体部署和安排，按照"十大示范、三大跨越"的目标任务，加大投入支持力度。2013～2015 年云南全省实施"十县百乡千村万户示范点创建工程"三年行动计划，按照"重点突破、以点带面、示范引导、全面推进"的思路，在全省范围内创建 10 个示范县市、100 个示范乡镇、1000 个民族团结进步示范村（社区）和 1 万户民族团结进步示范户，采取"国家补助、地方支持、部门整合、群众投入"的方式，通过整合资源，层层抓点，合力攻坚，从实际出发打造出一批类型多样、各具特色的示范典型，为全省示范区建设探索积累经验，形成以点串线、以线连片、以片带面的示范区建设格局。

2016 年 12 月云南省第十次党代会将"民族团结进步示范区建设扎实推进"列为今后 5 年全省 5 个主要奋斗目标之一，奋力推进。省委、省政府成立了由主要领导挂帅、省级 29 个部门为成员的示范区建设领导小组，制定了严明的考核制度，高位推动示范区建设。同时，云南与国家民委等部委的省部合作机制深入推进。

2017 年 2 月，为全面贯彻落实习近平总书记把云南建设成为我国民族团结进步示范区的重要指示，云南省委、省政府编制了《云南省建设我国民族团结进步示范区规划（2016—2020 年）》（以下简称《规划》），坚持打牢民族团结进步的思想基础、发展基础、制度基础和社会基础四个基本原则，明确了示范区建设的主要目标和路径：到 2020 年，通过着力补齐少数民族和民族地区全面建成小康社会的短板、着力增强少数民族和民族地区跨越式发展的动力、着力促进民族团结和宗教和谐，实现全面小康同步、公共服务同质、法治保障同权、精神家园同建、社会和谐同创，在民生持续改善、发展动力增强、民族教育促进、民族文化繁荣、民族团结创建、民族事务治理等 6 个方面做出示范。明确了到 2020 年实现少数民族和民族地区如期实现全面脱贫、全面小康，民族自治区地方经济保持中高速增长以及民族团结和谐局面更加巩固 3 个目标。提出了民生持续改善、发展动力增强工程、民族教育促进工程、民族文化繁荣工程、民族团结创建工程、民族事务治理工程 6 项重点工程和 30 个项目。

"民族团结示范点" 创建工作开展以来，尤其是把云南建设成为我国民族团结进步示范区战略实施以来，云南省委、省政府始终坚持 "在云南，不谋民族工作不足以谋全局" 的指导思想，始终坚持以共同发展促进民族团结、以边疆繁荣促进边疆稳定，始终坚持 "各民族都是一家人、一家人都要过上好日子" 的信念，以民族团结进步创建活动为引领，高位推动、合力攻坚、以点带面，推进创建活动与示范区建设相辅相成，着力加快了少数民族和民族地区经济发展步伐，不断巩固和发展了平等团结互助和谐的社会主义民族关系。

七　多部门联合协作，协调民族团结

民族团结不是一个孤立的问题，它与历史因索、政治局势、经济发展、文化建设、宗教信仰等诸多社会环境因素密切关联，因而民族团结工作是一项复杂的社会系统工程。做好民族团结工作，需要全社会和各部门、各行业的关心、支持。各部门密切配合和通力协作，是做好民族团结工作的重要基础。

在民族团结工作中，云南省由民委系统牵头，在全省建立了由民族、统战、政法、公安、民政、广电、新闻、宗教、扶贫、林业、水利、教育、文化等多部门组成的民族团结稳定工作联席会议制度，各级民委通过与这些部门经常加强联系、互通信息、互通情况，定期、不定期召开会议，研究民族团结稳定工作，协调处理民族地区两类不同性质的矛盾，通过制定民族团结稳定工作联席会议制度和规则，对成员单位的工作职能、职责及工作程序做了明确分工和规定，提高了各有关部门对民族团结稳定工作的共识，形成了齐抓共管的良好机制。例如，1993 年以来，丽江市宁蒗县某乡、永胜县某乡的 100 多户、400 多名少数民族群众自发搬迁到永胜县某镇的山上，2000 年、2001 年，因水源、森林、土地资源问题，搬迁户与原住村民多次发生争吵、打群架事件。永胜县委、县政府高度重视，县长、分管副县长亲自召集协调会议，研究处理对策，成立以县民宗局等有关的单位和部门组成的专门工作组，安排专项经费，积极做好搬迁户回迁和易地扶贫开发工作。经过耐心细致的工作，一部分群众愿意回迁，永胜县政府给予户均 1800 元的回迁补助，其他人则被纳入永胜县的异地扶贫开发计划得到了妥善安置，保障了当地的民族团结，社会稳定。西双版纳州勐腊县某农场因企业体制改革，某分场部分少数民族职工下岗后生活费较低，2002 年 3 月他们到县民宗局上访，县民宗局立即与农场协商，强调这不是一个简单的农场内部的问题，而是一个政策性、苗头性、群体性的问题，处理不好就会影响民族团结、场群团结，在农场的密切配合支持下，坚持疏导教育与解决实际问题相结合的方针，在较短的时间内妥善解决了问题，还使其他分场的少数民族职工的问题也一并得到了解决，使这个可能由简单的问题导致更大民族问题的事件解决在萌芽状态。①

2012 年，民族团结进步边疆繁荣稳定示范区建设工作全面启动后，为加强对示范区建设工作的领导，以示范区建设统筹全省工作，云南省委、省政府成立了由省委书记担任组长、省长担任常务副组长、分管省领导担任副组长，省级 28 个部门主要负责人为成员的示范区建设领导小组。云南全省各州市和县（市、区）都相应成立了示范区建设领导机构，建立了工作制度，省民族宗教委设立了示范创建处，部分州市增加了编制和人员，全省上下形成了"党委领导、政府主导、部门协同、社会参与、合力推

---

① 徐畅江等：《未雨绸缪　岁岁安澜——云南省实施民族团结目标管理责任制纪实》，《今日民族》2003 年第 9 期。

进、同建共享"的示范区建设良好格局。同时，建立了示范区建设省部联席会议机制，实施了示范区建设目标管理责任制、示范区领导小组成员单位年度任务承诺制等制度。

多部门的联合协作，形成了民族团结工作的合力，避免了部门、单位间的相互扯皮、相互推诿，全方位、多角度地去化解那些有可能破坏民族团结的不利因素，使很多影响民族团结的隐患和突发事件得以及时解决在基层，消除在萌芽状态，保障了云南省多年来民族团结、社会稳定。

八　做好宗教工作，巩固民族团结

民族与宗教虽属两个不同的范畴，宗教也不是民族的构成要素，但在实际生活中，民族问题与宗教问题往往交织在一起。民族问题中有一个宗教信仰问题，宗教问题又常常演变为民族问题或以民族问题的形式表现出来。云南是一个宗教多元的地区，其信仰类型从民间宗教到世界三大宗教以及其他中国本土化宗教均有存在，宗教类型之多居全国之首，少数民族群众中有相当多的人信仰不同的宗教，多种宗教教派和多元宗教文化并存。云南的宗教问题与民族问题、边疆问题和贫困问题相交织，这里是全国宗教工作的重点省份之一。在云南，正确贯彻党的宗教信仰自由政策，做好宗教工作，是实现民族团结，社会稳定的重要组成部分。在引导宗教与社会主义相适应、加强对宗教事务的管理、巩固民族团结方面，云南开展了大量工作并取得了显著成效。

认真贯彻落实党的宗教信仰自由政策。坚持"政治上团结合作、信仰上互相尊重"的原则，充分尊重和保护公民的宗教信仰自由权利，依法批准设立了一批宗教活动场所，妥善解决了一批历史遗留的宗教房产问题，保障了宗教界的合法权益。

坚持依照法律法规管理宗教事务。坚持把依法加强宗教事务管理作为宗教工作的根本准则，率先制定出台了规范性文件《云南省〈藏传佛教活佛转世管理办法〉实施细则》，推动云南的宗教事务法制化进程。迪庆藏族自治州在全国涉藏地区率先出台了《云南省迪庆藏族自治州宗教寺院管理条例》，进一步提高了宗教事务管理法制化、规范化水平。云南在依法加强对宗教活动场所、教职人员、宗教活动的管理方面做了大量工作，成立了覆盖全部寺院的管理机构。

积极引导宗教与社会主义社会相适应。支持和鼓励宗教界开展符合时代进步要求、有利于民族团结进步的活动；坚持把发挥宗教界人士和信教群众的积极作用作为宗教工作的根本要求，按照"政治上团结、生活上关心、信仰上尊重"的要求，加强爱国主义和法制宣传教育，通过"政策法规学习月"活动，提高宗教界人士和信教群众的国家意识、法律意识和公民意识。鼓励宗教界深入开展与社会主义社会相适应的宗教思想、宗教教义和宗教道德研究，支持各宗教举办了一系列讲道（经）交流活动。鼓励宗教界积极参与经济社会建设，开展公益慈善事业，积极支持宗教界人士和信教群众到各级人大、政协参政议政、建言献策。

坚持把促进宗教关系和谐作为宗教工作的重要任务。积极营造宽松和谐的社会氛围，一方面尊重和保护与宗教有关的民俗文化，另一方面提倡各种宗教相互交往、相互尊重。根据多种宗教并存的现实，通过举行宗教界人士的联谊会、运动会等方式，增加彼此了解，达到了和睦相处的效果。

关心宗教人士的生活。帮助解决宗教代表人士和僧尼的生活、医疗、养老等基本问题，为宗教界人士解决实际困难。2013年基本完成了云南全省宗教界人士社会保障工作。设立宗教工作专项经费，建立宗教人士学习、参观、看望、慰问等工作机制。

这些工作，促进了云南宗教界的爱国统一战线不断巩固和发展，有效抵御了境外敌对势力利用宗教对我国的渗透活动，把信教群众和不信教群众、信仰不同宗教的群众团结起来共同为全面建成小康社会的目标而奋斗。有效地维护和巩固了云南宗教和顺、民族团结的良好局面。

60多年来，在党中央的正确领导下，云南省委、省政府，立足地处边疆、民族众多、发展极不平衡的特殊省情，发展民族团结进步事业，创新工作思路，创新政策措施，长期保持了云南安定和谐的良好局面。

参考文献

马曜主编《云南民族工作四十年》，云南民族出版社，1994。
郭家骥：《云南的民族团结与边疆稳定》，民族出版社，1998。
郑维川等：《云南省情》（2008 年），云南人民出版社，2009。
格桑顿珠等：《民族区域自治在云南的成功实践》，民族出版社，2012。

生态问题研究

澳大利亚桉树在中国：劝种话语、生态争议、公众感知及文学再现

摘　要：原生澳大利亚桉属尤加利（桉树）于晚清时期引入慈禧宫廷，后因速生、易栽、多用而在中国南方得以推广。随其种植面积不断扩大，特别是 20 世纪 80 年代高速发展人工桉林，环境问题逐渐显露，倒逼公众的生态意识，因"倒桉""挺桉"引发的报道、口述、描述、数据等与超然的桉树文学书写构成一种"复调"的话语现象。本文拟通过爬梳澳桉引种史料和劝种话语，综述当代媒体的倾向性观点，分析公众对于单一桉林的感知，比较抗战期间旅居云南的学者和作家的桉树书写，试图呈现晚清以来中国如何接轨世界造林体系来应对自己的环境难题，如何因单一的桉树种植而卷入全球性生态同质世和文化后效之中，以及作为全球史实践一部分的桉树如何影响了中国的经济文化甚至文学想象。

关键词：物种交换　造林　桉树　生态争议　公众感知　林景昆明

原生于澳洲的桃金娘科桉属植物（eucalyptus），音译为尤加利，是近900多个亚种、变种的总称。广为人知的桉树包括蓝桉、赤桉、细叶桉、

大叶桉等，桉树最先是作为观赏植物由意大利公使于 1890 年引入晚清宫廷，[①] 后因"生长迅速、干材挺直，材质坚硬、利用价值宏大"[②] 逐渐扩种到接近原种生境的广州（1890 年）、福州（1894 年）、昆明（1896 年）、西昌（1910 年）、合浦（1920 年）等南方地区。[③] 桉树与另外两种更有气候普适性的优良行道树种（美国洋槐和英国悬铃木）构成清末民初中国城市植景的"异域"情调——北平五月槐荫绿海、沪上租界梧桐大道、昆明海埂桉堤。桉树见证了晚清以降，卷入现代化进程的中国如何在风景层面一步步全球化自己的都市植被（vegetation cover）。

作为世界三大最优速生树种之一，桉树的用途范围和经济价值远超杨树、松树，备受中国政治家、经济决策者以及林农学家的青睐。经由晚清外交家吴宗濂（1856—1933）引介、[④] 广东军阀陈济棠（1890—1954）倡导，[⑤] 中华人民共和国朱德委员长（1886—1976）等人力推，[⑥] 加上侯宽昭、祁述雄、谢耀坚等几代林学家的努力，桉树渐由观赏植物、道路绿化树跃升为中国现代林业的主力树种。特别是 20 世纪 80 年代以来，在"植树造林、绿化荒山"基本国策、木材和纸浆巨大需求及延伸利益的驱动下，中国的桉林、桉园、防风桉林带等种植面积不断扩大，到 2015 年，据不完全统计，中国的桉树种植面积已达 440 万公

[①] 另有一说："……即 1874 至 1907 年……自意国携回各种属树苗栽培于沿长江流域。"参见侯宽昭《中国桉树的栽培》，中国科学院华南植物研究所，1954，第 1 页。

[②] 林刚等：《林业在中国广西生长之状况》，《全国农林试验研究报告辑要》第 4 卷，第 1/2 期卷，1944，第 21～22 页。

[③] 有关清末民初澳桉引种的地点、时间、品种等，参见谢耀坚等《中国桉树育种——现状与展望》，载谢耀坚主编《世纪初的桉树研究：首届全国林业学术大会桉树分会论文集》，中国林业出版社，2006，第 71～89 页。

[④] 吴宗濂根据法国植物学家白兰姆和恭斯当丹的《植物丛编》辑译了中国第一部《桉谱》，于 1910 年出版。他根据桉树法文 encalypto 译音造字"桉"，义取材堪制器物，叶油等有治病辟疫之效。参见庄茂良《我国桉树引种史上第一部的专著——〈桉谱〉》，《桉树科技协作动态》1982 年第 1 期。

[⑤] 陈济棠主政广东期间，鼓励发展沿海经济林，创建了国内最早的桉树种植园，包括合浦长达 1 公里的柠檬桉大道。

[⑥] 在 1957 年 12 月 19 日全国第二次水土保持会议上的报告中，朱德号召："南方要多种桉树。"参见沈鲁生《桉树北移初步成功总结（附橡胶北移初步收获成果报导）》，《林业科学》1959 年第 1 期。

顷，[①] 分布于19个省600多个县市，超过印度，仅次于巴西。经过120年的引种、归化和推广，原为澳洲本土植物的桉树重塑了中国南方诸省甚至一些北方地区（如陕西汉中）的植物群落，在提升乡村经济水平，造福于国计民生的同时，永久性地改变了这些地区的生态系统，也留下了激发公众焦虑的环境问题。

一如公元前2世纪张骞等引入中国的伊朗苜蓿和葡萄，“哥伦布大交换（the Columbian Exchange）”[②]转给我们的美洲作物烟草、玉米、甘薯、土豆、澳桉已经成为中国大地上的巨大存在，并入植物交换引动的文化汇流（transculturation），嵌入我们的政治经济生活，潜入中国现当代作家的文学想象——沈从文、林徽因、冯至、于坚、李浔等人笔下的尤加利或桉树书写佐证：一个群体从另外一个群体引入一种事物或植物，“人们会通过适应、改造记忆混合的方式让其本地化，从而适应自己的需求和境况”[③]，进而内化为自己文化的一部分。

然而，近20年来，澳桉引发的争议和舆情却是那些自汉朝以来源源不断输入中国的外来植物所未遭遇过的。其中部分争议是拜密集、交互、广泛的新媒体传播方式所赐，围绕“挺桉”“限桉”“禁桉”“复种”所展开的多方博弈和争议已经脱出林业、经济、环保范畴，变为公共话题甚至演进出社会事件，[④] 由此引发的公众口述、描述、评论、权威部门的政策背书、利益方的专业修辞或广告、生态学家的数据、环保主义者的抗议等与

① 有关中国桉树逐年超速扩种的数据，笔者参考了王震洪等《我国桉树林发展中的生态问题探讨》，《生态学杂志》1998年第17期；Yang Minsheng，“Present Situation and Prospects for Eucalyptus Plantation in China，” in J. W. Turnbull（ed.），*Eucalypts in Asia*，Clarus Design Pty Ltd，Canberra，2003，p. 8；谢耀坚：《中国桉树人工林可持续经营战略初探》，《世界林业研究》2003年第5期；《桉树喊冤：密植快砍才是病根》，《羊城晚报》2015年5月18日，第A07版；《桉树：生态的杀手还是卫士？》，《经济日报》2016年2月1日，第12版。需要指出的是：目前所查询的桉树种植面积，属于“不完全统计”，围绕“限桉”“禁桉”的激烈争议和利益博弈必然影响统计的真实性。

② 这一概念来自阿尔弗雷德·克罗斯比的 *The Columbian Exchange* 书名，描述生态扩张的现象：在哥伦布之后，亿万年来互相分离的生态系统开始相遇融合。

③ 查尔斯·曼恩：《1493：物种大交换的世界史》，朱菲等译，中信出版社，2016，第XXVⅢ页。

④ 世界纸业巨头在云南圈地种桉引发抗议；钦州、佛山等地强制砍除农田桉树引发补偿、确权等纠纷。

相对超然的文学书写构成了一种"复调"话语现象，各个声部互相搏斗、追逐、缠绕、分异、汇聚，耐人寻味，值得深究。

受阿尔弗雷德·克罗斯比（Alfred Crosby）、查尔斯·曼恩（Charles C. Mann）基于物种（植物）大交换的全球环境史和迈克尔·马德尔（Michael Marder）以植物为中心的跨学科批评（critical plant studies）启发，结合近年风景类型研究的新进展①，笔者开始：关注被誉为"造林嘉木""未来之树""绿色黄金""奇迹树"的澳桉如何逐渐取代中国乡土树种，撑起 1/4 的中国森林工业；观察不断扩散北移的人造桉林如何削减东南沿海、西南山区、中南丘陵不同地区原生植物群落，将西方曾经垂涎的植物多样性天堂，从云南楚雄到广西十万大山再到四川金沙江河谷同质化（homogenize）为单调高产的全球性林业景观；②追踪澳桉如何被各种传媒拽进公共话语空间，渐渐被描述为"抽水机""吸肥器""霸王树""灾难树""亡国树"，这在唤醒公众的生态意识同时，又引发桉树学家的集体"焦虑"，担心媒体与公众共谋的"社会偏见"将会危及中国的木材安全；思考中国文学家对外来桉树的想象与澳大利亚的本土桉树崇拜是否有共通之处？抑或大相径庭？各自的想象和表述在一部全球视野的桉树文化史里具有何种意义？

在有限篇幅里，本文暂且锁定四个方面：爬梳澳桉引种史料和劝种话语；综述当代媒体的倾向性观点，分析公众对于单一桉林的感知；比较抗战期间旅居云南的学者和作家的桉树书写，试图呈现晚清以来中国如何接轨世界造林体系来应对自己的环境难题，如何因单一的桉树种植而卷入全球性生态同质世和文化后效之中；以及作为全球史一部分的桉树如何影响了中国的经济文化甚至文学想象。

一

全球化诞生于哥伦布大交换。大交换时代，欧洲博物学家，或者说，

---

① 在风景研究与文学地理学的汇流与分流的变动之中，文学水景、林景、云景等类型研究方兴未艾。

② "尽管世界上没有两片完全相同的叶子"（莱布尼茨语），但是桉属名下最宜大规模种植的桉树形态相似，形成的林景很难区别。

植物猎人成为时代英雄。他们勘察那些所谓未知或处女疆域，"发现"欧洲感到陌生和不曾拥有的植物——从贵重的经济植物（如豆蔻、橡胶）到药用植物（如大黄、金鸡纳霜）再到观赏花卉（如热带兰花、云南高山杜鹃），甄别和命名植物属种、功用、价值等，确定它们与欧洲的归属关系（通过引种、归化、培育新品种、建立海外种植园等）——这种植物学的帝国野心源自并成就了克罗斯比所称的"生态扩张主义"。

英国邱（Kew）植物园的创始人约瑟夫·班克斯（Joseph Banks，1743—1820）是英雄中的英雄。1770年，他跟随库克船长登上"奋进号"首航太平洋，在澳大利亚植物湾一带收集到大量标本，这其中就包括他称之为黏胶树（gum tree）的桉树①，后来被法国植物学家德·布吕泰勒（L'Héritier de Brutelle，1746—1800）根据其隔膜包裹花蕾（cap covers bud）的形态命名为 eucalyptus。

班克斯是一位精明而有远见的贵族植物学家，毕生致力于将异域植物转化和开发成可让英国获暴利的经济作物，例如，"将南太平洋的面包果树引入西印度群岛，将茶从中国引入印度。"②然而，他并未预见桉树将作为澳洲唯一回馈旧世界的物种，会"全球化"世界林业体系及关联经济，更不会预料到这次"乍然相逢"的生态后效：自19世纪初开始，桉树凭借其生物优势，远播、扩散，用生态学术语来说，"大规模入侵"120多个国家，包括距离澳洲万里之遥的晚清中国。

当速生易栽的桉树郁蓊于一度沦为"秃赭山地"的地中海沿岸国家，③成为意、法、西、葡诸国"食利不已"的新财富之源时，曾经排名世界经济总量第一的清朝正临近崩溃，内外交困、国弱民贫，水旱灾害频繁发生。尽管此时的清朝政治制度已经积重难返，但一批有识之士依然对实业救国充满幻想。如果说，16世纪中期经由东南亚传入的美洲农作物引发了中国"粮食生产的革命"，帮助入关不久的清政府迅速巩固了远离传统麦稻产区的地方统治，那么，清朝末年，从洋务运动的领袖（如张之洞）到

---

① 桉树树干和树叶分泌丰富的黏胶，用途广泛。
② 〔英〕罗伯特·赫胥黎：《伟大的博物学家》，王晨译，商务印书馆，2015，第198页。
③ 参见《外编：意大利之林业（节录）》，《地学杂志》1910年第1卷第5期。

戊戌变法的中坚（如康有为），甚至力挺祖制的遗老（如罗振玉）则寄希望于"广兴艺植"，重振中国林业，进而达到富国裕民的目的。这一时期，时有《振兴林业策》（罗振玉，1900 年）、《论林业》（佚名，1904 年）、《林业宜推广说》（佚名，1904 年）、《论我国急宜振兴林业》（佚名，1907 年）之类的建言见于《农学报》《商务报》《广益丛报》《牖报》等，主旨不外"林业亦为生利之大端""富民之政虽多，非先振兴林业不可"等。1906 年，御史赵炳麟上奏清光绪皇帝：

> 近日英、美、日本列邦，其所以图富强者，事不一端，而尤以农林为先务。盖农林者工商之母，财富之源，故必设专学以研究之，立良法以维持之，使国无旷土，野无游民，悉合我国古时王政也。中国农林废弛久矣……皇上念本图，重民食，特立农工商部，意在举孟子所述王政，见之实行，且参用东西各国新法新理，我国转贫为富，化弱为强，此其关键。[1]

赵氏颇能代表清末民初知识阶层的"时代情绪"：焦虑和乐观。焦虑于林政不修所带来的环境危机，森林资源枯竭，民生凋敝；乐观于造林十年即可获利，国运回春的前景。这种情绪甚至感染到负笈美国深造林学的陈焕镛（1890—1971）。1911 年 1 月，陈焕镛在《中国留学生月报》发表《中国林业》一文，将中国林业的兴衰与文明的存续联系在一起："任何一个文明国家所面临的林业困境都不及中国的巨大。在危及她的繁荣、未来及生命的各种事务之中，林业困境最为紧迫也最具破坏性。然我国讲求林业者寥寥无几。造林不容耽误，毕竟焕然改变濯濯不是一日之功。"[2]

在此语境之下，有识之士逐渐达成"振兴林业、选种为先"（梁希语）的共识。他们一方面向外广求"繁殖易、生长速、用途广"的经济树种，如美国刺槐、楸树、英国梧桐、巴西橡胶树等，一方面向国内民众推介优

---

[1] 转引自熊大桐等主编《中国近代林业史》，中国林业出版社，1989，第 95 页。

[2] Woon Young Chun of Amherst, " Forestry in China," *The Chinese Students' Monthly*, Jan, 1911, p. 274.

良树种的性质、用途及栽培方法，诸如《劝种洋槐》《劝种梧桐浅说》《劝种杨树浅说》之类的科普文章风行一时，而被誉为中国第一部引种桉树的专著——吴宗濂辑译的《桉谱》由商务印书馆代印，附录的桉树照片首刊于1910年的《东方杂志》，并以"劝种桉树"的标题重刊于《广东劝业报》（1910年）和《安徽实业杂志》（1919年）。吴氏盛赞桉树是"嘉木珍品……树之十年高可参天，性质坚韧，与椐木相类，取材甚广，大者可备栋梁之选，小者堪应器具之需，利物卫生，与国脉民生大有裨益"。①从1910年到1947年，继《桉谱》之后的20多篇推广桉树的文章、两部专设有桉树章节的论著《造林学各论》及《科学知识》，虽然侧重有所不同，但都强调了桉树"皆有莫大之利益"，不仅关乎中国林业前途，甚至关乎民族存亡，如袁汉邦的《种桉树为吾粤林业之先务》（1922年）和戴渊的《湘省倡造桉树林刍议》（1943年）等，特别是后一篇，写于中国抗战进入僵持的阶段。戴渊有感于大后方的铁道交通建设木材短缺的现状，而桉树七八年即可成材，故建议："际此抗战时期，吾林界之育苗造林，宜以采植具有国防经济价值，而又能适合当地风土之特用树种为目标。故于湘省倡造桉树林，但有其迫切之需要在焉。"②显然，这篇刍议的价值已经超过林学范畴，其所透露出的务实态度与乐观精神成为一代林人的写照——坚信中国一定能够赢得胜利，并做好长期抗战的准备。

细读《劝种桉树》的话语以及相关"软文"，我们发现，限于清末民初的历史条件，最初作为庭院观赏树和行道树而引入的澳桉并未得到大面积推广，也未取得吴宗濂所展望的"倍蓰之利"，但其蕴藏的巨大价值还是逐渐得到民众的关注，并与剧变时期的诸多中国经济文化议题密切交织。

二

澳桉的"生态扩张"始于19世纪初，但直到20世纪下半期才进入高

---

① 吴宗濂：《劝种桉树》，《广东劝业报》1910年第122期。
② 戴渊：《湘省倡造桉树林刍议》，《林学》1943年第9期。

速甚至失控的发展状态。随着世界范围的人口剧增、原始森林剧减，许多国家不得不选择集约高产的人造纯林来解决日趋严重的"木材危机"。桉树成为造林首选，并被一些国家（包括中国）列为战略树种。对于澳桉的全球扩张路线、范围、功用，地理与环境教授 Robin W. Doughty 在其开拓性专著《尤加利：黏胶树的自然商业史》（*The Eucalyptus*：*A Natural and Commercial History of the Gum Tree*）中做了清晰而有画面感的描述：

> 当今，桉属到处发荣滋蔓，马赛克一般镶入新旧世界环境之中（a mosaic of environments），从海平面到海拔 1000 米的高山。桉树种植园、桉树森林、桉树林地、桉树墙篱、城市街区林荫大道占据了数以千万公顷的土地。桉树固定海岸和运河堤坝，美化庄园、公园、游乐园，屏护农田和果园。①

这幅大到 1000 多万公顷的环境马赛克中包括中国的 460 多万公顷，分别由（不完全统计）广西 3000 万亩、广东 1650 万亩、云南 400 万亩、福建 350 万亩等构成。

如果数字是抽象的，那么媒体的描述、图像，民众的口述，自媒体的表达等也许能将数据"可视化"为浩大的暗绿林景、单一的桉树海洋：

> "十一五"期末，广西桉树面积发展到 2480 万亩，占全区人工商品林面积 30.5%，相当于每个广西人拥有半亩桉树。②
>
> 10 日上午，记者沿水官高速出关，高速路两边时而可见成片桉树林，灰绿色树叶成片、分布成型，与周边树木形成强烈对比。桉树枝叶主要集中在树顶，如帽子状，下面是光秃秃的树干，呈现白黄色。一棵 20 米高的桉树，树帽长占四五米，树干达到十五六米。③

---

① Robin W. Doughty, *The Eucalyptus*：*A Natural and Commercial History of the Gum Tree*, Baltimore：The Johns Hopkins University Press, 2000, p. X.

② 袁琳：《中国桉树看广西》，《广西日报》2011 年 12 月 22 日，第 15 版。

③ 林毓瑾编辑《疯狂桉树：小心深圳被它吸干!》，《晶报》2012 年 8 月 11 日，第 A10 版。

近日，记者调查发现，在高明、三水等地，原产自澳大利亚的桉树，在佛山正"疯狂"生长。林业部门统计数据显示，目前佛山桉树纯林种植面积已占到全市林业用地面积的四成。①

细读纸媒和互联网相关描述，就会发现进入了 21 世纪第一个 10 年，曾被吴宗濂视为"利物卫生，与国脉民生大有裨益"的澳桉经过提速推广和大规模扩张之后，不可避免地上演了全球环境史经典而反讽的剧情：

> 番薯，和另一种美洲迁入物种玉米一样，的确帮助中国走出了灾荒。但是它们也引发了另一次灾难。传统的中国农业主要关注水稻，这种作物必须在湿润的河谷地带才能生长。番薯和玉米可以在中国干旱的高地上生长。成群结队的农民走出去，砍掉了这些高地上的森林。结果就是灾难性的水土流失。淤泥填塞了长江和黄河，引发了导致数以百万人丧生的大洪水。②

在那些早于中国大规模种植桉树的国家或地区，如美国加州、葡萄牙、印度等，相似的剧情已在 20 世纪七八十年代屡屡上演，引发普遍的生态警觉和频繁的抗议，当然也催生出桉林专家的密集辩护。在中国，类似的生态焦虑延迟发作，20 世纪 80~90 年代，相关争议主要在专业范围内进行。③ 但是，2009 年始于云南的南方大旱使得澳桉高频曝光于传统媒体和社交媒体，高清照片显示在"亚洲水塔"的云南，大江滞流，河溪干涸，池塘见底。一般公众认为连年大旱与失控发展的桉树林业有相当大的关系，他们的观点或见于著名媒体的采访报道，或见于一些网站的讨论区：

---

① 黄健源、温利：《疯狂的桉树》，《广州日报》2016 年 3 月 14 日，第 17 版。
② 〔美〕查尔斯·曼恩：《1493：物种大交换开创的世界史》，朱菲、王原等译，中信出版社，2016，第 XX 页。
③ 据知网检索统计，这一时期聚焦桉树生态发展利弊的论文有 300 多篇，而指导"科学地"种桉的技术论文也激增到近 1000 篇，争论焦点及观点展开可参见温远光主编《桉树生态、社会问题与科学发展》，中国林业出版社，2008。

　　我是云南人，大旱让人们揪心！树这几年真的砍多了，成片成片地砍光了保水固土的原生的灌木林，来种植单一的思茅松、桉树、橡胶树及茶树，使土地板结，土壤保水性很差！①

　　近几年来，我们家乡大量种植桉树，虽然经济收入可观，造福农民，可是年复一年，水资源枯竭的很严重。以我的亲身体验为例，我们寨子十年前还没有人种植桉树，现如今，几乎家家户户都把土地种满桉树，原本郁郁葱葱的森林现在被破坏得不成样子。②

　　类似这样的"事实描述"不胜枚举，而桉树专家一律将其归类为社会误解、媒体误导和民间传言的"桉树 X 宗罪"。总体而言，大众新媒体的叙述和观点，倾向于支持"禁桉"的生态学家和社会学家，而"挺桉"专家不断发表桉树耗水、耗肥、木材产能、扶贫效益等试验数据、图表和分析，认为桉区频发干旱、水土污染等应归咎全球厄尔尼诺现象和林农不科学的密植、施肥、喷药、砍伐等，试图扳回"妖魔化"桉树的倾向。③

　　显然，在凭借直觉和观察的"民间说法"与依靠试验和数据的"科学解释"之间存在巨大的认知差异，这种差异对决策部门的取舍造成一定的困扰，但也凸显了当代人的生态焦虑或意识，因而具有重要的环境史学价值。很难想象，在古典时代、前现代时期，甚至 20 世纪 60 年代，一种外来经济植物会在中国造成如此大的反应，激发这么多的学术、非学术争论，许多经验描述、情绪表达和环保诉求来自依赖桉树经济的草根阶层。比较之下，苜蓿、甘薯、橡胶树等几乎是以不知不觉的方式参与塑造中国的环境和历史，而大众对它们的环境后效及文化效应则是后知后觉，甚至无知无觉。

　　桉树生态争议持续有年，迄今没有平息，这一现象也许颠覆了一个世

① 管竺：《西南大旱的部分诱因与桉树的关系》，豆瓣社区，https://www.douban.com/group/topic/10817022，最后访问日期：2018 年 2 月 6 日。
② 《云南大学生留言反映大面积桉树种植破坏生态环境获回应》，人民网，http://leaders.people.com.cn/n/2014/1202/c178291-26129956.html，最后访问日期：2017 年 9 月 15 日。
③ 相关分析参见中国林学会编著《桉树科学发展问题调研报告》，中国林业出版社，2016。

纪以前美籍藏学家劳费尔（1874—1934）的一个结论：

> 中国人的经济政策有远大眼光，采纳许多有用的外国植物以为己用，并把它们并入自己完整的农业体系，这是值得我们钦佩的……在植物经济方面，他们是世界上最前列的权威。中国有一独特之处：宇宙间一切有用的，在那里都有栽培。当然这些植物的采纳和吸收的过程是一步步进行的。①

颠覆旧结论的力量部分来自哥伦布大交换及后续势能。套用克罗斯比的话来说，中国南方广大地域的生态系统，已因澳洲桉树的到来和繁衍完全改观，通过多种媒体的跟进、聚焦和放大，裸呈于公众面前。因此，也可推论，颠覆旧结论的力量部分还来自媒体。这再次证明生态焦虑，或者说生态争议也是一种全球化症候。一如那些捣毁桉圃的泰国农民、要求"禁桉"的巴西种植园农工、清除公园桉树林的美国加州市民，对于澳桉，我们同样经历了"好奇、容受、讥诮、怀疑、敌视"，② 不同程度地卷入争议之中。

在"挺桉派"看来，生态学家、环保主义者、民众关于桉树的很多负面描述属于片面、非理性表达，③ 经不起科学数据的反驳。对此，世界农用林业中心首席科学家，昆明植物园研究员许建初博士提出相反的看法：

> 在干旱、半干旱地区种植外来树种（exotic tree species），那里原来本来覆盖着多年生青草，它们蔓延的根系是地表土更好的保护者，单一种植（plantation monocultures）几乎无法涵养多样性，庇护本土

---

① 〔美〕托尔德·劳费尔：《中国伊朗编》，林筠因译，商务印书馆，2001，第9页。

② Robin W. Doughty, *The Eucalyptus: A Natural and Commercial History of the Gum Tree*, p. xi.

③ "广西各地群众在种植桉树的生产实践中观察到这样一种现象，即凡是有桉树生长的地方，其林下地面很少长有其他植物，甚至有时桉树林下地面是'光秃秃'的，寸草不长。因此，当地群众认为桉树'有毒'，桉树不仅是'抽水机'、'抽肥机'，也是'产毒机'——分泌、生产有毒物质的树种……"参见黄国勤《广西桉树种植的历史、现状、生态问题及应对策略》，《生态学报》2014年第18期。

濒危的森林物种。①

他的看法与环境史学家曼恩在全球范围（包括云南西双版纳）展开的田野考察相契合。基于单一树种的经济林，无论是桉树林，还是橡胶树林，都是"最宁静的森林"，"没有鸟也没有昆虫"，因为它们都必须依靠高效肥料和杀虫剂降低劳动力成本，控制争夺水、肥和阳光的"无用的杂草"，而这就造成了蕾切尔·卡逊笔下"寂静的春天"："然而当灭草剂降落在森林和田野，降落在沼泽和牧场的时候，它们给野生动物栖息地带来了显著的变化，甚至是永久性的毁灭。"②

三

即使最坚定的"挺桉派"，中国桉树产业技术联盟专家委员会主任谢耀坚教授也提到单一澳桉纯林的缺陷："与其他的人工林一样，桉树人工林是一种人类直接干预和创造的森林生态系统……其物种多样性、生态稳定性差一些，总体生态功能弱一些。"③然而，"差一些""弱一些"已经说明集约化纯林（plantation）与传统意义的原生森林（old-growth forest）的本质区别——人工生态体系的同质性与自然有机体的多样性。前一种看起来像是森林，"但是生态学家可能不会这样称呼它"④，后一种意味着乔木、灌木、藤、草参差百态，走兽、飞鸟、昆虫物竞自由的"林景"：文明从其诞生，诗歌从其萌发，哲学受其庇荫。

因此，原生森林不仅关乎一地一国之民的生活资料（食物、燃料、建筑用材、药物等），而且作用于集体意识、民族性格、文化认同等的塑造。也因此，从东方到西方，一国特有树种、特别林地（特指林区）往往被列

---

① Jianchu Xu, "China's New Forests aren't as Green as They Seem", http://www.nature.com/news/2011/110921/full/477371a.html，最后访问日期：2017 年 9 月 15 日。
② 〔美〕蕾切尔·卡逊：《寂静的春天》，吕瑞兰等译，吉林人民出版社，1997，第 63 页。
③ 谢耀坚编著《真实的桉树》，中国林业出版社，2015，第 36 页。
④ 〔美〕查尔斯·曼恩：《1493：物种大交换开创的世界史》，朱菲、王原等译，中信出版社，2016，第 279 页。

入"国家文物"，而其他国家也将其视作是该国的文化渊薮和民族象征。这一方面的史料和分析，在西蒙·沙玛的《风景与记忆》的第一部分"木（Wood）"中俯拾即是。例如，在德国，自中世纪以降，橡树神话、橡林崇拜和黑森林浪漫化就和日耳曼人的宗教信仰、爱国主义以及文化民族主义盘根错节为迷人而危险的民族植物史："……德国的森林不只是一种经济资源，在某种神秘、不可确知的方面，它们就是'德国之所以是德国的东西。'"①毫不奇怪，面对森林，哪怕是标明"木材储备，纸浆来源"的商业桉林，许多人会情不自禁地进入审美状态，超越经济价值的计算（比如树龄 5 年的桉树每亩可得多少政府补贴，收入多少）。悖谬的是，在如此倚重人造桉林的中国，目前为止，近千篇相关论文中只有几篇稍稍涉及桉林的景观价值和美学维度，由此可见，在当代很多林业学者的思考体系里，林业与美学处于隔离甚至对立状态，以至于个别学者怀疑"倒桉"言论是不是"只是为了自己的私利或者审美效果"②。

终于有人提到了桉树的审美价值，尽管是以质疑的态度。但是悖谬再次出现：被当作观赏植物引入中国的澳桉随其经济价值上扬，面积激增，逐渐成为大煞本土风景的杀手。

广西桉树种植面积居全国第一，业内素有"世界桉树看中国，中国桉树看广西"之说，因而桉林环境后效在广西最为明显，生态论战的多方都会采用广西案例，如中国林学会 2016 年发表的《桉树科学发展问题调研报告》。经过梳理散见于广西地方贴吧、论坛和个人公众号等的关联话题，笔者发现，在依赖桉树经济的林农或村民中，相当一部分人已超越政策因素和经济盈亏的考量，不仅具有清晰定位的环保诉求，还有一定的美学感知：他们回忆童年与森林的密切关系，对林景四季变化的细微感知，流露出失去原生林的感伤：

　　从前我们周围的山上全是原生竹林、松树林，松树普遍直径都

---

① 〔英〕西蒙·沙玛：《风景与记忆》，胡淑陈、冯樨译，译林出版社，2013，第 132 页。
② 王华锋：《桉树林中的环保博弈》，《科学新闻双周刊》2010 年第 12 期。

有一米左右。山清水秀的。一年四季山里的溪流从未断过水，山上的小路都是湿漉漉的冒着水，随便看到的小洞都能抠出小螃蟹来。六七年前政府把山承包给外地人后，把山上的树全砍光了，看着一车车那树干两个人都抱不过来的树被砍掉运走不知道多心痛，树砍完了一把火烧山后全种了桉树。到现在溪水断流了，村前美丽的河也干涸了。①

广西自从大面积种植桉树，在桉树种植区，古树、清泉、山花、野果等森林带给人们的人文情怀已经被彻底消灭，即使现在开始全面铲除桉树，有数代人也只能通过书本和影视作品了解森林的作用和美丽。②

也有逆向而行的个案。如容县寻阳村拒绝炼山种桉，拒绝"把一个个山头的树木砍个精光，然后开发种植速生桉"，坚持不懈保护自己的乡土古树：榕、楠、松、格木、橄榄树等，"使这里的山林从未受到所谓的开发和毁坏，一年四季苍翠欲滴……成为容县保护得最好的原生态林区和令人向往的乡村生态游景点。"③

网友的感受和寻阳村民的自发行为典型地呼应了历史上一次次"乡土植物 VS 外来植物"的美学战争。每当外来树种压倒乡土树种，哪怕它已完全适应移入地的气候和土壤，嵌入本地环境之中，依然会引起当地人的美学不适和感情疏离。例如，19 世纪末期，为了重新绿化滥伐森林遗留的童山秃坡，英国林业部门在湖区、苏格兰高地大量引种速生耐寒的日本落叶松（Japaness larch），急剧甚至不可逆地改变了这一区域的景观。当全球游客来到如画的英国湖区时，几乎无人能识别由暗绿的针叶松林、青翠的

---

① http：//bbs. tianya. cn/post-worldlook-700050-1. shtml，最后访问日期：2018 年 2 月 6 日。

② 《桉树已经成为广西巨大的生态灾难了　成败都在桉树》，https：//mbd. baidu. com/news-page/data/landingshare？ context = % 7B% 22nid% 22：% 22news＿15388920768624346715% 22％7D&pageType = 1，最后访问日期：2017 年 9 月 17 日。

③ 《容县寻阳村雅秀峡：古树林托起一个生态村》，搜狐新闻，http：//www. sohu. com/a/158020869＿120809，最后访问日期：2017 年 9 月 15 日。

牧场、绚丽的杜鹃灌木丛构成的英伦乡村风景中的东方元素①，当地人和环保人士则认为落叶松弱化了湖区特有的英国气质，"破坏了神圣的国家遗产"，遂在 20 世纪 80 年代成立"保卫英格兰树"（Save England's Trees）组织，发起一系列恢复本土阔叶树的请愿活动。

无独有偶，美国澳桉第一大州加利福尼亚州，部分民众也曾动议清除澳桉。19 世纪中期，加州人引种澳桉的动机与吴宗濂《桉谱》所宣传的如出一辙：解决木荒，提供燃料，降低疟疾等。因高度适应当地生境，1927年，"入籍"半个世纪的澳桉被《洛杉矶时报》宣布为"比许多本土树种更能代表加州"。即使如此，本土树种热爱者认为澳桉的"入侵性"（inva-siveness）抑制其他本地树种的发展，遮蔽了本地植被原貌。

这里，再次出现一个悖谬：19 世纪美国的西部开发，包括加州淘金热与大规模滥伐加州原始森林相伴相生。及至 19 世纪中期，当澳洲农民坐着蓝桉甲板的船只来加州拓垦时，他们发现，憧憬的应许之地已经变成无树的荒凉（bleak）之州，仅在少许砍伐不便的山地还残留一点当地的橡树、杨柳、月桂树丛。自然而然地，速生易栽的澳桉很快就遍植荒山海滨，最终演进为加州的主导性林景。1904 年，美国农林学家 Alfred McClatchie（1861—1906）写道："没有尤加利，加州会完全不一样。一旦把它们从加州抹掉，市民就会明白它们存在的意义。没有它们（正是它们使得风景多变柔和起来），加州风景一定显得单调和乏味（monotonous and unattractive）……"②

百年之后，随着澳桉人工林生态弊端渐渐显露，加州人的感知也发生了分化。对部分加州人来说，澳桉犹如新写在旧羊皮纸卷上的故事，擦写替换了记忆深处的本土红杉、橡树、杨柳等，但在澳洲移民眼里，高耸（lofty）而庄严的（majestic）尤加利使故乡"栩栩可见"，童年歌谣"桉树上的笑翠鸟 kookaburra in the gum tree"隐约可闻，慰藉着他们的乡愁。澳桉与澳大利亚乡愁的同构关系在两部著名的澳大利亚小说《荆棘鸟》和

---

① 英国景观设计所用的耐寒地被和灌木植物大多数来自中国。

② 转引自 Robert L. Santos, *The Eucalyptus of California：Seeds of Good or Seeds of Evil*，Denair，California：Alley-Cass Publications，1997，p. 14。

《桉树》（Eucalyptus）① 中有生动的体现。

同一片土地上的澳桉引发截然不同的感知，就像一个错综无解的悖谬："这些桉树很美，味道好闻，它们是猛禽栖息地，能够防止滑坡，但就是有些人，因为审美理由（for aesthetic reasons）不喜欢桉树。"②默里·鲍尔在其小说《桉树》里的一段议论也许能更生动地解释这种"不喜欢"："太多的澳桉输出到世界各地，长大成材，挺拔醒目，污染了当地风景的'纯粹（purity）'。一眼望去，意大利、葡萄牙、印度北方、加州的夏景与经典的澳大利亚风景毫无二致。再细细一看，就能感觉它们的格格不入（out of place），仿佛在苏格兰或塔斯马尼亚看见长颈鹿。"③

无解的悖谬同样困扰着昆明市。2012 年，生态争议达到峰值，昆明市五华区砍掉 100 多棵澳桉和澳洲银桦，"配合着目前正在进行的翠湖环路景观提升整治工程，替代逝去桉树、银桦树的将是滇朴、栾树、喜树、桂花、山茶、樱花等本地树种。"④ 这一行动引出的网友热议⑤与一些桉农和生态学者的反应南辕北辙，启人思考：谁的桉树？谁的记忆？谁的美感？

四

在《树、林及森林：一部社会文化史》（*Trees, Woods and Forests: A Social and Cultural History*）一书中，乡村地理教授查尔斯·沃金斯

---

① 默里·鲍尔这部获得 1999 年英联邦作家大奖的小说被誉为"当代澳大利亚童话"。在笔者看来，这是一部基于澳洲桉树传说（gum tree lore）的罗曼史。

② 2005 年加州大学伯克利分校启动清除桉树计划，当地媒体展开了一场激辩。参见 "UC Berkeley's eucalyptus removal plan stalled", http://www.sfgate.com/bayarea/article/UC-Berkeley-s-eucalyptus-removal-plan-stalled-3252677.php, 最后访问日期：2017 年 9 月 15 日。

③ Murry Bail, *Eucalyptus*, Melbourne: The Text Publishing Company, VIC, 1999, p. 32.

④ 《五华区园林绿化局局长回应"翠湖大树被砍"争议 滇朴替老桉翠湖换新颜》，《春城晚报》2012 年 8 月 17 日，http://www.ynhouse.com/news/view-92840-1.html，最后访问日期：2017 年 9 月 17 日。

⑤ 网友跟帖举凡："在翠湖边跑步时，几棵老树很有历史的厚重感。""你挖走的可能是几代人的情怀啊！"

（Charles Watkins）写道："树木和树林的寿命常常超过人，予人秩序、连续和安全的感觉。"①需要指出的是，在不少文化语境里，人们一般是从本土树木、本土树木构成的林地或森林获取这种"秩序、连续和安全"的感觉。所谓杨柳依依，人世无常，但只要祖国白桦林、故乡菩提街、老村古槐树、故居十二棵橡树还在，个人或集体的记忆就有可靠的凭依，失去的时间就可以复得。

然而，一旦涉及外来植物，特别是澳桉这种兼具环境"适应性"（adaptability）和入侵性的优势树种，公众的感知会因人（或族群）而异、因时而异，这背后的社会、文化、心理原因，有时"几乎深不可测"（almost unfathomable，沃金斯语）。尽管如此，看似歧见丛生的公众感知里，"异"在何处还是清晰可辨：作为经济作物（tree crop）的速生澳桉连片成海，而"成排、成行、整整齐齐的、绿油油的桉树林"②正是生态美学家、艺术家甚至公众厌恶的绿色沙漠，毕竟大自然从不拉直线。此外，急功近利的大林场业主和桉农，3～5年就会轮伐一次桉树，留下大片残桩，呈现出令人恐怖的景象。③然而，一旦澳桉树龄超过10年，再与其他林木杂错交织，出现在缓坡、丘陵、水滨，则优雅之美流露无遗，它就是植物学家、园艺师、艺术家、文学家为之迷醉的观赏树和风景林。晚清时期供职于宜昌、蒙自等地中国海关的爱尔兰植物猎人——奥古斯汀·亨利④，遍阅北美、中国南方奇树异花，就对澳桉的"风致"（attractive features）赞美不已。毫不奇怪，在西方，桉属树种特有的"轮廓"、"肌理"、"叶型"和"气味"是景观设计师和园艺师特别青睐的"风景元素"。不少大地艺术杰作，如以葡萄园而著称的加州纳帕谷，桉林是当地的主要植物群落，

---

① Charles Watkins, *Trees, Woods and Forests: A Social and Cultural History*, London: Reaktion Books Ltd, 2014, p.10.

② 黄国勤等：《广西桉树种植的历史、现状、生态问题及应对策略》，《生态学报》2014年第18期。

③ 网络有大量的桉林照片，有些配有文字说明：大面积桉林轮伐过后，留下密密麻麻的树墩，类似月球表面（moonscape）。

④ 奥古斯汀·亨利（1857—1930），曾在中国海关工作近20年，采集到数以万计的植物标本，将很多珍稀树种引种全英国，如鹅耳枥。

叶片微微闪着银光在风中翻飞，挥发出的薄荷香味萦绕其间，构成清晰可辨的地景和清新可嗅的气味景观（smellscape）。

所以，1896 年开始引入蓝桉（blue gum）到昆明①，到了抗战时期，"三人方能合抱的大尤加利树"（沈从文语）随处可见于滇池、翠湖、龙头村、北门坡、唐家花园、金殿后山等处。作为"植物界最高的树"（冯至语），昆明人俗称"洋草果树"，别名"灰柳树"的蓝桉木秀于林，一如中国古代文学中出镜最高的柳树②，不仅衬托出昆明漾碧环翠的风景气质，而且成为一代学者和作家的诗情哲思的酵素。这一时期流寓边城的北方学者和作家，如康瀚、朱自清、沈从文、冯至、林徽因等，他们的昆明叙事和抒情与澳桉密切交织，以澳桉审美为中心的书写渐趋一派。通览以尤加利树（或桉树）为主题的咏物诗文、涉及澳桉的游记、日记、通信等散文创作，甚至林学研究论文，笔者发现，虽然不同作者笔下，同一种蓝桉撩起不同强度的情感（从感伤到崇高）和不同文统的联想（从美人到上帝），但依然表现出了一个共同特征：仔细地观察澳桉的自然特征（physical features），精确地描摹它的生境和美学效果。笔者将这一特征称之为对植物学的热情（ enthusiasm for botany）。因为这种对植物学的热情，沈从文等人自觉或下意识地成为华兹华斯、约翰·克莱尔、D. H. 劳伦斯那样的"植物学家诗人（the poet as botanist）"，将求真的植物学与唯美的艺术结合起来。

丰富斑斓的中国植物文学，有很大部分取材于外来植物，如安石榴和印度菩提。晚清来华的澳桉自然也会吸引文人墨客的注意。据笔者考证，第一首有据可查的咏桉诗③应该是笔名为"浩"的作者于 1935 年发表在《外部周刊》上的古体诗《桉树歌赠筱珍》。虽然这首诗状物疏空，意蕴平平，但是林学史料价值弥足珍贵，作者推销澳桉的经济价值媲珍"龙脑沉

---

① 关于云南引种桉树的种类及时间，参见张荣贵《云南引种桉树名录》，《云南林业科技》1994 年第 3 期。

② 根据《草木缘情》的作者潘富俊统计。

③ 根据蒙树宏发表于《楚雄师范学报》（2005 年第 5 期）的文章《关于云南现代文学的随笔和札记》记载，青蕉（李际五）的一首现代诗《尤加里》发表于 1931 年 7 月 8 日的《民国日报》，查无此诗，笔者存疑，待考。

檀"，贵超"椰子槟榔"，是优良的绿化树（"此邦荒壤可为林，种子更求菽米黑"）并点明西湖桉树的来历："邵子昔年海外归，数株手种西湖侧。"① 可以说，这首诗相当于韵体的《劝种桉树》。

最早传达植物的实用价值和艺术美且又扣合昆明澳桉的书写应该出自林学家康瀚。1939 年，康瀚发表了一篇造林论文《桉树：云南林业之新富源》。他特辟一节"桉树的自然美"专论桉树的景观价值和如画美林景效果：

> 自昆明城，出小西门，沿大观马路，两旁树木森林，叶茂荫浓，策蹇驰骋，清风徐来，田畴广芜，沟渠萦回，小舟容与，西山在望，往来期间，诚足以心旷神怡，宠辱皆忘，把酒临风，其喜洋洋也。此种迷人之风景，虽天然之佳山水，故占首要之位置，而人工点缀之树木，实为之生色不少也。
>
> 在两旁翠葱茏之树木中，除昆明习见栽培以护堤之柏木外，有树杂生其间，躯干挺拔，长身玉立，叶条缠长，酷似杨柳，临风婀娜多姿，嫩枝含霜，如敷薄粉，揉叶闻香，味同兰麝，外皮若服罗裳，有健康美，富妩媚姿，仿佛西方美人，此是何树？即本文所欲讨论之桉树。②

造林与造园本为姊妹学科，而园林又是贯通诗画的立体艺术。因此，作为林学家的康瀚走笔至此，脱下论文逻辑和论证的紧身衣，转用山水画家游动的目光勾画烽火之外的滇池，一处乱世的大地艺术，远山、中水、近林，又以景观设计师的空间感再现堤岸林地（wood）的尺度、比例和节奏，林木葱茏，柏桉杂生，叶茂荫浓，再以植物画家的严谨敷陈澳桉的生物学特征。一节"桉树的自然美"与其说这是隐于科学论文中的"澳桉赋"，不如说这是堪与《瓦尔登湖》某些章节对读的自然写作，更是一节

---

① 这首诗发表于《外部周刊》1935 年第 45 期。
② 康瀚：《桉树：云南林业之新富源》，《新动向》1939 年第 3 卷第 3 期。

植景设计（design with plants）范例介绍，濒水而植，长身玉立的澳桉与盘曲苍虬的中国柏树交相辉映，美在线条对比，色彩互补，层次错落。这一点，恰好是 19 世纪英国风景园林的一个"秘诀"：将东方植物混交间种于英国本地树丛之中。

在不足 250 字的"澳桉赋"里，康瀚遣词造句，无不带着中国古典文学的暗记，结句笔锋一转，却将澳桉比喻有健康美的西方美人，留给读者联想的空间。果然，60 年后，云南诗人于坚将这一比喻进一步性别化为性感情人："哦/贴着那光滑的腹区/我听得见/青色的溪水在黑暗的胴体中流淌/我的赤条条地沐浴在光辉中的女人/……"①

没有资料证明于坚读过隐于民国旧刊的康文，更没资料证明康文可能影响到另外几位写到桉树的作家。不过，即使他们先后、分别、独立书写，彼此的"共性"还是有迹可循：无论是林学家还是艺术家，都力图使"植物种属的属性（attributes）变成表达的元素"（罗斯金语）。

同样写于 1939 年，朱自清的《蒙自杂记》记叙了远离昆明的蒙自的日常风景的高光部分，即南湖桉堤，旁证澳桉固堤防风的优点已在云南广被利用。较之康文，朱文细节略逊："高而直的干子，不差什么也有'参天'之势，细而长的叶子，象惯于拂水的垂杨。"②耐人寻味的是，滇池桉堤令造林专家康瀚想到：天然山水也需人工林点缀；南湖桉堤却让散文家朱自清幽起故园之思：暂把蓝桉认作自辽以来就主导北平植景的柳树。实际上，中国柳树一如澳桉，用途甚广，易栽易生，伐而复萌，千百年来广植于大江南北水边路侧。"袅袅古堤边，青青一树烟"（雍裕之），"柳条百尺拂银塘，且莫深青只浅黄"（杨万里）。这是中国城乡战前的寻常植景，而朱自清念兹在兹的北平什刹海，就有"柳堤春晓"之名胜，当时已陷日寇之手。笔者认为这才是故园之思的留白。

朱自清状物抒情，素来绵密，但写到桉树，却简笔化之。也许，把澳桉比作国树之一垂柳，自然就需省些笔墨。毕竟，我们的古典文学里存储

---

① 于坚：《献给桉树》，载于坚主编《诗与思》第一册，重庆大学出版社，2013，第 198 ~ 199 页。

② 伍仁编选《朱自清散文·蒙自杂记》，太白文艺出版社，2005，第 112 页。

了太多柳树的意象、象征和神话，一般读者会被联想的惯性拖进经典宝库，此柳彼柳，会心之处俯拾即是。

不过，转入下段，朱自清笔锋一跳，单挑澳桉与建筑的关系来描述。晚清留下来的蒙自海关前，"高大的尤加利"和"软软的绿草"搭配出这个紧邻法国前殖民地的边陲小城"浓得化不开"的异国情调，而这异国情调，确言之，就是澳洲风情。熟读麦卡洛《荆棘鸟》的读者应该记得书中的描述，在干旱燥热的德罗海达牧场府邸前，一排树干浅白高达 70 英尺的魔鬼桉（ghost gum tree），遮住了楼房，挡住无情的阳光。而蒙自干热的气候也特别适合并需要长于遮阴的澳桉。19 世纪末期，设计小城寥寥可数的公共建筑（海关、领事馆、火车站等）和公共空间（南湖公园）的人一定充分考虑了澳桉的实用美学价值。

略使笔者遗憾的是，朱自清在小而美的蒙自借居 5 个月，熟悉并欣赏它的日常"静味"，却没前瞻性地意识到，远离战火的蒙自风景"绝非意味着稳定和传统，而是人类过去的漫游和交换的生物学记录"。① 朱自清写进《蒙自杂记》里的澳桉、杧果、叶子花，和没写的蒙自名产石榴、番石榴、柠檬、红薯都是外来植物，或者外来的改良品种，如越南木瓜。

能与康瀚一较专精的要算沈从文。自幼生活在以植被多样性著称的湘西山地，一如英国乡村诗人约翰·克莱尔（John Clare，1793—1864），沈从文无师自通地积累了丰富的植物学知识——他的虎耳草已如华兹华斯的黄水仙成为著名的文学植物。他自谦认识的"几十种树木"就包括昆明澳桉。同样写于 1939 年，沈从文的《昆明冬景》开头就锁定澳桉常青的生物特征，而这一特征更加突出昆明四季如春的物候：

新居移上了高处，名叫北门坡，从小晒台上可望见北门门楼上用虞世南体写的"望京楼"的匾额。上面常有武装同志向下望，过路人马多，可减去不少寂寞。住屋前面是个大敞坪，敞坪一角有杂树一

---

① 〔美〕查尔斯·曼恩：《1493：物种大交换的世界史》，朱菲、王原等译，中信出版社，2016，第 XXVⅢ 页。

林。尤加利树瘦而长，翠色带银的叶子，在微风中荡摇，如一面一面丝绸旗帜，被某种力量裹成一束，想展开，无形中受着某种束缚，无从展开。①

沈从文一定仔细地观察过澳桉树叶革质蜡光和摇动的姿态，印象深刻，以至于 9 年之后，在《怀昆明》（1946 年）一文中，他继续写道："院子是个小小土坪，点缀有三人方能合抱的大尤加利树两株，二十丈高摇摇树身，细小叶片在微风中绿浪翻银……"② 从蔡锷故居的萧条和同街唐家花园 "美轮美色" 的鲜明对比延及推翻帝制的历史和两位护国英雄的命运。

如前所说，桉属树种的一大景观元素在于它的叶态（foliage），蓝桉就被列为优良观叶植物。历史悠久的昆明北门街有两处名人住宅，蔡锷旧居和唐继尧府邸都植有蓝桉，先后分别进入沈从文和林徽因的书写。凑巧的是，沈从文是在 1938 年初抵昆明租住蔡锷旧居，"老式的一楼一底"（沈从文语），林徽因则是在 1946 年重返昆明客居唐家花园，昆明最大的私家园林。两处蓝桉都有些年头，风姿足观。特别是西式风格的唐园，澳桉、日本樱花、云南茶花、兰菊等混交间种的花境更是冠绝西南诸省。更凑巧的是，作为林徽因沙龙常客又有文字图绘天赋③的沈从文和林徽因的赏桉趣味相当接近。不同于康瀚、朱自清（他们的澳桉描写兼顾它的生境、混交桉林的美感和实用效果），沈从文、林徽因则侧重孤桉的细部特征和神韵，在这一点上，他们可能受到西方 18、19 世纪以孤树为表现对象的风景画影响。

来看林徽因 "图绘" 给汉学家费慰梅的唐园澳桉："……这房间宽敞、窗户很大。使它有一种如戈登·克雷早期舞台设计的效果。甚至午后的阳光也像是听从他的安排，幻觉般地让窗外摇曳的桉树枝桠把它们缓缓移动的影子映洒在天花板上！"④

---

① 沈从文：《七色魇·昆明冬景》，江苏教育出版社，2005，第 72 页。
② 沈从文：《七色魇·怀昆明》，江苏教育出版社，2005，第 159 页。
③ 参见拙文《风景感知和视角——论沈从文的湘西风景》，《天津社会科学》2006 年第 5 期。
④ 林徽因等：《林徽因书信集·一九四六年二月二十八致费慰梅》，江西人民出版社，2016，第 132～134 页。

建筑师林徽因也是室内设计高手。罹患肺结核，静卧养病的她一定长久地观察着天花板上桉树枝丫的光影变化。无论是沈从文发现的"翠色带银"还是令林徽因迷醉的"幻觉般……缓缓移动的影子"，都指向观叶植物桉树神秘的特质。云南高亮度的亚热带阳光就像舞台设计师克雷擅长控制的灯光，把桉树枝的半透明、飘忽、似有若无展现得介于实存与幻影之间。参看书信原文"splashes of faint moving shadows"，似译"虚影浮动溅光"更佳。根据笔者对林徽因装饰趣味的观察，她是一个没来得及达成（achieved）的现代主义装置艺术家。

至此，笔者可以总结如下。以上四位的澳桉描写，各有植物学侧重，也各怀桉外之意：康瀚的田园牧歌、朱自清的故园之思、沈从文的历史观察和林徽因的虚灵（illusive）美学。然而，真正将澳桉升华到宗教地位，且与西方神话中"世界之树"产生呼应的则是冯至的《尤加利树》：

> 你秋风里萧萧的玉树——
> 是一片音乐在我耳旁，
> 筑起一座严肃的庙堂，
> 让我小心翼翼地走入；
>
> 又是插入晴空的高塔，
> 在我的面前高高耸起，
> 有如一个圣者的身体，
> 升华了全城市的喧哗。①

冯至的这首十四行诗，历来多有方家各抒己见，现有成果甚至可以单列出冯至研究的一个分支。笔者认为，还有新的空间潜藏在宗教植物学和德国植物哲学交叠之处留待"启封"。最重要的是，作为外来植物的澳桉，先于它巨大的经济价值实现之前，已经成为中国现代文学最美的一笔财富。

---

① 冯至：《冯至选集·十四行诗》第一卷，四川文艺出版社，1985，第125页。

五　不是结语的结语

在《1493：物种大交换开创的世界史》的绪论里，曼恩交代他读到克罗斯比的《生态扩张主义》突兀起句给予了他的方法论启发。随后，曼恩一路追踪包括动物在内的新旧世界物种如何跟随欧洲殖民者的足迹传播扩张到地球最偏僻的角落，并造成一系列环境后效和文化反应。同样地，受曼恩的启发，尤其是他的点题之句"我的花园里有世界各地的植物，……"的启发，笔者开始以全球植物交换史的眼光细察桉树与中国的关系，特别注意到当代云南诗人于坚和浙江诗人李浔笔下的桉树。① 耐人寻味的是，尽管两人的桉树书写发生于生态争议漩涡时期，公众的生态焦虑却像桉树皮一样自动从他们的文本脱落。笔者不由得思考个人创作是不是必然地与新历史学家强调的"社会能量（social energy）"发生意识形态交换？研究过程中收集的文献牵引笔者思考更大的问题，比如，进入中国 120 年的澳桉，为什么只在生态利弊争议话语体系里起伏，或止步于祁述雄主编的《中国桉树》这种专业而孤立的技术总结里，却从未进入中国环境史、社会文化史学家的视野，像人类学家敏茨（Mintz）的"土豆"、史学家贝克特（Beckert）的"棉花"一样，显露出历史主演之一的浩大的文化影响？凡此种种，值得笔者继续追踪下去。

---

① "这是桉树/清凉甚至可以醒脑/不会说话的桉叶/它只想让你尝尝粮食之外的味道……"李浔：《不会爬树的人》，《诗歌月刊》2015 年第 3 期。

纳西族的水文化与水智慧[*]

和少英　王耀凤[**]

摘　要：水资源问题是影响当今世界社会经济发展及人类可持续发展的关键因素。探究各种不同文化群体的水文化与水智慧，对当今水资源的利用、管理和保护具有不可多得的意义。本文通过水与纳西族创世神话、水与纳西族迁徙历史、丽江古城水系、水崇拜及节俗用水、水文化的现代变迁和保护等维度，全方位展示了纳西族的水文化和水智慧。由此可知，水是纳西族人居地理生态、社会历史、文化习俗、心理精神的重要整合因素；同时，纳西族卓绝的用水智慧和顺应自然、人与自然和谐发展的理念，对现代社会解决水资源问题具有一定的借鉴作用。

关键词：纳西族　水文化　水智慧

古希腊的著名学者亚里士多德早就提出了在中国等东方国家存在一种完全不同于西方国家的"东方专制主义"国家的理念。这一理念通过他的门生以及德裔美籍学者 Karl A. Wittfogel 等学者发扬光大，巧妙地把这些东方国家的起源同治水等问题联系起来，给我们的水文化与水智慧研究提供了一种更加宏大的视角![①]

---

[*] 本文系提交 2015 年 7 月召开的"中国－希腊古代文明中的水智慧与成就"国际学术研讨会的主旨发言论文。

[**] 和少英，云南民族大学云南省民族研究所教授、博士生导师；王耀凤，云南民族大学博士研究生，助理研究员。

[①] Karl A. Wittfogel, *Oriental Despotism: A Comparative Study of Total Power*, Yale University Press, 1957.

　　联合国教科文组织发布的世界水日主题宣言宣称："全世界有多少种文化传统就有多少看待、使用、赞颂水的方式。从神圣的角度讲，水处于很多宗教的核心，并被用于不同的典礼与祭祀中。水是具有强大魅力的，在不同国家中都被表现在艺术中，诸如音乐、绘画、文学、电影等，同时它也是很多科学探索的基础要素。世界上每一个地区都有一种崇敬水的途径，但是共同的是，都认可它的价值及其在人类生活中的核心地位。文化传统、土著的实践及社会价值决定了在世界上不同地区的人们如何理解与管理水。"①

　　在中国西南边陲，拥有灿烂、悠久文化的纳西族，由于独特的民族文化和宗教信仰，因而有着与众不同的水文化。纳西族主要聚居于云南省的丽江市、迪庆州，西藏自治区芒康县以及四川省盐边县、木里县等面积为 8 万多平方公里的区域内，现有人口 324680 人，以世界文化遗产——丽江古城及独特的东巴教文化闻名于世。纳西人对水的感情，对水的利用和管理，贯穿着纳西族民族发展的历程，显示着纳西人朴素和谐的自然观、宇宙观和卓绝的生存智慧，同时也彰显着因势利导、节约、循环的用水智慧，由此，水成为整合纳西族社会的重要力量，不仅是地理生态的整合，同时还是纳西族社会历史及人文精神的整合。在如今倡导节水惜水的现代社会，对纳西族的水文化和水智慧进行探讨，具有不可多得的重要意义。

一　水与纳西族创世起源

　　一个民族的创世起源神话，体现着族人最初的宇宙观和生命观，创世起源神话中的诸多要素和观念，构成民族心性和文化传统中最基本也最重要的文化基点。在纳西族的创世起源及人类繁衍的神话中，体现着水与纳西族的深厚渊源。

（一）混沌初开的气与水

　　在纳西族古老的创世神话史诗《崇搬崇笮》与《董术战争》中有这样

---

　　① 联合国教科文组织网站，http://webworld. unesco. org/water/wwd2006/faq/index. shtml。

的记载："石头在爆炸，树木在走动，混沌未分的天地，摇晃又震荡。"①
"最初，从上面出现了原始的声音，从下面出现了原始的气体；原声和原气
作变化，出现了一滴白露珠。白色露珠作变化，出现了木、火、铁、水、土
五行。五行作变化，出现了五股白云和白风。白云和白风作变化，出现了白
蛋、绿蛋、黑蛋、黄蛋、红蛋。……白蛋起变化，出现了盘神的白天和白
地、白日和白月、白星和白宿、白山和白壑、白色的树木和石头、白色的水
和渠、白色的犏牛和牦牛、白色的马和牛、白色的山羊和绵羊；出现了成千
上万个盘神的好儿女。"② 从这些记载中我们可以看到，在纳西先民的观念
里，最初的宇宙天地是混沌的、无序的，随着混沌天地的不断震荡和蒸酝，
出现了原声和原气，原声和原气化为白露珠，白露珠化育出了构成世间万物
基质的五种元素，即木、火、铁、水、土这五行，五行演化相生后经过变化成
为世间万物。由此我们可见在纳西先民的创世观中水的重要性，气、露珠都是
水的不同形式，构成万物的五种基质都是由水演化而来，水即是万物的基点。

（二）人祖的诞生和繁衍

在纳西先民关于人类诞生的神话传说中，也体现出水的重要性。东巴
经书在探讨人类起源问题时，几乎无不提及露、海、云、水等，露、海是
水，云也是水的不同表现形态，其中隐含的是人类演生于水的观点。在记
述人类诞生繁衍的东巴经书《蒙增·查般绍》中记载：

> 在天上的吉星出得最亮的时刻，
> 在地上的绿草长得最美的时刻，
> 由天神造化人类的种蛋，
> 由地神把这人类的种蛋孵化。

---

① 转引自和少英《纳西族文化史》，云南大学出版社，2011，第 196 页；和士成解读、和力
民译《董术战争》，载云南省少数民族古籍整理出版规划办公室编《纳西东巴古籍译注》
（三），云南民族出版社，1989，第 3 页。

② 转引自和少英《纳西族文化史》，云南大学出版社，2011，第 196～197 页；和云彩等解
读，和发源等译《崇搬崇笮》，载云南省少数民族古籍整理出版规划办公室编《纳西东巴
古籍译注》（一），云南民族出版社，1986。

大地给这个种蛋以温热，

这种蛋渐渐发生变幻。

它先是变成一个气团，

这气团又幻化成三滴露珠。

第一滴露珠滴落在山岩上，

山岩上萌生出白根的柏木，

天神的舅父就这样出世。

第二滴露珠洒落在黄栎青枫上，

黄栎的枝叶变得茂密宽厚，

许饶堆地神的先祖由此诞生。

第三滴神露洒到大海里，

相继出现亨施哼热，

哼热拉热，拉热美热，

美热楚初，楚初楚尤，

楚尤楚居，居塞津，

津塞查，查热丽恩。①

　　这段记述表明，天地孕育并且孵化了人类的种蛋，种蛋变为气团，气团变为露珠，从露珠中诞生了人类先祖查热丽恩（即崇忍利恩）家族几代，后来，查热丽恩和天女衬红褒白命结为夫妻，并繁衍出人类。由此可见，露珠代表的水，也是人类祖先诞生和繁衍中的重要一环。

　　而在纳西族民间流传的《人类迁徙的故事》中，则将人类始祖由水而生描述得更为直接："在一个瑞气氤氲的早晨，一滴神奇的露水滴落进海水里，露水在海里发生奇异的变化，在几抹晃晃发亮的电火里，爆出一声穿云裂石的雷鸣，这滴神奇的露水孕育出了恒时恒蕊。"② 这里更直接而明

① 转引自和少英《纳西族文化史》，云南大学出版社，2011，第 198～199 页；云南省民间文学集成办公室编《祭天古歌》，中国民间文艺出版社，1988，第 15 页。
② 转引自和少英《纳西族文化史》，云南大学出版社，2011，第 200 页；丽江地区文化局、民委、群艺馆内部编印资料《纳西族民间故事集成卷》第一辑，第 4～5 页。

确地表明露水滴落进海水里而诞生了人类始祖。

（三）以水为代表的自然创世观

与西方以及中国汉族的创世神话不同，上述由水而生的纳西族创世神话有其鲜明的特征。以希腊为代表的西方创世神话以及中国汉族的神话，主要是一种神创论的创世模式。希腊神话中的混沌之神卡俄斯诞生了大地之母盖亚等诸神，诸神又诞生了万物之神，世界万物就这么由神诞生和创造出来，人类则由普罗米修斯创造和保护。汉族的创世神话中创世神盘古开天辟地，之后则由其血、肉、骨化生为世间万物，而人类则是由女娲抟土创造。所以，在西方及中国汉族的创世神话中，天地万物、人类以及整个世界的秩序均是由神创造的。而在纳西族的创世神话中，万物是由以水为代表的自然化育而来的，人类也是化育的结果，这一过程中并没有创造万物或人类的神灵，而主要是靠自然的不断变化。虽然人祖身上具有一些超群的神力，但他并非人类和万物的创造者，他本身是自然演化的造物，而他的作用也仅限于通过两性结合而繁衍人类而并非以神力创造自然和人类，他的某些超群的神力也只是用来在繁衍人类的过程中助他克服重重险阻。

此外，在西方神话中，世界是神创的，世界的秩序也是神的意志的体现，神有操纵自然的能力，而在纳西族的创世神话中，世界的秩序是通过人与自然达成的协议来框定的，更多地凸显出自然力量的强大以及人类对自然的敬畏、感恩之心，这也是纳西族创世神话的独特之处（这一点将在后文详述）。

二 水与纳西族的迁徙

纳西族先民有着漫长的迁徙历史，这一段历史对纳西族文化的形成有着重要的作用，而这种迁徙也是伴随着与水的关系不断展开。

（一）迁徙中经历的水与空间方位感的形成

关于纳西族的族源，较为多见的说法是"羌源说"，认为纳西族源于古羌人的一支。方国瑜先生对纳西族的族源以及迁徙有过这样的论述："纳西族渊源于远古时期居住在我国西北河湟地带的羌人，向南迁徙至岷江上游，又西南至雅砻江流域，又西迁至金沙江上游东西地带。"[①] 但是通过现今对纳西族迁徙史的研究，我们能够更为客观地看待纳西族族源问题，我们认为"三源说"能够更客观地反映纳西族群体的形成。"根据现有的文献以及考古等方面的资料，可以初步推断纳西族先民大致是由三部分人组成的：一部分是源于今甘肃省和青海省的黄河流域和湟水流域一带的古羌人。这些游牧的羌人先是向南迁徙到岷江上游，又逐渐向西南迁徙至四川省西部的雅砻江及安宁河流域，再继续西迁至云南境内的金沙江上游沿岸一带及丽江等地，最后便在这一带定居了下来。另一部分则系古代我国西南民族中称之为'旄牛夷''白狼夷'的夷人族系，经过多年的发展演变而渐成为纳西族先民中重要的一支。还有一部分便是较早时期就居住在当今云南省丽江县一带的土著居民，由于这部分人世世代代居住在这一地区，当为纳西族先民人口较多的部分。"[②]

现今对于纳西族迁徙路线的研究，一方面是通过各种考古、史料考证的方法溯源推论，另一方面是通过对东巴经书中送魂路线的研究考证来反向追溯纳西族的迁徙路线和历程。对迁徙路线的细节探析，虽然不同学者有不同的观点，但是对迁徙历史的存在是肯定的，而且也认识到迁徙并非一次完成，而是多次迁徙并经历了很长的一个历史时期，对于迁徙的大方向，也几乎是没有争议的，认为纳西族先民由北（西北）向南（西南）迁徙，并且在路途中皆是顺水而徙，沿途靠山靠水而居，最后到达丽江并长久聚居。在纳西族先民的迁徙历程中，诸如金沙江、无量河等由北向南奔流的大江大河给先民们留下了深刻的印象，由此而形成"南"与"北"的方向感和特殊的表达方式，他们以"水头"和"水尾"来表达和辨识对南北的认知，"水头"为"南方"，写作""，"水尾"为"北方"，写作""，二者合一即为"水"，写作""。

---

① 方国瑜：《纳西象形文字谱》，重庆出版社，1984，第 120 页。
② 和少英：《纳西族文化史》，云南大学出版社，2011，第 12 页。

（二）迁徙中暂居地的选择与水的关系

纳西族的迁徙经历了漫长的空间历程和岁月，在东巴经书《迁徙记》中，记载了迁徙途中暂居的详细地名，"从恒英玉水河上游迁徙，来到恒英玉水河下游；从高地烂泥塘迁徙，来到高地涉水坡；从东渡口（金沙江）迁徙，来得夏渡口；从盘又打鼓（丽江县大具）迁徙，来到三道湾；从黑水迁徙，来到白水河；从三思渠村迁徙，来到塔本甸（祭祖台）；从白沙迁徙，来到龙泉村，最后来到英古地（丽江）"，① 这些暂居地的选择，多半是傍山或伴水而居。在迁徙的过程中，伴随的是纳西族自身发展的历史，尤其是生产方式的不断变化，从游牧、采猎、刀耕火种到初步的锄耕农业，对水的依赖逐渐增强，加之民众生活也离不开水，故而选择暂居地的时候，水成为重要的考量指标。

（三）迁徙中对水的记忆投射到丧葬送魂仪式中

纳西族先民在迁徙中对水的记忆是如此深刻，以致在人死之后举行的送魂仪式中，明确地表示亡人灵魂要到达祖先故地，势必经过一条大河，同时，在纳西人的葬礼中，也为亡灵顺利渡过这条大河做好了充分的准备。根据对鲁甸公社（今玉龙纳西族自治县鲁甸乡）村民葬礼的调查记载：

> 人将断气时，孝子（如儿子不在家，由近亲）往死者口中放"含口"，"含口"是一个小红纸包，内放大米9粒（女性死者放7粒）、碎茶叶和银屑（从银器或银首饰上刮下一点粉末）少许，先分成三小包，再用红纸将3个小包包在一起。在放含口时，由族内长辈告诉死者三代祖先的名字，并嘱咐死者如何使用这3小包含口。大意是说，第一包作渡船的船费。在去阴间的路上，有一条大江阻隔，需乘坐船只才能过江，乘至江心时，拿一包做船费，付给船夫，否则会被丢在

---

① 和志武：《纳西东巴经选译》，云南省社会科学院东巴文化研究室，1983，第12～13页。

江中而不能超生。第二包送给守卫阎王殿的两个大将。过江以后到达阎王殿，殿前有两个威武而又吓人的将官手执兵器守卫着宫殿，对每一个进阎王殿的死者都要严厉盘查审问，给予刁难，第二包需送给这两个大将。第三包是带给死者三代祖先的。①

这充分表明了纳西族先民在迁徙中顺水迁徙、渡过大江大河的事实经验已经印刻至其心理经验中，从而在死者魂归祖先的另一个世界的象征空间中，水成为不可或缺的意象，也是生界与死界的区隔，同时，能否顺利渡过水（大江）也成为能否顺利进入死后世界回归祖先的关键环节。

三　水与丽江古城的修建

经过漫长的迁徙过程之后，纳西族先民来到丽江一带定居。丽江一地，从地理位置而言，就处于水的环抱之中。发源于青藏高原的金沙江由北向南流到丽江石鼓镇后，突然折向东北，冲破哈巴雪山和玉龙雪山的拦阻，一路欢歌，到了牦牛山，又掉头南下，继而往东奔向大海。金沙江的这一转折，形成了现今著名的风景名胜地"长江第一湾"，同时，也恰好把玉龙雪山和雪山脚下的丽江坝子揽入怀中，丽江因此得名，所谓"丽江坝"，纳西语为"英古地"，意为"江湾地""金沙江右拐弯处"。金沙江犹如腰带缠绕于丽江，巍然挺立的玉龙雪山堆积着千年古雪，山下一股股清冽的泉水，滋养着丽江一地，绮丽的山脉和纵横的水系成为丽江的骨骼和血液。

（一）古城水系的形成

丽江一带在纳西族先祖叶古年从"濮缲蛮"手中"夺而有之"之后，②

---

① 《中国少数民族社会历史调查资料丛刊》修订编辑委员会编《纳西族社会历史调查》（一），民族出版社，1999，第 68 页。
② 政协丽江市古城区委员会编，光绪《丽江府志》，2005，第 64 页。《元史·地理志》载：通安州治，在丽江之东，雪山之下。昔名三赕，濮缲蛮所居。其后，么些蛮叶古年夺而有之。

纳西族的政治经济中心应在现今白沙、束河一带。白沙有水量充沛、水质良好的三思水，又称为"勃拾三思吉"或"勃拾三思开"，"三思"为纳西语地名，"吉"为汉语"水"之意，即"白沙三思水"或"白沙三思渠"之意。其水源在白沙三思开，分三股流经白沙、束河两乡灌溉田地，故对三条渠水总称为"三思吉"。束河旧时称为"龙泉村"，因这里有九鼎龙潭提供清冽的龙泉水及青龙河，发挥着灌溉两岸农田的重要作用。这些有利的水利条件，为这里成为纳西族政治经济中心奠定了基础。著名的丽江白沙细乐（又称"别时谢礼"）中有乐章《三思吉》，描绘了三思水灌溉附近农田获得丰收的景象。"白沙三思吉，三股水流三处。一股流五课①，五课栽稻谷。稻谷多饱满，多亏三思吉。一股流五皆，五皆播小麦。小麦长得旺，多亏三思吉。一股水流五陀，五陀大麦熟。大麦一片黄，多亏三思吉。"②

纳西族政治中心由白沙向坝中（今丽江古城）的南迁，大致发生于宋末元初，现今古城中所谓"知市""丹市"的地名，"知"在纳西语中意为"街"，"丹"在纳西语中意为"地方"，"市"在纳西语中意为"新"，所以"知市"意为"新街"，"丹市"意为"新地方"，这里的"新"，当是以白沙的"旧"为对应的，这也反映出南迁这一事实。③自此，原有纳西族先民居住的丽江古城，④作为城市开始发展。古城三山为屏（北依象

---

① "五课""五皆""五陀"皆为地名。
② 和仕勇：《世界文化遗产丽江古城志》，云南人民出版社，2011，第325页。
③ 王世英：《王世英纳西学论集》，民族出版社，2010，第148页。
④ 李冰、苗力：《非规则形态古城的诞生与演变研究——以云南丽江大研古城为例》，《中华建筑》2014年第11期。文中认为：唐中叶，今古城地区逐渐形成城镇。唐朝人樊绰在《云南志云南城镇》中提到的桑川即现在丽江大研古城一带。大研古城街道流传至今的纳西语古名称提供了历史村寨的一些信息，包括了早期村寨的地点、图腾信仰、历史事件等。这些村寨在产生之初规模较小，通常围绕一条主要道路发展，因此，原始村落的名称在历史上演化为相关联的街道名称。在大研古城区域内，其中比较古老的村落包括中河东岸的"川地瓦"，意为鹿地村，即双石桥一带，现在的玉龙桥附近，西河和中河的分水处；中河两岸的"吉底泊"，意为"河对面的村寨"，在今百岁坊；中河西岸的"巴瓦"，意为"崇尚蛙图腾的村寨"，在今七一街八一段。另外，还有中河北岸的"阿溢灿"，意为"蒙古人居住过的村寨"，在今密士巷。南宋末期（1253年），蒙古军由北向南征讨大理国，途经丽江，纳西先祖古年后代麦良归附蒙古军。忽必烈的军队在现在的"密士巷"村寨放马宿营。另外，在狮子山西南侧白马龙潭河水流经的地 （转下页注）

山、金虹山，西枕狮子山，阻挡冬季西北寒风），一川相连（东南面连接田畴万顷，一马平川），开始了"先理水，后修城"的延伸发展，在建设与发展的过程中，因应水势自然，充分发挥了水的地理空间意涵和社会功能意涵，使整个古城成为水、桥、民居、人、生活和文化融为一体的和谐空间。可以说，城因水而建设扩展，水又给城带来了灵气与韵味，水与城就在这种互构中成为完美的整体。

1. 总体水系

丽江古城及古城附近区域的水系属金沙江水系，主要河流有青龙河、清溪河（白玉溪）、玉河，主要水源有玉龙雪山、黑龙潭、拉市海等，所有水系最后在古城南端汇于东员里，再往南流入鹤庆，成为漾弓江源头。上文提到的青龙河，发源于束河，环古城周边灌溉农田，在古城外接纳白玉溪，并汇入东员里；玉河发源于黑龙潭，贯穿古城，分中河、东河、西河三叉，各条支流在古城南端汇入东员里；清溪河（白玉溪）在史料中有载："白玉溪，在城西五里，与玉河相近，溪水洁莹，石灿如玉，由黄山后，流归东员。"①清溪河（白玉溪）河水没有穿城而过，而是环城西面至古城南端汇入东员里，但现今由于黑龙潭部分泉眼隔年有断流的现象，所以引白玉溪的水入黑龙潭和玉河以作增源。拉市海离城 8 公里，本是断层构造而成的天然湖泊，对于丽江古城水系形成无多大关联，但现今由于黑龙潭泉眼断流现象严重且古城用水量激增，也凿开了拉市海到丽江坝的通水隧道以作补给。

值得一提的是纳西族人对白玉溪水与黑龙潭泉水的用途划分，充分利用两种水在水质上的不同，使其发挥不同的作用。白玉溪的水，在纳西语

（接上页注④）方，有古村寨名为"拉日灿"，直译为"有虎威的蛇村"，即崇尚蛇图腾的村落。在众多村落中，这几个原始村落是现有资料可查的村落，位置都集中于河流两岸或水源地附近，具备原始村落生存的必要条件。因此，这些村落是大研古城地段最早的某些先民在唐宋甚至于更早时期的分布概况。这一时期的丽江古城区域是以农耕为主的村寨聚落，没有统治力量的参与，纳西先民是建造村落的主角。与农耕劳作相关的田垄、排水渠以及原始的步道已经形成，它们会自然地顺应地形、地势和河流的走向。这一形式秩序会自然地被后来的城市所吸收。

① 政协丽江市古城区委员会编，乾隆《丽江府志略》，2005，第 66 页。

里俗称"色米吉","色米"在纳西语中意为"石榴","吉"在纳西语中意为"水","色米吉"即"石榴水"之意，这种水的特点是清冽甘甜、触感较冷、富含矿物质，非常适宜农作物的生长，然而作为生活用水，却不太适宜，因其冷冽，冬天用水时更觉冰寒难耐，同时，还会使手部皮肤皲裂。史书上曾载："白玉溪，出玉河源北数武吉瓦村。相传源自雪山麓，经三思康村东，伏流而出，水性凛冽，冬日每皲人手足。"[1] 所以，在后来纳西族政治经济中心逐渐南迁至现今丽江古城区域之后，白玉溪水并没有引入古城作为生活用水，一方面因其河水走势并非穿城而过，另一方面也因为"色米吉"适宜灌溉而非生活用水的特点。纳西族人依照白玉溪本来的走势，让其绕城而走，灌溉附近农田。相对而言，现今丽江古城内的生活用水，多来自黑龙潭的泉水，纳西语俗称"古鲁吉"，意为"龙潭水"，相对于"色米吉"，"古鲁吉"的特点是水温较高，矿物质含量相对较低，因此，"古鲁吉"更适宜于作为生活用水而并非农田灌溉，加之龙潭水过锁翠桥出黑龙潭后成为玉河，顺势贯穿古城，所以，现今古城中大街小巷纵横流动、提供居民生活用水的就是这种"古鲁吉"。由此，我们也可以看到纳西人民在遵循自然规律的基础上，根据不同水源水的水质，将水资源各自的优势作用充分发挥，与生产生活紧密结合的用水智慧。

2. 玉河水系：贯穿古城的网状水系

发源于黑龙潭的玉河水系为贯穿古城的主要水系。黑龙潭有数十个出水点，出水量为 1.918～4.43 立方米/秒，汇成潭面近 4 万平方米，提供了古城水系的主要水量。玉河水经锁翠桥流出黑龙潭，向南至玉龙桥，分为三叉，称"中河""东河""西河"，分别流入古城及附近农田，三河在古城南端东员里合流。三河成为古城水系的主要脉络，纳西族人秉着"先理水，再修城""随水建城"的理念，使古城的布局和建设与三河密不可分。

中河是玉河水系的自然河。自玉龙桥分出后，流经今东大街、密士

---

① 政协丽江市古城区委员会编，光绪《丽江府志》，2005，第100页。

巷、七一街，之后过南门桥出城，至下八河，汇入东员里。

西河顺狮子山东面山脚，沿今新华街入城，经四方街、光义巷，至木王府沿其东、南、西三面环流，之后再一分为二，一条沿兴文巷东南流出城，另一条沿新院巷、忠义巷南流出古城。现今很多研究者认为，西河为古城水系的第一次人工规划，由木氏土司开凿，宋末元初，忽必烈革囊渡江，在今石鼓镇登陆，将丽江一带纳入统治范围，在石鼓建丽江路官署，元末，时任元朝通安州知州的纳西族先祖"阿甲阿得"在明洪武十五年（1382 年）归顺明朝。第二年，明太祖赐阿得"木"姓，于是土司"木得"将治所迁到现狮子山脚下的古城地段。木氏土司于是开始理水建城，开西河、建宫室。西河的开凿，一方面是补充古城西面的农田灌溉用水，但更重要的是，木氏土司以西河总体走向为依据，仿中原城池护城河的形式，开凿西河，让其围绕木府东、南、西三面环流，使木府形成一个背靠狮子山三面临水的形式，这样的布局受到中国中原文化传统背山面水的风水城建原则的影响。木氏土司采取多项措施鼓励各地移民定居大研城，包括白沙街、罗波城（今石鼓）、束河街的部分手工业居民，甚至包括外域的各种技艺人、商人等。土司将沿着中河或西河水系的宅基地赐予新移民，以此充实西河周边。①

东河出玉龙桥后，沿今新义街入城，在小石桥处一分为二，一条沿五一街东流出城，另一条穿崇仁巷、文华巷后南流出城。东河为古城水系的第二次人工规划，清雍正元年（1723 年），中央政府降木氏土司为土通判，委派流官管理丽江，史称"改土归流"。首任流官知府杨馝到任后，开始了丽江古城城建史上的第二次大规模扩张，流官坐镇东城区，为解决东坝的水利灌溉问题，于玉龙桥处开挖东河，沿着丽江坝东北的金虹山，灌溉古城东面的良田，东河不仅起到了灌溉的作用，同时也补充了古城东部五一街沿线居民的生活用水，此外，在雨季来临时，东河还能够分流中河的水，起到分洪的作用。

---

① 参见李冰、苗力《非规则形态古城的诞生与演变研究——以云南丽江大研古城为例》，《中华建筑》2014 年第 11 期。

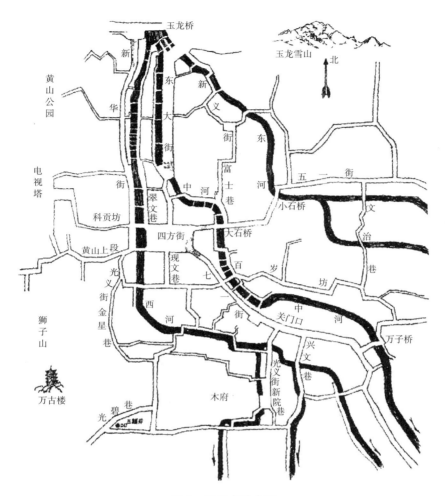

图1　丽江古城水系

　　东河、中河、西河三条河流在城内分成纵横交错的无数条支渠入墙绕户，穿街过巷，形成主街傍河、小巷临水、跨河筑楼、依山而居的高原水城景象。河流最宽处为5～6米，最窄处不足1米。河床平缓，清流悠悠，水波不兴，陡坡处水流湍急，哗哗有声。

　　丽江古城的格局，正是以东河、中河、西河这三条主河道成为贯穿古城的主体构架，由主河道和支流共同构成了放射状的网状水系，这个水系，成为古城布局的基础，古城内的住屋和街市，皆是顺沿水系而为之，故而才形成了如今丽江古城"家家流水，户户垂柳"的风貌。东河和西河虽为人工开凿和规划，但是也遵从了丽江坝"北高南低"的地势特征，同时遵循了"先理水，再修城""以水为脉，顺其自然"的理念，这样做的结果是形成了家户、街市与水系完美融合的独特古城风貌，使得古城显出更为自由和独特的布局，不同于格局方正的汉族古城风貌，没有整齐的经纬贯穿，也没有明显的中轴线。水系看似无序的状态中却又有序可循，顺流则从北向南，逆流则从南向北。当今建筑学家们颇有诗意地概括了丽江古城的空间特色："一是从自然性来说，不求工整，但求随意——整个古城的道路网格随地形、水系自由布局，不求方整；二是就尺度感而言：不求高大，但求得体——整个古城的建筑不高，道路不宽，广场不大，尺度宜人；三是从人情味来讲：不求气势，但求亲和——古城没有刻意追求气势、气派及严谨、对称的中轴，而是处处与水系贴近，空间生动而亲切；四是就平面化来看：不求豪华，但求质朴——整个古城街道与建筑的布局与风貌都是贴近百姓的生活，而不豪华张扬。"[1]

3. 潭及井泉：古城的面状、点状水系

除了贯穿古城的三河网状水系之外，黑龙潭和白马龙潭均属于古城的面状水系。黑龙潭位于丽江城北象山脚下，又名玉泉公园，旧名玉泉龙王庙。因获清朝嘉庆、光绪两朝皇帝御赐加封"龙神"而得名，后改称黑龙潭。象山下栎树葱茏，水源从山麓古老的栎树丛下岩石间喷涌而出，有数十个出水点，出水量为 1.918～4.43 立方米/秒，水质清纯甘美，水碧如玉，故称玉泉。该潭为玉河水系的主要源头，可调节玉河水系的流量，供给着古城的城市用水。白马龙潭在光绪《丽江府志》中记载："在城西里许，狮山南麓，水从石罅出，村入甃石为潭，广半亩许。南流经中白马，北刺缥五六村，用此汲饮灌溉。"[2] 该潭出水量为 22.6 升/秒，从未枯竭。泉水甘洁清纯，古木掩映。

除了网状水系和面状水系之外，古城中还分布着不少泉眼，多分布于三河之侧，并因此组成古城的点状水系。这些泉眼，或是单池，或是

---

① 木基元：《木基元纳西学论集》，民族出版社，2009，第118页。
② 政协丽江市古城区委员会编，光绪《丽江府志》，2005，第101页。

依次贯穿单向流动的三池，俗称"三眼井"，泉周围皆用光滑的石头垒成石壁，比较著名的有溢灿泉、石榴井、甘泽泉、白马龙潭三眼井、光碧巷三眼井等。这些泉井，对古城由大小支流构成的网状水系构成了补充，夏季因降水致使河水混浊之时，这些泉井往往成为纳西族民众用水的主要来源。

尤其值得一提的是纳西族独特的"三眼井"，"三眼井"充分体现了纳西族人的用水智慧。三眼井是利用地下喷涌出的泉水源，依照地势而修建，由三个连通的池构成，顺着地势水势，中间以尺许宽的小通道相连，单向流动。纳西族人对三个水池的功能与用途进行严格区分：通常第一池水为泉水源头，清冽甘甜，为饮用水；水从第一池经由小通道流入第二池，第二池水用于洗菜等污染较小的清洗活动；第二池水再经由小通道流入第三池，第三池水则用来洗衣物等污染较大的清洗活动；通常第三池水通过旁边的排水沟流出，人们在排水沟中涮洗拖把。这样的用水方式，使得水资源得到了循环使用，与当今的节水用水方式不谋而合，这样的三眼井及用水方式在纳西族人中已持续数百年，足见纳西族人独特的用水智慧。

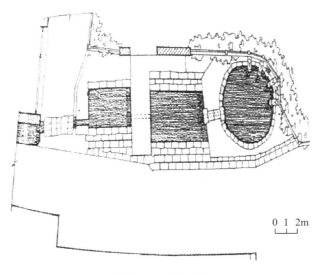

图 2　三眼井构造

图 3　三眼井实景

4. 桥

　　水是流动的桥，桥是凝固的水。在大小河流纵横交错的古城里，各式大小不一、形制各异的桥成为古城不可或缺的独特风景。在 3.8 平方公里的古城内，有大大小小 360 多座桥，因河面宽度不同而有不同形制的桥，既有大石桥、万子桥等恢宏的单孔或双孔石拱桥，也有百岁桥等石板桥，更有临河而居的住户们以木板简易搭就的进门入户的独木桥。

　　各种桥的存在，一方面连接了古城的道路交通系统，另一方面也造就了古城小桥流水人家的优美风貌。除此之外，丽江古城的桥还具有一些独特的功能。首先，桥寄托了人们的美好愿景。例如万子桥和百岁桥。万子桥为单孔石拱桥，用沙石料拱圈而成，长 9 米，宽 4.2 米，高 3.2 米，孔径 4 米。该桥始建于明代，至清雍正九年（1731 年）丽江府教授万咸燕重修，在光绪《丽江府志》中载："万子桥，旧志：在城西饮玉门外半里许，雍正九年，教授万咸燕、善士赵良弼重建。"① 在桥旁立有《重修万子桥碑记》。据传，居住在古城里的一户杨氏人家久不得子，闻行善积德可得子，

---

① 政协丽江市古城区委员会编，光绪《丽江府志》，2005，第 91 页。

遂祈求子嗣而捐资修桥，故此得名万子桥。修桥者用心良苦地采用沙石料来造桥，因为每一块沙石料由众多的小石子凝聚而成，用意明显而独特，喻为多生多子。① 百岁桥，传说明代时为栗木桥，清代村里有一老人，名年世光，生于1738年，卒于1845年，享年108岁，历乾隆、嘉庆、道光三朝（另一说还包括其子，言其子享寿104岁）。时地方官奉旨为老人树立百岁坊，将栗木桥改为石拱桥，成为现今的百岁桥，并命名其村为"仁寿村"。② 这些桥的建设，以水为依托，同时也寄托了纳西族人对于美好生活的向往。其次，古城中的桥还是除四方街等街市以外的贸易的延伸。位于西河旁的两座古桥，一座名为"次此起筜"，意为"卖鸡豆桥"（鸡豆是丽江特色小吃凉粉的原料），另一座名为"奥古起筜"，意为"卖鸭蛋桥"，像这样的桥，除了交通和审美意义之外，还承担了商贸的功能，成为桥市，在纳西族人的生产生活中具有独特的意义。最后，古城中的各种桥，往往成为人们观景、邀约、休憩的场所，成为纳西族人社交生活中不可或缺的部分。

图 4　百岁桥　　　　　　　　　　图 5　万子桥

可以说，以三河为主的网状水系和散布古城的井泉，构成了古城点线结合的完整水利网，再加之各种桥的联通，形成了古城小桥流水的完整风

① 杨林军：《徐霞客与丽江》，云南美术出版社，2007，第105～106页。
② 杨林军：《徐霞客与丽江》，云南美术出版社，2007，第106～107页。

貌，人与水的关系，在这个完善的水利环境中逐渐展开。

（二）古城水系的功能

1. 水系与日常生活息息相关

古城中的河流和井泉，除提供古城居民生产生活用水之外，还担负着防火、泄洪、灌溉等重要作用。一是供给生活用水。古城居民生产生活用水主要从河中汲取，离河较远的地方则从三眼井中取水，古城居民饮用、洗涤等日常生活所需，在现代化的自来水网形成之前，全赖这一水系。二是泄洪功能。丽江地区降水丰沛，主要集中在夏季，丽江坝地势北高南低，居民多居住在地势较低的坝区，在雨量充沛的季节，雨水汇集向地势较低的坝区流，坝区居民容易遭受洪水之害，此时密集的河网水系又充当了泄洪的渠道，避免或减轻了洪水的破坏。三是防火功能。古城民居建筑全为土木结构，稍有不慎就容易导致火灾，且容易连片成灾，古城内密集的河网又为就近取水救火提供了便利。四是灌溉功能。丽江古城东南部地势平坦，有大片良田，不论是绕城而走的清溪河、青龙河，还是穿过古城的三河，都是灌溉这些农田的主要水源，清代乾隆《丽江府志》中就有"附郭高田咸资灌溉"的记载。五是独特的功能——洗街。史料中对此曾有记载："郡城西关外有集场一所（即今四方街）……因逼近象山，山水流渐入市，然后东注于溪湖。市廛之民向以泥泞受困，余思另辟一沟，使水从市外行，非不便民，惧于街市风水不利。因谕街市众铺，各就门面铺砌石街。于进水之口筑一小闸，晨则阻水不得入街，暮则启闸放水涤场使净，俾入市者既免于泥泞，又免于尘埃。"① 古城中心的四方街，自古就是城中最大的市集，散集后常泥泞污浊，历代治理者常为此苦恼，直至清代吴大勋任丽江府知府时，开创了这种阻水洗街的新用水方式，出现"白天为市，薄暮涤场"的景象，洗街之后的水通过河道又流至古城南边灌溉农田，这种因地制宜、统筹规划、循环利用的用水智慧，直至今日也有着很大的启示和借鉴意义。

---

① （清）吴大勋：《滇南闻见录》上卷《地部·丽江街市》。

2. 与水相关的场域成为纳西人社会交往的重要场所

古城中各种与水相关的场域，在纳西族人的生活中也发生着重要的作用。首先是桥。正如上文所述，桥在人们的生活中发挥着两项社交功能，一是桥市，二是桥成为人们观景、邀约、休憩的重要社交场所。其次是河边泉边。除了以三坊一照壁为基本格局的民居住宅之外，由于纳西族人取水、洗涤等日常生活都仰赖河水和泉水，沿各条街巷和水路分布的水井也是家庭生活的必要设施和邻里之间的重要交流场所。常常能够看到纳西族妇女在河边一边劳动一边拉家常的场景。傍晚时分也能够看到全家老少在井泉边休息、嬉戏的场景，这些场域伴随着生产生活，成为人们社交的重要地点。

3. 用水的规则维持着生活节奏和社会道德

由于水对于纳西人生活的重要性，纳西族人对于水的使用有很多约定俗成的规范和禁忌。例如：每天早上 10 点前不得在河里清洗东西、倾倒污物；为了保证饮水的清洁，在时间上人们规定，晨、晚为挑水时间，不得洗涤物品、蔬菜；在位置上，约定俗成地形成了洗衣物用品者在洗食物者下方的习惯，而在三眼井的使用上则是泉池饮用，二池洗菜，三池洗衣，并且有约定俗成的严格的用水公约：

> 东巴经"署古"曰：人与署乃同父之兄弟，为履行与署之和约，特立此公约：一则不能污染署之井、泉、河、海，二则不能在水源周围吐痰、大小便及倒垃圾、脏水等；三则不能在水源周围杀牲，洗不洁之物，污血水不得流入水中；四则早十时前系取饮用水之时间，十时后方可洗菜及衣物，洗衣物者先在盆中洗净方可在井中漂洗；五则饮用、洗菜、洗衣按水头、中间、水尾之顺序。一九九六年二三地震重立。[①]
>
> 上泉是作饮用水，洗涤食品用中泉，下泉请君洗衣物，分泉使用是传统，洗后残渣各清捡，垃圾污物别近泉，保护水源人康乐，文明

---

① 摘录自古城署古井旁护水公约石碑。

自爱守公约。(光义居委会立)①

"在长期的演化过程中,三眼井的建设与使用得以定型,成为具有民俗文化意义的空间仪式。通过这种定型的空间形态和使用规范,邻里社区关系的纽带得以维系和加强。丽江古城的传统文化习俗得以更新和传续。"②

由此可见,这些用水规范和习俗口耳相传保留至今,人们都自觉遵守,一方面,用水时段的划分形成并保持着纳西人每日的生活节奏;另一方面,用水规范使人们养成爱水护水的良好道德规范。推而广之,遵守护水公约,也是一个人是否具有良好道德品质的体现。对水源和水的保护,也是和睦家庭、邻里,确保人们生活健康安乐的重要保证,所以,与水相关的规范也在精神层面上维系着社会道德的良性运转。

(三)贴近生活的人水关系

虽然同是水城,但是人与水的关系、水对于城市和人们的意义,丽江古城的水却与著名水城威尼斯的水不同。

水对于威尼斯的意义在于其独特的地理位置,形成了威尼斯独特的海洋经济类型和贸易形式,使其成为重要的港口货物集散地和运输要道,并由此带动了相关产业的兴起乃至整个城市的繁荣。第一,水塑造了威尼斯人赖以生存的产业和贸易。威尼斯城位于地中海东部亚得里亚海北岸,具有良好的港湾条件。当第一批居民来到这些荒芜的小岛上时,他们便"靠海吃海",靠捕鱼和制盐保证了威尼斯人的生计,同时以这些产品与附近沿岸的居民换取小麦。从此这个没有耕种条件的城市,开始依赖贸易维持并发展。被"海水所包围的威尼斯,以惊人的精力与活动,竭尽一切手段发展它所赖以生存的海上贸易","全城的人都经营海上贸易",这是海水对于威尼斯自身生产经济类型的影响。第二,水路运输使威尼斯成为海上贸易交通要道,促进了城市的繁荣。威尼斯占据了重要的地理位置,通过

---

① 摘录自古城光义街三眼井用水公约石碑。
② 张天新、山村高淑:《丽江古城的日常生活空间结构解析》,《北京大学学报》(自然科学版)2003 年第 4 期。

海运发展对外贸易，并成为海上贸易的重要通道。威尼斯城自 8 世纪起就致力于供应君士坦丁堡，它的船只把周围地区的产品，如意大利的小麦和酒、达尔马堤亚的木材、环礁湖的盐等物资运往君士坦丁堡，又从君士坦丁堡带回拜占庭工业生产的珍贵织品以及亚洲供给君士坦丁堡的香料，从这种对外贸易中威尼斯以商业为主的经济方式得到扩张，同时由于其特殊的地理位置，成为海上贸易的重要通道，由此带来了更大的商业繁荣，水成为威尼斯商业经济的命脉。为了保证这一海上地位，威尼斯还建立了强大的海军，发展实力雄厚的造船业及与其相关的行业。[①] 第三，威尼斯的水是城内交通命脉。威尼斯城建立在离陆地 4 公里的海边水滩上，由 118 个岛屿组成，城内有 177 条运河和水道纵横交错，蜿蜒流贯其间，有 2300 多个小港像蜘蛛网似的迂回曲折，分布在全城。城里的"大街"就是那些大大小小的运河，其中最主要的一条是贯穿全城的 S 形大运河，长约 3 公里，宽约 60 米。那些小水道便是穿插于各个角落的"小巷"，城里的陆上街道由 400 多座建筑精巧的各式桥梁所连贯。全城几乎没有车辆。全靠各种船只在河道港湾中行驶。所以说整个威尼斯城是以水、桥、船为特色的。[②]

而丽江古城的水，多是不宽的河道，无法行船，无法承载交通运输和对外沟通贸易的运输意义，这与威尼斯是不同的；丽江古城的水质是适宜饮用的山泉水，能够供给人们的饮用水并灌溉农田，故而纳西人仰赖农耕，这也与威尼斯的水无法饮用却能发展出制盐业是不同的；丽江古城的水，对于纳西人还有着多样的象征意义并且存在于各种节俗仪式中，这也是其不同于威尼斯水的特点。于是，丽江古城的水显示出的，更多是满足日常生活用水、农业灌溉的生活性、赋予景观意义而非交通要道的景观性和审美性、以及融入日常生活节俗中的象征性，这些，都是丽江古城的水不同于威尼斯的水的鲜明特点。

---

① 参见杜瑜《古代东西方"水城"——苏州与威尼斯比较研究》，《大同高专学报》1997 年第 3 期。

② 参见杜瑜《古代东西方"水城"——苏州与威尼斯比较研究》，《大同高专学报》1997 年第 3 期。

四　水崇拜及习俗中的水

（一）祭署：人与自然的协议

正如上文曾言，西方的创世神话中，通常整个世界的秩序是由神所创造并制定的，而在纳西人的创世神话中，人与自然的秩序是通过双方协定而产生的。

纳西族在向自然界索取的过程中，虽然不断受到自然力的极大威胁，但毕竟还是从自然中取得了赖以生存的条件和资源，因而表现出对自然赏赐的无限感恩。人与自然之间这种既惧怕又依赖的特殊关系，促使纳西族先民根据自身的认识去解释自然，从而把自然物和自然力幻化为神灵，产生水神、火神、山神和太阳神等，这种幻化，都来自功利目的，把恐惧和依赖的感情寄托在与人类的生活关系重大的自然物身上，这类自然神灵的总称，即为"署"，带有自然神的意义。在纳西族东巴经书《休曲署岩》和《鹏龙争斗经》中有这样的记载：

> 人类和署本是同父异母的兄弟，他们共同掌管着宇宙间的一切，按照分工，人类专管农耕和牲畜，署则管理着山林、川泽、植物、空气和野生动物等人类赖以生存的自然环境。最初他们各司其职、和睦相处，各自过着平静的生活。可后来，由于人类贪婪地不断索取，发生了很多伤害署的事件，比如乱砍滥伐、污染水源和滥杀野生动物，还把烧红的铁矿石丢进海里，伤害了署。于是，署开始了对人类的报复，海水猛涨，百病丛生，双方矛盾与斗争愈演愈烈，人类在惊恐中求助东巴教始祖与教主丁巴什罗，认为署的报复导致人类再无法生存，署对丁巴什罗说："在我的泉边，可恶的人类宰畜剥皮，污血流进洁净的水源；牵着猎狗，到山林里去打猎，使我的马鹿和麂子不得安生。人们还无故射杀我的坐骑山骡、阴坡的黄猪、阳坡的红虎，取我高岩上的蜜蜂、捉我江里的鱼儿、淘我江边的金子、捕我树上的白鹇、杀我林里的青蛇，还到

我的九山上砍伐树木，放火烧荒，七谷里的蛙类都被杀光了，是人类不让我们活下去啊！"于是，在丁巴什罗的调解下，人类和署最终达成了协议，订立了"互不侵害"的条约。署要把淹没的田地还给人类，负责流出清泉，及时降雨，允许人类适度开垦一些山地耕种食物。人类则不得任意毁林开荒、捕杀野生动物和污染河水。①

由此可见，订立协议的原因是人类的过度索取，遭到了自然的报复，于是产生了这种"人与自然和谐共处"的观念。这反映了人类对自然又敬又护的情感，对自然的崇拜由此产生，水崇拜也由此产生，于是形成纳西人爱水、护水、不过度索取的用水规范，人与水也有着深厚的感情。纳西人的民间习俗中，有很多都反映着这种对水、对自然的崇拜。

每年开春时，纳西人都要举行隆重的祭署仪式，一方面是为平时索取过程中对署造成的伤害谢罪，另一方面则是祈求署庇佑人们风调雨顺、五谷丰登、六畜兴旺。在一些纳西村寨中，至今还保留着"神树林"，并且用村规民约的方式规定，任何人不准砍伐"神树林"中的树木，不准在"神树林"里放牧，不准在"神树林"里小便，目的是涵养水源，维持生态平衡。这些都是水崇拜在生活习俗中的体现。

（二）朝白水——对水生万物的敬拜

在今迪庆藏族自治州香格里拉市三坝乡西端，有著名的风景名胜地白水台。三坝乡白地峡谷，属于裸露地表的喀斯特地貌，因含碳酸氢钙的泉水于此长年累月的累积，形成了十多个纯白如脂的钙化泉池台幔，恰似层层水田，烛光闪烁，纳西人给这5层台幔赋予了诗一样的名字，自上而下分别为银珠翻花、明镜映天、仙人遗田、神女显灵、银水游龙，状似白色梯田的数百块大小不一的扇面形半圆池层层叠叠，宛若白玉雕砌的人间瑶池，胜似仙境。其畔有一首明嘉靖甲寅年由"长江主人"题的摩崖诗，诗云："云波雪浪三千垅，玉埂银丘数万塍。曲曲同流尘不染，层层琼涌水

---

① 参见云南省水利厅编著《丽江之水》，中国水利水电出版社，2007。

长凝。长江永作心田玉，羡此高人了上乘。"

在白水台，水的澄澈使它彰显圣洁的神性，同时，它又滋养着三坝附近地区的农田，成为人们生活用水的源泉，是万物生长之源。此外，白水台还是纳西族东巴教的发源地，这些因素，都使它成为三坝乡及丽江等地纳西族人心中的圣地，引发他们对白水女神的崇拜，每年农历二月八日，三坝乡及周边的纳西人都会在白水台举行隆重的朝白水仪式，以表达对神圣水源的崇拜，祈求来年风调雨顺、万物丰茂。

朝白水的仪式，多以小家族为单位，在白水台附近的山地上，每个家族均有自己的火塘，人们对于各家火塘的位置都有一定的共识，一般位置都比较固定。二月八日一大早，各家便带着朝拜用的大香小香、活鸡、生火的栗木、小包白面及一些食品菜品等到达白水台，到各自家的火塘安顿好后，家中男子先到泉水源头泉池边烧香，以示烧香买水之意，然后打泉水生火烧水、煮饭，接着男子提着活鸡，到泉边用泉水蘸洗鸡头和鸡脚，类似洗礼的仪式，之后找远离泉水的山地割断鸡脖，将鸡倒提，让鸡血顺序滴洒在泉边的三个烧香台上以示献祭，这时在烧香台边会有东巴念诵祝祷词，接着用烧开的泉水烫鸡褪毛，将鸡剖开后在泉水中清洗，之后再用泉水烹煮。同时，人们还会拿着白面依次洒在三个烧香台上，并祈求来年风调雨顺、谷物丰收。待鸡煮熟，再烹饪几样菜肴，人们便在自家火塘享用午餐。午餐后，人们在白水台边吟唱打跳，直至下午方才陆续回家。

"朝白水"是纳西人，尤其是三坝乡纳西人每年的大事，远在他乡生活的纳西人一般都会赶回来参加。在朝白水的仪式中，借由白水女神表达了纳西人对于圣洁泉水的崇拜，也是对泉水滋养万物的敬仰，并且由于对水能够使万物生长的灵性的崇拜，他们也赋予了白水女神助人孕育生子的神力，很多人家在朝白水时也向白水女神求子。这些，都是纳西人对于水的崇拜的生动体现。

（三）水在纳西人心中的象征意义：各种节俗用水

1. 洁净之水

通常在纳西族人的心目中，水是洁净的、圣洁的，它能够除去人世间的污秽和人身上的罪孽，这在纳西人的祭祀仪式用水与人生礼仪用水中得到表现。

在纳西人"极严洁"的祭天仪式中，为了保证祭天场和祭品的洁净，通常会由祭司拿一碗净水和蒿枝，边念吉祥语，边用蒿枝沾净水洒向四方，洒在猪、鸡身上，然后再用净水洗猪、鸡的嘴和脚，表示将祭天场的污秽之物除去，将要献祭给天地的祭品的污秽之气洗净，然后才开始杀猪、鸡祭神。

在三坝乡纳西人的结婚仪式上，新娘到了新郎家门口后，媒人和新郎的掌门人隔着门对歌，过后，掌门人把门稍开一线，用手端出一碗清水，新娘连忙把事先准备好的几枚钱币放进水里，意为给吉祥的金水银水。刚一进门，男方将一瓢冷水倒在新娘的头上，以洗走外面的秽气。

婴儿出生是传统纳西族社会里的一件大事，因为这不仅仅意味着人丁兴旺，更意味着父母人生阶段的升级和生命灵魂的延续。在诞生礼仪中，东巴执鸡在每人脸前晃一下，然后端来一碗水，用手指蘸水在每人的手上抹一下，然后把水泼在鸡身上，再杀鸡，意思是让鸡把所有人的不洁和罪孽带走，以保婴儿平安康健。

2. 生命之源

水被纳西人认为是天地万物生长之源，所以，对于水的渴望是非常强烈的，这突出表现在纳西人对水源、泉湖、龙王的崇拜和其他一些祈雨的形式中。

上述朝白水仪式，就是纳西人对水源地的一种崇拜，也表达出对水利于万物生长的敬仰。

龙王崇拜。供给整个古城用水的黑龙潭，也是一个水源地，纳西人认为龙潭有龙王镇守，龙王被看作是司水的神灵，掌管降水，掌握着水源命脉，水的质量、水量都与龙王有关，只有龙王的保佑才能使地面上风调雨顺，万物的生命才可以得到很好的生长与延续，于是，祈求龙王给予丰沛水量的祭祀仪式也由此展开。纳西族的祭祀活动一年之中有30多次，最隆重的有3次。祭龙王就是其中最隆重的祭祀活动之一，祭龙王分为大祭、小祭，凡遇到天灾人祸、久旱不雨或久雨成灾时就举行大祭，小祭也有固定的日子。每年农历三月十五的龙王庙会，就是纳西族传统祭祀龙王的节日。

在纳西族村落，如果到了阴历五月还不下雨，土地干裂，禾苗枯黄，纳西村民就要纷纷举行求雨仪式，烧香磕头，敲锣打鼓，边走边喊："老天爷下雨"，边喊边泼桶里的水。

水是生命之源的另一层含义，保佑人类孕育繁衍，所以人们也有对水的生殖力的崇拜。这在纳西人的习俗中也有很多表现。纳西族有"以水还酒"的订婚习俗。男女双方定亲时，男方要送礼品给女方，其中必须有一坛酒，女方的还礼则是一坛清水，装清水的坛子是男方送酒的坛子，在这里纳西姑娘用清水作为定亲信物，不但表示她纯洁的人品，还暗含着对纯洁美好爱情的向往，同时也有祈愿生子的寓意。生活在丽江永宁的纳西族有喝水、洗浴的乞子习俗，久婚不孕的妇女必须由巫师、丈夫和伴娘陪同来到有水的山洞，先由巫师施行巫术，然后乞子妇女和伴娘跳入洞中水池洗澡，浴毕，乞子妇女还要到被称为"酒木橹"的石头旁喝水。"酒木橹"为乞子之意，尖端有凹坑，坑内积满水，巫师拿来一根上下穿通的竹管插入水中，让乞子妇女嘴含竹管吸饮石坑里的水，吸饮三次方告结束。据说经过洗浴、饮水后的妇女就能怀孕生育，这一习俗明显体现了水具有生殖力的信仰。

3. 节约用水以代表人与自然和谐相处

上文提到，纳西族人的人与自然的关系是通过协议商定下来的，中心思想是有效控制人类对自然的索取，自然界便会保证给予人类风调雨顺的生存环境。所以，纳西人对于水的态度是敬水、爱水、节水。节约用水表现出对水的感情，而且是一种保持人与自然和谐相处的行动表现，所以，在很多纳西人重要的节日、仪式中，所用的水需要通过"买水"的方式向自然索取，同时，买了水以后也只能按需取用，不能无度。比如，除夕晚上，家里应挑满水，初一不能用桶担水，否则署会认为你太贪婪，只能到附近河边买水，凌晨向河里丢一钱币，点一炷香，顺水舀一碗水并祝祷"清洁平安、风调雨顺"。在纳西族人的葬礼中，人死后洗尸，由孝子去河里用土罐顺着流水的方向舀水，舀前在河边点几炷香并丢几个钱在河里，意为"买水钱"。

4. 阴阳区隔与连通

水对于纳西族人而言，也是死界与生界的界限象征。在上文提到的送魂路线中已经表明，纳西人认为在到达阎王殿前有一条大河，所以生者要在给死者的"含口"中准备银子付船费，以期顺利到达阴间归于祖先，所以，水是到达冥界前的必经阶段，是生死的界限。纳西族人通常在葬礼上，在安放死者灵柩的位置摆上一桶水，表示用水切断生死的联系。

中元节祭祖。农历七月的中元节"烧包祭祖"，纳西语叫作"珊美波祭"，一般是在七月十三日、十四日两天举行。第一天准备好祖先牌位，带上香、茶、酒等祭品，到家门口以"唱名"的方式迎祖先亡灵回家，供在堂屋供桌上，同时献祭一些果品等，每餐饭前要先将饭菜献祭到供桌上，全家烧香磕头后，把香插在家户大门边，并取各种饭菜品少量汇成一碗倒在香旁进行饭祭，完成后全家方可吃饭，每餐如此。到第二天晚饭后，要举行将祖先送回阴间的仪式，将祖先牌位、金银纸钱等带到河边焚烧，将灰烬和供品一并投入河中，同时燃放河灯，意味着将祖先的亡灵通过河水送回阴间。由此可见，水是通向阴间的通道，是与祖先联系的脉络，也是阴阳两界的界限。

这些都表明纳西人认为水是阴阳两界之间的区隔。从一种辩证的观点来看，区隔从某种意义上来说也可以理解做联通。由此，我们对一些祭祀仪式上的用水，比如祭天时用来除秽的水，也可以有另一种解读，即通过水来与上天沟通祈愿。中元节祭祖送祖的时候，也是由水来联通阴阳两界，将祖先亡灵顺利送回阴间。

五 纳西族水文化的现代变迁

从上述我们可见，纳西族的水文化，是与纳西族的历史、生活紧密相关的，应该说，水文化已经融入纳西族整体的文化和生活当中，但是，在现代化生活方式和思维方式的影响下，纳西族的社会文化生活都发生了很多改变，不可避免地，纳西族的水文化也发生着变迁。

以西方社会文明和科技发展为标志的现代性席卷全球，对世界各地，尤其是以多民族文化为鲜明特征的中国带来不小的冲击。吉登斯认为，"所谓'现代性'就是十七世纪以来出现于欧洲大陆的生活方式与社会组织方式，其影响随之向世界范围蔓延，在世界范围产生了巨大的影响……其一，现代性所导致的变迁的绝对速度，其激烈的程度是以前的变迁无可比拟的。其二，断裂体现在变迁的范围之上，当全球的各个角落都开始与其它地区发生相互联系时，社会变迁的浪潮实际上席卷了整个地球。其三，现代制度的固有本性。在前现代时期，某些现代社会形式（如民族、国家的政治体制）全无雏形，其它事物（如现代城市）则与前在的社会秩序只是一种似是而非的连续性。"① 现在，对现代化一词的争论也非常激烈。虽然人们已经逐渐意识到"现代化"并非单纯的"西方化"，每个国家、民族实体和文化类型都可以拥有自己独特的"现代化"类型和道路，但是，不可否认，由于西方国家在经济、科技方面的强势，随着经济全球化的影响，以标准化、一致性为特征的西方现代化模式与道路在现今全球发展中起着主导作用。现代性所倡导的标准化、一致性与多民族文化的"异质性"呈现出一种较为尖锐的冲突和矛盾。纳西族也同世界其他民族一样，面临着现代化的挑战，面临着传统与现代这个富有张力的矛盾，在这种语境下，纳西族的水文化面临着什么样的问题？它的未来会怎样？这都是值得关注和研究的。

（一）水文化的信仰基础动摇

经济全球化、信息全球化的结果，是少数民族地区主动或被动地融入了全球化的进程中，西方的科技影响力、经济模式都能够影响到少数民族地区，更重要的是，西方的思维方式也在影响着人们古老而传统的思想观念。在经济迅猛发展的时代，科技的中心思想是崇尚人类的智慧和力量，以此改变自然，这种观念导致人们传统的信仰基础正在逐步削减。正如纳

---

① 〔英〕安东尼·吉登斯：《现代性的后果》，田禾译、黄平校，译林出版社，2000，第 4 ~ 6 页。

西族的水文化，它的存在离不开人们对于水、对于自然力量那种又爱又惧的心态，人们需要水，同时也害怕过度索取会遭受自然的报复，于是这种矛盾的心态会控制人们的用度，从而客观上形成了人与自然和谐相处的局面。而今，人们对于各种自然现象已然有了所谓"理性""科学"的认识，自然神灵的"神力"也被揭开了神秘的面纱，人们心中对于自然的"恐惧"已经消解，没有了恐惧，对于自然的索取自然也就无所控制，对于自然之爱也就大打折扣，没有了这种心理基础，水文化的前景自然不太乐观，这是水文化在现代化中遭遇的最根本、最重要的问题。

（二）水质恶化、水量减少

随着社会发展，纳西人的生计方式也发生了改变，尤其是丽江古城，旅游业已成为支柱产业，居住在丽江古城中的纳西人，他们的生计方式也发生了变化。丽江古城中的原住民几乎都将自家住屋出租或售卖给外地商人，商人们通过客栈、商店等方式经营。现今，丽江古城中的房屋基本都变成了售卖土特产的商店或客栈，虽然对于房屋的改造修建在政府的严格控制下，所有房屋的风貌和古城建筑的整体风貌没有太大改变，但是居住在丽江古城里的人发生了改变。原本与丽江古城的山、水、桥、街都有着巨大情感联系的原住民已经搬离了古城，据丽江古城《2004 年与 2007 年原住民区对比表》统计分析，至 2007 年，古城住户和人口外迁率达到48.3% 和 44.6%，古城的"空心化"现象已十分严峻。由于在丽江古城从事经营的外来人口多半没有这样的民族感情积淀，人与水的关系并非如此亲厚，很多传统的用水规范也少有人遵守，各种不爱惜水、污染水的行为层出不穷。同时，由于旅游经济的飞速发展，这个 3.8 平方公里的丽江古城经常承担着超出它承受压力的人口负荷。据统计，自 1997 年丽江古城成为世界文化遗产后，到丽江的游客越来越多。1995 年丽江古城游客数为84.5 万，到 2005 年增至 404.23 万，到 2009 年增至 758.1 万。整个丽江古城庞大的人群使吃水、用水、排水总量大增，再加上一些不文明习惯，使小桥流水难堪重负，古城面临着水体污染变浑，泉水枯竭的严峻考验。丽江古城水质污染程度较重，其源头黑龙潭水质为 I 类，经过不足 1 公里的

水道至玉龙桥段水质变成Ⅲ类，属轻度污染，主要污染物为粪大肠菌，再
往下游至古城下段，水质已下降为劣Ⅴ类，属严重污染，主要污染物为粪
大肠菌、氨氮；东界河北郊段水质为Ⅱ类，至下游新城区南郊段，水质下
降为劣Ⅴ类，主要污染物为粪大肠菌、氨氮，属严重污染。[①] 水质和水环
境承载能力成了丽江古城可持续发展的重要制约因素。

此外，还有丽江古城水系水量减少的问题。由于全球变暖因素的影
响，玉龙雪山雪线不断上升，雪融水量逐渐减少，古城水系之源的黑龙潭
出水量十分不稳定，最大出流量达 4.2 立方米/秒，最小不足 0.1 立方米/
秒，甚至断流。虽然由政府主导采取了一些增源措施，但是水量减少的情
况还是十分严峻，加之城市发展和旅游业发展导致大量人口的用水量激
增，使缺水的情况更加突出，制约着古城的可持续发展。

（三）现代城市生活方式与城市规划的影响

随着时代的发展和经济的发展，自来水通到各家各户，人们的用水方
式也发生了改变，水的功能以及与人们的联系也发生了改变。丽江古城中
的河水、泉水已不再是居民饮用、生活清洁用水的主要来源，人们的饮用
及家庭主要用水都来自自来水公司搭建的复杂的供水管道系统，人们为这
些用水付费，原本免费且充足的河流泉水已不再成为人们生活用水的供
给，于是，人与水之间的关系不再如以往紧密。另外，由于旅游业的发
展，通常沿水边的房屋能够更吸引游客也能够有更为可观的租金，在这个
意义上，丽江古城中水的价值渐渐与经济利益相关，水的其他功能相对弱
化，水的景观功能及利益相关的增值功能更为凸显，人们对水的情感也在
这种利益导向中有所转变。

此外，现当代的某些城市规划没有遵循自然规律，没有继承和发扬古
老的水文化和水智慧，不顾人与水的亲厚感情，导致问题产生。例如丽江
东界河的开凿就是一个典型的例子。丽江市区的不断发展，吸引了很多周
边县、市人口到丽江定居发展，围绕着丽江古城周边的区域成为这些非古

---

① 沈鸿仁、王泽平：《云南省丽江市水功能区划浅析》，《人民长江》2013 年第 4 期。

城原住民的定居之地。东界河一带的居民就是如此，他们多来自丽江市宁蒗、华坪、永胜等县，也有些来自中甸县（今香格里拉市）等地。为了满足这一片区居民的用水，政府组织开凿了东界河，但这条河的开凿并没有遵循古老的"先理水后修城"的理念，也没有遵循自然的水势，所以，这条河开凿之后，出现了一些不好的后果。第一，东界河分流了下游供给灌溉的农田用水，再加之近年干旱缺水的情况不断发生，导致下游农民常为用水而发生争执，堵河争水的事件不断发生，不仅人与水的关系没有处理好，甚至使人与人之间的关系也受到影响；第二，由于片区居民多为外来居民，与水的关系不如原住纳西族人那样亲厚，所以，对河道的污染也比较严重，如此河道水质也受到了严重影响。

六　对水文化的保护

（一）保护水体本身

丽江古城水体本身现今面临的两大问题是水量减少和水质恶化。为了缓解这些现象，政府也采取了相应的措施。

一是保护水源并开发补给源。2005 年丽江政府对玉河水系源头黑龙潭进行了扩容，将黑龙潭在原面积 70 亩的基础上，扩建至 112 亩，景点水塘增至 7 个，绿化面积达 16000 平方米，为进一步满足城市供水和古城景观用水创造条件。[①] 2004 年丽江政府对清溪水库进行了扩容。清溪水库位于丽江古城北面约 2 公里，总库容为 105 万立方米，兴利库容为 80 万立方米，坝高 8 米，坝长 1100 米，于 1979 年建成，其主要功能是解决农田灌溉用水，后来，随着城市旅游业的快速发展，现已逐渐承担起古城生活用水和景观用水的任务。该水库的水源主要是清溪一带的泉水，泉群多年平均流量为 0.8 立方米/秒，多年平均年出水量为 2523 万立方米，水质为 I 类。有资料记录以来，清溪泉群从未发生过断流现象。清溪水库的库容虽

---

① 和仕勇：《世界文化遗产丽江古城志》，云南人民出版社，2011，第 273 页。

小，但已成为古城重要的补水来源。还有一处水源补给是拉市海。拉市海位于丽江县城西面 8 公里处的拉市坝中部，是云南省第一个以"湿地"命名的自然保护区。拉市海湖面海拔 2437 米，为断层构造湖，同时又受石灰岩溶蚀构造作用而成，20 世纪 80 年代，修筑了从拉市海到丽江坝的引水隧道，每年向丽江坝调水 1300 万～1600 万立方米，也成为丽江坝用水的一大补给。①

二是规范相关用水行为，将对丽江坝水系尤其是古城水系的保护纳入古城保护的整体之中。在《云南省丽江历史文化名城保护条例》（以下简称《条例》）中，就有相关规定。如《条例》第八条规定："对具有重大历史文化价值和民族特色的大研古城，实行重点保护，确保其原有的总体布局、形式、风格和风貌。城内房屋建筑、道路、水系的保养、维修、改造、重建工作，都必须坚持保持原状的原则进行，严格控制建筑密度，禁止新建与其风格不协调的建筑物。"同时，在《条例》的第九条中，将大研古城分成三级保护区。一级保护区为主要街巷及著名景点，② 而将城内主要中心街道、水系及其附属建筑物列为二级保护区。二级保护区为城内主要中心街道、水系及其附属建筑物。三级保护区为除一、二级保护区以外的其他地段及其建筑物。《条例》第十六条提出了对水系保护管理的具体措施，明确规定："加强大研古城水系的保护管理，采取措施保护水源，加固和保养河堤，清除河床淤积，保持河水洁净和水质卫生。禁止向河内倾倒垃圾和污染物质。"同时，《条例》明确禁止破坏、损坏水系设施和造成水质污染。

（二）保护水的文化环境和文化基础

纳西族的水文化，正如上文所论述，它是纳西族整体文化不可分割的一部分，它与其他文化融合在一起，才构成纳西族人传承和享用的文化整

---

① 云南省水利厅编著《丽江之水》，中国水利水电出版社，2007，第 101～103 页。
② 一级保护区具体为：四方街、木家院、翠文巷、黄山段、新院巷、金星巷、光碧巷、富士巷、积善巷、兴仁上段、兴仁中段、兴仁下段、文治巷、石牌坊遗址、人民广场、白马龙潭、黑龙潭、大佛寺、普贤寺、狮子山等及其附属建筑物。

体。民族文化的这种整体性，文化生活和生活文化融为一体的特性，我们不能忽视，在文化的保护问题上，更应该持有这样的理念。

所以，对于纳西族水文化的保护，不应当抽离其存在的文化环境，不应当孤立地保护水或水文化本身。第一，保护水源、保护水质。这是保护水文化的基础，然后，对与水文化相关的文化要素也应当列入保护当中。比如与水相关的"人与自然和谐相处"的伦理理念，与水相关的创世起源文化，与水相关的纳西族的历史发展过程，与水亲厚的纳西族民族传统、民族性格等，这些都需要强化，需要加强人们的认识。第二，对纳西族传统的节俗、仪式、语言文字、宗教文化等其他方面的民族文化特质的保护也当属于这种整体保护之中。因为文化的整体性以及文化与生活的共生关系，所以对水文化的保护会促进这些文化特质的保护和复兴，而这些文化特质的保护也会促成对水文化认识的复归和强化。第三，值得一提的是，在保护纳西族水文化、纳西族整体文化的过程中，要注重文化的代际传承，特别是对纳西族年轻一代的文化教育和养成。Elizabeth Voeller 指出，纳西族年轻一代对于本民族的民间故事、宗教信仰、民间音乐舞蹈甚至语言这些传统文化要素都已经所知甚少了，由此导致的，势必也是纳西族水文化的逐渐消亡。[①] 故而，为了使纳西族水文化在未来实现可持续的发展，我们也要重视对纳西族年轻一代的传统文化教育。

综上而言，整体的文化保护观，确保我们保护的并非只是文化的表象或本体，而更重要的是保护文化的逻辑和意识，从而达到保护人们文化生活和生活文化整体的目的，并且促成民族文化主动的、良性的可持续发展。

七　结语

正如我们在本文开头所提出的伟人亚里士多德那样，另一位伟人卡尔·马克思曾在他的一系列著作中充满激情地论述了中国等东方社会存在

---

① Elizabeth Voeller, "Renewing a Naxi Environmental Ethic in Lijiang, China: An Approach for Water Management," *Lakes & Reservoirs: Research & Management*, Sep 2011, Vol. 16, Issue 3, pp. 223 – 229.

着一种不同于西方社会的"亚细亚生产方式"的理念。① 而这样一种奇特的生产方式自然也同水文化与水智慧问题紧密相关!

　　水是生命之源,人们如何用水、对水的情感与态度,都直接反映着人与水的关系,也是人类自身可持续发展的关键因素。"地球的一切生命皆依存于阳光、空气和水。水有别于阳光和空气,它既是'无所不在的',而又在一定条件下是可控的。但穷极而言之,没有水就没有人,没有水也就没有人类社会的'文明'与'文化'。"② 如何发扬各民族的水文化与水智慧,也就"成为横亘在人类发展道路上的一大根本问题。"③

　　今天,全球越来越关注水资源的问题,也在关注各种不同文化群体的水文化与水智慧研究。各地水资源状况的恶化是促成这种关注的直接动因,而与此同时,其中也蕴含着人们对于过度向自然索取的现代生活方式的伦理反思。我们今天再来体会诸如纳西族这样的群体古老的水文化与水智慧和"顺应自然"的生存发展理念,不得不说,依然可以成为现代社会改善水资源、改善人与水的关系、改善人与自然的关系、促进可持续发展的优秀样本。正如在《北京水文化宣言》中指出那样:"让用水、管水、治水提高认识,把用水、管水、治水与现代文明、人类文化发展这一迫切的课题认真加以研究,要借鉴古人,要'返朴归真',溯源正本地认识古往今来用水、管水的文化现象。从而为我们今后发展寻找出路。"④

参考文献

著作类

Karl A. Wittfogel, *Oriental Despotism*: *A Comparative Study of Total Power*, Yale University Press, 1957.

---

① Lawrence Krader, *The Asiatic Mode of Production*: *Sources*, *Development and Critique in the Writings of Karl Marx*, Assen: Van Gorcum, 1975.
② 摘自《北京水文化宣言》。
③ 摘自《北京水文化宣言》。
④ 摘自《北京水文化宣言》。

和少英：《纳西族文化史》，云南大学出版社，2011。

蒋高宸：《丽江：美丽的纳西家园》，中国建工出版社，1997。

牛耕勤：《名城丽江旧话》，云南民族出版社，2006。

郭大烈、和志武：《纳西族史》，四川民族出版社，1999。

云南省水利厅编《丽江之水》，中国水利水电出版社，2007。

和湛：《丽江古城》，云南民族出版社，2003。

王世英：《王世英纳西学论集》，民族出版社，2010。

木基元：《木基元纳西学论集》，民族出版社，2009。

云南省编辑组编《纳西族社会历史调查》（一至三集），民族出版社，1999。

李群育主编《丽江风物志》，云南人民出版社，1999。

杨林军：《徐霞客与丽江》，云南美术出版社，2007。

云南河湖编纂委员会编《云南河湖》，云南科技出版社，2000。

和仕勇：《世界文化遗产丽江古城志》，云南人民出版社，2011。

木丽春：《丽江古城史话》，民族出版社，1996。

Lawrence Krader, *The Asiatic Mode of Production*: *Sources*, *Development and Critique in the Writings of Karl Marx*, Assen: Van Gorcum, 1975.

史志资料类

政协丽江市古城区委员会编，乾隆《丽江府志》，2005。

政协丽江市古城区委员会编，光绪《丽江府志》，2005。

丽江地区地方志编纂委员会编《丽江地区志》（上、中、下卷），云南民族出版社，2000。

《丽江纳西族自治县县志》编纂委员会编《丽江纳西族自治县县志》，云南人民出版社，2001。

《丽江纳西族自治县县志》编纂委员会编《丽江纳西族自治县县志》（1991~2000），云南人民出版社，2004。

期刊、学位论文类

和少英：《东巴教圣地纳西族的家庭结构与社会生活（续）——中甸县白地水甲村的田野调查报告（续）》，《云南民族大学学报》（哲学社会科学版）2001年第1期。

和少英：《中甸白地纳西族的丧葬礼仪》，《云南民族大学学报》1992年第4期。

郑晓云：《水文化的理论与前景》，《思想战线》2013年第4期。

周燕方、唐亦工：《丽江大研古城水系的分布及其功能初探》，《保山师专学报》2008年第2期。

王光浒：《中国希腊创世神话之异同》，《川北教育学院学报》1992年第2期。

耿鸿江：《云南少数民族水文化的哲学意义》，《中国水利》2006年第5期。

李冰、苗力：《非规则形态古城的诞生与演变研究——以云南丽江大研古城为例》，《中华建筑》2014年第11期。

张天新、山村高淑：《丽江古城的日常生活空间结构解析》，《北京大学学报》（自科版）2003年第4期。

张国超：《丽江古城空心化现象治理研究》，《管理纵横》1992年第2期。

木建文：《丽江古城水环境质量变化趋势浅析》，《环境科学导刊》2011年第5期。

沈鸿仁、王泽平：《云南省丽江市水功能区划浅析》，《人民长江》2013 年第 4 期。

杜瑜：《古代东西方"水城"——苏州与威尼斯比较研究》，《大同高专学报》1997 年第 3 期。

Elizabeth Voeller, "Renewing a Naxi Environmental Ethic in Lijiang, China: An Approach for Water Management," *Lakes & Reservoirs: Research & Management*, Sep 2011, Vol. 16, Issue 3.

Hans Opschoor, Tang Lina, "Growth, World Heritage and Sustainable Development: The Case of Lijiang City, China," *International Journal of Sustainable Development & Would Ecology*, Dec 2011, Vol. 18, Issue 6.

艾菊红：《傣族水文化研究》，博士学位论文，中央民族大学，2004。

郑曦：《丽江大研古镇传统聚落初探》，硕士学位论文，重庆大学，2004。

雾村的水资源管理的人类学思考

薛金玲[*]

摘　要： 在祖祖辈辈缺水的雾村干彝的传统文化中，水资源占据了重要的地位。村民们通过传统祭祀中的祭白龙、祭雨、接雨、祭水井等活动来强化水与村民的关系，并将水赋予了权力、富裕的象征意义。拥有水、控制水的人在现实生活中就是最有权力、最富裕的人。而解决水资源短缺的政府扶贫项目的进入、公用蓄水池及水潭的修建、入户人工水窖普及，在改善雾村村民日常生产、生活水资源状况的同时，传统文化赋予水的象征意义也在逐步淡化，雾村年轻一代对水资源的认识、与水的关系也发生了改变。

关键词： 传统文化　水资源　水文化

一　雾村的基本情况

雾村是云南省师宗县大同乡牛速村的一个彝族自然村。村子地处海拔2000米的高山，年平均气温12摄氏度。由于地处高山，气候寒冷多变，故而这里终年多雾，不仅早晨和夜晚有雾气，夏天的中午也经常云雾缭绕，是一个名副其实的云雾村庄。

雾村的开寨始祖是汉族，有100多年的建寨史。当时是汉族、白彝、

---

* 薛金玲（1964～），云南省昆明市人，研究员，主要研究方向为民族学、影视人类学、社会发展及社会性别理论。

黑彝和干彝杂居的村寨。新中国成立前后，其他民族往外移居，雾村变成了纯干彝村。由于村民受汉族的影响较早，所以语言和服饰逐渐向汉族靠拢。干彝的传统服饰在雾村的日常生活中已经消失，一些年轻人自己缝制的干彝服装已经掺杂了其他少数民族和汉族的风格。尽管如此，雾村干彝仍保留了大部分本民族的传统文化。单从表层的语言、服饰的变化来看，雾村干彝确实受到了汉族的很大影响，但从更深层次的民族文化和思维方式上来看，他们仍较好地保留了自己的一些传统文化。

据《师宗州志》记载，历史上师宗的彝族共有五个支系，分别是罗武倮倮、白倮倮、干倮倮、仆腊倮倮、阿蝎倮倮。罗武倮倮无姓氏，服饰婚丧与黑倮相同，种植苦荞、燕麦、稗，多用弩弓狩猎，居住在槟榔洞、六庆里、豆温乡。白倮倮性情温儒，能耕善织，比较守法，服饰以麻为主，妇女着短裙，种植与其他支系相同。居住在落龙、芦柴冲、恩谷等寨。干倮倮性情刚毅，善偷窃，终年围火，夜向火灸背，不入城市，不知法度，居住在矣麦、法杂、扯落、木舌落、矣捏、遭甲、束干甸、大哨一带。仆腊倮倮性情桀骜，依山为险，狩猎为生，服饰与壮族相近，居住在江外水下三乡。阿蝎倮倮掘洞为篱，以树皮为屋，身披羊皮，种植谷荞野麻，居住于阿宁乡、戈必、矣能、慕衣。①

现在师宗的彝族分为 4 个支系，分别为黑彝、白彝、干彝、阿乌彝。对照史料中的 5 个支系，从风俗、服饰、居住地域来看，罗武倮倮即为今天师宗的黑彝，白倮倮为白彝，干倮倮为干彝，阿蝎倮倮为阿乌彝，而仆腊倮倮则相当于居住在罗平境内的另一支彝族支系五道红。上述 4 个彝族支系现广泛分布于师宗县的 7 乡 2 镇。干彝主要聚集在葵山乡的菠萝塘、板桥河、白泥塘，长田，彩云乡的七村、路雄、小白泥塘，竹基乡的木舌落、沙石坡、扯落，丹凤镇的箐脚，雄壁镇的大舍、大哨、私庄、肚杂，大同乡的雾南岗，阿梅者乡的偏青、山舍等地。

大同乡雾南岗村的村民自称干彝，认为自己与其他民族，特别是居住在周边的白彝不同族。但村民们日常却着汉服、讲汉语，村中只有 50 ~ 60

----

① 《师宗州志》，成文出版社，1974，第 57 页。

岁及以上的老人才会讲彝语，部分从外寨（干彝村寨）嫁来的妇女也会讲彝语，年轻人和儿童已听不懂且不会讲本民族的语言。传统的干彝服饰在雾村年轻人的意识中已渐趋淡漠和模糊。而与雾村相隔不远，自然条件相差无几的上牛速村和上宜卡村的白彝族的语言和民族服饰的保存却比较完整。

雾村土地贫瘠，多红壤。森林资源有云南松、华山松、栎类、杂木，矿产资源有石灰石、铁矿。村寨处于典型的石灰岩地区，无地下水，村民的日常用水、牲畜饮水及农田灌溉都依赖雨季蓄积的雨水、山水。遇到天干年旱，人畜饮水是一个很大的问题。村民饮用水依靠詹母潭及村东的大、小水井供给。村里建有两个蓄水塘供牲畜饮水及村民洗涤衣物。1995年后，雾村58户人家中，有一半左右的人家修建了蓄积雨水的人工水窖，村民的饮水问题得到了缓解。

二 水资源状况

雾村属典型的石灰岩地形，整个村寨没有地下水。新中国成立前，全村人的饮用水仅靠詹母潭供给。

詹母潭是一个1米见方的小水潭，位于村子西北1.5公里处的山坡上，周围是雾村的神林——小密枝箐和大密枝箐。水潭蓄积从山里流出来的仅有手指粗的山水，如雨水少，来年水源就会枯竭，蓄水量仅够20户村民饮用。

1949年后，随着人口的增加，詹母潭的水不够用了。1958年，政府在离村子200～900米的后山上用石头砌了两个蓄水池，用来蓄积雨季从山上流下来的水。离村子近的这个水池有2米深，长宽各1米，较远的那个水池只有1米深，长宽各1米。这两个水池在雨季都蓄满了雨水，用不完的水经常漫出池子的边缘。但到了旱季，水池的水没多久就被村民用光了，这时村民只有去1.5公里外的詹母潭挑水。由于詹母潭的出水量小，挑水的人常常需要排队等候，人们只能用水瓢从潭内将水舀到桶里，水很浑，近乎泥浆，然而一直到半夜2、3点钟都还有人在等候挑水。

遇到天干的年份，到了 3 月，雾村这三个地方的水就全干了，村民只能到邻村去挑水。开始是去上牛速村，往返 3 公里的山路，如果上牛速村的水挑干了，就要用 3 个小时往返去下阿甸村红石岩前的小河中挑河水。去下阿甸村的山路很陡，一担水挑到家里往往只剩下了半担，一般人家一天要用两担水，即每天都要有一个劳动力挑水供全家人饮用。雾村村民经常邀约伙伴，几家人一起赶着牲畜，妇女带着要洗的衣物到小寨或阿甸小河边洗衣、喂水，之后再挑着水赶着牲畜回村。

1992 年，村民在政府贫困山区饮水工程的支持下，开始在自家院落内修建地下水窖，雨季蓄积自住房屋屋顶的雨水，极大地缓解了雾村缺水的状况，结束了雾村人去外村挑水的历史。至 1999 年 2 月，全村有 65% 的人家都修建了地下水窖。

为了解决村民洗衣用水及大牲畜饮水问题，1985 年，政府发动村民投工投劳，利用村中一块低凹地挖了一个长 50 米、宽 50 米的大水塘，几年以后，水塘蓄满了水，平均水深 1.5 米。从此雾村的村民告别了牲畜饮水和洗衣要走路去上牛速村的历史。但由于水塘的水不流动，加上牛、马、猪等牲畜都在塘中饮水、洗澡，近年来塘水的质量越来越差，水面上布满了绿色的青苔，水的颜色完全变成了绿色，但村民仍然在里面洗衣。

1997 年 6 月，乡政府出资 8000 元，将村东南一个三面环山，长 100 多米、宽 60 米的山凹砌了一面 2 米高的石头墙，使之形成了一个更大的蓄水池。1998 年 11 月笔者再次进村调查时，村民们已经可以在里面洗衣服了，这里的水质比 1985 年修建的水塘水质要好得多。

三　传统文化与水的关系

（一）水是权力、富贵的象征

传说雾村原来并不缺水，寨中有一股清冽的龙潭不断涌出清甜的泉水，后来村里最老住户之一的黑彝举家外迁时，用一口大仙锅将龙潭出水口盖住，施了一些法术，并杀了一条黑狗祭祀，从此，那股龙潭水就干涸了。

村民说，师宗原来是黑彝统治，黑彝在的地方都有水，他们会施法术，因此可以控制水。传说现在离师宗 20 公里的小扯（音）村的水塘里的鱼身上都有一个印记，就是因为当初黑彝从师宗搬去弥勒时，将象征权力的印坨子丢在塘中，从此这个水塘的水就没有干涸过，而且每条鱼都被印坨子砸了印记。所以雾村干彝认为，会施法术的黑彝居住的地方都有水，因为有了水，黑彝才有权力、富裕。

（二）"虾子龙"的传说与实践

雾村的龙潭水干了之后，村民只能在詹母潭挑水喝，潭水可以供给 20 户左右的人家，随挑随满，从来都不会干涸。后来人口增加，水不够喝了，村里就组织村民到周围水资源好的山舍、阿甸、小寨周围"挖龙"，即在有水的地方寻找有小虾附着的小石块。村民们相信，有虾子的地方一定有水，只要挖到一个"虾子龙"，就能解决缺水的问题。关于"虾子龙"，有两种说法：一是在水里寻找"虾子龙"；二是在有虾生长的水里找一块条形像龙一样的石头。只要找到一种带回寨子，放在詹母潭里，水潭里的水就永远不会干涸。

詹母潭位于雾村西北面 1.5 公里处的一个 30 米深、面积达 10 平方米的落洞内，原来是山水自然冲出来的一个小水塘，新中国成立后村民用水泥和沙子做成了一个 1 平方米的小水池。水池常年有一股拇指粗的水从村寨神树林小密枝箐的山肚子里往外冒，冬季出水量少，雨季出水量多。新中国成立前由于雾村只有 20 多户人家，只要不遇到旱年，詹母潭基本能供得上村民的饮用水。如遇到旱年，詹母潭的水干了，村民就要到外村去挑水，牲畜也要赶到 1.5 公里外的上牛速村去喂水。

20 世纪 60 年代，因为连续几年的自然灾害，雾村的缺水状况非常严重，于是全村每户出一名男子在几位老人的带领下，开始寻找水源、挖"虾子龙"。首先，他们在村子周围认为会有地下水的地方进行祭祀，然后掘地、打井，但一直都没有打到地下水。其次，到外村水资源条件好的村寨的水边挖"虾子龙"。他们带着饭、菜、酒水，去上牛速村（离村子 1.5

公里的白彝族村）周围、下阿甸村（离村子 4 公里的山下的汉族村）的红石岩、山舍村（离村子 5 公里的汉族村）等地挖"虾子龙"，挖前先用带来的饭、菜、酒水祭祀、跪拜一番，然后在有水、有小虾的地方寻找"虾子龙"或寻找一块条形像龙一样的石头。但雾村村民们持续挖了两年也没有找到传说中的"虾子龙"或龙形的石块。

（三）对各路水神的祭祀与崇拜

每年农历的正月二十六日是雾村重大的祭祀之日。在雾村的祭祀中，与水相关的祭祀占的比重比较大。

雾村的公共祭祀统称为祭山神。分别是祭白龙、祭雨、接雨、祭五谷、祭水井、祭小密枝箐山神和大密枝箐山神。除祭水井在詹母潭之外，其他祭祀都在大小密枝箐神山里的不同地方，加上祭土官箐和祭土地神，共计 8 个地方。除了祭大密枝箐需要 10 人参加外，上述 7 个祭祀点每处 2 人即可。

祭白龙的麻栗树位于大密枝箐的中间。杀一只白公鸡后，主持祭祀的人要用彝语念："老天少下冰雹，多来雨水，一年 360 天保佑庄稼不受伤害，有好收成。"村民认为往年祭白龙，很少下冰雹。1997 年没有祭白龙，农历三月间就下了一场冰雹，鸡蛋大的冰雹将麦子和水果打了个精光。当时的冰雹只下在雾村，往南翻过山箐的山舍一带就没有下冰雹。

祭雨在大密枝箐的一棵麻栗树下举行。祭雨要用红公鸡，求龙王保佑全村一年四季风调雨顺，不要干旱。祭时插三炷香，摆放一碗清水、一碗米、一碗酒，然后杀鸡，将鸡血滴在树根，鸡尾鸡翅并在一起插在雨神树周围，主持祭祀的人用彝语念祭词："你管着全村，谢谢你，请保佑风调雨顺、雨水充足，庄稼丰收，六畜兴旺。"主持祭祀的人看鸡卦，所杀的鸡头盖骨上有雾气形状的花纹，就说明来年风调雨顺，雨量充沛。如果鸡头盖骨发白，没有花纹，就预示干旱，隔一段时间还要重新祭雨。

如果立夏三日之内不下雨，就要举行接雨仪式。同样是杀鸡、献饭、烧香、看鸡卦，祭三天就会下雨。祭词是：天干了，送只红公鸡献给你，请下雨吧。据说接雨的准确率在 90% 左右。如果祭祀后仍然不下雨，又反复去祭，只是祭师去，烧香、磕头，连祭三日。

祭五谷在大密枝箐的另一棵麻栗树下举行，祭时将苞谷、荞子、洋芋、大麦、小麦各一两放在栗树下，并插三炷香，摆放一碗清水、一碗米、一碗酒，杀一只黄母鸡。杀鸡时念的祭词是："雾村所有的人将香火、供物摆在你的面前，求你保佑我村一年四季五谷丰登，全村老少一年360天吃好穿好。"

土官箐位于村子北边，是一块大石头，象征着土官老爷的房子。雾村传统上是在农历五月端午祭土官，现改在农历正月二十六日与大小山神一起祭。祭品为一只黑山羊，酒、水、米各一碗。在石头里面插一炷香，石头外面插三炷香。杀羊前用烧着的柴棒燎羊的脊背，并念祭词："土官老爷，今天是五月端午，酬还牲灵，给你送个黑羊，全村老小磕头拜望，求你保佑人间六畜兴旺，老少平安，无病无灾。"由于经济困难，现改为宰一只鸡祭拜。

祭小密枝箐山神也是宰杀一只鸡，求全村的人无灾无难。全村集体祭土地神时每户去一个成年男子，全村人杀一只红公鸡，各家凑一小碗米，煮鸡肉稀饭。祭时念祭词："土地老爷，红脸公鸡送给你，请你欢欢喜喜地来领，求你保佑全村老少、牲畜无病无灾，清吉平安。"现在各家在大年初二早上和平时家里有人生病时都要祭拜土地神，祭品为三炷香、三张纸钱、酒饭各一碗。

据传，100多年以前，雾村这块土地上不出人才，村民们生育的子女大多是一些聋人、哑巴、智力障碍者，村民认为是象征山神的那块小石头不够光滑的缘故。于是村里几个上了年纪的老人就商议要到外面重新寻找山神石。跑了许多地方，终于在罗平偷了一块光滑的小山神石来村里祭拜。从此以后，雾村的人丁出落得越来越好，再也没有聋人、哑巴和智力障碍者之类的孩子出生了。

除了7个地方的祭物和山神石外，还要准备一头黑猪，酒、水、米各一碗，香三炷。老人一边用烧红的柴棒燎猪脊背一边念祭词："大神大道，黑猪交给你，全村老少求拜你，望你保佑我们有吃有喝，人丁兴旺，风调雨顺，人畜无病无灾。"念完后摘50枝栗树枝放在神树周围，随后杀猪，把鸡肉和猪肉砍碎放在大锅熬煮，全村的男人就在大密枝箐里吃饭，饭后再集体磕三个头，至此所有的祭祀宣告完毕。如果宰杀的猪大，吃不完，就将猪肉平均分给大家带回去。走时每家拿一枝栗树枝回家插在供桌上。

此后一年中，雾村的任何人都不能在神山里捡树枝、铲树叶、砍树，无事不能在神山里乱走，如不小心让牛、马牲畜闯进神山，要对其主人进行罚款，牛、马等大牲畜罚款 10 元，羊、猪罚款 5 元。如果发生上述事情，村民们认为不仅会毁坏神林，而且山神会发怒，全村就要遭灾。在村民眼中，大密枝箐山神统领诸神，是雾村所有神中最大的，别的地方求拜不灵的事情，转来求拜大密枝箐山神就行了。

在上述 7 个地方杀鸡祭拜完毕后，这几个祭拜地点的人将所有的祭物都拿到大密枝箐的一棵大麻栗树下，准备对寨中最大的神——大密枝箐山神进行祭拜，祭拜之前，由一个年长者从一个石头洞里将山神石拿出来，放在麻栗树下。

（四）詹母潭水井的祭祀

一直以来詹母潭是雾村人的生命水源，所以在每年的祭祀活动中，詹母潭水井的祭祀占有重要的地位。詹母潭水井的祭祀分为家户祭祀及公共祭祀两个部分。

家户祭祀一般是在农历大年初一进行，每户在大年初一清晨挑第一担水的时候，都会在水池边烧上三炷香、三张黄纸并燃放鞭炮，求细水长流、永不干涸。1949 年后随着另外一个蓄水池的修建、入户水窖的增多，多数人家已不再烧香祭祀。

公共祭祀在农历正月二十六日与村寨祭山神同时进行。为的是祈求詹母潭水井一年四季有水供全村人喝。在祭水井之前，要派人先将詹母潭及另外两个人工水池一起清洗干净。清洗工作由男性负责，女性不得参与。祭祀地点在詹母潭水井旁边的一棵麻栗树下。祭品包括一只红公鸡、一碗清水、一碗米、一碗盐、三杯酒、三炷香。杀鸡前先敬三炷香、一杯酒、磕三个头。杀鸡后将鸡血洒在神树边，拿几根鸡毛蘸血黏在树上，并念祭词："大神大道，香火蜡烛献给你，红毛公鸡献给你，求你保佑，一年360

天，细水长流，有水供给全村人喝。"念完再次敬香、磕头、献酒。

四　政府解决缺水的措施

雾村所属的大同乡大部分地区缺水，全乡只有 1/10 的村子可以用水泵将龙潭水抽到农户自己的地窖井中，从而减少挑水的距离。其余的村寨没有地下水和龙潭水，村民的人畜饮水及农田用水只能靠蓄积雨水和山水。

雾村的干旱缺水又较这些村寨更为严重，因为雾村地处高山，没有地下水，也没有泉水，平均挑水的垂直高度远远超过了 100 米。从 1987 年起，大同乡水管站开始想办法解决全乡缺水的问题。

（一）蓄积房檐雨水的"地窖井"技术

1987 年大同乡水管站的工作人员到会泽县学习了一种"地窖井"的方法，即将雨水储存在用水泥浇灌的 4 米多深的地下水窖中，水质可以保持多年不变。一户五口之家只要建一口地窖井就能保证全年的饮用水。这种水窖的造价连工带料为 1200～1500 元。

地窖水井容积为 20～28 立方米，因为根据师宗地区的降雨量，井的容积高于 28 立方米就接不满水，而低于 20 立方米则不够用。地窖井由过滤池、储水池和接雨槽组成。过滤池高出地面 1～1.2 米，直径 1～1.2 米，顶部用水泥浇灌，只留一个直径 15 厘米的入水口，入水口上方斜放着一个 V 形的水泥简槽，这个简槽与房檐下的几个接雨槽相接，雨水通过悬挂于房檐下的这些 V 形简槽流到过滤池中，接雨槽越长水接得越快、越多。一般每口井要用 10 米左右的接雨槽才能在一个雨季接满 28 立方米的水。过滤池共有三层各 20 厘米的过滤物，最上面一层是粗沙，中间一层是细沙，底层是梨木烧成的梨炭，经过这三层过滤物过滤的水，经过滤池底的一根 1 米长的管子流到储水池。储水池直径 3.2 米，井深 3.7～4.2 米，井口直径 60 厘米，用一个圆形的水泥浇灌的盖子覆盖住井口。用这种方法过滤储存的雨水，由县相关部门统一送到省环保局检测，水质符合饮用水的各项卫生标准，只是水的颜色不太清透。

1991 年大同乡水管站在全乡几个干旱缺水的村寨搞地窖井试点。根据国家标准，凡饮用水挑水距离超过 1 公里，挑水垂直高度超过 100 米，每年干旱 100 天以上的村寨，每户可以补助 900 元建水窖，这 900 元钱可以支付一口井的材料费及运输费。也就是说，村民只要出劳动力，不用自己花一分钱就可以建一口地窖井，从而解决全家人的喝水问题。

（二）传统文化与地窖井

雾村的自然情况正好符合政府补贴修建水窖的标准。1991 年下半年，水管站的工作人员开始在雾村帮助村民建水窖。乡、村及水管站的干部分头做了许多宣传工作，尽管村民知道修水窖的所有材料都由政府运送进村，村民只需出劳动力，由水管站的技术人员指导，自己不用花钱就可以建一口井，但最终仅有 5 户人家报名修建了水窖。这 5 户中一户是小学教师，一户是村公所文书，两户是文书的兄弟，另一户是村里的医生。

在村民的传统知识体系中从来没有这种解决用水的方法，村民也没有听说过这种地窖井。他们认为这种地窖水深埋在地下，是一潭死水，时间长了肯定会发臭，出钱出力建一口不能用的臭水井，实在不合算。所以大家都等着看这 5 户修井人家的笑话。

按技术标准，地窖井的水要到第二年才能喝，因为建井的水泥及过滤池的沙和木炭都含少量对人体有害的物质。如果接满一池水经过一年的浸泡、洗刷，再将这些水全部换掉，来年接的水就几乎没有这种有害物质了，而且水质会一年比一年好。

由于雾村祖祖辈辈缺水，雾村 5 户带头修建地窖井的农户当年没有洗井就接水喝了，因为他们实在舍不得将这么多的雨水倒掉。在雨季来临前就按水管站的技术指导充分洗刷房顶上的瓦片，接水洗井，洗完井后就开始接水，一边接水就一边用了，井水稍微有点发黄，但喝起来还可以。

看到修了水窖的人家不用再走 1 公里多路去挑水，水窖的水通过水泵压到地面，用起来非常方便，而且井水并没有发臭，这一事实说服了村民。1992 年村里又有 20 户人家建了水窖。到 1999 年 2 月为止，全村 58 户人家共建地窖井 38 口，建水窖的人家占全村总户数的 65.5%，即村里一半以上的人家不用再去挑水。

(三) 贫困户与水的距离

既然地窖井有这么多好处，而且不用自己花钱，政府又没有限制村中修井的数量，为什么村里仍然有近40%的农户不修井呢？

首先，地窖井的接水方式是通过悬挂在瓦房檐下的接雨槽蓄水流入井内。茅草房的草顶经过几十年的风吹雨淋，烟熏火燎，接出来的水发黄，加上茅草顶的吸水量大，不可能最大限度地蓄积雨水。雾村现在还有48.5%的农户住在茅草房内，虽然水管站的技术员从一开始就想到了一个用塑料薄膜覆盖茅草房顶接水的办法，但由于每年需更换一次薄膜，需要投入资金，而且实际操作起来比较麻烦，所以部分村民不愿意接受这种方法。这一接水方式限制了村里大部分住茅草房的农户的选择，只有少数几户计划近年盖瓦房的农户提前在新房址前做了水井，做好的水井一直闲置，因为没有房顶可供接雨水。

其次，经济条件也是一个主要的原因。居住在茅草房里的农户在村里多数是缺劳力、经济条件不好、家族势力单薄的家庭。建水井虽然不用自己出材料费及运输费，但必须预先垫出900元的材料费及运费，等水井验收合格后，水管站才会将900元的补助款发给个人。而且建井要请帮工，虽然不需要付工钱，但按规矩，每日要供来帮忙的劳力四顿饭及烟、酒、茶，这笔费用在500~800元。就是说要建一口水井村民手上必须有近2000元的现款，否则就无法动工，这也是这些贫困户无法建水井的一个原因。

从1995年开始，国家的补助款在逐年下降，1998年降到建一口井只补助450元，建井的农户自己要出一半的材料和运费，这样一来前期没有建井的贫困农户就更不可能再建地窖井了。

雾村没有修地窖井的20多户贫困户，仍然靠人力挑水喝，有几户还居住在茅草房又提前建了地窖井的人家，他们将接雨槽搭在亲戚或邻居家的瓦房上接雨水，没有修水窖的农户有时也可以到亲戚家水窖挑水，大大缓解了雾村用水难的问题。

由于村中 65% 的农户都修了井，挑水的人数减少，饮水问题虽然得到缓解，但每逢旱年，上一年蓄积的雨水不够，来年又迟迟不下雨时，饮水仍是雾村的一大难题。如 1997 年 6 月，笔者在村中调查时，村中所有的地窖井的水都用完了，两个蓄积雨水的蓄水池也见了底，村民只有排队到詹母潭去挑水，詹母潭的出水越来越小，眼看全村就要断水了，这种状况持续了大概两个星期。农历五月端午那天突然下了一场暴雨，有水井的农户都接了 50 多厘米深的水，两个水塘也蓄了一些山水，村民靠这点雨水度过了干旱，接着，雨季就来了。

五　水资源的管理与禁忌

由于雾村历年缺水，传统上村民对水资源的管理比较严格，村规民约中规定：村民不能用詹母潭及村子后山上的两个蓄水池中的水洗衣服、浇菜地、喂牲畜；这三个地方的水是专供全村饮用的；保持水井的洁净，不朝井里乱丢石头、脏东西，违者罚款 5 ~ 10 元；每年雨季来临前，要组织村民义务清洗水池。洗时用板锄将池底的泥沙挖尽，再用刷子洗刷池壁，清除池底的污水，之后烧香祭祀。这个过程妇女是不能参与的，村民认为如有妇女参与清洗池子，就会得罪白龙，导致龙潭眼不出水、蓄水池所蓄的水中长虫子、人畜都不能饮用等。

规定还特别禁止妇女在这几个地方洗衣服，如果有妇女违反规定，龙潭的水就会干涸，据说邻村就发生过这种事情。而且有一年外村的一个女子在詹母潭边喝水、洗头，没过多久水井就干了，雾村村民只好又杀一只黄母鸡去祭井，水井才继续出水。据说近年来有人违反规定，私自挑水浇烤烟、煮猪食、喂牲畜，才导致井水干涸，不够人饮用。

由于村寨缺水，对村民来说，洗澡是一件很奢侈的事情，大多数村民一年难得洗一次澡，每年仅洗几次头，婴孩生下来洗一次澡就不洗了，村民一般只在过年时洗一次，而且是用水擦洗。

村民们在村里的两个大水塘中洗衣物，水塘是十多年前人工修筑的，除洗衣服外，还要喂牲畜、浇菜地，塘水已经变绿，是一塘不流动的死水。妇女不得不在水塘中洗内衣裤，因此，雾村妇女患妇科病的比例较高。村民平时生活用水很节约，早晚没有刷牙的习惯。淘米、洗菜的用水量很少，好在雾村村民自己栽种的蔬菜化肥及农药用得较少，否则是很难用那么一点水将蔬菜上的农药洗干净的。在这种情况下，所有用过的生活用水都要留下来煮猪食。

村里 80% 的人常年喝冷水，大人小孩都喝，只有老年人及孕期妇女喝热开水，村民反映，每年 4、5 月的水质不好，喝生水后拉肚子的人较多。

由于整个村寨缺水，村民干活的时候要自己带水出去，否则整天都没有水喝，有时山中淌出的水在低洼处汇集，这种水看着清，但喝了会肚子痛，村民一般不敢喝。

在没有修建地窖井或遇到干旱水不够喝的年份，男人们白天在地里干活，晚上要轮流到詹母潭挑水，因为挑水的人多，水潭出水量小，为了一担水，好多人要在水潭边排队等候，有时就在潭边睡觉。村民认为，每年的 2、3 月份男人们最辛苦，天不亮就要起来挑水，挑完水 7 点左右再出早工，9 点左右才能回家吃早饭。如果一挑水不够，吃完晚饭天黑了还要去挑。

虽然在洗井、祭井时有明确的性别分工，妇女不能参与，但在日常生活中，挑水并没有明确的性别分工，这种传统上由男性来承担的体力活，随着男性劳力外出务工，更多地落在了妇女的肩上，形成习惯后，农忙季节回村干活的男人即便有空，一般也都不去挑水了。

六　结论

对于缺水的雾村，无论是传统文化还是现实生活，水文化在雾村村民的整个生活中占据了重要的地位。

在关于村寨史的传说中，水被赋予了权力、富裕的象征意义，拥有水、控制水的人在现实生活中就是最有权力、最富裕的人。

由于祖祖辈辈遭遇缺水的磨难，人们无法通过现实的努力解决这个问题，因此折射在村寨的传统祭祀中，祭白龙、祭雨、接雨、祭水井的仪式活动，频繁的通过人神互动强化着水与村民的关系，体现着水在村民生产、生活中不可或缺的地位。

新中国成立后，政府在不同时期解决村寨水资源短缺的行为，从不同层面改变了传统文化中村民与水的关系。随着水井、水池、私人入户水窖的普及，人畜饮水得到根本性的解决。年轻一代与水的关系不论是在文化层面还是现实层面都发生了改变。他们对老年人关于挖"虾子龙"的传统及水是权力与富裕象征的传说不感兴趣，并忽视雾村传统文化对各路水神的崇拜和祭祀。当然，懂得细水长流、节约用水是所有雾村人直到今天也一直不变的观念。

世界遗产哈尼梯田多元水文化与寨群关系研究[*]

罗　丹^{**}

摘　要：哈尼梯田是以哈尼族为主的多种族群集体创造的山地农耕文明产物。梯田文化实践者围绕稻作生计活动，依据山川水流形变把哀牢山南段大部分区域改造成庞大的梯田农耕生产机器，并依据鲜活多元的水文化，将梯田灌溉系统的天然优势发挥到极致。村寨是哈尼梯田灌溉系统的基本单元，梯田稻作空间里文化殊异的各个族群通常以村寨为基本单位来组织农事活动，在此基础上建立了地缘边界明确的寨群结构。族群间的多元水文化区隔明显：不同的寨群围绕稻作灌溉活动所遵循的行动逻辑、寨群组织原则、寨群秩序、水的地方性知识、灌溉技术、传统水资源分配机制，以及与此相适应的梯田灌溉社会结构和制度安排等各不相同。而自上而下贯穿了"森林－村寨－梯田－水系"系统的水资源又将这些看似松散的寨群有机地整合到了一起，持有多元水文化的多族群基于协商一致的原则，纵向上又被"上满下流"的灌溉过水秩序组织起来，维系着梯田灌溉社会的千年和谐，成为形塑世界遗产梯田景观形制的社会文化基础。

---

*　本文是云南大学民族学一流学科建设项目"世界文化遗产哈尼梯田多元水文化与民族交融研究"（项目编号：2017syl0062）、云南省哲学社会科学规划项目"国家级非物质文化遗产哈尼族'四季生产调'活态传承机制研究"（项目编号：QN2017028）、云南省社会科学院哲学社会科学创新工程项目"云南民族团结进步示范区建设研究"的阶段性成果。

**　罗丹，女，哈尼族，助理研究员，云南省社会科学院民族学研究所、云南大学民族学与社会学学院博士生，主要从事民族学、哈尼族社会文化研究。

关键词：世界遗产　哈尼梯田　多元水文化　寨群关系

引　言

自 20 世纪 80 ~ 90 年代以来，"森林 – 村寨 – 梯田 – 水系""四素同构"的梯田生态系统就被学人反复言说。综合来看，"四素同构"之说并未真正关注到稻作生计空间内的行为主体——人的存在，目前尚未有学者将多民族生计互嵌空间下的多元水文化与民族交往、交流、交融之间的关系进行过梳理或做相应研究。过往研究多聚焦于哈尼梯田某一文化事象进行现象描述，未能总体上把握多族群和谐共处的秩序基础，更鲜有学者从社会整体观的层面来综合考量梯田灌溉社会，从民族内部、民族之间、村寨内部、村寨之间，基于人与自然、人与人、人与空间的关系，去理解一个多族群资源共享、生境互嵌的社会空间，以及那些与族群多样性并置的共同的逻辑和共享的观察。

世界文化遗产及全球重要农业文化遗产哈尼梯田稻作农耕系统在成为游客凝视的对象之前，由一个个相对封闭和独立的村落社会空间构成，以哈尼族为主的稻作民族①聚居于此，其传统生计方式主要围绕红河南岸哀牢山系垂直流域的水利资源展开。在静态的梯田农耕水文环境中，沟渠、水井、水池、鱼塘、梯田等传统稻作灌溉元素既勾连了活态的水，又在调节小型聚落气候、围聚村落空间、建构村落自然 – 社会 – 文化系统中发挥关键作用。同时，沟渠、水井、水池、鱼塘、梯田等器物之兴废，以及现代水管、现代钢筋水泥蓄水池、水利工事的进入，也引发着村落社会水文环境的变迁，以及影响着村落社会结构体系的平衡与稳定。梯田灌溉社会中不同空间的理解以及围绕水资源所展开的实践是各异的，其水利生态文化内涵也是丰富、多元的。

---

① 世界遗产红河哈尼梯田核心区世居有哈尼、彝、汉、傣、苗、瑶、壮 7 种民族，6 种少数民族人口占总人口的 89.4%，其中哈尼族人口最多，占总人口的 70%。哈尼梯田文化是各梯田稻作农耕民族共同创造的山地农耕文明奇观。

一 哈尼梯田文化遗产核心区的
麻栗寨河水系及其聚落

1. 麻栗寨河水系

麻栗寨河是世界遗产哈尼梯田核心区的重要灌溉水系之一，位于哈尼梯田三大著名景点之一的坝达梯田片区。麻栗寨河水系自上而下，串联了除苗瑶①之外的全部梯田农耕民族，是一条立体而生动的民族文化生态线。麻栗寨河水系上游位于梯田核心区中部，东临大瓦遮梯田、西接牛角寨梯田，主要在新街镇境内，处于梯田旅游小环线上，交通通达度较好。麻栗寨河源头最大的支流来自全福庄，左岸和右岸的各个村寨和山涧都有大大小小的水系汇入，水系灌溉着片区内的 6000 多亩梯田。该水系的水体一直延伸到哀牢山麓河谷坝区的傣族聚居区，为干热河谷地区的傣族寨群提供了重要水源。

如图 1 所示，麻栗寨河是世界遗产哈尼梯田所在地元阳县 29 条河流中

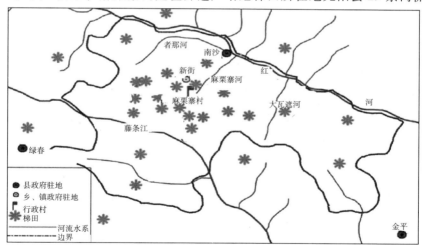

图 1　元阳哈尼梯田核心区水系

---

① 世界遗产哈尼梯田核心区中的苗族、瑶族居住在海拔 1700 米以上的高山区，哀牢山南段海拔 1700~1800 米以上的区域已经不再是梯田稻作宜耕区，因此，这里的苗、瑶系统已经不在梯田稻作生计圈之内。

的一条重要水系，因位于哈尼梯田集中连片分布的核心区，且自上而下贯穿了包括氐羌系统后裔的哈尼族、彝族，百越系统的壮族、傣族等族群的梯田灌溉活动，因而是一条鲜明、立体的稻作灌溉生态文化线。

2. 麻栗寨河水系上的梯田稻作民族聚落

水系上游的土锅寨（彝族）聚落。土锅寨自然村属于新街镇土锅寨村委会，纯彝族村落。全寨 214 户 857 人。杨姓为主姓，有 60 多户。孔姓和李姓人口也较多，分别有 40 多户和 30 多户，另有林、罗两个小姓，分别只有几户。① 土锅寨地势西高东低，海拔 1700 米左右，与箐口民俗村相邻，中间隔着一条土锅寨河，该河流汇入麻栗寨河，是麻栗寨河的主要支流之一，土锅寨的田地分布在箐口村的寨脚，形成彝族哈尼族田阡交错的土地利用格局。20 世纪 70 年代初，新街到南沙的公路修建后，土锅寨被公路横向切割，村民陆续向上迁徙到公路沿线，"公路建成之前的寨子，其上方有龙（竜）树林，左侧（西侧）有一座庙。村下方两侧各有一条路，通往梯田及其他村寨。两条路在靠近寨子的位置上，各有一个树寨门，其中（右侧）东侧的寨门是主寨门。"② 土锅寨村的彝族传统筑居风格、传统民俗活动存留较为完整和丰富。与稻作相关的"咪嘎豪"③ 祈雨仪式传承至今。

水系上游的麻栗寨（哈尼族）聚落。麻栗寨行政村是元阳县规模最大的哈尼聚居族村寨，隶属于元阳县新街镇，距梯田旅游环线 5 公里，道路为硬化的水泥路，交通通达度较好。东邻胜村村委会，南邻攀枝花乡硐铺村委会，西与全福庄村委会接壤，北与主鲁村委会毗邻。辖倮马点、上马点、坝达、麻栗寨一至八组等 10 个村民小组，17 个自然村。共 1000 余户，4000 人左右。④ 全村土地面积约 12.28 平方公里，地势南高北低，总的地势相对平坦，耕作条件较好，村委会所在地海拔 1640 米，年平均气温

---

① 数据来源：笔者 2018 年 2 月深入麻栗寨河水系各村寨调查整理的田野笔记。
② 霍晓卫、张晶晶、齐晓瑾：《云南省元阳县六个村寨的聚落比较》，《住区》2013 年第 1 期。
③ 彝语，祈求风调雨顺的仪式。
④ 数据来源：笔者 2016 年 4 月深入麻栗寨河水系各村寨调查整理的田野笔记。

15℃。寨内有卢、李、杨、朱、白、张 6 个姓氏，其中卢、李两姓为主姓，卢姓是最早建寨的姓氏，从主鲁寨（麻栗寨东北方向约 1.5 公里）迁来，今全福庄的卢姓哈尼人祖上都是由麻栗寨迁出的。麻栗寨梯田景观、蘑菇房和传统的哈尼民族歌舞"木雀舞""铜钱舞""扇子舞"等民族传统文化内容保存的比较完整，民族特色浓郁的传统节庆仪式"矻扎扎""昂玛突""十月年"比较隆重，全麻栗寨共有 4 个寨神林，分 4 个组来进行"昂玛突"和"矻扎扎"仪式。

水系中游的石头寨（彝汉杂居村寨）聚落。石头寨村是元阳县南沙镇石头寨村委会所在地，隶属于元阳县南沙镇，距离南沙镇 19 公里，土地面积 21.81 平方公里，海拔约 900 米，年平均气温 18℃，年降水量 900 毫米，适宜种植甘蔗、木薯等农作物，属于山区梯田稻作农业带向河谷热区水田农业带的过渡区域。石头寨村是一个彝汉杂居村落，有 409 户 1929 人（2016 年）。村中彝族主要属于仆拉支系，汉族在历史上主要来自建水、蒙自等地，通过做生意、买官等方式来到南沙。石头寨村是山区、半山区的哈尼族、彝族与河谷傣族之间的地理和文化过渡地带，该村村民也是南沙傣族"摩潭"① 仪式的重要参与者，历史上该村村民也到山上参加哈尼族的"普础突"② 等水文化仪式。石头寨村的彝族先于汉族进入当地，因此这里的彝族（仆拉人）有着较多关于山坝族群互动的历史记忆。

水系下游的五亩寨（傣族）聚落。五亩寨属于元阳县南沙镇元槟社区，为元阳县县府所在地，五亩寨是一个傣族（傣僾支系）村落，有 101 户 375 人（2016 年）。五亩寨位于麻栗寨河水系末端向红河水系交汇的入口处，属于典型的干热河谷气候区。五亩寨的天生桥"摩潭"仪式有近 300 年的历史，明清时期的五亩掌寨（傣族）管辖时期就已经开始，每年农历的四月、五月，五亩掌寨组织辖区内的五亩寨、石头寨、槟榔园、南沙村、南沙新寨、土老寨等区域内的诸少数民族到麻栗寨河水系下游的天生桥一带举行"摩潭"仪式。历史上，该仪式请彝族的毕摩主持祭祀，诵

---

① 摩潭：傣语，意为祭祀龙潭水源的祈雨仪式。
② 普础突：全村成年男子于每年农历四月，"昂玛突"之后，"波玛突"之前，在村委会所在村寨神林里祭祀神灵的仪式。

祷经文，主要目的是为其属地祈求风调雨顺、丰收和福泽。祭祀仪式结束后在天生桥下面进行简单的泼水仪式。五亩寨是历史上五亩掌寨所辖的核心区域。原五亩土司在南沙地区所辖村寨中，五亩寨绝大部分田地在 20 世纪 90 年代元阳县城搬迁到这里时被纳入城建规划，因此五亩寨实现了城镇化，成为被纳入元阳新县城的社区之一。当前的石头寨还有较多的田地，但是由于这些田地多位于距离石头寨较远的山脚河谷地区，石头寨大多数村民已经不再耕种这些田地，而是出租给外来人员种植香蕉等经济作物，五亩寨、槟榔园等寨子的大多数年轻人都就近务工或者外出务工。

二　多元水文化：梯田稻作民族的水知识、水信仰与水资源管理技术

1. 地方性水知识与传统水信仰

同为梯田稻作民族的彝族、哈尼族、傣族、壮族以及汉族，因历史际遇、族性、文化殊异性等的不同，而在立体温层差异的空间中占据着不同的生态位置，这也决定了他们对人水关系的理解、水文化、水信仰的差异性，高山流水（高山森林是梯田、人居、江河水系的全部源头）的生态规律使水这一自然介质将所有的稻作族群勾连起来，于是有了不同民族关于水的仪式的共同记忆，水田交互的生计格局直接影响了梯田稻作民族的族群关系。

麻栗寨河上游，左右两岸的哈尼族、彝族呈"梅花间竹"的格局散布，较完整地保留着本民族的传统筑居方式、传统习俗，以及围绕灌溉活动展开的民间宗教仪式。与水有关的宗教仪式通常反映在农事节令生产的祭祀活动中，例如哈尼族的"普础突"和"波玛突"，① 彝族的"咪噶豪"。麻栗寨河中游有一些彝汉杂居、彝壮杂居的村寨，下游主要是傣族聚落。在各个梯田稻作民族的传统地方性知识谱系中，仍保留着许多鲜活

---

① 即祭祀山神（哀牢山、观音山、五指山）的仪式。

的水知识、水信仰经验，这是他们各自处理人与自然、人与人、人与社会关系的集体经验和智慧总结，至今仍在寨群社会中发挥着重要作用。而其中居住在梯田农耕系统中高海拔的哈尼族、彝族以及居住在低海拔干热河谷地区的傣族的水知识及水信仰体系，与梯田稻作农耕活动、寨群组织原则联系得尤为紧密。

哈尼族的水知识与水信仰。哈尼族是北来氐羌游牧系统后裔民族，约1300 年前，在生存资源和空间的竞合过程中，将滨湖稻作农耕经验移植到哀牢山沿线，与红河南岸高山地区的世居民族一起创造了山地梯田农耕文化。因水而生、① 逐水草而居的哈尼族先民最初是沿着高原湖泊、江河水系、滨湖平原向南迁徙，② 无论是哈尼族迁徙口述史还是传统哈尼族村寨的"高山流水入寨进田汇江河"四素同构的立体筑居模式，都反映着哈尼族先民对水的理解，红河南岸哈尼族寨群的日常生活中，水井、鱼塘、水渠和梯田是基本的构成要素，其储水、配水、用水、管水、退水的知识结构也为其他梯田稻作民族所共享和采借。

在哈尼族的农耕活动生产小周期和生命大周期中都伴随着许多仪式，这些仪式大多与农耕礼仪和他们的水信仰有关。如上文提到的寨祭活动"普础突"和公祭活动"波玛突"都是在农历三月、四月播种稻谷前后，祈求风调雨顺、人畜安康、寨子兴旺的民间仪式活动。在村寨一年的生产生活小周期中，每年盛大的"昂玛突"（岁首祭祀寨神林祈求寨子平安、人畜兴旺的集体寨祭仪式）、"扎勒特"（农历"十月年"，哈尼农耕社会一年小周期结束和开始的时间）和"矻扎扎"（农历六月的祭祀活动）仪式活动中，哈尼族社会中的传统民间宗教人士"咪谷"都要率领弟子以及村寨里德高望重的老人祭祀建村建寨的第一口老井。在寨群成员各自的生命小周期中，寨子中一旦有新生儿，就要用建村建寨的第一口老井的井水

---

① 据哈尼族迁徙史诗《哈尼阿培聪坡坡》记载，人种最初生长在水中，水中出生的第二十四代人种塔婆孕育了包括哈尼先民在内的氐羌系统很多后裔民族的祖先。
② 《哈尼族简史》中记载，哈尼族族源说有四种观点：一是源于北方古代氐羌族群的北来说；二是源于华东、华南、华北汉族的东来说；三是源于云南红河流域的混合土著说；四是北来游牧民族与南方稻作民族的夷越二元文化融合说。基于大量的哈尼族口述迁徙史的描述，本研究认同氐羌系统北来说。

来为之洗浴接祥，寨子中年长的老者过世时，一系列的送葬仪式中也需用老井水来盥洗。应该说，哈尼族的水知识与水信仰已经深深地融入了他们的日常生产生活之中。

彝族的水知识与水信仰。"彝族祖先为西北湟水一带的羌人，入迁云南后，唐南诏和大理时期曾在通海、建水一带居住，部分南渡红河，大部分在（元阳）县境内的芭蕉岭、安分寨、牛角寨、沙拉托等地居住。"[①] 在红河南岸哀牢山高海拔地区与哈尼族一起耕种梯田的彝族，主要有"尼苏"和"仆拉"两个支系[②]。当地彝族和哈尼族一起处于梯田农耕系统的中高海拔生态位中，彝族关于水的理解与运用也表现在其传统的地方性知识谱系中。

在哈尼梯田遗产区中以稻作为主要生计活动的彝族，在梯田灌溉组织活动中与当地哈尼族有着丰富的经验采借的知识谱系，例如在稻作生产的节令周期中，还保持着诸多与水有关的祭祀活动，上文提到的彝族"咪噶豪"仪式，虽然祭祀形式与哈尼族的"普础突"仪式大相径庭，但其祈求一个生产周期内"风调雨顺、庄稼生长、寨子安康"的愿景是一致的，时间也在哈尼族的"普础突"仪式前后。此外，当地彝族的"咪噶豪"在某种意义上也象征着一个生产大周期的终结和一个新周期的开始，在"咪噶豪"仪式中，彝族寨群中的民间宗教人士"咪色""咪些"还要率领寨子中通过一定标准遴选出来的老、中、青成员，从寨头到寨尾举行"扫寨子"仪式，仪式环节中所用的仪式之水，包括清洗和烹享祭祀用品的水都要取自建村建寨的第一口老井。在当地从事梯田稻作农耕活动的彝族社群的集体观念中，水井、水渠、鱼塘等都是关乎寨子"洁净"（在当地少数民族传统信仰系统中，与"污秽"相对应的"洁净"通常与寨子的安康相关联）的核心要素。

傣族的水知识与水信仰。红河南岸世居的傣族与壮族共属"越僚系统的壮侗语族各民族，秦汉时期居住在滇东南的越僚等民族与中国东南沿海

---

① 云南省元阳县志编纂委员会编纂《元阳县志》，贵州民族出版社，1990，第 54 页。
② "尼苏"和"仆拉"是世界遗产哈尼梯田核心区的两种彝族支系各自的自称。

的百越系统有较多文化上联系，宋元时白衣、白夷即今傣族，仲家即今壮、布衣、水族，主要分布在滇南滇东南"。[1] 滇南红河北岸（今石屏、建水、蒙自）一带的傣族逐渐南迁，抵达红河南岸低海拔干热河谷地区，[2] 部分参与了梯田农耕文化的缔造。当地傣族信仰传统的民间宗教信仰，其水知识、水信仰与江河文明连接得较为紧密。

傣族是典型的稻作民族，尚水而居，传统文化体系与水有着天然密不可分的关联性。与麻栗寨河在干热低海拔河谷地区接续的水系是排沙河，排沙河是红河水系的支流之一，梯田农耕区里的傣族主要分布在排沙河流域。排沙河流域的傣族寨子，几乎每寨都会有一条单独的水沟从邻近的江河水系中引水。与中高海拔山区的哈尼族近似，当地傣族村寨的布局也围绕"森林－村寨－稻田－水系"的整体观来布局，只是傣族村落因处于低海拔江河流域的平坝之间，所以这种筑居生态观体现在一个平面上，而山上族群的"四素同构"观体现为一个立体的样态。当地傣族在水的运用上的突出特征在于生活和仪式用水之间有严格的区隔，强调生活用水的洁净和神圣性。

当地傣族较隆重的，与稻作活动密切关联且历史悠久[3]的集体水祭祀活动称作"摩潭"仪式，与中高海拔哈尼族的"普础突"、彝族的"咪嘎豪"仪式相仿，傣族的"摩潭"仪式也与"风调雨顺、庄稼生长、五谷丰登"的农耕生计诉求密切相关，需要强调的是，傣族围绕水资源配置和诉求所开展的"摩潭"仪式，沿着麻栗寨河水系自上而下串联了包括傣族、彝族、壮族、汉族等数种梯田稻作农耕民族。

2. 水资源配置与水管理技术

水是梯田灌溉系统中的核心资源要素，水资源的分配与管理对族群关系、社会组织、梯田农耕生计都产生着深远的影响。"水管理成为水稻种

---

[1] 云南省民族事务委员会编《云南省志》卷十一《民族志》，云南人民出版社，2002，引言第4页。

[2] 在哈尼梯田遗产区内，也有一部分傣族与当地壮族、彝族等民族一起居住在中高海拔山地梯田和河谷水田种植区的过渡地带。

[3] 后文中将详细论述的傣族与其他稻作民族一起进行的"摩潭"仪式，它的历史可上溯到明清时期改土归流后地方土官"土司"和"掌寨"所组织的集体"祈雨"祭祀活动。

植中一个极其重要的因素。完全可以说，没有灌溉就没有水稻种植。"① 在千百年来的梯田农耕实践活动中，当地哈尼族、彝族、傣族等先民创造出了一系列的灌溉和生活水资源分配与管理的民间机制，并沿用至今。

木刻与石刻分水技术。较典型的木刻分水和石刻分水民间机制，由一系列的村规民约作为制度基础来保障。木刻分水是梯田农耕族群共享水资源的一种制度惯习，同时也可以理解为民间水规的象征。在四素同构的梯田生态系统中，高山上的流水自上而下地灌溉梯田，影响着农耕族群的稻作生计，但是水资源又呈季节性和空间分布不均的特征，加之梯田形制与村寨的分布存在一定程度的空间离散性，因此，为保障水资源的均衡分配，避免水利纠纷，在同一片水源灌溉的梯田区域内，农户会根据各级梯田的实际灌溉需求，通过集体协商划定的水量，在灌溉干渠的沟头横放一段木头，木头上有大小不等的刻度，根据不同水田的用水量将水分流至各梯田里，依次类推，层层放水。每年引水灌田的季节，要有专门选举出来的"沟头"去重新制作木刻，同时选举出适当数量的"管沟人"监督分水、放水和沟渠的日常维护，刻度一旦议定就不能随意改动放水量，"管沟人"的报酬由灌溉区域内的田户均摊，以粮食或货币的形式于固定时间支付。在哈尼梯田灌溉系统中，一个木刻分水覆盖的梯田可以理解为一个小型灌溉系统，若干个小型灌溉系统联结起来可以构成一个以一条引水主干渠为灌溉基础的中型灌溉系统，会有一个更大规模的木刻出现，若干个中型灌溉系统联结起来纵向向上追溯可以在一片总的水源林或一个天然河流两侧找到一个聚合点——诸水之源形成一个大型灌溉系统，每一个大型灌溉系统中会有一个石刻分水系统，石刻分水的制度原理和分水规则与木刻分水基本相同，只是石刻分水机制在一个更大的社会系统内串联了族群、村落和土地等的关系。

水冲肥技术。水对于梯田农耕族群来说不仅仅是一种能够提供灌溉和人畜饮用的自然生存资源，而且梯田灌溉系统中的水自上而下形成的动力势能，为传统梯田农耕社会提供了肥力输送的技术基础。传统梯田农耕稻

---

① 冀朝鼎：《中国历史上的基本经济区》，岳玉庆译，浙江人民出版社，2016，第 27 页。

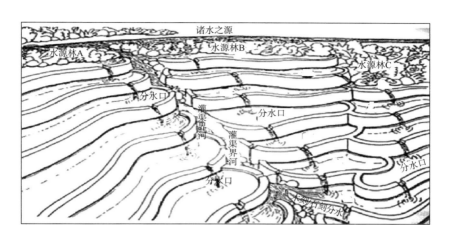

图2 哈尼梯田灌溉渠网系统及分水/管水制度

图3 梯田灌溉系统中的分水木刻   图4 梯田灌溉系统中的八道分水石刻

作知识体系中很少使用化肥农药,而是通过沟网系统来输送农家肥,为梯田稻作物保持肥力。每年到了水冲肥的季节,农户们先将自家的田水放干,以村寨为单位,将大大小小的灌溉水渠系统疏浚通畅,将一年以来蓄积的农家肥集中到寨脚的粪池或寨子的排水沟边,搅拌之后让农家肥从水渠自上而下流向梯田,依次灌满每一丘梯田,从而将村寨内的所有梯田灌满,这种水冲肥的模式既环保又能有效整合全村的劳动力,集中力量在较短时间内实现高效泡田冲肥,而且能够针对每一丘梯田均匀给肥,是传统地方性知识的精湛表达。

灌溉渠网管理和"管沟人"。与印度尼西亚古巴厘人的苏巴克灌溉系统①类似，哈尼梯田也由若干的灌溉渠网系统和专门管理人员（"管沟人"）构成。沟渠系统是哈尼梯田不可或缺的配套设施之一，新中国成立以后，政府逐渐开始在哈尼梯田区域引导民众兴修水利，中小型的引水、灌溉工程也逐渐建成。如 1996 年建成的牛角寨乡肥香村（梯田遗产缓冲区）灌溉枢纽工程，年供水量达 5702.8 立方米，灌溉保障率为 75%，② 对梯田灌溉水利资源配置、促进地方梯田农耕人口合理分配等都起到了积极促进作用。哈尼梯田成功申报成为世界文化遗产后，梯田核心区的沟渠水网系统的建设、修缮和维护力度都大大加强。截至 2016 年末，仅哈尼梯田核心区内可实际利用的水沟就有 591 条，总长 445.83 千米，有效灌溉面积为 22 万亩。③ 除梯田核心区外，红河谷地热区也在大举兴修水利，服务和发展红河谷的经济开发开放带。

在传统哈尼族梯田农耕社会中，梯田灌溉渠网系统的维护主要靠从事稻作生计的人力以及传统地方性经验知识。与古巴厘人的苏巴克管理体制近似，在庞大的梯田灌溉水系上，每一条从高山水源林流淌下来的大型河流以及若干支流所覆盖的梯田和这些梯田的垦殖者，会通过具体的标准在寨子内部选举出"管沟人"（"管沟人"的数量根据一条或数条水沟所灌溉的梯田面积大小来计），被选出的"管沟人"要秉承公平公正分配水资源的基本原则，向管辖范围内的梯田放水，在灌溉农事的日常活动中，"管沟人"负责灌溉沟渠的疏通工作、区域内小面积受损的水沟或田埂的修复工作等，在枯水期使用"木刻分水"和"石刻分水"时，管沟人还负责制作并放置分水的"木刻"和"石刻"，也就是说，在哈尼梯田灌溉系

---

① 苏巴克（Subak）是巴厘岛一种传统的梯田灌溉技术，有着上千年的历史，也是第一项被联合国教科文组织列为世界文化遗产的亚洲民间文化（联合国教科文组织于 2012 年 6 月确认其为世界文化遗产）。苏巴克灌溉系统于 9 世纪被巴厘岛人创造出来，通过无数条灌溉渠道运作而成，由神庙负责管理开放水坝灌溉，时间的掌握则是由农民和庙方一起决定。每个成为苏巴克成员的农民的稻田都由特定的大坝供水。

② 红河哈尼族彝族自治州哈尼词典编纂委员会编《红河哈尼族彝族自治州哈尼族辞典》，云南民族出版社，2006，第 163 页。

③ 云南省人民政府：《红河哈尼梯田保护管理规划》（2011～2030）。

统中，"管沟人"承担了古巴厘岛水神庙的"开放水"管理工作，当然，寨群之间围绕灌溉水资源分配，以及局部水资源纠纷所召开的集体议事会议，就相当于苏巴克系统中水神庙和苏巴克农民的协商议事制度。在传统梯田农耕社会，"管沟人"的报酬通常由其所负责的所有沟渠所灌溉到的田户，根据自家水田当年粮食的总产量，按照协商好的比例，以稻谷的形式缴纳给"管沟人"，而在现代梯田农耕生产活动中，相应的报酬也可以通过货币形式来支付。

三 多元水文化与寨群组织：寨群祭水仪式和寨群生产互动关系

作为自然资源的水在人类的开发利用过程中，在社会范畴被赋予文化属性，甚至在一些民间信仰体系中被赋予了神圣性，这是人类围绕水利资源开展实践活动的结果，因此，水的"文化性"的关键在于人，人在生产生活实践中实现了对水的认知、利用、管理等，而在水资源的运用过程中所积累的处理人与自然关系、人与人关系的行为准则、经验智慧等，则直接决定了聚落空间的社会组织结构、村落社会秩序的发展。

1. "天生桥"祈雨仪式——集体行动的寨群互动逻辑

迄今为止，元阳山区、半山区的梯田稻作民族依然保留着一整套传统的神山信仰体系和水文化崇拜系统，例如在东观音山山麓的爱春、多依树等梯田核心区的彝族、哈尼族村落，以及西观音山脚下"共用一个山头的水"的哈尼族、傣族等村落，在每年的农历三月、四月，都要举行隆重的"普础突""波玛突"仪式，祭祀山神，祈求风调雨顺，稻作无患。

在本研究的主要田野点麻栗寨河水系中下游的彝族、傣族、壮族等少数民族社群中尚留存着一项集体祭祀仪式——"天生桥"① 祈雨仪式。天

---

① 天生桥：是麻栗寨河水系中下游（即梯田稻作中处于高海拔的哈尼族、彝族寨群向低海拔的傣族寨群聚居区过渡的地方）石头寨山和芭蕉岭山之间自然形成的一道天然溶洞，麻栗寨河从溶洞中间穿过，灌溉南沙坝子和麻栗寨河流域的诸多农田，南沙傣族耕种的大量农田受惠于麻栗寨河水系。南沙傣族称天生桥祈雨仪式为"摩潭"仪式。

生桥祈雨仪式有近 300 年的历史，明清时期管理南沙地区的五亩傣族掌寨①要求辖境内的各个民族参加"祈雨仪式"为其属地祈求风调雨顺、丰收和福泽，处在麻栗寨河垂直水系上"共用一个山头的水"的彝族、哈尼族、汉族等，都会参加该仪式。天生桥"摩潭"仪式是以傣族为主导的古老祈雨祭祀仪式，南沙河坝属于干热河谷气候区，按照传统物候时令，每年农历二月、三月是南沙地区旱谷播种时节，然而这个季节正值当地枯水炎热期，降水量骤减，河川水流蒸发量巨大，垂直山地流域的麻栗寨河水系的水流量不足以供应南沙地区所有田地的灌溉用水需求，因傣族是典型的稻作民族，具有尚水的共性，故当地的"召勐主"陶氏（即南沙五亩地区的掌寨）便在每年农历二月、三月率领辖地范围内的乡保长和村寨的"赶"（即各个村寨的伙头，相当于现在的村民小组长）到天生桥举行祈雨祭祀仪式，祈求风调雨顺，祈求神灵庇佑寨田满水、五谷丰登、百姓乐业、寨子安康。

寨中老人回忆：每年的农历二月、三月，"召勐主"陶氏先召集辖地内的各个村寨出钱买祭祀用的活猪，各保长和寨头将活猪抬到天生桥洞口，在洞口宰杀活猪，将收拾干净的猪头摆在临时搭建的祭台上，加上猪身上的脏器和一小块猪耳朵、猪尾、猪脖子，献上酒、白糯米饭和黄糯米饭，鸣三声土炮，并举火药枪鸣放，石头寨彝族毕摩口念咒语，召勐主陶氏跪拜祈求神灵降雨，各保长、寨头逐一跪拜神灵，并在天生桥洞口与神灵共享祭品，之后所有参加人员在天生桥河洞里相互泼水，而召勐主陶氏必须被泼得全身湿透，意寓其辖地风调雨顺。而剩余的祭祀物品则需要平均分配到各个村寨进而分到各家各户。据说仪式结束后，必有雨水降临。该祭祀仪式的参加者包括五亩掌寨辖地范围内的傣、彝、壮等使用麻栗寨河水系的半山和河坝民族。新中国成立前，祈雨仪式主要由掌寨组织，麻栗寨河水系各村寨的民族群众在传统农业垦殖生计方式中出于对农业灌溉

---

① 掌寨：五亩掌寨是清代临安府辖区中著名的"十土司和十五掌寨"中的一个，清代临安府辖区主要涉及今哈尼族的大聚居区红河南岸及北岸的部分地区，五亩掌寨为傣族的地方首领，主要统辖今元阳县五亩、五邦、石头寨、排沙等地的傣族和彝族、壮族先民居住的地区。

用水的高度依赖和对神灵系统的自然崇拜，积极地参与到仪式的过程中。自新中国成立到 1966 年以前，各村寨平均凑钱买祭品跟随掌寨陶氏的后人到天生桥举行"摩潭"仪式。随着麻栗寨河水系沿线各传统稻作农耕民族生计方式的现代变迁，天生桥祈雨仪式逐渐演化为一项地方性的民俗活动，并被纳入地方政府所建构的南沙傣族"泼水节"节庆活动中去。若对这项传统仪式活动产生的原因进行追溯，便要与传统梯田稻作农耕活动一起思考，这种因水资源利用诉求一致而集体祭祀"圣水"源流的仪式，在前工业社会中，对麻栗寨河水系中下游的不同稻作农耕族群有着相同的规约作用，仪式所映射的是多族群围绕相同的生计方式，在同一个生态位下通过协商达成一致的秩序逻辑，这种围绕水资源配置活动所形成的集体行动的寨群互动逻辑，在传统梯田农耕社会中是良性寨群互动的典范形式，迄今发挥着积极作用。

2. 因水结缘的纵向寨群生产互动关系

哈尼梯田景观形制中星罗棋布的沟网系统是梯田稻作民族集体经验智慧的结晶，在漫长的历史进程中，开沟和造田是梯田农耕民族的重要生产内容，民间社会组织结构也围绕这些生产实践活动得以组织。

在麻栗寨河水系自上而下的垂直山坝间，不同族群之间的生产互动关系比较频繁。河谷热区的傣族经常和半山区、山区的哈尼族、彝族等结成非血缘的建立在资源和农耕劳动力相互交换基础上的友好互动往来关系。麻栗寨河水系下游河谷地区的壮、傣等稻作民族，与水系上中游山区、半山区的哈尼、彝等稻作农耕民族之间，流传着一种历史悠久的寨群互动关系——"牛亲家"和"寨亲家"互动网络，山坝民族之间的这种"亲家"关系源远流长，关系深厚。新中国成立前，元阳山区半山区的哈尼族、彝族就和坝区的傣族之间根据水资源配置、生产工具交换和结构性生产互助原则，建立过各种深厚的"亲家"关系，其中以"牛亲家"最为典型。元阳的气候因山势地形因素呈巨大的立体温层差异。冬季山区、半山区已经降霜，气候冷凉，衰草离披，耕牛难以越冬，而河谷热区则温度适宜，草肥水美，是放牧催膘的好时节。相反，当河谷热区庄稼繁茂、稻谷抽穗时，高山上水草正旺，生机盎然，且春耕未开始，放牧环境较好。加之因温差巨大，山坝之间庄稼栽种季节不同，劳动力和畜力刚好可以反季节相互交换使用。因此，山区、半山区的哈尼族和彝族常与河谷热区的傣族结成养牛的伙伴关系，两户之间结成"牛亲家"关系。"牛亲家"一旦结成，感情十分深厚，有的两三代甚至几十年都结成亲家，无论婚丧嫁娶，还是逢年过节，亲家之间都要相互来往，山坝之间两种民族相互赠送各自的特色农产品，互通有无。河谷地区的杜果、荔枝熟了，傣族人家就叫高山的哈尼族"牛亲家"来背；高山的蔬菜熟了，哈尼族、彝族人家也背给傣族"牛亲家"。傣族收早晚稻的繁忙时节，山上的哈尼族、彝族"牛亲家"主动下来帮忙。坝区傣族大丰收的时候，正值山区、半山区的五荒六月天，缺少粮食的哈尼族、彝族人家随意从傣族人家背粮回来度荒。亲家不走不亲，"牛亲家"每年相互走动几次，杀鸡宰鸭款待，别离时相互赠送土特产品，友谊代代相传。梯田稻作农耕民族普遍崇敬耕牛，到了栽插秧结束的时候，"牛亲家"相约杀鸡宰鸭给牛"叫魂"。打归牛圈，杀生祭献，给牛喂稀饭和傣家的甜白酒。邀请双方亲友做客，席间各族谈笑风生，亲密无间，交流牛的特性、养牛的经验，展望养牛发展的前景，"牛亲家"真正成了民族团结、和睦的象征，在这样的山坝互动关系中，跨越族群和文化边界的寨群互动得以生成和传承，也因相同的生计方式，使这种互动关系进一步影响到了不同族群之间的寨群组织结构、村寨秩序规范。

山坝间不同族群的寨群之间还会结成更大规模的"寨亲家"关系。历史上麻栗寨河水系下游的南沙新寨就和水系上游的胜村（今新街镇胜村乡）的阿磨寨（彝族聚居村落）结成过"寨亲家"关系，在 20 世纪 50 年代末 60 年代初的人民公社时期，农忙时节，阿磨寨的彝族同胞到坝区的南沙新寨帮忙插秧、打谷子，双方在对方农忙时相互帮忙，都是按照山坝各自的生产耕作规律、规则来帮忙。在人民公社时期，这种相互帮助也十分频繁，两个寨子之间按户出力，每个劳动力挣得的工分记在原生产队中，两个寨子之间的互动关系一直持续到改革开放以后。在麻栗寨河下游干热河谷地区的南沙镇沙仁沟、五邦等傣族村落，至今还能见到山坝民族之间曾经结成"牛亲家"关系的人家相互往来。在哈尼梯田稻作空间内，半个世纪以来，这种一条水系上持续了数代人的"寨亲家"情缘个案比比皆是，应该说，"牛亲家"和"寨亲家"关系的出现和延续，体现了梯田稻作区山坝民族之间"美美与共"的优良历史传统，从一个特别的角度成为因水结缘的纵向寨群互动生产关系的典型镜像。

四　结语

位于世界文化遗产红河哈尼梯田核心区的山地垂直流域——麻栗寨河水系是一条集族群文化、民间信仰、稻作生计、仪式活动于一身的生态文化线，麻栗寨河水系上游的箐口和土锅寨等哈尼族、彝族村落，中游的石头寨彝族、壮族村落，下游的五亩寨傣族村落，构成了立体生动、特色鲜明的多点田野对象，这些以族群、文化为基本边界的寨群，在围绕水资源共同配置的梯田稻作灌溉活动中，自古以来都发生着生计互嵌、仪式相通、社会组织原则互构的寨群互动关系，正是因为这种交往频繁而紧密的寨群互动关系，维系了世界遗产梯田景观形制以及梯田稻作农耕文化的持续性。总的来讲，哈尼梯田稻作空间里的民族交流、交往、交融机制与自上而下的"流水入寨过田汇江河"的客观自然条件密切相关。因此，发掘并梳理不同地域的传统水利生态文化知识，探讨梯田农耕民族生产生活实践中对水的认知与分类，不但丰富了人类维持人与自然生态平衡关系的理论研究视阈，而且对把握传统村落社会组织结构的建构、变迁以及民族地区围绕水资源利用展开的和谐民族关系的建设有重要的现实指导意义。

哈尼梯田稻作空间内那些文化殊异、村落组织结构各不相同的少数民族聚落的共同之处在于它们都处于梯田稻作系统核心区，山地稻作农业系统和传统农耕文化原貌保存较完整。差异在于，麻栗寨河水系上游的寨群更原真地保持着山地稻作文化传统，在哈尼梯田农业生态系统的核心——水的运用和维系上存留着独特的传统宗教文化韵味，而位于麻栗寨河水系中游的石头寨、土老寨以及下游的五亩寨等村落的传统农耕生计方式在现代城镇化进程中面临消解，对水的依赖、理解和运用程度都发生了巨大变迁，传统水利生态文化几近湮灭，村落社会关系也因水利资源运用方式的巨变而表现出反传统的样态。近年来，随着现代文化旅游产业的勃兴，传统水利生态文化尤其是围绕水资源展开的传统宗教仪式的复苏获得了外部动力机制，已逐渐疏离的寨群关系也在复兴的水利宗教活动中得以黏合。

水文化视野中的城市水涝原因及对策

张群辉[*]

摘 要： 水文化研究领域对城市水涝问题的关注及研究较少。水文化视野下城市水涝问题的主要原因是："无功用、让排走"的传统雨水观念，城市下水道排水系统不畅通、城区植被绿化面积缩减，城市雨水管理制度不够健全。文章提出城市水涝问题的治理对策。改变雨水传统认知观念，积极创建海绵城市，将雨水资源化利用；将整个城市视为一个完整、开放的水循环系统，吸取古人城建智慧，积极借鉴国外先进的雨水管理技术及策略，做好城市下水道排水系统；不断健全雨水管理制度。

关键词： 城市水涝 水文化 海绵城市

逢雨必涝，是当前我国各大城市的普遍现象。"2010 年住建部组织对 351 个城市的调研中发现，在 2008—2010 年的三年内，全国有 62% 的城市都曾发生过内涝事件，内涝发生 3 次以上的城市有 137 个。逢大雨必涝，现在已成为很多大城市的通病。"[①]城市水涝与泥石流、地震等自然灾害现象一样，具有强大的破坏性，甚至有过之而无不及。每当城市出现水涝，小则出行不便，大则严重威胁人民群众的生命财产安全，给城市造成重大经济损失。2012 年 8 月 29 日《人民政协报》刊登了《民建会员建言城市

---

[*] 张群辉，男，1980 年生，广东梅州人，博士，云南省社会科学院民族学研究所助理研究员，主要从事生态人类学研究。

[①] 王春华：《城市水涝灾害的预防对策》，《水利天地》2014 年第 3 期。

水涝灾害防治》，标志着我国高度重视城市水涝研究的正式开端。城市水涝通常与城市下水管道、沟渠等排水系统密切相关。城市水涝研究目前主要集中在水利学、环境工程、信息技术等自然科学、环境科学、管理科学研究领域。例如，王春华分析了城市水涝原因及其预防对策，简略总结了国内外雨水排放的新系统。[①] 王紫雯、程伟平利用生态学的系统整体原理去分析城市化对自然水文系统产生的严重影响，了解城市水涝灾害发生的机理。建议加强城市建设管理的科学性、注重生态系统的整体性，尊重自然，更新观念，建立新的人工水循环系统。[②] 孙欣欣研究指出，运用信息化手段应对城市内涝问题，大数据技术的应用可以改善城市突发水涝灾害预防工作的技术与装备支持情况，进而有助于城市突发水涝灾害预防能力的提升。[③] 自 1989 李宗新首次提出"水文化"研究这个新课题以来，水文化研究得到不断的丰富和拓展，如水文化概念、水利精神、水制度、水文化遗产，以及水文化研究对象、结构、理论与方法等。虽然取得了一定的研究成果，但对城市水涝这一常见问题的关注及研究却极为少见。这与水文化学科的建设及完善很不协调。本文试从水文化的宏观视野，思考城市水涝的主要原因，并提出对策性建议。

一　水文化

水是生命之源、生产之要、生态之基。人类与水发生关系诞生了水文化。水文化与水利、社会、经济、政治、文化、军事、美学、文化、绘画等都密切相关。虽然在水文化研究课题提出之前，我国学界对水文化已有诸多研究，但是真正全面深刻探索水文化，只有不到 30 年的历史。水文化研究在我国还是一个较为年轻的学科领域。"尽管如此，水文化在国际上

① 王春华：《城市水涝灾害的预防对策》，《水利天地》2014 年第 3 期，第 14～15 页。
② 王紫雯、程伟平：《城市水涝灾害的生态机理分析和思考——以杭州市为主要研究对象》，《浙江大学学报》（工学版）2002 年第 5 期，第 582～587 页。
③ 孙欣欣：《城市突发水涝灾害预防及恢复能力研究》，《中国水利》2016 年第 9 期，第 33～36 页。

目前已形成了一致理念、相关的有理论和有针对性的应用，并取得了瞩目的成就。"①例如，关于水文化内涵，几乎达成了一定的共识：水文化是建立在人类对水的认知理念基础上所产生的、与水有关的物质文化和精神文化的文化综合体，包括水的认知和信仰、水资源利用技术、水资源管理制度。所谓水的认知，就是人类对水的认识。例如：在常温状态下，水的物理特质是无色无味的透明液体；水的化学特性，它是由氢、氧两种化学元素组成的无机物。水被人类称为生命的源泉。许多民族都保留有民族始祖诞生于水的神话、传说。水，有时候如温顺的羔羊，有时候像桀骜不驯的烈马。水既会给人类带来幸福，也会给人类带来灾祸。水的福祸促成人类对水产生敬仰、敬畏、崇拜之情，继而形成祭祀仪式，是为水信仰。人类不但创造了许多水资源利用技术，例如坎儿井、蓄水井、水冲粪、滴水灌溉技术，还制定了众多有效的水资源管理制度，例如哈尼族木刻分水制度。

这个三维一体的水文化综合体，是目前对人与水之间关系的最高度概括。水文化问题一般都可放在这一宏观视野中加以分析。城市水涝涉及的水主要是城市大雨、暴雨、特大暴雨等时降落的雨水，城市水涝问题也可以放在这一文化综合体的视野中加以考察。

二　我国城市水涝的主要原因

我国城市水涝灾害频仍，每逢暴雨，都会水漫大街小巷，城中商铺被雨水无情侵袭，大量汽车熄火、抛锚在水中，隧道灌满污水，涵洞成潭，甚至发生人员伤亡事件。暴风雨中的城市被摧残得更为严重，除了水涝，街道两边的树木被吹断，横躺在马路上，房屋的窗户玻璃被吹散落地，一片狼藉，城市面目全非，似乎刚刚遭受过一场战争洗劫。城市水涝早已成为广大市民和政府不得不面临的城市水灾害问题。

城市为什么会出现水涝？第一，简单而言，抛开自然界全球气候变迁的原因，从人为因素来看，城市逢雨积水、造成水涝的主要原因是雨水无

---

① 郑晓云：《近年国外水文化的发展与创新》，《中国水利》2017 年第 9 期。

法及时充分地排流到沟渠、河道、湖泊等低洼处，大量雨水在短时间内集聚于地面的局部区域。城区雨水主要通过下水道系统排流，因此，城市水涝最主要的问题在于下水道不畅通。新中国成立初，我国很多城市的建设理念主要借鉴苏联的城建经验。苏联国内降水量相对较少，城建对排水管道的要求并没有那么高的要求。而我国常年降雨量充沛，尤其东南沿海一带，台风雨、暴雨每年如期而至，城建过程中的排水系统本应该比苏联城建有更为严格的要求。因此，我国很多大城市的旧城区经常出现水涝现象。但是很多改革开放以后建成的新城区，如深圳的很多新城区是 20 世纪 80 年代以后才规划建成的，也是逢雨必涝。个中原因如何解释呢？笔者认为，一方面是因为排水系统日久老化，淤积、堵塞了地下排水管道，无法满足扩大化后的城区排水要求；另一方面随着城市化的扩张，新老排水系统的衔接出现问题，加上在城市基建工程的建设过程中，出现一些贪污腐败、偷工减料的现象，新城市建设的排水系统的设计标准达不到本应有的排水标准，遇到暴雨时，排水效果当然差强人意。因此，城市水涝的主要原因是旧城区排水设施老旧，排水系统落后、不畅通，新城区排水系统的不健全、不科学。这是水管理技术不到位的问题。

第二，人类对雨水的认知问题。从天而降的雨水，到底是没用的废物，还是可以利用的宝贵的水资源？在广大农村地区，雨水是农民耕种的宝贵水资源，尤其干旱半干旱地区更是如此，即使不是干旱地区，每逢播种插秧时节，农民都盼望甘霖从天而降，以保五谷丰登。可是，为什么城市里的市民却没有对雨水持这样的认识呢？因为市民不靠天吃饭，主要靠从事第二产业、第三产业拿工资生活，对暴雨、台风雨是避之不及的。对市民而言，从天而降的雨水，仅仅是雨水，充其量只是对久不下雨的城市起到降温消暑的作用。如果造成城区街道水涝、低洼积水，还会对雨水报之以怨恨。这是城市里市民对雨水的一般性认知和态度。因此，人类普遍认为雨水对城市并没有过大的功用，从古至今，最好的做法就是修通城区沟渠、河道、下水道等排水系统，让过量的雨水流走，不要祸及城区。这是我国城市建设的传统。正因为对雨水持有"无功用、让排走"的认知，一旦城区排水系统失灵、失效，就会导致城市水涝。

第三，在城市化过程中，城区植被绿化面积不断缩减，接纳地表径流的排水蓄水系统遭到大面积破坏。一般地，在自然生态系统中，降雨的50%以上都能够渗透进地下，经过地下的流动和转化形成地下水，部分水量形成地下径流，部分渗透到江河、湖泊、沼泽、湿地、溪水等水循环通道中。一定区域的地面泥土如果遇上特大强度的降水量时，势必在短时期内难以接纳吸附全部的雨水，当土壤吸收雨水达到饱和状态时，雨水就会在地面形成地表径流，在"水往低处流"的规律作用下，地表径流的雨水就会竞相流入江河、湖泊、沼泽、湿地、溪水等低水处。因此，雨水降落到地面后，一般有三种去处：被植被土壤吸收、形成地下径流、被地表径流接纳。但是，在城市建设过程中，大面积的植被地面被水泥地面替换，大大降低了植被地表吸收雨水以及形成地下径流和地表径流的强度和能力，同时，城市建设过程中也大量地填埋了诸如池塘、湖泊、湿地、沼泽等排水蓄水系统。在同样雨量的条件下，被水泥地面排斥的大量雨水，不得不竞相流向低洼低槽、下水道、沟渠等通道。由于失去了城市化前能够吸纳雨水的大面积植被泥土和排水蓄水系统的协助，加上如果遇到各类排水通道的堵塞，以及暴雨的集中发力，雨水难以在短时期内通过各种路径及时排走，城区地面大面积急速积水，导致城市水涝灾害，则是必然的事情。

第四，城市雨水管理制度不够健全。长期以来，人类忽视了雨水这一隐含宝贵价值的水资源，人们做的只是让雨水通过排水系统重新回归大自然。实际上，从水循环角度看来，雨水与地面露天水域、地表径流及地下径流等水体构成一个循环开放、不断转化的水循环系统。按照系统论的观点，构成系统的每一个子系统，都是极为关键的一环，如果哪一子系统出现问题，势必影响到整个系统的顺畅运转。因此，我国长期存在的城市水涝问题主要在于雨水管理制度不够健全，对雨水没有实施有效的管理办法。在法律框架上，缺乏管理城市雨水的具有强制性执行效力的地方性法律法规。① 城市雨水管理涉及雨水、排水、雨污分流控制、水资源管理等

① 截至本文撰写为止，我国大部分城市已经或者即将陆续出台雨水管理制度。例如，云南省昆明市早在2009年就出台了《昆明市城市雨水收集利用的规定》。但是，从全国范围来看，绝大部分城市，尤其二、三线城市的雨水管理制度还不够健全，甚至还在探索、制定中。

管理机构的联动、协调，目前没有哪个城市的雨水管理已经建立一个全面有效运行的机制。此外，城市雨水管理工程建设、运行及维护所需的资金较为缺乏，目前各大城市主要依靠政府财政拨款，缺乏社会资金的主动投入，势必影响城市雨水管理制度的健全及完善。

三　我国城市水涝问题的对策建议

（一）改变雨水认知观念，将雨水资源化利用

在雨水认知上，我们必须把雨水看作是一种可以循环利用的、可以为城市建设和发展做出重要贡献的宝贵的水资源，不能让雨水白白流走。树立将雨水"变废为宝"的雨水认知观念，将雨水收集、积蓄得好，既可以在一定程度上调节城市湿度、缓解城市水资源短缺，又有助于解决城市水涝。对雨水的认知改变后，我们可以把城市建设成海绵城市，[①] 将从天而降的雨水最大化地"吸收、储藏"起来，等城市久旱、干燥、闷热时，又可以将水从海绵城市配套设施中"挤压"出来。这样不但可以充分利用雨水，提高城市水生态文明程度，而且可以尽量减少城市水涝的发生及降低水涝灾害的程度。建设好海绵城市，的确可以有助于解决雨水给城市造成的水涝问题。有研究认为，可借鉴日本、美国、澳大利亚以及欧洲一些国家的"低影响开发技术""水敏性城市设计""绿色基础设施建设"等理念和技术以及一些雨水管理法规与奖励政策，因地制宜地进行城市排水系统改造、雨水管理信息系统建设等，推进我国海绵城市的建设。[②]

在打造海绵城市的同时，努力开拓雨水循环利用的方式方法，例如渗透铺装、绿色屋顶、雨水收集池、模块水池、蓄水井、人工湖、植草砖、

[①] 海绵城市是新一代城市雨洪管理概念，是指城市在适应环境变化和应对雨水带来的自然灾害等方面具有良好的"弹性"，也可称之为"水弹性城市"。国际通用术语为"低影响开发雨水系统构建"。下雨时吸水、蓄水、渗水、净水，需要时将蓄存的水"释放"并加以利用。

[②] 廖朝轩、高爱国、黄恩浩：《国外雨水管理对我国海绵城市建设的启示》，《水资源保护》2016 年第 1 期。

渗排一体化系统、地下建筑顶面与覆土之间的滤水层、下凹式绿地及景观水体等。采用海绵城市的建设理念，将雨水资源化利用，是我国各大城市正在紧锣密鼓进行的事情，例如，云南省昆明市早在 2009 年就开始探索和实施雨水资源化利用，并制定出台了《昆明市城市雨水收集利用的规定》，昆明也是国内第一个以政府文件的形式强力推进雨水资源化利用的城市。而建设海绵城市，关键的一点就是采用各种方式方法尽力截留住雨水并加以利用。截至 2017 年 9 月，最新统计资料显示，"昆明市已经在 261 个工业和民用建筑项目中同期配套建成雨水综合利用设施，日设计控制规模达 18 余万立方米。已建成 17 座雨污调蓄池，总容积达 20 余万立方米。已有 65 条道路，采用了雨水生态断面技术与道路同步建设，并对已建成的 51 个公园绿地补建了雨水集蓄利用设施。"①

坚定贯彻雨水资源化利用理念和海绵城市建设理念，对于缓解乃至降低城市水涝灾害具有重大意义。

（二）树立城市水循环系统意识、采用多种雨水资源管理技术

第一，在雨水资源管理技术上，城市化过程中必须将整个城市视为一个完整、开放的水循环系统，处理好植被绿化面积与水泥街面面积之间的适度比例关系，以使绝大部分雨水能够被植被泥土吸收，更多的雨水能够形成地下径流和地表径流，确保雨水在江河、湖泊、沼泽、湿地、溪水等水循环管道中的畅通循环。这样才可能尽量减少城市水涝的发生或降低涝灾的程度。

第二，积极借鉴国外先进的雨水管理方法及策略。目前，国际主流城市雨洪管理策略有"雨洪最佳管理实践"、"低冲击开发"、"水敏性城市设计"和"可持续城市排水系统"等。英国创造了一种"可持续城市排水系统"（SUDS）——人工积蓄雨水，以供生活部分用水，不但提高了雨水等地表水的利用率，缓解了城市的用水危机，而且减少了河流污染和城市水涝。这一新型排水理念在众多宾馆、酒店中得到推广。例如，英国诺丁

---

① 杨官荣：《昆明一天可综合利用 18 万立方米雨水》，《昆明日报》2017 年 9 月 27 日。

汉（Edwinstowe）青年旅行社利用人行道、车道、停车场等建筑物附近的地下空间，储存、滞留雨水，建筑蓄水地面，以收集的地面雨水与屋面雨水作为建筑物内的中水水源及用于冲洗厕所。法国巴黎用于排水的下水道空间非常宽阔，人们可以进去参观，下水道里面雨污处理合二为一。"1989 年德国出台了雨水利用设施标准（DIN1989），瑞典的一些社区已经开始在新建社区中规范地建设一些局部系统来回收与再利用雨水。"[1]德国的雨水处置方式有多种，按照目的主要分为雨水利用、截蓄蒸发和雨水下渗三类。[2] 日本东京按照"五至十年一遇"的暴雨标准打造的下水道排水系统，由一连串混凝土立坑构成，地下河深达 60 米，堪称世界一流。

可见，欧美、日本等发达国家把雨水视为一种可以循环利用的宝贵的水资源，并开发一些新的排水系统，实现人工积蓄雨水再利用，在一定程度上预防和消除了城市水涝的困扰。我国在处理雨水与城市水涝之间的关系时，可以结合各个城市的地形地貌特征，因地制宜地借鉴国外的雨水管理方法及策略，为我所用。例如，根据"低冲击开发"雨水管理理念，我国可以积极探索及完善城市雨水自动监控系统，有效降低雨水给城市造成水涝的可能性及涝灾程度。

欧美等发达国家不仅开发了先进的雨水管理方法，还将雨水管理制度化、法规化。"自 20 世纪 50 年代以来，美国、欧洲、澳大利亚分别结合自身的特点提出了最佳管理实践（BMPs）、雨洪管理体系（SUDS）、水敏性城市设计（WSUD）等城市雨水径流管理的技术措施和方法体系，并建立了相关标准、法规。"[3] 相比之下，我国雨水管理的制度和法律、法规体系的很多方面尚处于探索、起始阶段，亟待借鉴国外经验，尽快制定和完善。

第三，在科学设计城市排水系统的过程中，我们可以积极吸取古人的

---

[1] 王春华：《城市水涝灾害的预防对策》，《水利天地》2014 年第 3 期，第 15 页。

[2] 郑兴、周孝德、计冰昕：《德国的雨水管理及其技术措施》，《中国给水排水》2005 年第 2 期，第 105 页。

[3] 张晓昕、郭祺忠、马洪涛：《美国城市雨水径流管理概况》，《中国给水排水》2014 年第 1 期，第 82～87 页。

城建智慧。当前，绝大多数的中国城市逢雨必淹、弱不禁雨。但是，也有极少数城市却虽雨不淹，安然无恙，成为"最不怕水淹"的城市，例如江西赣州和山东青岛。

赣州保持着千年无水淹的记录。赣州古城每每成了南方众多城市暴雨水灾中的"浮城"。不过，这座城市不被水淹的区域主要集中在老城区，这要归功于前人所做的先进且科学的城市排水系统。宋人刘彝任赣州知州（1068～1077）时，规划、修建了赣州老城区的街道，并建造了福寿沟排水干道系统，凭借自然规律，将城市的雨水、污水排入江中。现今全长12.6公里的福寿沟仍然为赣州旧城区发挥着排水、排污的功能和作用，相反，赣州后来建设的新城区却逢雨必淹。

青岛能够成为不怕水淹的城市，主要得益于100多年前德国人设计的排水系统。1898年，德国军队占领青岛，由于水土不服，大量德国军官、士兵频发肠炎。德军认为是青岛流行的大肠杆菌和痢疾所致，于是德国人将下水道排水系统列为青岛规划及城建的重中之重，以改善拥挤的居住环境，减少土壤和饮用水的污染。德国计划将仅有2万人口的小渔村打造成海外殖民的样板城市。因此，德国人以"管用一百年"的设计标准来建设青岛的城市下水道排水系统，一共建造地下雨水管道约80公里。在后来的北洋政府、国民政府时期，青岛继承了当年德国排水系统的设计理念，进行雨污分流，大规模改造、提升旧下水道，形成科学布局的地下水网系统。

此外，故宫设计完美的排水系统也使今人啧啧称赞。我国首都北京，每逢暴雨也经常出现水涝。可是偌大北京城，却有一处"浮宫"与水涝无关，那就是北京故宫。例如2016年7月20日的暴雨，导致北京城区大面积严重积水被淹，唯独已有600多年历史的故宫却安然无恙，毫无积水，而且还出现太和殿"九龙出水"的美丽水景观，煞是好看！这主要得益于至今功能保存完好的科学的古排水系统。除了"螭龙排水"外，故宫三大殿的太和殿、中和殿、保和殿从高到低共有1142个龙头，将落到台面上的雨水逐层排尽，并形成"千龙吐水"的壮丽景观。

江西赣州、山东青岛、北京故宫设计科学的古排水系统，饱含着古人的城建智慧。具有较为先进排水技术的今人，应该好好学习古人如何在城建中因地制宜地设计良好排水系统的智慧，为今所用。

第四，合理设计和建设科学先进的下水道排水系统。法国作家雨果说，下水道是一个城市的"良心"。下水道排水系统是解决城市水涝的核心技术。下水道排水系统的设计，必须根据城市总体规划，利用城市河流、湖泊、山体、人工湖等自然分布格局，以及地形地势的坡度，在设计新城区下水道排水系统时，将旧城区原有的排水系统一并考虑，进行全城下水道排水系统的统筹规划。在城建过程中，严厉整治贪污腐败、偷工减料等社会问题，确保下水道系统达到相应的排水标准。重视维护下水道排水系统的畅通，定期更新老化、落后、堵塞的排水管道。

（三）健全雨水管理制度

从水文化角度看来，城市雨水管理主要包括利用雨水资源、防治城市水涝、有效管理雨水等三大方面。除了上面三点外，在现实层面上，必须不断制定和完善城市雨水排放管理的法规、法律体系，建立各级部门统一协调的雨水管理机制（例如城市雨水收集利用管理规定），必须配合海绵城市的建设。同时，加大城市雨水管理资金的配套投入，鼓励更多的社会资本主动投入城市雨水综合管理工程建设上来。积极宣传雨水资源的宝贵作用，加强雨水管理公共教育，鼓励全民参与雨水管理，不断健全雨水管理制度。

四　结语

城市雨水管理直接关系到城市水涝的发生及解决，应该从自然和人文两个方面，双管齐下，尊重自然规律，以构建城市雨水自然循环系统为最终目标。

水文化视野中的雨水导致的城市水涝问题，必须从改变对雨水的认知、雨水处理技术、雨水管理制度三个方面去解决。雨水是城市生产生活的一种宝贵的自然资源，可以采用各种技术手段，将雨水资源化利用——

"雨收晴放"，积极创建海绵城市，做好城市下水道排水系统"良心"工程，增、扩、改现有雨水管理设施，确保雨水地表径流、地下径流等城市水循环畅通无阻，保持城市生态平衡，制定并完善城市雨水管理的法律、法规体系，为解除城市水涝保驾护航。

民族生态文化认同论*

尹　仑　郑燕燕**

摘　要： 生态系统不仅有自然和环境属性，更有民族和文化属性，因此产生了民族生态文化。民族生态文化是各民族对所处生态系统的认识、利用和治理的相关文化，这一文化蕴含着各民族对生态环境的观念和信仰，也包括各民族保护和利用自然资源的知识、技术和制度。在当今全球环境变化的背景下，民族生态文化认同与生态环境保护和治理，特别是在自然资源治理、适应气候变化、灾害风险治理等领域有着重要的作用和价值。民族生态文化认同可以为民族地区的环境治理和可持续发展以及生态文明的建设作出贡献。同时，研究不同民族生态文化之间的相互交流、交融和认同，强调不同民族在相同或相似生态系统内的共存和共生关系，发掘在不同民族生态文化基础上形成的共同民族生态观，可以为构建中华民族共同体提供文化理论支持。

关键词： 民族生态文化　认同　民族生态观

---

* 本文是云南省中青年学术技术带头人后备人才培养项目（项目编号：2015HB084）的阶段性成果，云南省社会科学院"哲学社会科学创新工程"云南民族团结进步示范区建设研究创新团队阶段性成果，云南省哲学社会科学创新团队"云南社会边疆与生态环境变迁创新团队"阶段性成果，国家社科基金项目"西南边疆少数民族生态扶贫的文化驱动力研究"（项目编号：16BMZ082）的阶段性成果。

** 尹仑，男，白族，云南昆明人，博士，云南省社会科学院研究员、中央民族大学"111引智计划"民族生态学基地客座研究员、中国社会科学院国家文化安全与意识形态建设研究中心特邀研究员，主要从事民族生态学研究；郑燕燕，女，藏族，青海湟源人，硕士，编辑，主要从事民族生态学研究。

　　全球日益加剧的环境变化现象以及相关灾害的频繁发生对人类社会的可持续生存与发展提出了挑战。尽管人类为减缓气候变化、治理环境已经从技术和政策层面进行了诸多努力，但要适应全球环境变化，就应该认识、理解和重视人类与气候在长期相互影响中所形成的生态文化，让这一文化在维护生态系统、保护自然环境的过程中发挥重要作用。

　　生态系统不仅有自然和环境属性，更有民族和文化属性，因此产生了民族生态文化。中国各民族生活在复杂而多样的生态系统与自然环境之中，产生了丰富而多元的民族生态文化，在此基础上形成了本民族内部的民族生态文化认同；同时，由于诸多民族长期共同居住在相同或相似的生态系统之中，不同民族之间的生态文化得到了相互交流和交融，由此形成了不同民族之间的民族生态文化认同。

　　民族生态文化及其认同的研究需要专门的理论和方法支持，有鉴于此，本文将首先结合作者的思考，从概念、构成和特点等方面对民族生态文化进行探讨，其次，在民族生态文化的基础上，进一步研究这一文化的认同。目的是呈现民族生态文化及其认同对中国民族社会的意义：民族生态文化在民族地区生态文明建设中的价值，民族生态文化认同对铸牢中华民族共同体意识的贡献。

一　民族生态文化

（一）民族生态文化的基础

　　开展民族生态文化的研究，首先要了解这一文化的基础，那就是"文化生态"（cultural ecology）与"生态文化"（ecological culture）。

1. 文化生态

　　"文化生态"一词自 20 世纪 50 年代以来就被应用于人类学领域。文化生态学是由美国新进化论者怀特和斯图尔德创立的。文化生态学研究人类对社会和物理环境的适应。

　　怀特和斯图尔德从三个方面确立了文化生态学的学科地位：第一，文化发展是通过提高自然资源的利用效率实现的，这反过来导致人口增加、生产力和经济的专业化；第二，文化的进化是由人类对自然环境和社会的需要所决定的，因此即使两种互不接触、地理位置又相距甚远的文化，在文化进化中也会出现相似性，这是因为这两种文化所处的自然环境条件基本相似，各自社会的技术发展水平也基本相同的原因；第三，文化形态的产生源于自然环境与社会技术动力水平之间的关系。

首先，文化生态学研究在适应自然环境的过程中出现的特定社会文化特征，即特定文化中固有的生境和技术的比率，尤其是公共食物和其他自然资源的使用；其次，文化生态学研究与自然资源技术开发和最初文化其他方面有关的行为，以及不同部分文化的相互适应。文化生态学试图解释跨文化差异的起源和适用于任何文化和自然互动的一般规律，同时回答一个问题：社会是否需要发展特定行为或整合足够的固有文化特征来适应环境？[1] 文化生态学是建立在人文主义和文化传统的基础之上，并提出了生态人文主义，即对所有生命形式及其生存环境的尊重。

2. 生态文化

同样在 20 世纪中期，斯图尔德提出了"生态文化"。在《不列颠百科全书》上，生态文化被定义为"一套规范社会、公众群体和个人对自然态度的准则、信念和方式。"随后，不同研究者给予了生态文化这一概念及其内容相当广泛的诠释。

作为人类文化的一种类型，生态文化源于人类与环境的关系，以促进健康的生活方式、可持续的社会经济发展、国家和每个人的生态安全。生态文化也是人类在特殊自然环境中必不可少的自我控制的力量。针对社会生态文化，可以从生态和文化两个方面进行探讨，它既可以被看作是一种生态活动的文化，也可以作为文化的生态层面来研究。在第一种情况下，一个社会的生态文化被定义为实现保护和恢复社会所处自然环境的所有结果的结构；在第二种情况下，当涉及文化的生态方面时，是指克服历史上

---

[1]　N. Ridei, Y. Rybalko, Y. Kycherenko, S. Palamarchuk, D. Shofolov, "The Role of Ecological Culture as An Indicator of Sustainable Development of Relations between Society and Nature," *European Scientific Journal*, 2013, Vol. 2.

出现的有害的生态变迁方式，这类有害的生态变迁由人类行为引发和转化。生态文化作为一种意识形态的"世界形象"，反映了一种社会和自然关系的状态，体现了它们的和谐统一，使人类对自然和社会现实的探索更为高效，并强化了自身的个体认同这一过程。①

因此，生态文化被认为是：（1）历史上，以生命的形式和类型表达的社会发展、创造力和能力，有助于创造人类价值观，其特点是对人类生态问题的深刻、普遍和共同的认识；（2）生态圈社会，包括相关的生态需求、态度和学科；（3）在了解生物圈自然规律的基础上利用自然环境，包括自然环境变化对人类活动的影响。生态文化作为人类文化不可分割的一部分，是在专业生态教育、公众意识和教育生态系统的基础上发展起来的，这种生态系统将自然视为地球的生命壳，由自我调节的生态系统组成。保持团结和最大生产力将促进整个生物圈的保护和可持续利用。此外，生态文化是建立在人类社会的优秀文化和文化传统的基础上的，它为生态系统创造了一种善良的文化，以及相关的原则和条件。

（二）民族生态文化的概念

生态系统是影响各民族及其社会发展的关键性因素之一，生态环境的变化在民族社会的发展过程中起到了巨大的作用和影响。今天，随着全球环境变化的日益加剧及其对民族社会的深远影响，各民族应该从文化的视角与高度去理解和思索生态环境与社会发展之间的关系，而这一关系的核心就是民族生态文化。

因此本文认为，民族生态文化是各民族在长期历史和社会发展进程中，对所处生态系统的认识、利用和治理的相关文化，这一文化蕴含着各民族对生态环境的观念和信仰，也包括各民族保护和利用自然资源的知识、技术和制度，是各民族对生态系统的理解与思索。民族生态文化体现在各民族的宗教崇拜、文学艺术、制度法律、行为物质等诸多领域。民族

---

① M. Tarasenko, *Nature, Technology, Culture, Philosophical and Social Analysis*, Naukova Dumka, 1985, p. 255.

生态文化是理解各民族与生态系统之间所形成的关系、生态系统对人类社会发展的影响及其适应等问题的重要基础。在当今全球环境变化的背景下，民族生态文化与生态环境保护和治理，特别是在自然资源治理、适应气候变化、灾害风险治理等领域有着重要的作用和价值。

民族生态文化是各民族与生态系统互动的产物，它存在于不同自然环境、不同历史阶段、不同社会形态、不同地区的民族和族群之中，丰富而多元。民族生态文化包括以下两个层面：首先，生态系统对社会的发展和生产生活产生了影响，人类观察到了这些影响并且产生了对生态系统的认识、观念和信仰；其次，人类对生态系统开展利用和治理，在这一过程中产生了相关的传统知识、科学技术和制度规范。民族生态文化是各民族对生态系统的思索、对人与自然环境之间关系的反思，是民族文化的重要组成部分，也是各民族应对环境问题、建设生态文明的基础。

（三）民族生态文化的构成

民族生态文化作为一种独立的文化形态，具有丰富的内涵，按照历史唯物主义的观点其理论体系可以分为四个层面。

（1）思想意识层面

长期以来，人类在与生态系统的互动过程中，逐步有了对自然环境的认识和理解，并在此基础上形成了价值观念与思维方式，体现在宗教信仰与文学艺术等领域，指导着人类与气候相关的行为方式。

（2）行为方式层面

生态系统影响着人类的生存环境和模式，但人类并不是被动地受制于生态系统，在这一过程中，特别对于局部生态系统，人类形成和掌握了治理和改善生态环境、利用和维护自然资源的知识与技术。

（3）制度层面

人类在利用和治理生态系统的过程中，形成了相关的习俗、规范、约定和法律。为了维护良好的生态环境就必须进行制度建设，以规范和约束人类与生态系统相关的行为方式。

（4）物质层面

人类在利用、治理和改善生态系统过程中，通过思想意识的指导、行为的实施与制度的规范，建设了相关的物质成果，发展了产业，并形成了具有文化内涵和象征的文化遗产。

（四）民族生态文化的特点

民族生态文化具有普遍意义上的理论构成，又具有共性与民族性、自然性与文化性、相同性与差异性、时代性与延续性等特点。

（1）共性与民族性

民族生态文化是各民族共同创造的文化，因此具有共性，这就是为什么在很多传统文化中，生态环境都有着共同或者相似的象征，并被赋予了类似的文化含义。同时，不同民族所处的生态环境条件各异，他们对生态系统的观察、认知、理解以及赋予的意义是不同的，利用与治理的方式也具有较大的差异性，因此民族生态文化又表现出了强烈的民族性。

（2）自然性与社会性

民族生态文化是关于自然性的生态系统与社会性的民族族群之间相互关系的文化，它与其他传统的人文文化不同，是一种自然与社会相交叉的文化，因此同时具有自然性与文化性。不同的生态系统是产生不同民族生态文化的客观基础，不同的社会孕育出有着各自特征的民族生态文化，在不同的文化、信仰和宗教背景下，民族生态文化呈现出不同的特征。

（3）相同性与差异性

生态系统影响着所有生活在其中的民族，因此民族生态文化具有相同性。同时，由于生态系统不同区域的具体差距，也必然形成民族生态文化的差异性。居住在同一流域或山体生态系统的各民族，他们所产生的民族生态文化就会有较大的相同性。但由于具体居住地在流域上下游位置和山体高中低海拔的不同，不同民族甚至同一民族的民族生态文化也会有较大的差异。

（4）时代性与延续性

在不同历史时代阶段和社会发展进程中，随着自然环境与社会政治、经济与文化的变迁，人们对生态系统的认识和理解、人与环境之间的关系、人类对自然资源的利用与治理方式等是不同的，所产生的民族生态文化也是不同的，因此具有时代性。尽管不同时期的民族生态文化有着较大的差异性，但也有着不可割裂的延续性，现代各民族的生态文化必然是历史上不同时期传统民族生态文化的汇集与融合。

二　民族生态文化认同

哲学家、心理学家弗洛伊德最早提出了"认同"一词，"认同指个人与他人、群体或模仿人物在感情上、心理上趋同的过程。"① 著名心理学家埃里克森是新弗洛伊德学派的代表人物之一，他把这一概念加以改造，使之理论化和系统化，成为他的自我心理学和社会心理学的基础柱石，也是他三大创新中最有影响的理论。埃里克森说在使用了这个概念之后，"认同已经变成了一个到处弥漫，深不可测的术语了。"埃里克森使用认同概念的领域十分广泛，他说："当人类有了自我意识和对自己及他人的责任感时，人类才被划分为不同的种类，而每个种类都有他自己过分限定的认同。"因此他认为有种族认同、民族认同、宗教认同、集团认同、文化认同等。②

（一）民族生态文化认同的概念

今天，随着全球环境变化的日益加剧及其对民族社会的深远影响，各民族应该从民族、生态和文化认同的综合视角去理解和思索生态环境与人类社会发展之间的关系，在这一背景下，民族生态文化认同应运而生。

民族生态文化认同是各民族基于所生活的相同或相似的生态系统，在长期适应、利用和治理自然资源的过程中，对由此产生的生态文化的共识和认可。这一认同不仅蕴含着各民族保护和利用自然资源的知识、技术和

---

① 车文博：《弗洛伊德主义原理选辑》，辽宁人民出版社，1988，第 375 页。
② 叶俊杰：《埃里克森的认同概念与心理历史学》，《丽水师专学报》1995 年第 3 期，第 20～22 页。

制度的认同，也包括各民族对生态系统的认知、观念和信仰的认同，是对民族社会与生态系统之间关系的认同，这一认同存在于个体的认识与群体的共识之中。

民族生态文化认同是各民族对生态系统和文化的思索，是对人与自然环境之间关系的反思，是民族文化认同的重要组成部分，也是各民族应对环境问题、建设生态文明、构建民族共同体意识的基础。

民族生态文化认同既包括同一民族对本民族生态文化的内部认同，也包括不同民族之间生态文化的相互认同。

（二）民族生态文化认同的构成

生态认同、民族认同和文化认同构成了民族生态文化认同的三重结构，其中，生态认同是基础，民族认同是前提，文化认同是核心。

1. 生态认同

生态认同（ecological identity）概念的提出是在 20 世纪 80 年代后期。波顿在其《生态与认同》一文中认为生态学的研究导致了身份认同和心理视角的变化，并为"生态认同"提供了基础：重塑一个人的观点，重构价值观，重组观念，改变个体的自我导向、社会和环境导向行为。①

1996 年，美国学者托马斯豪在其专著《生态认同》中提出了生态认同的概念，认为生态认同是人们在与地球的关系中自我解释的方式，体现在个性、价值观、行为和自我意识上。生态认同描述了人们如何在与自然的关系中扩展自我意识，以及这种意识的识别程度，认同的对象必须通过个体来完成。每个人的生态认同路径反映了他或她对生态关系的看法，这些看法包括认知、直觉和情感。生态认同具有概念完整性，因为有证据表明人们会根据他们的生态世界观来采取行动，或者塑造他们的个性。对生态的认知或直觉理解可能会显著改变个人的认同。②

---

① Richard Borden, "Ecology and Identity", In *Proceedings of the First International Ecosystems Colloquy*, Munich: Man and Space, 1986, p. 1.

② Mitchell Thomashow, *Ecological Identity: Becoming a Reflective Environmentalist*, Cambridge, MA: The MIT Press, 1995.

国内对生态认同的研究并不多见，吴建平在生态自我的研究中提及了生态认同，认为生态认同是生态自我的三重结构之一，生态认同是在认知层面对生态自我的建构，生态认同是人对其他生命形式存在的认同。人类只是生态系统中的一部分，不是与自然分离、对立的个体，从而缩小人与自然的疏离感，同时这个过程也是人对生态系统的认同过程。①

生态认同是民族生态文化认同的基础。生态系统的变化在民族社会的发展过程中起到了巨大的作用和影响，生态系统是导致各民族形成民族生态文化认同的关键性因素。民族生态文化认同有其生态基础，即人们对所处生态系统的认知和升华形成了对民族生态文化的共识与认可，也就是民族生态文化认同。因此，民族生态文化认同不仅与各民族的文化发展相关，而且还与各民族对生态系统的利用、改造、维护和治理有着密切的关系。

2. 民族认同

民族具有一般的共同特征，即一个有共同语言、共同地域、共同生活方式（即有共同的经济、社会和文化生活等的具体形式）和共同的民族意识、民族情感的人们共同体。而共同的民族意识、民族情感，则是最主要的特征。② 共同的民族意识和民族情感是构成民族认同的基础，而民族认同则是最终形成民族的先决条件。

郑晓云在提出文化认同的同时，也提出了民族认同。郑晓云认为民族会有产生、发展和消亡的过程，而文化伴随着人类的始末，且文化认同可以跨越民族，因而文化认同的范畴比民族认同更广。但是，文化认同需要以民族为载体，以民族认同为基础，而民族又以文化为聚合，文化成为民族认同的灵魂，是民族认同的基本依据。一个民族对自身文化及族体的认同，也就是民族认同。民族认同包括两个层次：第一，民族是一个人们共同体，对这一共同体中人们的相互关系的认同，是民族认同中的核心问题；第二，民族认同是对民族文化的认同，在人类发展的过程中，很长的

---

① 吴建平：《"生态自我"理论探析》，《新疆师范大学学报》（哲学社会科学版）2013 年第 3 期，第 13～19 页。
② 杨堃：《民族学概论》，中国社会科学出版社，1984，第 189 页。

时期内文化之间的差异表现为民族之间的差异，一种文化体系以民族为载体，而民族也是以文化为聚合的。①

民族认同是一个被广泛关注和研究的问题，国内外学者都给予了不同的定义，并认为文化认同是民族认同的基础。有的学者将民族认同定义为个体对本民族的信念、文化及对其民族身份的承认。② 有的学者认为文化是一个民族的标志，也是民族存在和发展的根基。每个民族创造了自己的文化，一个人从出生便受自身民族文化的熏陶和教育，形成对自己民族文化的认同。③

民族认同是民族生态文化认同的载体。先有民族的存在，然后才有民族生态文化认同可言。民族是一个人们共同体，而生活在同一个生态系统则是形成这一共同体的重要条件之一。在同一生态系统中，人们形成了相同和相似的生计方式、经济生活和社会组织，在此基础上进一步产生了民族生态文化的认同。但是，民族认同并不是民族生态文化认同的必要条件，对于相互没有民族认同的不同民族，由于他们生活在同一生态系统下，产生了相同和相似的民族生态文化，因此也具有民族生态文化的认同。

3. 文化认同

埃里克森对文化认同做出了定义，他认为"文化认同是描述个体心理活动，判断个体与群体产生联系又和群体区别开的自我意识。"④

在中国，郑晓云于 20 世纪 90 年代初首次提出了文化认同，并将其看作一个文化的核心。文化认同是人类对于文化的倾向性共识与认可。这种共识与认可是人类对自然认知的升华，并形成支配人类行为的思维准则与

---

① 郑晓云：《文化认同论》，中国社会科学出版社，2018，第 92~94 页。

② J. Carla, J. Reginald, "Racial identity: African Self-consciousness, and Career Decision Making in African American College Women," *Journal of Multicultural Counseling and Development*, 1998, Vol. 26, No. 1.

③ 万明钢、高承海、吕超、侯玲：《近年来国内民族认同研究述评》，《心理科学进展》2012 年第 8 期。

④ M. J. Collier & M. Thomas, "Cultural identity: interpretive perspective," In Y. Y. Kim & W. B. Gudykunst (eds.), *Theories in Intercultural Communication*, Newbury Park: Sage Publications, 1988, p. 113.

价值取向。文化认同的涵盖范围随着人类文化群体的形成、整合及人类文化的交融而扩大。文化认同是一个与人类文化发展相伴随的动态概念，是人类文化存在与发展的主要因素。文化认同属于精神文化的范畴。精神文化是文化构成中的核心，而文化认同则是精神文化的核心。文化构成可以被分为两大部分，一部分是文化的各种构成，另一部分是文化认同，文化认同可以被视为文化的灵魂。[1]

在郑晓云之后，国内逐渐开始有学者从不同的视角和研究领域关注文化认同，并给予了文化认同不同的定义。有的学者认为文化认同是个体或民族等，通过交往在观念上对某类价值的认可，是人们对自身在社会生活中的价值定位和定向，并表现为共同价值观念的形成。[2] 有的学者提出文化认同是个体对文化倾向的共识，以使用相同文化符号、遵循共同文化理念、秉承共有思维模式和行为规范，并由此产生深层心理积淀。[3] 有的学者对文化认同进行了广义和狭义的界定，认为狭义文化认同指个体对本民族所属文化的认同，广义文化认同包括对本族文化和外来其他文化的认同。[4]

文化认同是民族生态文化认同的核心。民族生态文化是民族文化体系的一个重要组成部分，因此民族生态文化的认同也是对这一文化体系的认同。民族生态文化认同以生态认同为基础，以民族认同为载体，但其核心却是文化认同。生活在不同生态系统下的民族，自然条件和生活环境迥异，虽然生态认同不同，但都会产生诸如尊重生命、保护环境、有节制地利用资源、人与自然和谐相处等方面的文化认同；而生活在同一生态系统下的不同民族，虽然没有共同的民族认同，但却产生了相同或相近的文化认同。因此，文化认同是衡量民族生态文化认同最根本和最重要的因素。

（三）民族生态文化认同形成的过程与阶段

伴随着民族社会的发展，民族生态文化认同是一个长期的生态和文化

---

① 郑晓云：《文化认同论》，中国社会科学出版社，2018，第 3 页。
② 黄葳威：《文化传播》，正中书局，1999。
③ 崔新建：《文化认同及其根源》，《北京师范大学学报》（社会科学版）2004 年第 4 期，第 102 ~ 104 页。
④ 闫少华：《多元化视野中的文化冲突与共生》，《求索》2010 年第 1 期，第 72 ~ 73 页。

互动的过程。首先，民族生态文化认同与生态系统之间存在紧密的关系。民族社会在认识、利用、治理和维护生态系统的过程中，其对生态环境与自身的认识都在发生变化。在民族社会与生态系统之间的关系发生变化的同时，民族生态文化认同也在发生变化。其次，民族生态文化认同本身也是一个文化过程。民族文化发展和变迁的诸多因素，都会影响文化认同，当然也包括其中的民族生态文化认同。因此，在这一生态与文化的动态过程中，根据民族生态文化所包含的生活环境、生计方式、生态知识和生态信仰等四个要素，可以把认同的形成划分为四个不同的发展阶段和层次。

1. 生活环境的认同

对在一个生态系统内生活的民族而言，无论是世居还是迁居，在他们刚接触到所处的生态系统时，都会对这一生活环境产生认识，并进而形成生境认知。生境的认知是初步的，但却可以就一些基本的生态环境现象达成共识，为民族生态文化认同奠定早期的基础。

同一生态系统内生活的单一民族，在民族认同的基础上，更容易对所处的生态环境产生认同。例如，生活在草原生态系统中的哈萨克族牧民，通过对草原自然环境与气候条件最直观的了解和直接的认识，在此基础上形成了草原生境认知，并进而产生草原生活环境的认同，甚至草原、苍狼、猎鹰等草原生态系统中的生态因素都成为这一认同的符号和代表，以至于今天人们提及草原、苍狼、猎鹰时就会联想到哈萨克族。同样，生活在沙漠生态系统中的贝都因牧民，也形成了对沙漠生活环境的认同，骆驼和流沙也成为贝都因人沙漠生境认同的象征。

在相同或相似生态系统内生活的不同民族，虽然没有民族认同的基础，但是也会对所处的生态环境产生认同。例如，澜沧江流域的藏族、布朗族、傣族、白族等民族，虽然各自属于不同的民族，但由于生活在相同或相似的流域生态环境内，通过对水、森林和土壤等流域环境的认识，形成了各自民族的生境认知，并在这些认知的基础上产生了共同的流域生活环境的认同，而水这一重要的流域生态因素成为不同民族生活环境认同的基础；同样，共同生活在东南亚高原的不同山地民族和部落，对当地的山林、河流等环境因素有着相似的认识和认知，也形成了共同的山地生活环境的认同，而山则是不同民族生活环境认同的基础。

2. 生计方式的认同

在社会发展进程中，各民族产生了各自的传统生计方式，传统生计方式基于当地的生态系统，利用当地的自然资源，为各民族的生存和发展提供了物质基础和条件。传统生计方式也逐渐有了文化的含义，甚至成为一个民族的精神象征，在此基础上产生了生计方式的个体和集体认同，是民族生态文化认同的重要组成部分。

拥有同一传统生计方式的单一民族，生计方式维持了生活、促进了经济发展，由此产生了对生计方式最基本的认同。例如，地处滇川藏交界处的藏族，由于东喜马拉雅山和横断山脉特殊的地理环境和生态系统，产生了独特的半农半牧生计方式，并形成了这一生计方式的认同；居住于新西兰南岛的毛利人部落，世代临海而居，形成了传统的海洋渔业以及对这一生计方式的认同。

不同的民族在拥有相同或相似的传统生计方式时，也会产生生计方式的认同。例如，在青藏高原北部，藏族和蒙古族长期在这里生活，从事传统畜牧业，在相互交往和交流的基础上形成了对畜牧生计方式的认同；对东南亚和南亚的山地民族，以及中国云南省的部分少数民族而言，刀耕火种一直是传统的生计方式，适应和利用了当地的山地环境和自然资源，虽然属于不同的民族，但他们都对刀耕火种这一传统生计方式产生了认同。

3. 生态知识的认同

传统生态知识是指某个特定区域的民族对当地生态系统直接和间接的观察和理解，以及在此基础上形成的认识、利用、治理和维护自然环境和资源的知识、技术、制度和规范。各民族在创造、运用和更新生态知识的基础上，通过长时间的积累逐步建立起对这一知识的认同。

同一民族内部对自身的传统知识有着明确的认同，因为这是他们适应当地生态系统、进行传统生计的工具、方法和智慧，是整个民族实现生存和发展的保障。例如，作为北方少数民族中唯一曾以渔业为主的少数民族，赫哲族用鱼皮制作衣服的生态知识认同发展成为整个民族的文化认同和民族认同。同样，生活在俄罗斯、芬兰、瑞典和挪威的萨米人，他们用海豹皮毛制作服饰的生态知识认同也成为民族文化的认同，在定期举行的萨米人文化活动中，来自不同国家的萨米人通过展示和交流这些服饰来加强民族的认同。

不同民族对相似的传统生态知识也有着共同的认同，因为这是他们相互交换、交流和交融的技术、方法和智慧，是同一区域的不同民族间实现和谐相处和共同发展的保障。例如，在长期种植茶树的过程中，德昂族、布朗族和哈尼族等民族对茶形成了丰富的传统生态知识及认同，包括对茶叶的认识、茶树的种植与管理、茶叶的用途与作用等方面；同样的事情也发生在秘鲁安第斯山地区的土著民族身上，不同部族间的高原农业生态知识产生了共同的认同，因此当这些生态知识受到气候变化及灾害的影响时，他们在应对方式上也有高度的认同。

4. 生态信仰的认同

生态信仰是各民族在认识、利用和维护生态环境与自然资源的传统知识基础上，进行道德与精神层面的升华，从而产生的对生态系统及其元素的禁忌、尊重和崇拜。生态信仰产生于万物有灵的自然崇拜，是萨满教等原始宗教形成的基础，也被佛教、道教、印度教和耆那教等成熟宗教所吸纳。今天，随着生态文明的提出与建设，生态信仰超越了宗教界限，被重新认识，以新的含义融入现代社会的生态观念中，并形成了生态信仰的认同。因此，生态信仰认同是生态文化认同的高级阶段，生态信仰认同不仅成为民族源起的象征和身份的认同，而且还可以跨民族、跨国家和跨宗教存在，可以说生态信仰认同是文化大同的雏形。

生态信仰的认同首先存在于同一民族之中，基于一个民族自身的传统生态知识认同和升华。例如，德昂族对茶叶的生态信仰成为了民族起源的认同，德昂族的创世神话中，德昂族的祖先是由天空中飘落的一百零二片茶树叶变化而成的，单数的茶叶变成了男人，双数的茶叶变成了女人。

不同的民族也可以有共同或相似的生态信仰认同，在某种意义上生态信仰认同超越了宗教认同。例如，藏传佛教的神山信仰不仅存在于藏族之中，也影响了青藏高原与喜马拉雅地区的纳西族、门巴族、羌族和珞巴族等民族，形成了神山信仰的认同；同时，印度、尼泊尔、不丹等周边国家的印度教、佛教中也有神山信仰的认同。

三　结论

中国各民族都有着丰富而多彩的传统生态文化，孕育出了有关自然环境的深邃的哲学思想、传统知识和技术、宗教信仰与崇拜、文学艺术等非物质文化，也产生了相关的工程建筑、工具设施和仪器设备等物质文化。从非物质与物质两个领域对民族生态文化认同进行研究，能够使人们对生态系统的认知、理解和观念进行自我反思与文化自觉，以协助各民族应对与治理当前和未来的生态环境。

民族生态文化认同形成了各民族对生态系统的观念态度和行为方式，不同的文化认同背景下，人们对生态环境的观念和行为是不一样的，所形成的人与自然的关系也是不同的。例如，古代传统生态文化认同形成了人们对自然的敬畏与崇拜，促使人们通过宗教与信仰的行为来处理与自然环境的关系；现代生态文化认同使得人们对工业文明掠取自然资源的方式进行反思，并倡导采取科学与文化的方式来维护与治理生态环境。研究民族生态文化认同，并把这些认同的观念吸收到今天人们对自然环境的理解中，可以促进各民族社会与自然环境之间建立更为和谐的关系，实现民族社会的可持续发展。

当前，人类越来越意识到以污染环境和破坏生态为代价的工业文明正在给人类社会的可持续发展埋下危机和隐患，人类的发展与文明模式必须进行一次彻底的转型与变革，追求人与包括气候在内的自然环境建立和谐关系的命题提上了人类社会发展的议程，生态文明成为人类社会发展的目标。包括气候变化在内的环境变迁影响着地球生态环境与人类社会，甚至直接改变了地球生态系统，给人类社会带来了前所未有的生态危机，因此生态文明无法回避全球环境变化问题，建设生态文明就要求人类必须有应对与治理全球环境变化的智慧和能力。在民族地区，民族生态文化认同是生态文明建设的重要组成部分，开展民族生态文化认同与生态文明的研究可以协助各民族更好地应对全球环境变化带来的风险和挑战，从而更好地开展民族地区的生态文明建设。

　　同时，通过对民族生态文化认同进行研究，强调不同民族在同一生态系统内的共存和共生关系，以及他们基于民族生态文化的相互交流、交往和交融，发掘各民族生态文化认同的一致性和多样性统一，为构建中华民族共同体提供文化理论支持。

美丽乡村建设中的环境问题探讨

——以云南为例

郑晓云[*]

摘　要： 美丽乡村建设是一项涉及中国广大农村和几亿农村人口未来生活的重大工程，也是农村发展的新动力。2017年2月5日新华社受权发布的2017年中央一号文件中，全面且重点突出地部署了深入推进农业供给侧结构性改革和加快培育农业农村发展新动能的工作，其中建设美丽乡村是重点之一。近年来，美丽乡村建设在全国已广泛开展，并且取得了初步的成效，对全国农村发展产生了重大的影响。但是通过对近年来西南地区美丽乡村建设的调研发现，在工作推进取得了积极成效的同时，美丽乡村建设过程中的环境问题仍然是一个突出问题，值得认真研究。本文就此以云南为例进行一些探讨并提出相关的对策建议。

关键词： 美丽乡村建设　环境问题　云南

在党的十八届五中全会上，习近平同志提出了"创新、协调、绿色、开放、共享"的发展理念，其中将绿色发展作为关系我国发展全局的一个重要理念，这是中国共产党发展史上一个重要的理论突破，也是中国共产党治国理政的一次飞跃。在未来的发展中，中国将全面强调绿色发展理念，统领中国的社会经济发展，使中国的发展成为可持续的发展，这同样

---

[*] 郑晓云，云南省社会科学院院长助理，民族学研究所所长、研究员。

也会对中国的社会、自然环境和未来中国人民的生活产生重大的影响。在具体的实践过程中，目前在全国积极推行的美丽乡村建设就是实施绿色发展的一个重要实践过程。但是通过对西南地区一些农村的调研我们发现，尽管近年来美丽乡村建设的推进取得了积极的成效，但是建设过程中的环境问题仍然是一个突出问题，没有得到认真思考并在实践中加以解决。对于美丽乡村建设中的环境建设从建设的理念到实践都还有很多需要认真探讨的问题，本文将重点以云南的情况为例对此进行一些探讨并提出一些建议。

一 关于美丽乡村建设中的环境理念问题

美丽乡村建设是一项涉及中国广大农村和几亿农村人口未来生活的重大工程，也是农村发展的新动力。2017 年 2 月 5 日新华社受权发布的 2017 年中央一号文件中，全面且重点突出地部署了深入推进农业供给侧结构性改革和加快培育农业农村发展新动能的工作，其中建设美丽乡村是重点之一。近年来，美丽乡村建设在云南省也广泛开展，并且取得了初步的成效。2014 年中共云南省委、云南省人民政府出台《关于推进美丽乡村建设的若干意见》，2016 年初《云南省美丽宜居乡村建设行动计划（2016—2020 年）》发布。"行动计划"提出，从 2016 年开始，每年推进 4000 个以上美丽宜居乡村建设，到 2020 年全省建成 20000 个以上美丽宜居乡村，乡村人居环境明显改善。可见，美丽乡村建设不仅是党中央的重大部署，同时也是云南建设生态文明排头兵、推进农村发展的重大部署，将对云南农村发展产生重大的影响。

尽管近年来云南美丽乡村建设的推进取得了积极的成效，但是通过我们调查研究发现，美丽乡村建设过程中的环境问题仍然是一个突出问题，从建设的理念到实践都还有很多需要认真探讨的问题。

云南省总面积约 39 万平方千米，占全国国土面积的 4.11%，东面与广西壮族自治区和贵州省接壤，北面与四川省接壤，西北面与西藏自治区接壤。云南的国境线全长 4060 公里，与缅甸、老挝、越南 3 个国家接壤。

云南省总人口为 4684 万人，下辖 8 个市、8 个少数民族自治州。云南省是
一个山区面积较大的省份，在全省土地面积中，山地约占 84%，高原、丘
陵约占 10%，盆地、河谷约占 6%。云南省平均海拔 2000 米左右，最高海
拔 6740 米，最低海拔 76.4 米。这种地理环境的特点使云南省境内地貌、
植被、气候等的多样性在全国都是典型的。云南也具有丰富的人文多样
性，云南有世居民族 26 个，其中 16 种少数民族为云南独有，各民族的文
化包括居住文化丰富多彩。这些特点，决定了云南各民族人民的家园是一
个集自然与人文多样性特征为一体的家园，这一特点在云南各民族人民自
古以来的家园建设中就已体现出来。

环境是人类生存的基本要素，也是美丽乡村建设的重要内容。家园之
所以美丽，就在于有一个美好舒适的居住环境，因此必须要把环境建设作
为美丽乡村建设的重要内容。在长期生存发展过程中，很多地区的人们早
已适应了当地的自然环境，利用当地的自然环境建设了一个长期生存发展
的家园。例如在云南境内的元阳县、红河县红河两岸的居民就利用红河大
峡谷的自然生态环境，构建起了一个发达的梯田农业生态系，目前这个生
态系统已经成为世界遗产。其他各地的人们也同样构建起了自己适合当地
环境特色的家园，因此美丽和谐的家园对各民族来说并不是空中楼阁，而
是能体验到、看到的。今天之所以在美丽乡村建设中还要进一步建设环
境，就在于在各民族的传统家园中，一些地区生态环境系统已经退化，植
被减少，生态环境并不能满足美丽乡村的标准，与此同时，新的环境问题
如干旱缺水、污水治理、环境污染、环境资源过度开发等问题不断显现。
因此在美丽乡村的建设过程仍然必须把环境建设作为首要任务。

美丽乡村的环境建设，是否仅仅是突出一种视觉上的美感，如很多地
方现在所做的那样，把房屋的墙面修缮一新，多种一些树木就可以了呢？
显然不是。它不仅需要建设一种视觉上的美感环境，同时也和一般意义上
的环境建设有较大的区别，必须要结合当地的实际、发展需要和现实来进
行建设，因此对于美丽乡村的环境建设，有必要结合当地的特点进行深入
研究，进而确定建设路径和规划。

那么理想的美丽乡村应该是什么样的呢？笔者认为国外的一些经验是

有启发意义的。笔者个人通过在欧洲农村的考察研究，总结出欧洲一些较好的乡村建设可以分为三个阶段：第一个阶段是保护好传统的乡村风貌，尽量使具有几百甚至上千年历史的乡村能够保持它的自然风貌和建设风貌，保持居住环境中良好的自然环境，包括清洁的水环境、空气，良好的森林树木及其他自然环境的构成等，再加上传统的民居，这样就呈现出今天在欧洲很多地方可以看见的美丽乡村。第二个阶段，笔者认为体现在舒适之上。一方面环境美丽，另一方面居住舒适。随着经济的发展人们也在不断改造居住环境，尤其是住房室内的环境，包括使用现代的材料进行装修，使用各种家用电器等，提升了传统乡村生活的品质。在这一个阶段，很多地区很重要的一个环节就是对生活污水的处理，建设了可以采集处理几乎所有生活污水的设施，降低了生活水平的提升所带来的污染问题。第三个阶段是实现乡村的智能化和绿色化生活。智能化和绿色化生活就是尽量降低能源消耗、实现绿色生活，具体内容包括大量使用太阳能、收集利用雨水、循环用水、使用生态净化方式处理生活污水、实现数字化环境管理等，同时严格管理生活、生产垃圾。这虽然并不是每个乡村都能做到的，但一定是未来的发展方向，并且在欧洲的很多国家目前已实现了推广，已不是设想中的规划。

在当前云南的美丽乡村建设过程中，并没有必要和可行性按照欧洲的乡村发展经验去做，但是各个阶段的内容要素都是应该具有的，应该努力做到。这包括了对传统乡村自然和社会风貌的保护、传统环境与现代建设的融合、提升居住环境的舒适性、建设环境保护的设施、逐步实现乡村居民的智能化和绿色化生活，构建起环境友好型的乡村社会等。

因此，就美丽乡村建设的环境理念而言，应当以各个民族在当地的、长期的历史发展过程中形成的传统村落为基础，解决以下问题。

一是解决现有的传统村落中环境要素不全、环境退化的问题。很多传统村落由于各种因素的影响，环境美化、可持续性要素不健全，环境退化，例如森林树木稀少、水资源不足等的问题，就要重点加以解决。在美丽乡村建设过程中，应大力开展乡村内外的树木种植工作，改善村落的生态环境，营造一个园林式的村落环境，加大供水等建设力度，解决乡村的日常生活用水问题，提升日常生活用水的安全性和品质。有条件的乡村还可以建设水景观设施。这样通过环境建设，使原有的传统村落生态环境得到提升，更加优美。

二是要解决新的环境问题。近年来随着人们生活水平的提高，日常生活用品不断翻新，使用量增加，造成农村的垃圾处理问题日益严重。人们用水量的增加，也增加了污水的排放量，一些家庭作坊性质的小企业、旅游餐饮业的污水排放对环境造成的污染也日益突出。因此对于这些新的环境问题必须加以解决，才能使美丽乡村建设卓有成效。同时还需要将人们的个人卫生水平的提高作为美丽乡村建设中的重要内容，包括大力推广修建、改造农村的沐浴设施和厕所。

三是大力推广现代科学技术手段，提升乡村环境建设中的科技含量。在环境建设的过程中大力推广采用新技术、新成果，包括节能降耗、绿色生活的技术，如使用太阳能、收集利用雨水资源、生态污水处理技术等，通过现代信息技术手段对环境状况进行实时监控、管理。

四是要解决关于美丽乡村建设为谁而建的问题。目前很多地方的美丽乡村建设有两种模式。一种是重新建设，将原有的村落拆除了重新建设，而建设的模式往往是按照领导干部心目中的模样去建设，建设成一个个屋城镇居民的住宅新区。另一种是把旅游业的发展作为美的象征和建设的指针，美丽乡村建设以旅游业发展为导向。很多地方新的乡村建设外观漂亮，但并不切合当地农民居住的实际需要，甚至让老百姓的生活变得不方便。造成这一切的原因是忽视了美丽乡村建设为谁而建的服务宗旨。总之，美丽乡村建设不能偏离其根本，即为当地民众建设一个美丽的家园的宗旨。

二　目前美丽乡村建设中存在的问题

通过调查研究，我们了解到目前云南省美丽乡村建设中一些重点示范村已经取得了明显的成效，形成了很多很好的经验，可以在下一步的建设中推广。但是从目前示范村的建设中也可以看出一些问题，值得总结和重视。

一是目前一些村子的环境建设在美丽乡村建设的规划中没有充分考虑其传统居住环境中的自然要素，没有把很多好的要素有机地融合到建设规划中，甚至是对村子进行重新建设，改变了原有的风貌。事实上，云南绝大部分自然村落都是有序地与当地自然环境相结合的，很多地方我们今天所看到的自然村落都是结合了人们对自然的认识，对自然的技术环境进行构建的一个生态空间，都有不同的社会和生态功能，这一点已经被很多研究所证实。但是由于各种因素的影响，很多传统村落存在生态要素不全面和环境退化的问题。但是，不在补足生态环境要素和生态修复上做工作，而是采取简单的方式拆除重建，并不是一种好的做法。目前在很多地区还有一些古老的传统村落，如果不加以保护，在美丽乡村建设的过程中可能会使更多的传统村落被破坏，再也没有复原的机会。总之美丽乡村建设本质上是为农民建设一个舒适的、美丽的家园，一所房子是人们最直接的居所，因此这一居所的建设必须要考虑到当地人的历史和文化观念、习俗和环境特征，与历史的脉络相结合。

二是农村公共卫生设施建设仍然滞后，在云南 1371 个乡镇中仅有 234个乡镇建成生活污水处理设施，466 个乡镇能有效处理生活垃圾。乡镇尚且如此，村子里的情况更差。很多村子在美丽乡村建设中没有对公共环境卫生设施进行认真的规划建设，尤其是没有将家庭的卫生设施，包括沐浴的设施和家庭厕所作为一个重要的环节来加以规划建设。因此很多村子中虽然住房建设已经有了较大的改善，但是厕所和沐浴设施仍然较为短缺，使得很多村子的公共环境卫生设施不足，公共卫生状况欠佳。

三是对农村生活污水的排放和处理没有明确的规划和较好的措施。近年来随着农民生活水平的不断提高，农村中已经普及了洗衣机等家用电器，同时有很多家庭内修建了厕所和沐浴设施，加之人们的清洁要求不断提高，致使生活污水量不断增加，但是污水排放处理的相关设施非常欠缺，成为目前环境污染的重要来源。在很多农村地区，污水排放已经成为当地非常突出的环境污染源，严重威胁着当地的环境和人的身体健康，同时和美丽乡村建设格格不入。在《云南省美丽宜居乡村建设行动计划

（2016—2020 年）》中提出了"美丽宜居乡村村内生活垃圾定点存放清运率达 70％，生活污水处理农户覆盖率不低于 30％，全部实现人畜分离、厨卫入户"。就目前的情况来说，70％、30％的目标可能定得太低，是否能够适应当前的发展形势，仍然值得考虑。

　　四是农村一些突出的环境问题没有得到有效治理，这主要表现在一些地区环境污染加重、饮水安全问题突出、居住环境恶化等。

　　五是农村环境建设和保护的相关制度不健全，组织不健全、农民的环境保护与建设的意识不强，对于农村环境建设的参与度较低。目前在农村建设中，如何通过制度去有效保护乡村的环境，尤其是传统的环境风貌仍然是突出的问题，由于相关保护制度不健全，近年来乡村建设和传统的环境之间的衔接不顺畅，往往新的建设就等于改变传统的自然环境状况。美丽乡村建设最终的受众是当地的居民，是为当地的居民建设一个美丽的家园，但是在目前情况下很多村子的规划建设没有认真考虑农民的意愿，在规划的过程中农民没有主动参与，规划建设甚至完全违背农民的愿望，更难以考虑到当地人的传统文化和习俗。一些新的村落建设好之后，基本满足不了村民的传统生活功能。这其中还有一点特别需要指出的是，在很多村落的规划建设过程中，不仅没有当地村民的积极参与，也没有社会科学研究专家，尤其是民族研究专家的参与，这将不可避免地导致建设结果具有明显的人文缺失。由于在建设过程中民众的参与度低，所以民众在乡村建设过程中的环境保护意识得不到增强。

　　六是美丽乡村建设过程过度的旅游业导向，这不仅使这项工作可能变味，更重要的是对传统村落可能造成不可挽回的破坏。目前很多美丽乡村建设项目，尤其是古老的、自然环境较好的村落，从一开始规划就将旅游业作为其中的重要目标来加以考虑，进行旅游景点化的打造，甚至招商引资，这样不仅不能使当地的村民真正享受到美丽乡村建设的成果，而且在旅游业的发展过程中可能出现对原有的建筑物和村落风貌的毁坏。美丽乡村建设的过程中将旅游业的发展作为一种产业来考虑是无可厚非的，但是如果没有全面的规划，或将之作为一种旅游资源加以开发，成为资本的猎物，却可能造成对传统乡村的破坏。

总之，美丽乡村建设在一些地方已经取得了一些初步的成效，但是美丽乡村建设过程中存在的环境问题仍然是一个突出的问题，它不仅关系到美丽乡村建设的时效，同时也关系到农村的生态安全和可持续发展。在美丽乡村建设过程中，环境问题必须是优先考虑的，必须综合规划营造一个从居住村落到家家户户都有良好的环境关联性的乡村环境。项目的规划建设中，环境问题必须作为首先考虑和实施的环节，改变现有的修路建房先行的做法。

三　美丽乡村环境建设的目标

建设美丽乡村，笔者认为一个重要的理念就是要结合云南的自然环境、社会环境和现代发展要素去推进。

云南省是一个集民族文化多样性、自然地理环境多样性、生物多样性为一体的省份。云南各民族人民数千年来这里营造了一个和谐美丽的家园，今天，美丽乡村也应该是这种和谐美丽家园的一种延续，而不是重新建设。美丽乡村应当依托云南丰富的自然环境，延续各民族优秀文化传统，在改进居住环境中融入现代科技的发展成果和发展理念去加以建设。因此笔者认为云南美丽乡村建设的目标应该达到以下"六化"。

一是美化。云南总体上有较好的自然环境，因此乡村美化的条件在云南是得天独厚的，很多乡村本来就很美，只要加以提升建设就可以成为一个视觉美观的乡村。每一个乡村的建设都应该在保存原有的自然环境特点的基础上加以美化，重点是对住房外观、村子景观进行提升。通过一定的规划，对村子的景观进行建设，形成在村子原有格局的基础上，组合建设水景观、花园草坪、道路绿化、住房外观、村子内外的树木等，使云南的农村成为一个个显现当地环境特色的、秀美的乡村。

二是特色化。要结合云南自然地理环境的特点进行美丽乡村建设，而不是千篇一律。云南有着丰富的自然环境多样性，不论是北部的高寒地区，还是中部的河谷地区、南部的亚热带地区，都有着独特的自然环境特点和魅力，这些特点都应该结合到美丽乡村的建设中去，并被显示出来。

同时这种特色还应该和当地的少数民族文化相结合，建设出一种自然环境和人文环境相融合的特色乡村。

三是环境优良化。美丽乡村必须以良好的环境为依托。这就要求大力加强美丽乡村建设中自然环境的治理和建设，在保护好民众原有居住地区自然环境的同时，建设一个更好的自然环境，重点治理和保护好村寨周边原有的森林树木、河流、水塘、水井。同时进行新的建设，包括提高绿化水平、建设新的水环境、治理污染等，使良好的自然环境成为美丽乡村的重要依托。

四是舒适化。乡村的美丽不仅体现在外观上，更重要的是要让居住这其中的居民感觉到舒适。这就要求我们在美丽乡村的建设过程中要规划建设老百姓舒适的生活环境，包括适合民众生活习惯的住房和休闲娱乐的空间，尤其是在少数民族地区都应该修建村民进行集体活动的场所，包括歌舞广场。另外一个重要方面是村子的卫生设施建设，应备有完善的垃圾和污水收集处理系统，让村子成为一个干净卫生的场所。推广建设家庭和村子的公共厕所、沐浴设施，提高村民的健康水平。

五是智能化和绿色化。通过数字化手段来实现乡村的环境管理，监督乡村的日常环境管理工作。把智能化和绿色生活相结合，尽量推广使用绿色清洁能源，包括：太阳能设备、风能设备、沼气等；建设小水窖，大力收集利用雨水；建设生物过滤池进行污水处理等。

六是环境友好化。建设一个环境优美、人民生活舒适的乡村最重要的还是要建立一个村民具有良好环境行为的社会，要建立起环境友好文化。通过种种措施，使村民们重视乡村文化的建设，建设起具有保护乡村居住环境的较好的意识、行为方式、社会规范等。

四　结论与建议

通过上面的分析我们可以看出，目前美丽乡村建设虽然已经取得了一定的成效，但是仍然有很多问题需要总结和改进，甚至需要进行反思。美丽乡村建设应该依托于当地的自然和社会环境、结合历史和文化背景规划建设，在很多情况下应以环境质量、居住条件、社会文化环境的提升为主，而不是重新建设，不能破坏传统乡村原有的风貌。在美丽乡村的建设过程中，环境问题，不论是乡村所依托的周边环境还是村落内、家庭内的环境建设都应该得到优先改善，在保护好原有的自然环境的基础上，提升当地的环境水平，着力解决新的环境问题。要改变目前很多地方环境建设滞后的状况。通过建设规划的实施，建设一个既有传统的自然风貌，又有现代供水排水及卫生设施等环境保障设施、人工建设的景观成果、融合了各民族传统文化特点的美丽乡村。

针对以上问题，特提出如下建议。

第一，在下一步的美丽乡村推广建设中，要进一步加强对环境建设的规划。在规划中要尽量保留传统村子中的环境要素，在此基础上进行提升建设，尽量减少对村子的完全重新建设。将传统乡村风貌与今天的现代化建设有机地整合为一体，重点加强道路、公共场所、卫生基础设施、绿化、水环境等方面建设。

第二，要将农村环境的基础设施建设作为美丽乡村建设的重要内容。加强生活污水的排放处理与生活卫生设施建设。建设连通每一个家庭的污水排放管道，有条件的村子可以建设与城镇主要排污管道相连通的管道。同时积极推广生物过滤池进行生活污水处理，由政府资金进行补助，建设家庭的或一个村子公共的污水处理池。要将家庭厕所与公共厕所的建设作为重要内容列入建设规划。由政府给予一定的资金补助，为厕所建设的提升、改善居住环境与村民的健康水平助力。推广建设小水窖、水池等雨水收集设施，大力收集利用雨水。

第三，鼓励农民美化自己的居住环境。在房前屋后、村子内公共空间及村子周围大力种植花木。大力建设特色绿化植物村，可采用一村一品的方式以突出村子的特色，如有的村子重点种植香蕉树，有的村子种植桃树、樱花树等。这样不仅美化了村子，也为发展乡村旅游奠定了基础。

第四，要大力整治农村环境，加大治理农村的河流等水环境破坏问题，有效阻止森林破坏、违法违规建设问题，治理环境污染、生活卫生脏乱差等问题。

　　第五，要极大地提升村民在美丽乡村建设中的参与度。在环境建设中积极邀请村民参与讨论、参与决策、参与建设。要制定完善乡村环境保护与建设的相关制度，形成相关的环境文化。通过培训、建设参与等方式建设起一种村民主动参与保护环境的社会共识，包括村民的环境观念、良好行为、社会规范、管理制度、建设机制等，在美丽乡村建设中建设一个环境友好型的乡村社会。

　　第六，在美丽乡村建设的过程中，尤其是在规划设计中，必须邀请以社会科学工作者为主的相关社会人士参加，尤其是在少数民族地区的建设中必须邀请少数民族研究专家参与，使之成为一项制度，在每个项目的实施过程中，这个制度都应该得到执行。

现状问题研究

经济学视域下的哈尼梯田世界文化遗产保护与发展问题研究

张惠君　吴　罡*

摘　要：哈尼梯田作为一种特殊的山地农业形态，到了近代，已经不能承载社会的健康、稳定发展，陷入了整体贫困之中。在市场经济条件下，这种山地农业的比较效益较低，农业劳动力流失严重。当哈尼梯田成为世界文化遗产之后，如何对其进行保护与发展成为一个难题，并由此产生了一系列问题。如果用经济学对保护与发展进行解析，那么矛盾与问题将会更加清晰，有利于人们从尊重产权的前提下厘清保护与发展的角色、责任、义务，以便采取务实的途径和方法去解决相关的问题。

关键词：哈尼梯田　世界文化遗产　遗产保护　经济学解析

哈尼梯田是中国第 45 处世界文化遗产，涉及云南省红河南岸 4 个县 130 余万少数民族人口，现有梯田 83 万亩。哈尼梯田世界文化遗产非常特殊，它既是"森林、梯田、村寨、水系、文化"五素同构的自然、经济、社会、人文、生态综合系统，也是一个需要水稻种植才能持续的活性遗产。2013 年，哈尼梯田进入世界文化遗产名录后，云南省政府实际上成为保护哈尼梯田的第一主体，在森林保护、村寨规划、水系建设、文化活动

---

* 张惠君（1962～），女，祖籍广东，研究员，主要从事民族经济研究；吴罡（1992～），男，硕士研究生，主要从事区域经济研究。

等所有方面都成为主角，并用行政的力量让云南省世博集团参与发展旅游业，以带动梯田的种植，达到发展与保护的双重目的。政府的保护计划符合逻辑，但却很难调和政府、企业、农民之间的利益。现在，哈尼梯田的保护与发展已出现了许多困难和问题，其背后，实际上是哈尼族社会变迁和思维、经济、生活方式的改变，而这些改变是基于市场经济是开放的、竞争的和每一个人都是经济人、理性人为基本出发点的。哈尼梯田世界文化遗产的保护，要认清时代大背景，厘清政府、企业、梯田耕种者的角色和定位，其中重要的是将梯田保护与发展置于开放的市场经济话语下，从经济理性和经济发展内在逻辑出发，否则就会造成今天目标不清、角色混乱、任务和义务不明的情况，增加梯田保护中的难度。

一　运用马克思主义经济学对哈尼梯田发生、发展、贫困的解析

马克思主义的政治经济学原理为哈尼梯田的发生和发展提供了准确的解析工具。马克思主义认为生产力决定生产关系、经济基础决定上层建筑。按照马克思主义这一原理，我们可以清晰地认识到，哈尼梯田的整个发生、发展以至于如今陷入贫困的历史逻辑。

（一）关于哈尼梯田发生、发展的解析

按照恩格斯的观点，生产力是人类改变和改进自然的客观物质力量。从本原看，生产力是具有劳动能力的人和生产资料相结合而形成的改造自然的能力。生产力的组成部分可归纳为具有生产能力的劳动者、劳动工具和劳动对象。生产关系是人们在物质资料生产过程中相互结成的社会关系。一定的生产关系是在一定的生产力基础之上产生的，手推磨产生的是封建主的社会，蒸汽磨产生的是工业资本家的社会。[1] 马克思和恩格斯还进一步论述了生产力与生产关系，指出生产力与生产关系的矛盾的运动规

---

① 《马克思恩格斯选集》第一卷，人民出版社，2012，第 222 页。

律，是一切社会形态所共有的经济规律。生产力与生产关系是生产方式中相互依存、相互作用的两个方面，其中生产力是生产的物质内容，是最活跃最革命的因素，一般起着主要的决定作用，每一种生产关系都是适应一定生产力的发展要求而产生的，生产力向前发展，迟早要引起生产关系的变革，使这一种生产关系为另一种更高级的生产关系所代替，从而引起整个社会制度的变革。生产关系是生产的社会形式，较之生产力则相对稳定，对生产力起着重大的反作用。新的生产关系适应生产力的性质，它一经建立，就给生产力的发展开辟了广阔的道路；当生产力发展到一定的程度时，生产关系便不相适应，逐步成为生产力发展的障碍。当不变更生产关系生产力就不能发展时，生产关系的变更对社会的发展就起了主要的决定作用。生产关系一定要适应生产力性质的规律，是人类社会发展的基本规律。

按照马克思主义政治经济学原理的解析，在哈尼族进入红河南岸的1200年间，生产力与生产关系是适宜的。但到了清末至民国间，由于生产资料——耕地的兼并、人口增长，以及外部社会动乱的影响，生产力与生产关系发生了改变，两者之间出现了对抗性的矛盾。从《哈尼族简史》《红河州志》和4个《县志》中，可以了解到这一区域生产力和生产关系的历史概况。在以往的1300年间，红河南岸哈尼梯田区域走过了生产力与生产关系从相适宜到不适宜的历史阶段。

据哈尼族口承诗歌传唱，哈尼族最早是种植水稻的民族，在1300多年前的隋唐时期，哈尼族因为战败踏上了逃亡之路，一路上学会了汉族的许多先进技能，但一直未能找到适宜的生存之地，走了300年左右才到了红河南岸，通过向当地的傣族、彝族传授农业工具的制作和纺织技术，终于得到了当地人的接纳，于是在哈尼族头人的带领下，人们在半山，即海拔500～2000米开挖梯田，修筑水沟。[①] 现在，我们看到的梯田是从1300多年前就开始营造了，如今还留存有83万亩，主要分布在哈尼族人口较多的红河南岸的元阳、红河、金平、绿春4个县中。历史上，哈尼梯田的规模

---

① 王清华：《梯田文化论》，云南大学出版社，1999，第5页。

要比现在大，哈尼梯田规模是从最近半个世纪以来缩小的。自隋唐哈尼族进入这一区域后，至宋明时期，哈尼梯田把传统农耕文明推向了高峰，也把这一区域带入了封建社会。在明朝时期，有农学家发现了哈尼梯田的规模和利用水的精妙之处，不惜笔墨作了记载。建立在哈尼梯田基础之上的是典型的自给自足的传统农业形态，从隋唐至民国，这一经济形态一直主宰着红河南岸的哀牢山地区。到清末和民国年间，这一区域生产力和生产关系的平衡被打破了。从历史记录中可以了解到，到了清末特别是民国期间，红河南岸的社会日益动荡，反抗土司的农民起义频繁发生，匪患滋生，疫病和自然灾害频发，民不聊生，常需要政府的救济。这说明了生产力与生产关系已不相适应，两者之间的矛盾达到白热化程度。

在马克思主义的经济理论观点中，生产力由三要素组成，三要素的改变会改变生产力原有的平衡。通过对这一区域生产力与生产关系的梳理，会发现贯穿于清末至民国的整个期间，生产力与生产关系都发生了变化，但并不是注入新的先进的因素，而是使其内部出现了恶化的情况。在生产力的要素中，人是最重要也是最活跃的生产力因素，由于人口增加过多，导致了劳动对象和劳动工具——土地和工具短缺。为什么哈尼梯田这种传统的农业生产力会导致人口过快的增长，原因有三：一是由于哈尼梯田旱涝保收，能够获得稳定的粮食，从而使耕种者有了繁衍的物质条件；二是因为哈尼梯田是所有农业形态中，劳动强度最大，需要强壮的男性劳动力才能胜任，为了生存，家庭必须保持足够的男性劳动力，男性劳动力的生产也会增加女性成员，人口增长是哈尼梯田经济内在要求所决定的；三是从生产工具来说，由于这一区域长期处于自然与社会的双重封闭之中，缺乏与外界的物质、技术、文化的交流，生产技术和技术的物化形式——劳动工具，一直未能获得进步，内部的社会分工仅局限于家庭内部的自然分工，生产工具可以说千余年并未改进也没有新的发明，没有先进的生产技能和生产工具的出现，也就不可能提高劳动生产力，从而不能满足于不断增加的人口需要和土司、地主的剥削。

从生产关系来说，清末至民国年间，改土归流并未使生产关系进步，而是土流兼治，大量的地主进入，耕地吞并加剧，人与耕地的矛盾更为突出，土司和地主都加大了对农民的剥削程度，激化了社会矛盾，外部战争发生频发，为本来就紧张的生产力与生产关系加了一把火。

（二）关于哈尼梯田种植区域贫困的解析

从新中国成立至土改完成后的 1959 年，云南红河南岸这一地区的土匪才彻底获得清除。从新中国成立开始，这一地区就一直处于国家、省和社会的救济之下，到了 20 世纪 80 年代中期至今，这一地区的 4 个县均被认定为国家级的贫困地区。为什么这一地区在新中国成立至今的 60 多年间一直都是贫困地区呢？在多如牛毛的理论分析和诊断中，运用最多的是发展经济学理论。发展经济学理论中实际上也可以找到马克思主义关于社会生产资料占有与分配、投入产出、生产要素流动、社会分工等理论的原理。这里我们不妨再借用马克思主义的经济学原理进行进一步解析。

哈尼梯田经济是传统农业生产力的典范，其重要生产力是人力，而且必须具备强劳动力才能胜任；劳动工具是传统农业所广泛使用的简单铁质、木质工具，人力、牛马等畜力已被广泛使用于耕种和运输；家庭是基本的生产单位，家庭分工主要是依据性别和年龄。传统农耕还有一个非常重要的特征就是自给自足。新中国的成立，重新建立了新的生产关系，剥削阶级被消灭，但新的生产力并未取代旧的生产力，这是因为梯田这种传统的自给自足经济的顽固性、坚韧性所致。

梯田水稻种植这种传统的自给自足经济的顽固性、坚韧性，是由于其本身的局限所致。梯田经济是一种特殊的山地农业形式，限制了农业机械的使用，使梯田生产力难以提高，不得不以简单扩大再生产来维持其生存。目前，在这 4 个县中，元阳和红河两县哈尼族和梯田较为集中，这两个县的人口密度已经超过了红河州和云南省的平均水平，除金平县人均耕地达到 1.09 亩外，其他 3 个县人均耕地不足 1 亩。新中国成立后的近 70 年间，这一地区的生产关系得到不断的调整，但农业生产力提高与其他地区有很大的差距。目前中国基本上已实现了农业机械化，但这一地区只是在某些农业生产环节上使用了机械。在生产力难以提高和人多地少的情况下，必然导致这一地区农村人均收入非常低，这就是这一地区贫困的根源。也就是说，梯田农耕的劳动生产力非常难以提高，即使有先进的生产关系，也很难克服其自然的禀赋，所以生产力落后是这一地区贫困的真正根源。

虽然哈尼梯田集中的 4 个县现在仍然是国家级贫困县，但不可否认的是，这 4 个县已经不是传统的农业社会了，由于矿业、建筑业、农业产品加工业和旅游业的兴起，工业和第三产业已经与农业平分秋色，正在向工业和城市社会转化。根据非农产业和从事非农产业的人口比重，很难把这一地区归为工业社会或是农业社会，应该是转型社会，即农业社会向工业社会、城市社会转型过程中的社会。这一地区之所以进入了转型社会之中，说明了社会主义生产关系的先进性。在国家半个多世纪的强势投入下，这一地区虽然具备了发展工业和第三产业的基础条件，但是由于投入产出效率不高，仍然难以进入区域分工之中，限制了这一地区的经济发展，这也是这一地区贫困的另一重要原因。

二　哈尼梯田世界文化遗产保护的经济学难题

作为世界农业景观文化遗产，哈尼梯田是活性的，而且必须种植水稻，否则就不是哈尼梯田文化遗产了。现在横亘在遗产保护与农民面前的难题是经济问题，因为哈尼梯田收入已经不能够支撑起这一方人民追求富裕生活的愿望。在世界上，特别是亚洲国家，有很多梯田，但大多都消失了或者正在消失，总之梯田的命运很令人担忧。梯田为什么会集体走下坡路呢？这背后的原因其实是大时代的变迁，是工业、后工业发展所致。与工业和其他产业相比，农业劳动生产力较低，特别是小规模的农业，更是弱质和低效率。

20 世纪 50 年代后，人们不再把梯田视为天神赐予哈尼族的圣物，而只是一种普通的农业生产资料，既然是一种生产资料，就得服从生产、服从经济效益，梯田被改种其他作物或者成为旱地，梯田面积就逐步缩小了。在 20 世纪 90 年代中期后，哈尼梯田"火"了起来。到 2000 年后，梯田核心区的元阳县旅游业已经成为经济支柱。2013 年 6 月 22 日，哈尼梯田成功入选联合国教科文组织世界文化遗产名录，成为中国第45处世界文化遗产，这仿佛又给哈尼梯田添了一把"火"。当哈尼梯田成为世界文化遗产以来，有两种人多了起来。一种是旅游者，在几乎所有人的印象中，只要能够戴上世界文化遗产的桂冠，那一定是有独到的文化价值，值得去看一看。很多人怀揣朝圣的心情从四面八方涌来，一睹梯田为快。另一种是研究者，这些研究者中有农学家、民族学家、历史学家等。这些研究者发现了为什么梯田能沿袭千年的奥秘，除了技术之外，还有文化。正是哈尼人把梯田耕作的技术和传承融入了哈尼文化之中，通过各种节庆和图腾崇拜与梯田耕作融合起来，使农耕与文化常常分不出彼此。到了最近10年，不知谁把哈尼梯田归纳为"森林、村寨、梯田、水系"四位同构的社会、经济、生态系统，突出了梯田与人的生态关系，事实上应该是五位同构，再加上文化要素。

在哈尼梯田"火"的同时，哈尼梯田的保护和可持续性从未像今天这样成为一个大问题。实际上，哈尼梯田已经到了濒临消失的边缘了。现在，弃田打工和改种其他作物的事正在发生。在哈尼梯田较为集中的区域内，鲜见年轻人的身影，元阳县提供的入户统计资料显示，外出打工的劳动力已达到了劳动力总量的57.87%，村庄里主要是留守的老人、儿童。中青年人大多外出打工或在乡镇上做生意。在田间地头，我们碰见到了许多正在劳作的老人，他们年纪大多在50~80岁。要是在过去，这些老人早已在家享受天伦之乐了，只需做做家务，带带孙辈就行了，田里的事情自古以来就是中青年人该做的事情，但现在老年人却是哈尼梯田主要的耕种者，他们不仅要打理梯田，而且还要照看留在身边的孙子孙女、做家务、养猪养鸡等。梯田耕作后继无人，正在威胁着这一世界文化遗产的未来。

哈尼梯田主要以种水稻为主，与其他田地不同的是，高海拔地区的梯田需要常年用水泡，一旦干涸，梯田就会开裂，田埂还会倒塌，梯田的田埂需要勤除草，如果任由田埂长草，就会毁了田埂，梯田也就废了。梯田的田埂是需要常翻修维护，这不是一般人干得了的活，不仅需要气力，也需要技术，一般没有经验和技术的人干不了这活。现在，由于中青年人外出打工，没有了劳动力，老年人体力跟不上，不得已只好偷工减料，梯田维护的质量普遍下降了，也就是说，如今的哈尼梯田存在潜在的危机。老年人之所以还在耕种梯田，除了经济原因外，还有在情感上他们实在不愿意把祖宗传承下来的梯田荒废了，即使不缺钱，他们也不愿意让梯田撂荒。另外，水稻的经济价值实际上比不上水果蔬菜等农产品，有一部分农民考虑到种植水稻劳动力成本太高，效益低，更愿意种植其他高价值的农作物，如果这一趋势蔓延，哈尼梯田这一世界文化遗产将不保。

　　哈尼梯田是一种山地农业，需要强劳动力才能承担。实际上，哈尼梯田的劳动强度是其他农业形态无法比拟的，是一种苦役般的劳作。农业是低效产业，要提高农业的效益就要实现机械化，而机械化又需要规模化、产业化、市场化、农产品加工与之配套，但哈尼梯田形状各异，最大的田块只有 1 亩左右，最小的甚至不足 1 平方米，高低错落非常之大，最大的地方有 2000 米左右，4000 多层，限制了机械化的使用，人力和畜力仍是主要动力。村寨里的中青年人不再愿意像他们的上辈人那样把汗水滴进田里，把时光耗在田里，一年又一年最后变老，他们要去遥远的地方让生命更为精彩，让机遇改变一生。除了理想，还有更为现实的因素，因为人均不足 1 亩的梯田，劳作一年的纯属收入只有 2000 元左右，不如出去一个月挣的钱，而且在市场化的社会里，没有钱就盖不起房、买不起车、用不起家电、供不起高中生和大学生、享受不了现代的生活，还会成为贫困人口，被乡邻们看不起。在我们调研的村寨里，老年人对打工持支持的态度。老年人认为，自己苦点累点没有关系，只要子孙好、生活好就行。

　　在工业化和市场化的时代里，哈尼梯田已经无法承载中青年人的心，无法承载他们改善生活的支出，弃田，外出打工，不仅是中青年人的选择，甚至也是老年人无奈的选择。

三　哈尼梯田保护与发展中的经济纠葛

　　关于哈尼梯田的保护与发展，政府、企业、民众三者之间的出发点和归宿点是相同的：在保护中发展，在发展中保护。为什么三者的出发点一致，但却陷入了一个互相埋怨的矛盾之中呢？这应该是产权不清、角色混乱、责任不明、利益不公平所致。

自 2013 年 6 月 22 日哈尼梯田成功入选联合国世界文化遗产以来,梯田的保护与发展问题就凸显出来,同时政府、企业、民众之间在保护与发展的实践活动中,利益纠葛也显现出来。

据调查了解,哈尼梯田已后继无人,光靠老年人的耕作是不可能持续的,这一点政府非常清楚,也看到了问题的本质,于是政府全方位出招了,出钱又出力,誓要带领这一方人民打赢梯田保卫的持久战。如果要打赢梯田保卫战,就必须做好梯田经济这篇大文章,梯田经济发展好了,收入高了,中青年人也就会安心梯田生产了,这是政府的逻辑。为此,政府制定了一个完整的符合逻辑的梯田保卫战的缜密方案,即:从哈尼梯田是"森林、村寨、梯田、水系、文化"同构的经济、社会、生态体系出发,建立了专门的机构,制定了责任制,出台了森林保护的一系列法律法规,要营造"绿色水库",确保哈尼梯田遗产区森林覆盖率达 70% 以上,因为森林生态好了,才会有水;水和四通八达的沟渠形成了梯田的血脉,有了水,还要有水塘水沟,水才能够流到每家每户的田里,因此政府又开展了水土流失治理,完善哈尼梯田灌溉系统等工作;梯田有水了才能发展梯田经济,梯田经济发展好了,来自梯田的收入高了,年轻人才会留下来,梯田保护才会后继有人,梯田文化也才能够传承。没有传统的村寨,梯田就没有了人文气息,为了村寨保持民族传统样式,政府进行了规划,不许乱搭乱建,要求村寨的房子必须保持传统民居的外观,鼓励农民开办农家乐以增加收入,并且给予一定的资助。文化是哈尼梯田的灵魂,正是有了融入生活、生产、精神之中的农耕文化,才使梯田在 1300 年间保持并扩张。现在,围绕着哈尼梯田的文化保护与包装活动正在如火如荼地开展。为了吸引游客,政府打造了《梯田印象》《梦幻梯田》大型节目,并把传统的"五节一宴",即:五个民族传统节日和长街宴,以及"泥巴狂欢节""农耕文化节"打造包装成了旅游产品。曾经受到冷落的民族文化传习人和继承人受到了保护。目前,州政府和县政府正在按这一路线推进,但困难重重,投入很大,产出效果却没有达到预期。

为了通过旅游业的发展达到保护与发展哈尼梯田的目的,云南省政府决定让云南省世博集团承担起打造和提升这一区域旅游产业的重担，让旅游产业成为支撑梯田经济的一个重要支柱，带动这一方人民致富。政府担心小打小闹难以在短期内使旅游成为一个响亮的产业，搞不好还会影响了哈尼梯田这一文化精品的知名度，因此由云南省世博集团这个庞然大物、云南旅游行业的翘楚，承担起哈尼梯田旅游开发的重担。现在景区的公路、观景台、停车场、厕所等设施都是云南省世博集团投资建设的，目前哈尼梯田景区建设资金和产品开发还处于初级阶段，需要投入的资金仍然很大。几年过去，云南省世博集团还处在投资回收期中，门票收入甚至连贷款利息和员工工资都不够支付。企业有一肚子的苦水，而农民认为企业把数万亩的梯田一圈就收门票了，招去的员工也不多，全部员工也就百十人，而 4 个县有 130 多万人口，旅游红利与大部分家庭没有关系。虽然企业修了景区路等基础设施，但是只有很少一部分地理位置好，又有资金和经营头脑的农民办起了农家乐、餐饮、运输等，他们是极少数获利者，而这些获利者成为最能理解政府、企业、民众的"明智人"和"心态最平和的人"。对于生活在哈尼梯田遗产区的百万农民，他们祖祖辈辈种的田地、住的房、走惯的路，家里的牲畜、用具、家人包括自己，统统都成了景观、旅游资源，而旅游收入与他们没有关系，但所有的人都要尽保护景观的义务，而且不时有游客来访，不胜其扰，对此，大部分哈尼族人很有意见。当然几乎所有人都承认云南省世博集团使这里的交通条件得到了非常大的改变，卫生也好多了。不过也有一些群众和机关干部不领情，他们认为：这些建设主观上是企业为了赚更多的钱，客观上让景区农民顺便获得了便利，而且修路的钱有一部分是省政府拨的，这钱要是给州县或者农民也能把路修好，世博集团就是到这圈钱的。

发展梯田经济是这一系列哈尼梯田保卫战中的攻坚战。州县政府引导农民种植传统的红米，并把红米打造成名特优产品，价格提升至 30 元左右 1 公斤，以提供给外来的游客。为了让梯田经济进一步增值，政府主导开发梯田食品系列，如：稻花鱼、泥鳅、虾、鸭等，以及许多产自稻田的野生菜等。这些不起眼的菜，一旦上了游客的餐桌，身价就会翻几番。但农民对于政府的良苦用心很不领情，因为梯田特产的利润大多被商家赚走了，农民认为政府是在帮商人赚钱，而不是在帮他们。为了解决这一矛盾，在政府的支持下，自 2016 年开始，企业将哈尼梯田核心区中的部分梯田承包下来，统一经营，农民获得了租金，还可以到自家田里劳动，领到一份工资。农民对这一做法持赞成的态度，农民说，租金每年每亩在 500～600 元，每天的工钱有几十元，总比出远门好。这一尝试是否成功现在还很难下定论，因为梯田收益和运营成本是很高的，如果这一模式成功的话，将会扩大租种面积，梯田的保护也就有了一种新的方式。

最近这几年，哈尼梯田保卫战正酣，不可否认的是政府一直冲在前头，操碎了心，但村寨里的中青年人并未放慢他们外出的脚步，因为梯田的比较收益仍然很低。企业的经营仍然有很多困难，投资回收遥遥无期。企业租种农民的梯田把农民变为员工的方式还在尝试之中，但也面临着成本居高不下的风险，因为即使是梯田红米的价格卖到 30 元 1 公斤，也难以支持其成本。红米亩产很低，而且要在海拔 1400～1800 米种植，整体效益不是很好。

四 哈尼梯田保护与发展问题的经济学诊断与建议

（一）哈尼梯田保护与发展问题的经济学诊断

1. 利益纠葛背后的原因实际上是产权问题

在哈尼梯田文化遗产区的调查中发现，并不是政府做得不好、规划不正确，也不是企业不努力、不低调，更不是农民不领情。造成现在纠葛与不满的原因，应该是产权关系没有厘清，产权关系的实质又是分配问题、利益问题。

从这场梯田保卫战看，政府一直冲锋在前，成为最重要的角色，指挥、策划、出钱，既是主角，也当配角，几乎成为全能角色。由于政府十分强势，企业和农民均处于服从的被动地位。政府从主导申遗，至申遗成功，到现在的保护与发展，都是主角。政府是否应该是这场保护与发展的全能主角，是一个值得认真讨论的问题。政府提供遗产保护的制度保障、发展与保护计划，协调保护与发展中的工作，为保护遗产提供公共基础设施和服务，这些都是分内的事情，但为什么会产生那么多的议论，实际上是对产权忽视所造成的。

从农民的角度看，农民享有梯田的使用权、经营权，村舍的所有权，但在旅游发展中，这些都成为旅游资源，并不为农民所支配，农民虽享有了企业所提供的公路、卫生等福利，但农民却认为这是理所当然的，因为这是企业为了赚钱而建的，农民对于自家的梯田、房子，集体的山林都被圈为景区收门票，很是抵触。目前，只有少部分开农家乐的人赚了钱，这又进一步刺激了没有赚到钱的多数人。

从云南省世博集团的角度看，与农民、与政府的关系似乎有些尴尬，表面上看，企业好像成为利益掘取者、圈钱者。云南省世博集团是国有企业，国家对其的资金注入是资本，必须对国家的投资负责，也必须为盈利负责，但很多人却混淆了这点，认为国家的投入资金就是给当地的，只不过是让世博集团去执行，成了世博集团收门票的理由之一，对此很有意见，认为国家应该把钱给县里和乡里，县乡同样可以把路修起来。正是由于这一原因，州县政府和景区群众都要求企业尽社会义务，而企业如果不考虑利润就会失去生命。现在世博集团与农民的矛盾，实际上也是由于产权不清造成的。从表面上看，农民对于世博集团把景区围起来收门票非常不满，因为景区的景观并不是世博集团的资产，而是农民和国家的。但世博集团不是慈善机构，世博集团认为在景区所建的公共设施，无偿提供给景区所有人使用了，而景区的门票收入不足以支付设施的折旧、营运、维护、利息等支出，现在仍处于亏损之中，真正吃亏的是企业。如果企业撤出，前面的投入就打了水漂；如果维持现状，整个景区的旅游层次就无法提升，当地政府和群众都有意见；如果加大投入，企业的预期投资效益不是很好，投资风险非常大，企业难以下决断。

2. 保护与发展的难题主要是经济效益低的问题

在市场经济的大背景下，任何人都是理性的经济人，都会从自身利益去考虑。小规模农业经营的条件下，很难提高劳动生产力，收入必定偏低，这是世界性的规律。哈尼梯田是一种劳动强度非常大的农业形态，很难实现规模经营，在劳动力市场价格上涨的情况下，政府很难留住农民，农民或是外出打工，或是从事其他非农产业，或是改种其他省力又赚钱的经济作物，这是农民理性的选择。实际上千家万户的农民才是哈尼梯田文化遗产保护的主角，如果不能解决农民发展梯田经济收益过低的问题，梯田的命运令人担忧。现在，政府主导的旅游产业、红米种植、公司化规模经营等，不仅要处理好各方的收入分配关系，更要使农民的收入增高，否则农民仍会选择外出打工或种植经济效益好的作物。

从企业的角度看，如果长期处于亏损之中，或者投资回收期太长，或者长期处于被动之中，就会影响继续投入，就会失去工作积极性，通过旅游业带动保护与发展的计划就会大打折扣。

从政府的角度看，哈尼梯田的主要分布区域都是国家级贫困县，政府通过发展旅游业带动这一区域的经济发展，使梯田增值，这一思路无可厚非，但如果农民和企业的收入在保护与发展中均不能得到保证的话，政府的工作难度将会很大。

3. 情感和认知已被经济利益所绑架

在调查中，我们发现，老年人和民族文化人对于梯田的情感是最深的，而中青年人对于梯田的情感实际上已经疏远了。对梯田的疏远无异于淡化了与梯田融合在一起的文化，这让人担忧，没有了对梯田的那份传承了千余年的情感，梯田的"魂魄"还在吗？哈尼族老人抱怨："年轻人对梯田没有兴趣了，他们的眼里只有钱。"我们在调查中感到无论是政府的工作人员，还是企业、农民，讲得最多的是经济发展、如何赚大钱。文化已经成为可利用的装饰品，或者是吸引外人眼球的诱饵，文化的神圣感已经下降。在人们追求收入的脚步之中，对自然和祖宗的崇拜、祭祀，传统节日的仪式等都有所淡化。不可否认的是，经济利益正在绑架这里的文化和人们的认知。

（二）哈尼梯田保护与发展的建议

1. 要处理好保护与发展中的产权问题

产权问题，也是所有制问题。所有权是收益权益，马克思在《资本论》第一卷内有过详尽的剖析，无论政府、企业、个人都应该尊重。在产权面前，人人平等。要承认农民的产权，同时更要尊重农民对产权的处置与收益权益。如果不认清这一点，政府、企业、农民三者在梯田保护与发展方面就很难做到心往一处想、劲往一处使，相互诋毁在所难免。因此，要从产权角度出发，在保护与发展中应注意各自权益和义务。

2. 要厘清政府、企业、农民在保护与发展中的角色定位

在梯田保护与发展之中，政府的越位情况较为突出，在一定程度上抑制了企业和农民的主动性、积极性；企业对于农民的产权尊重不够，同时也被迫承担了过多的社会责任；农民本来是保护与发展的主体，却成为被动接受者，大部分农民，由于贫困也很难在旅游产业的发展中获利。

什么样的角色，具有什么样的权益与义务，这不能混淆。政府是领导、管理、指挥、协调、服务者，也是公共产品和公共服务的提供者，而不是经济活动的直接操作者；企业是投资者、税收上缴者，基于道义，也应承担一定的社会责任，如环境保护、就业、慈善等，但社会义务并不是企业的主要义务；农民是这里的世代主人，也是这里发展的最大受益者，应服从政府的领导，对这里的自然环境、文化应负有保护传承的义务，同时政府和企业也应听取农民的意见，让农民有充分发表自己意见的平台和途径，农民的事情应该让农民做主。

3. 要认清市场经济的本质特征和农业发展的大趋势，跳出梯田经济的思路去保护梯田

市场经济是开放的经济，生产要素向收益高的地区、行业流动是市场经济本质要求，无可厚非。在市场对资源配置起决定作用的今天，仅凭政府的力量不可能把优质的劳动力拉回到低效率的农业中来。农业是低效弱质的产业，即使是在发达国家也不能改变这一特征，而且农业具有非常明显的投资效益递减规律，要对梯田进行投资，主体是农民，在低收益的情况下不可能促使处于贫困中的农民对此进行投入，现在甚至让农民进行梯田维护投入也已成了问题，所以说让农民发展梯田经济的困难是非常大的，但如果没有农民的参与，梯田文化遗产保护的工作就难以推进。

是否能够多一种思路，即在发展梯田经济、旅游业的同时，通过发展农民自组织，如专业合作社、协会、服务社等，让农民互相帮助，解决梯田劳动力不足和农民进入市场的问题，尽可能减少农产品的流通环节，增加农民收入。在这一区域，山地林地的面积广阔，开发的程度很低，发展空间较大，要鼓励和引导农民利用好山地林地，发展特殊种养产业和农产品加工业、小手工业等，尽可能吸引农民留在家乡，这样梯田才会得以保持。

参考文献

王清华：《梯田文化论》，云南大学出版社，1999。

《首届哈尼梯田大会（中国·红河）论文集》，云南人民出版社，2012。

《马克思恩格斯选集》第一卷，人民出版社，2012。

《元阳县志》，贵州出版社，1990。

《金平苗族瑶族傣族自治县志》，三联书店，1994。

《红河州志》第一、二、三卷，三联书店，1994。

梅里雪山国家公园的社区生态补偿实践[*]

章忠云[**]

摘　要： 梅里雪山国家公园是云南省 2009 年开始建设的保护地，它最大的特点是保留了原住民社区，这不但给公园的管理带来挑战，也给依靠公园自然资源为生的原住民带来诸多影响。如何既保护好生态环境，又不让原住民的生活受到影响，经梅里雪山国家公园几年来的摸索和实践，初步形成了以旅游反哺社区和适当保留环境友好型传统农牧业生产为主的生态补偿模式。尽管这一模式有利有弊，但为我国国家公园体制建设在解决原住民生态补偿方面提供了可以借鉴的经验。

关键词： 梅里雪山国家公园　生态补偿　旅游反哺

国家公园建设是我国生态文明建设的重要组成部分，党的十八届三中全会提出我国要建立国家公园体制。2017 年 3 月 5 日的政府工作报告指出，要深化生态文明体制改革，完善主体功能区制度和生态补偿机制，建立健全国家自然资源管理体制试点。政府工作报告从国家战略层面提出完善主体功能区制度和生态补偿机制，建立健全国家自然资源管理体制试点，是我国生态文明建设的重要组成部分。2008 年云南省被国家林业局选定为国家公园试点省份，目前云南省有 11 个省级国家公园处于建设和划建

---

* 本文由云南省林业厅"云南国家公园社区带动研究"项目资助（2016 年）。

** 章忠云（1969~），女，硕士，云南省社会科学院民族学研究所研究员，主要从事民族学、人类学、民族生态学相关研究。

中，这些国家公园占地区域内都有多个民族的原住民社区，建立合理、切实可行的生态补偿机制尤为重要。然而，国家公园在我国尚属新生事物，机制体制建设都需要经过摸索实践，逐步建立。梅里雪山国家公园是滇西北在建的几个国家公园之一，本文通过对其在社区进行的生态补偿实践进行研究和讨论，以期为国家公园建设、运行后的生态补偿提供实证案例和借鉴。①

一　研究方法

本文运用民族学、人类学来探讨民族地区生态保护地的生态补偿。收集整理已有的研究成果和资料，对梅里雪山国家公园的发展历程进行梳理，完成本文需达到的目标和针对存在的问题提出解决思路。用民族学田野调研法，对梅里雪山国家公园、社区、国家公园管理局、运营商及涉及的相关部门，开展点、面结合的实地调研。通过结构半结构访谈、深度访谈、关键人物访谈、典型家庭访谈、入户调研等获得所需资料、数据，对所获资料、数据进行分析探讨。

二　公园概况

梅里雪山国家公园位于云南省迪庆藏族自治州德钦县境内，地处青藏高原南缘怒山山脉中段，横断山脉纵谷地带，云南、四川、西藏三省区结合部，《香格里拉梅里雪山国家公园总体规划》确定的梅里雪山国家公园范围是：东至国道214县和德维公路（含滇藏文化带），西至梅里雪山山脊线省界（云南省与西藏自治区），南以燕门乡与云岭乡界为界，北以外转经路线说拉垭口以北第一道山脊为界，总规划面积约为961.281平方公里。②

---

① 章忠云：《香格里拉普达措国家公园生态补偿实践研究》，《西南林业大学学报》2018 年第 6 期。
② 云南大学旅游研究所：《香格里拉梅里雪山国家公园总体规划》，2008。

公园内的梅里雪山，作为世界自然遗产、国家重点风景名胜区"三江并流"的重要组成部分，是全球 25 个生物多样性保护热点地区之一，作为世界级物种基因库，该地区仅目前调查到的高等植物就有 2900 多种。海拔达 6740 米的梅里雪山主峰卡瓦格博峰上覆盖着万年冰川，冰川从峰顶一直延伸至海拔 2700 米的明永村森林地带，是目前世界上最为壮观且稀有的低纬度低海拔季风海洋性现代冰川。

世界自然遗产委员会给梅里雪山区域下了这样的定义："梅里雪山是反映了地球演化主要阶段的杰出代表地和具有特殊意义的生物和生态演化的代表地，具有显著的生物多样性，是多种濒危物种的栖息地。该地区具有十分独特的地理、气候、地貌条件，高度集中地反映了地球多姿多彩的生物生态类型和独特的自然景观美。该区域的怒江、澜沧江地区是藏族、傈僳族、怒族等多个少数民族的聚居地，是世界上罕见的多民族、多语言、多文字、多种宗教信仰、多种生产生活方式和多种风俗习惯并存的汇聚区，也是当今中国乃至全世界民族文化多样性最为富集的地区之一。"

梅里雪山国家公园划分为严格保护区、重点保护区、一般保护区、功能亚区和外围控制地带等 5 个功能区。

严格保护区主要包括梅里雪山全部冰川及冰川外围 1 公里控制地带的区域，约占国家公园总面积的 12.30%。包括海拔 4500 米以上的雪山、高山流石滩、高山灌丛和高山草甸、梅里雪山冰川等。如雨崩村的神湖、神瀑、尼色河、冰湖以及明永冰川、斯农冰川等地段都在其中。该区域是集梅里雪山珍稀濒危动植物、不同类型地表特征、不同生态系统的典型样本区和具有自然资源代表性的区域。

重点保护区主要包括梅里雪山海拔 2500～4500 米的原始森林地区，面积 612.66 平方公里，占总面积的 63.8%，是代表梅里雪山国家公园针阔混交林、寒温性针叶林、常绿阔叶林等资源特征和保持荒野状态的区域。同时该区域大都是传统利用区，几乎涉及了公园内所有社区所属的社有林及部分村庄，如尼农、扎龙、西当、永宗、明永、斯农、支拉等自然村。

一般保护区包括澜沧江东岸的大部分地区，以及澜沧江西岸梅里雪山海拔 2500 米以下的地段，面积为 175.80 平方公里，占总面积的 18.3%。

该区域海拔 2500 米以下属于传统利用区的村社、农田所在地，是澜沧江干暖河谷的绿洲农林区。

功能亚区是具有特殊使用功能的区域，包括传统利用亚区、特殊使用亚区、公园服务亚区和野外服务亚区。这一分区是为了了对梅里雪山的珍贵资源进行科学保护和利用，从管理层面出发的区划，是在前三种功能区的基础上，在空间上又进行了细分。

传统利用亚区包括分布在梅里雪山重点保护区和一般保护区内的乡村聚落及其资源利用地，以及现有乡村聚落和其全部的传统农业用地、乡村聚落外围 2 公里范围内的社有林地带。特殊使用亚区是指新中国成立后存在至今的，难以改变其用途的特殊区域。这些区域零星分布在重点保护区和一般保护区内，如永支河口水电站等。公园服务亚区是指国家公园外围的旅游服务接待区，是绝大部分游客住宿生活的服务区。梅里雪山国家公园服务亚区的规划范围主要包括澜沧江东岸海拔 2200~3500 米的局部地区。

野外服务亚区规划面积为 0.067 平方公里，是梅里雪山国家公园为生态徒步游客专门开辟的野外住宿服务区。该区域主要是现有社区的高山牧场，面积有 15.28 平方公里，利用社区放牧牛棚等临时性建筑，建设野外宿营地。

外围控制带是梅里雪山国家公园规划范围之外，西面以梅里雪山山脊线西侧海拔 4000 米的雪线为界，北面、南面和东面以规划范围外 2 公里为基础局部地区稍加扩大或缩小的区域。同时，如阿墩子古城、滇藏文化带等具有独特的历史文化价值和景观价值的区域，是梅里雪山国家公园文化特征的一部分，因此纳入国家公园分区体系的外围控制带中。[①]

三 梅里雪山国家公园发展状况

（一）原住民状况

梅里雪山国家公园涉及德钦县 4 个乡镇 5 个村委会的 23 个村民小组。

---

① 以上有关梅里雪山功能区划分数据参见云南大学旅游研究所《香格里拉梅里雪山国家公园总体规划》，2008。

4 个乡镇分别是：升平镇、奔子栏镇、云岭乡、佛山乡。5 个村委会分别是：云岭乡斯农村委会、西当村委会、查里通村委会、果念村委会、佛山乡鲁瓦村委会。23 个村民小组分别是：西当、永宗、雨崩、明永、斯农、尼农、扎龙、军达、果念、八里达、斯永贡、日仔、佳碧、溜筒江、亚贡、鲁瓦、梅里石、永芝、羊咱、查里通、巨水、飞来寺、布等。这 4 个乡镇约占德钦县总面积的 12.5%，涉及农户 2600 户，13000 多人（2016 年），有藏族、纳西族、回族、傈僳族等民族，其中藏族占 98%。①

传统上，这些社区的主要经济来源以农牧业为主，20 世纪 80 年代以后，夏季捡松茸、羊肚菌等野生菌类出售是许多村民家庭的主要经济收入来源之一，少数社区还可捡虫草。随着梅里雪山景区的开发，牵马载客、开设客栈成为明永、飞来寺、雨崩、西当等社区的另一主要经济收入来源，其他社区依然以农牧业为主。

这些情况表明今天梅里雪山国家公园社区居民的生计主要来源于农业、畜牧业、林下产品和旅游业等产业。同时，这些产业全都建立在对梅里雪山地区自然资源进行开发利用的基础之上。梅里雪山地区自然资源是当地社区居民最根本和基础的生活来源，离开了这里的自然资源，当地居民的生存与发展难以为继。经过当地居民千百年的探索、发展，逐步创造了与梅里雪山地区自然特色相符的生存文化。这种生存文化主要包括：依靠山地生态资源建立的村落形态和立体分布的农牧业经济体系；以内外空间划分为基本框架的文化生态观念、知识系统、资源管理体系和行为模式；多样化的传统社会结构；以佛教来世主义及山神信仰为中心的观念体系；多民族和睦交融的文化－艺术传统。

（二）国家公园建设发展简况

梅里雪山国家公园是在 1997 年开发的梅里雪山景区基础上设立的，该景区于 2002 年 7 月 2 日列入"三江并流"世界自然遗产名录，2006 年被评定为国家 4A 级景区，2005 年由迪庆州人民政府组建成立了迪庆州梅里

---

① 以上数据由梅里雪山国家公园管理局提供。

雪山景区管理局。

为了让梅里雪山地区的自然与人类社会复合系统走向互利共存，走向可持续发展，做到既对生态系统、生物多样性、当地文化的有效保护，又要促进经济发展，随着迪庆州普达措国家公园试运行步入正轨，迪庆州委、州政府把同样面临保护与发展矛盾的梅里雪山区域纳入了国家公园建设的考虑中。按照云南省人民政府在滇西北地区建设国家公园的构想，结合省人民政府政策研究室召开的云南省滇西北国家公园项目启动会的相关精神，联合国计划发展署、省人民政府政策研究室、美国大自然保护协会中国部、欧洲委员会与梅里雪山景区管理局共同签署了"中欧生物多样性保护"示范项目合作备忘录。为切实开展好梅里雪山国家公园的各项筹备工作，2007年，经德钦县政府批准成立了"德钦县梅里雪山国家公园项目指导委员会"和"梅里雪山国家公园筹建办公室"，为了开展好梅里雪山国家公园各项筹备工作，筹建办公室和梅里雪山景区管理局实行了联合办公，经过近两年的筹建，2009年在梅里雪山景区的基础上设立了梅里雪山国家公园。

四 梅里雪山国家公园的生态补偿机制

（一）建设运营模式和状况

梅里雪山国家公园设立后，依据设立国家公园的要求和特点，工作中心以生态环境、生物多样性、文化多样性的保护为主，利用为辅开展。运营模式为股份制，在股份中当地政府占49%，经营机构占51%，运营中实行行政管理和经营分开的方式，公园的建设则以政府行政部门、经营机构、公园所属社区三方共建的形式开展。

梅里雪山国家公园的行政管理部门为迪庆州政府所属的梅里雪山国家公园管理局。管理局是迪庆州政府正处级参公管理事业单位，有人员15人，管理局下设办公室、规划发展科、资源保护科、社区协调科、德钦办公室等科室。

其中社区协调科主要负责公园内的社区事务，如：宣传党和国家的方针政策，宣传国家公园、风景名胜、民族、林业、国土、矿产、环保等法律法规；负责梅里雪山国家公园风景名胜区、国家公园与社区的协调工作，落实监督发展专项规划，建立社区利益补偿机制和公众参与机制，组织审查指导社区各类规划及计划，开展社区环境宣传教育等；协助参与地方党委、政府开展社区基层组织建设，贯彻落实"三农"政策，引导社区产业发展，促进社区增产增收，协助地方政府开展社区科技和劳动技能培训等。

目前，梅里雪山国家公园的经营单位是德钦梅里雪山国家公园开发经营有限公司，该公司成立于 2009 年 10 月，是迪庆州旅游发展集团有限公司的全资子公司。2013 年 5 月，云南省城市建设投资集团有限公司对迪庆州旅游开发投资有限公司进行融资时，梅里雪山国家公园开发经营有限公司归入云南省城投集团，双方签署合作协议，成立了云南省旅游文化产业有限公司，梅里雪山国家公园成为云南城投集团发展旅游文化板块战略的一部分。

梅里雪山国家公园开发经营有限公司现有员工 80 人，临时工和季节工6 人。并下设了雨崩景区管理站、尼农管理站、西当管理站、布村票务管理站、明永景区管理站、飞来寺景区管理站、雾浓顶景区管理站、金沙江大湾景区（在奔子栏）管理站等 8 个景区基层管理站及一个丽江办事处。

梅里雪山国家公园开发经营有限公司的主要业务是在梅里雪山国家公园总体规划允许利用的区域内进行适度开发、经营和建设。主要开展旅游重点项目开发、旅游基础设施、旅游精品工程以及相关配套产业的投资建设和经营管理。

梅里雪山国家公园开发经营有限公司的主要经营业务有两部分，一是完成公园内允许开发利用区域的基础设施建设，二是开展旅游服务。

目前，梅里雪山国家公园开发经营有限公司已完成的基础设施建设有如下两项：一是梅里雪山国家公园滇藏生态文化走廊景区工程。包括：飞来寺景区大型露天观景台及配套设施，如观景台上的 8 个白塔、卫生间、停车场、7.84 公里的环型环保电瓶观光车道等；雾浓顶景观栈道及配套设施，如翻新 13 座白塔、贵宾楼、卫生间、煨桑管理房、酥油灯房以及煨桑台等；金沙江大湾景区大型观景台以及配套设施，如停车场、管理房、水电设施等。二是梅里雪山景区一期基础设施建设项目。一期基础设施建设项目，计划投资规模为 7 亿元，项目包括梅里雪山景区公路、栈道、环境整治等各种基础设施建设项目。2013 年底完成了梅里雪山明永冰川景区 1.2km 钢栈道的加固维修（其中包括修复约 20 米长的雪灾毁坏栈道）；2014 年完成了梅里雪山景区 12km 旅游公路的提质改造工程，总投资 2750 万元；2015 年完成了明永冰川提质改造工程，包括环保电瓶车道、门禁系统、停车场、管理用房、沿途休息站、拦河坝等，总投资约为 1.4 亿元。梅里雪山国家 5A 级景区标识和景观工程建设，目前已完成初步设计和施工方案审查等环节。

2009 年 10 月始，梅里雪山国家公园开发经营有限公司正式开始经营梅里雪山国家公园的旅游服务，其业务主要集中在明永冰川、飞来寺、西当、雨崩、尼农等开发较为成熟的梅里雪山原有景区。2009 年当年门票收入 240 万元（80 元/人，含 3 元保险）。2010 年和 2011 年，由于德钦县 214 国道全面施工，游客减少，门票收入仅为 180 万元和 440 万元（2011 年 5 月 1 日开始执行 228 元/人分别至明永冰川和雨崩的套票价）。2015 年是一个特殊的年份，由于这一年是梅里雪山主峰卡瓦格博的本命年（从宗教信仰角度论），故而梅里雪山国家公园迎来大量朝圣香客和游客，到 2015 年 11 月 30 日，景区共接待游客 88787 人次，香客 186 万人次，门票收入 1557 万元（挂牌套票价为 230 元/人，其中分三种票，即飞来寺门票 150 元/人，含金沙江月亮湾观景台、雾浓顶观景台、飞来寺观景台；明永冰川门票 228 元/人，含金沙江月亮湾观景台、雾浓顶观景台、飞来寺观景台、明永冰川；雨崩门票 230 元/人，含金沙江月亮湾观景台、雾浓顶观景台、飞来寺观景台和雨崩），煨桑（焚香）收入 328.3 万元。2015 年 7 月起试运行的明永环保车，收入达 325.7 万元。①

（二）旅游反哺政策及实施

梅里雪山国家公园本着与原住少数民族农牧民共同发展的原则，确立

---

① 以上数据由梅里雪山国家公园管理局提供。

了扶持和补偿农牧业的发展思路，积极探索生态补偿方式，目前的生态补偿主要从两方面开展。

（1）政府层面的基础设施建设、农牧业扶持、适当的社区旅游经营。

基础设施建设主要是通过各社区归属地的各级政府筹措资金，完成了通往社区的卫生路、水沟、自来水、房屋改造加固等基础设施建设。如梅里雪山国家公园内社区最多的云岭乡，有 39 个村民小组，仅房屋改造加固方面，每户直接投入扶持资金 1 万元。卫生路建设基本实现村组卫生路相通到户。

农牧业扶持主要是通过引导产业发展，如开展农商对接的方式，栽种环境友好型、市场需求量大的经济作物核桃、葡萄（酿葡萄酒用的玫瑰蜜和赤霞珠品种）等，并由政府与商家达成协议，统一收购这些农产品，提高农牧民收入。在梅里雪山国家公园内，自然条件适宜栽种核桃、葡萄的社区，几乎 80% 的土地都用来栽种这些经济价值高的作物。如明永村全村 550 亩土地中，有 300 亩用来栽种葡萄，每亩葡萄的年收入约 8000 元。

适当的社区旅游经营主要是让社区开设客栈、牵马载客、开展餐饮服务等。如飞来寺村，由于在梅里雪山景区飞来寺观景台旁是观看梅里雪山十三峰的最佳地点，特别是观看和拍摄日照金山的最佳地点，村民通过开设客栈、酒店为游客提供食宿服务，目前在飞来寺约有 30 多家当地人开的客栈和宾馆，不但大大提高了飞来寺群众的经济收入，也带动了当地的就业。

（2）旅游反哺。

旅游反哺是通过国家公园运营机构——梅里雪山国家公园开发经营有限公司在梅里雪山国家公园景区的门票收入，来反哺社区农牧民。主要包括五种反哺方式：一是社区补助。主要是社区对梅里雪山国家公园内的资源保护和梅里雪山国家公园开发经营有限公司与社区共建区域（目前主要为景区）的反哺。二是马队经营权收购返补。这是对梅里雪山国家公园内使用电瓶车代替原来村民马匹载客所得收入的补偿。三是公路养护费。指对梅里雪山国家公园内经营机构所修公路由社区进行养护的费用。四是垃圾清运费。指在梅里雪山国家公园内的垃圾由各社区清运出社区，交给经营机构统一处理的补偿。五是社区村民就业。梅里雪山国家公园开发经营有限公司招收员工时，首先安排各社区村民。

从旅游反哺社区的情况看，2015 年梅里雪山国家公园开发经营有限公司每年用于反哺社区的资金共 520 多万元，根据各社区的不同情况，所给予的反哺金额也不同，最高的为明永村，户均达到 7.8 万元，其中 5.5 万元为马队经营权收购返补金。在公司收购前，村民自己经营马队时，户均最高时可达 12 万元，最低时也能达到 7 万元。[①] 目前得到旅游反哺的社区的情况详见表 1。

社区村民就业方面，目前梅里雪山国家公园开发经营有限公司有 80 个正式员工，都是当地人。如明永村在该公司工作的有 13 人，其中 5 人在明永景区开电瓶车，有 1 人在明永管理站任副站长，这些员工的工资根据入职时间和所任职务不同从 3000 元到 4000 元不等，任职期满 15 年的员工，到 55 岁可享受退休政策。

总的来看，梅里雪山国家公园的生态补偿主要围绕当地社区开展，除政府层面开展了基础设施建设和保留环境友好型农牧业的做法外，经济补偿主要是公园的经营者通过景区门票收入来补偿社区，实为旅游反哺。

表 1　梅里雪山国家公园社区生态补偿金明细

社区名称	用途	补助金额	合计	备注
雨崩	社区补助金	42 万元/年	48 万元/年	每年 9 月 21 日前发放
	垃圾处理费	6 万元/年		年底支付
明永	社区补助金	51 万元/年	401.5 万元/年	每年 6 月底发放
	公路保养费	10 万元/年		
	马队经营权收购返补金	178.5 万元/年		每年 9 月 15 日前付清
	马队经营权收购返补金	102 万元/年		每年 12 月 15 日前付清（属云岭乡政府层面返补）
	退出太子庙餐饮服务补偿	60 万元/年		每年 6 月底前付清

①　数据为明永村民提供。

续表

社区 名称	用途	补助金额	合计	备注
西当	社区补助金	16.5 万元/年	20 万元/年	每年 9 月 21 日前付清
	垃圾清运费	3.5 万元/年		
飞来寺	社区补助金	32.452 元/年	66.804 万元/年	每年 3 月 31 日前付清
		34.352 元/年		每年 9 月 31 日前付清
雾浓顶	社区补助金	8.976 万元/年	8.976 万元/年	每年 12 月 1 日前付清
贡水	社区补助金	2.85 万元/年	2.85 万元/年	每年 8 月 15 日前付清

资料来源：本表数据由梅里雪山国家公园开发经营有限公司提供，为 2015 年数据。

五　讨论与思考

党的十六届五中全会以来，我国的生态补偿机制建设进入国家层面的研究和实践。2005 年，首次在党的十六届五中全会《关于制定国民经济和社会发展第十一个五年规划的建议》中提出"谁开发谁保护、谁受益谁补偿"的原则。2010 年国务院将研究制定生态补偿条例列入立法计划，之后在"十二五"规划纲要中就建立生态补偿机制问题做了专门阐述，要求研究设立国家生态补偿专项资金，推行资源型企业可持续发展准备金制度，加快制定实施生态补偿条例。党的十八大报告明确要求建立反映市场供求和资源稀缺程度、体现生态价值和代际补偿的资源有偿使用制度和生态补偿制度。2017 年政府工作报告指出，要深化生态文明体制改革，完善主体功能区制度和生态补偿机制，建立健全国家自然资源管理体制试点。根据中央精神，各地区、各部门在大力实施生态保护建设的同时，积极探索生态补偿机制建设，各地在开展生态补偿实践的过程中，相继出台了在森林、草原、湿地、流域、水资源、矿产及重大生态功能区建设方面的政策性文件，生态补偿实践迈出了重要步伐。梅里雪山国家公园建设经过近 10 年的探索实践，不仅丰富了我国生态补偿机制在国家公园保护地的建设经验，而且从民族学视角看，由于梅里雪山国家公园地处少数民族居住地、原住民留居公园内，该保护地的生态补偿针对的首要对象为各少数民族原住民和少数民族社区，因此还涉及我国的"民族生态政策"建设。

（1）企业参与国家公园建设，解决了当地政府没有专项社区生态补偿资金的问题，但企业的补偿能力还不能满足所有社区的需求。

我们发现，目前的旅游反哺，仅涉及梅里雪山国家公园内的 6 个社区。这些社区之所以获得补偿，是因为社区所在地是经营机构开展旅游经营业务的所在地，而其他社区因没有开展旅游服务，就没有补偿。同时，经营企业目前的实际收入，也难以实现对梅里雪山国家公园内所有社区进行补偿。

梅里雪山国家公园位于澜沧江峡谷中，其 4 个功能区的划分是按海拔处在一个垂直带上，所涉及的德钦县 4 个乡镇 5 个村委会的 23 个村民小组，几乎都处于一般保护区、功能亚区和外围控制地带内，个别村社则在重点保护区中，村社与整个区域的自然生态利用关系也是垂直的分布，即从海拔 2200 米左右的干热河谷树线下的绿洲台地向上，到村庄、集体林（有牧场分布）、国有林（有牧场分布）、高山流石滩、雪线以上诸山峰，再到最高点海拔 6740 米的卡瓦格博雪峰。社区与自然环境的这一分布状况，使梅里雪山国家公园整个生态体系的保护，与所有村落的关系都非常密切和重要。目前没有补偿的社区，也需要遵守梅里雪山国家公园的所有规章制度、法律法规，尽管保留了适度的传统农牧业生产方式，但他们在资源利用上大受限制。对于还处于需要脱贫状态的社区群众而言，梅里雪山国家公园如何探索出国家层面的生态补偿方式才是更为迫切的问题。应考虑有国家专项资金的扶持，省级专项资金的扶持，形成多渠道的补偿，政府、企业、其他机构几条腿走路的方式，使社区所有群众有维持小康生活的基本条件，才能让梅里雪山国家公园的居民真正保护身边的自然生态环境。同时，逐步实现企业降低旅游服务收费标准，改变企业对国家公园"过度经营"的观念，真正实现国家公园的公益性。

（2）梅里雪山国家公园保留了原有社区，允许开展适度的环境友好型传统农牧业活动，同时还开展具有生态环保意识的产业发展引导和带动，以增加群众收入。

在考虑保护梅里雪山地区生物生态类型和独特自然景观的同时，把该区域的文化多样性保护纳入其中，体现了国家公园建设不危及梅里雪山神山文化在藏民心目中神圣的、不可动摇的地位与不可缺少的文化主体之间的关系。但在对社区的生态补偿方面还需进一步加强。比如产业带动中的葡萄种植，目前在整个公园内已成规模性种植，但鲜果收购价 10 年来从未变过，每公斤一直为 3.7 元。同时因无多样化的产品形式，收购时不符合标准的葡萄没有其他转型方式（如加工果汁等深加工产品），只能倒掉。因此，梅里雪山国家公园在允许各社区开展适度的传统农牧业活动的同时，还要摸索生态环保的产业链建设。

（3）梅里雪山国家公园内的大多数社区没有完全退出国家公园的旅游服务经营，很大程度上带动了开展旅游服务的社区的经济发展，这种方式是一种造血式的补偿，但存在无序经营的风险。如雨崩村，属于梅里雪山国家公园的重点保护区，不通公路，从 2002 年梅里雪山景区开发以来，村民靠给游客牵马逐渐富裕起来，同时每户家庭都开设了家庭客栈，目前许多家庭客栈被外地商人高价承包，2015 年是梅里雪山的本命年——羊年（宗教信仰角度），有众多的游客和香客到来，雨崩村只是一个有 35 户人家、180 多人的小村庄，每天数以万计的游客和香客的到来，其吃住行等方方面面的承载量有限，据香客讲，游客最多时一桶方便面卖到 40 元，一个普通标准间要 1200 元，而牵马载客的费用也随意加价，处在一种完全失控的无序经营状态。更让人担忧的是，家庭客栈的外包，有使雨崩村形成"客栈村"的危险，这将破坏雨崩村的传统生活方式。因此，针对这一存在的风险，梅里雪山国家公园管理局应加强这方面的规章制度的执行力和监督管理，引导其良性发展。

（4）制定民族生态服务补偿条例。依据梅里雪山国家公园生物多样性、水资源、森林资源、地质资源、民族文化等生态服务的内涵，在国家生态补偿法规的基础上建立健全梅里雪山国家公园的民族生态服务补偿机制，如生物多样性保护补偿、流域生态补偿、碳交易服务等，[①] 对公园的生态服务价值进行计量和估算，制定公平合理的生态利益共享、责任分担的民族生态服务补偿条例，以此扩大对原住民的补偿范围，提高补偿标准，推进脱贫进程，促进梅里雪山国家公园的可持续发展。

[①] 尕丹才让、李忠民：《西部民族地区生态补偿的新思维——碳汇交易的视角》，《广西民族研究》2012 年第 2 期。

少数民族人口跨区域大流动背景下城市民族工作新特点

——以昆明市官渡区为例[*]

郑成军[**]

摘　要：进入 21 世纪以来，随着市场经济和城镇化的深入发展，在城乡、东西部发展差距形成的推拉力效应作用下，各民族进入了一个跨区域大流动的活跃期。大量的少数民族人员从边疆、农村、牧区转移到了城市，城市民族工作出现了一系列新情况、新问题。本文以昆明市官渡区为例，总结了少数民族人口跨区域大流动背景下城市社区民族工作的新特点，可为昆明及其他城市做好民族工作提供参考。

关键词：官渡区　城市民族社区　少数民族流动人口　民族工作

一　问题的提出

城市民族工作是我国民族工作的一个重要组成部分。城市民族是指生

---

*　本文是在云南省社会科学院院级项目"官渡区城市社区民族工作创新实践与经验"报告部分内容的基础上修改而成的。

**　郑成军，云南省社会科学院民族学研究所研究员。

活居住在城市里的少数民族，是相对于农村、牧区、边疆而言，而且这个"民族"，特指少数民族。城市民族工作通常是指以城市少数民族问题为主要对象的民族工作以及与城市功能相联系的民族工作。① 根据 1987 年 4 月中共中央批转的中央统战部、国家民委《关于民族工作几个重要问题的报告》，全国散杂居在城市的少数民族约 600 万人，每个大中城市都有比较多的少数民族成分。这些散杂居在城市的少数民族主要由三部分构成：一是历史上就散杂居在城市街坊的原有世居少数民族；二是新中国成立后因政策性安置、招工招干、读书学习、分配工作、参军入伍、职务调动、随迁等各种原因落户城市，分布在国家机关、部队、企事业单位中的少数民族；三是改革开放后进入城市务工、经商、就业的少数民族流动人口。改革开放以来，特别是进入 21 世纪以来，随着市场经济的发展，城市化进程的加快，在城乡、东西部发展差距形成的推拉力效应作用下，西部和边疆少数民族人口大规模向东部和内地城市流动，各民族进入了一个跨区域大流动的活跃期。《中国流动人口发展报告（2014）》显示，到 2013 年末，全国流动人口的总量为 2.45 亿，其中少数民族流动人口超过了全国流动人口的 10%。超过 3000 万的少数民族流动人口进入城市，不少东部发达地区省份，甚至中西部的一些省会城市的少数民族流动人口已远远超过世居少数民族人口。少数民族人口的跨区域流动，使以往民族工作所依赖的区域格局、人口构成、民族分布等正在发生前所未有的重大变化，民族工作的对象正在从民族地区扩展到中东部地区，从农牧区扩展到城市，从边疆扩展到内地，从聚居地区的常住少数民族人口扩展到散居地区的少数民族流动人口。② 流入城市的各民族流动人口，将不同区域、不同民族的文化带入城市，在丰富城市文化的同时，也将民族性因素带入城市的管理与服务工作中，给城市民族工作和城市和谐民族关系建设带来了新的情况、新的问题与新的挑战。

城市社区是城市常住人口和流动人口聚集的主要空间，也是各民族生

---

① 沈林、张继焦、杜宇、金春子：《中国城市民族工作的理论和实践》，民族出版社，2001，第 3 页。

② 国家民族事务委员会编《中央民族工作会议精神学习辅导读本》，民族出版社，2015。

产生活、交往交流的重要平台。一个个城市社区，便是一个个微型的社会。少数民族流动人口流入城市后通常以个体或小群体的方式嵌入一个个社区，与社区常住人口毗邻交错而居。这些从四面八方汇聚到城市中的少数民族流动人口有着各不相同的民族文化，他们在语言、价值观念、宗教信仰、行为方式等各个方面千差万别，他们适应城市生活规则的认知、行为、能力也各不相同，做好城市流动少数民族人口的服务和管理，对建设城市和谐民族关系及和谐社会至关重要。因此，第四次中央民族工作会议指出，城市民族工作要把着力点放在社区，推动建立相互嵌入式的社会结构和社区环境，使各族群众交得了知心朋友、做得来和睦邻居、结得成美满姻缘。① 城市民族工作要把着力点放在社区，就是要把社区作为城市民族工作的切入点和着力点，在党和政府的领导下，利用社区资源，依靠社区力量，加强社区民族工作，落实民族法规政策，为少数民族融入城市生活提供更好服务，推动民族团结进步，促进社区民族关系和谐。

官渡区地处昆明市主城与呈贡新城的结合部，作为省会昆明的重要城区和现代新昆明建设的核心区域，已成为外来务工、经商少数民族人口重要聚集地，并形成了少数民族相对集中的社区。本文以官渡区为研究重点，查阅昆明市及官渡区近年来关于城市民族工作的档案，参考市、区两级政府创建民族团结进步示范区的部分汇报材料，结合《昆明市主城区城市少数民族人口、分布现状及特点》（2014 年）及《官渡区城市社区民族工作创新实践与经验》（2015 年）调研资料和学术文献，对官渡区少数民族人口构成及分布特点、城市民族工作面临的新情况、新问题、新特点进行总结、分析，以期对昆明及其他地方创建民族团结进步示范区有所助益。

二　官渡区的基本区情

官渡区位于滇池北岸，地处昆明主城与呈贡新城的接合部，东邻宜良县，南接呈贡区，西连西山区，北和东北部与嵩明县交界，西北与盘龙区

---

① 国家民族事务委员会编《中央民族工作会议精神学习辅导读本》，民族出版社，2015。

相接。东西宽41.5公里，南北长39公里，地理坐标为东经102°41′～103°03′，北纬24°54′～25°13′。境内地貌由中山、低山丘陵、高原盆地构成，地势东北高、西南低，由东北向西南呈阶梯状倾斜。山脉亦多为东北西南走向，全区海拔在1884.5～2730米，最高海拔2730米，最低海拔1884.5米，海拔高差845.5米。平坝地区海拔为1900～2000米，属低纬度高海拔地区。气候属于高原型亚热带季风气候，年平均气温14.9℃，年平均降水量1000.5毫米，降雨主要集中在5～6月，雨热同季，冬暖夏凉，干湿季分明。

官渡区是云南省会昆明市5个城区之一，1956年10月建区，1961年后形成稳定的区划建制。2004年7月，经国务院批准，昆明市调整市辖五华区、盘龙区、官渡区、西山区的行政区划。调整后，官渡区下辖关上、金马、东站、太和4个街道办事处，大板桥、小板桥、官渡3个镇及小哨、矣六、六甲、阿拉4个乡，辖区面积632.92平方公里。2006年，撤销小哨乡，并入大板桥镇。2008年阿拉彝族乡托管昆明市经济技术开发区。2009年，大板桥街道办事处4个村民小组（面积8.849平方公里）托管嵩明县。2014年，大板桥街道办事处托管滇中产业新区。2015年，大板桥街道办事处重归官渡区管辖。至2016年底，官渡区实际管辖太和、吴井、关上、金马、官渡、小板桥、大板桥、矣六、六甲9个街道办事处，98个社区居委会，辖区面积576.991平方公里。户籍人口58.08万人，其中少数民族户籍人口6.72万人，占总人口的11.6%。98个社区居委会中，有58个是"村改居"型社区，即由村民委员会转制为社区居民委员会。这类社区也被称为"翻牌社区"。

官渡区既是云南省会昆明主城的重要组成部分，也是联结昆明主城和呈贡新城区的枢纽，更是现代新昆明建设的重点。官渡区交通发达，基础设施完善，新老昆明国际机场、昆明火车站都坐落在区内，是昆明市乃至云南省重要的客运、货运窗口，贵昆、成昆、南昆、昆河铁路以及昆曲、石安、昆玉、320国道等主要公路干线越境而过。20世纪90年代，特别是进入21世纪以来，官渡区充分利用和发挥完备的基础设施、便捷发达的交通条件、充裕的可开发土地资源、无与伦比的区位优势，加快推进城市化进程和产业结构调整，重视培育和发展新业态，形成了城区以金融、会展、房地产、商贸、物流、餐饮等产业为主，郊区和远郊区以加工、花卉、蔬菜、旅游、观光、度假等产业为主的产业布局。根据 2016 年的统计公报，全区实现地区生产总值 1002.07 亿元，其中第一产业 8.46 亿元，第二产业 360.52 亿元，第三产业 633.09 亿元，人均生产总值 11.32 万元。地区公共财政收入 450025 万元。城镇居民人均可支配收入 37540 元，农民人均可支配收入 17166 元。

三　官渡区城市民族的构成与分布

官渡区人口以汉族为主，多民族散杂居。根据昆明市公安局官渡分局的统计数据，截至 2014 年底，官渡区有 44 个少数民族，少数民族常住人口 64857 人，占全区总人口的 11.3%。中国 55 个少数民族中，除珞巴族、门巴族、鄂伦春族、塔塔尔族、裕固族、保安族、鄂温克族、乌孜别克族、塔吉克族、柯尔克孜族、高山族 11 个民族外，其他少数民族在官渡区都有居住。辖区内 44 个少数民族中，彝族、回族和苗族是世居民族，其他 31 个是新中国成立后迁入的。3 个世居少数民族中，人口最多的是彝族，有 35057 人，其次是回族，有 8869 人，人口最少的是苗族，只有 1482 人。① 后迁入的 31 个少数民族中，人口在万人以下千人以上的有白族、壮族、哈尼族、傣族、纳西族、满族 6 个民族，人口在千人以下百人以上的有土家族、布依族、蒙古族、傈僳族、藏族、侗族、仡佬族、朝鲜族、拉祜族、瑶族、佤族、土族 12 个民族，人口在百人以下十人以上的有景颇族、普米族、布朗族、阿昌族、独龙族、基诺族、怒族、黎族、水族、羌族、达斡尔族、仫佬族、京族、俄罗斯族、锡伯族、畲族 16 个民族，人口在个位数的有撒拉族、维吾尔族、哈萨克族、毛南族、德昂族、东乡族、赫哲族 7 个民族。

---

① 此数据包括了托管昆明市经济技术开发区的阿拉街道办事处和托管滇中产业新区的大板桥街道办事处的民族人口。

官渡区的少数民族按照其来源、居住历史、户籍和分布主要有五种类型。一是世居少数民族，即在新中国成立前就居住在当地，并且具有一定的人口规模和聚居区域的少数民族。分布在官渡区的世居少数民族有彝族、回族、苗族3个民族。其中，彝族的历史最长，其渊源可以追溯到春秋战国时期的"滇"，与唐宋的"徙莫祗"、明清的"撒弥""撒马都"有直接的渊源关系。主要分布于阿拉街道办事处的普照、阿拉、高坡、海子社区居委会，大板桥街道办事处的西冲、李其、沙沟、复兴、阿底、一朵云社区居委会，矣六街道办事处的子君社区居委会和金马街道办事处的十里社区居委会。回族进入官渡区境始于清代中叶，[①] 主要分布于大板桥街道办事处的板桥社区居委会、小板桥街道办事处的羊甫社区居委会和官渡街道办事处官渡社区居委会秀英小组。苗族迁居官渡则要晚得多，始于20世纪50年代前后。主要分布于大板桥街道办事处上对龙社区居委会金钟山小组和矣纳社区居委会的花庄河小组。二是新中国成立后，因招工、招干、调动、求学、随迁、婚姻或其他原因进入官渡区，并拥有官渡区户籍的少数民族，主要分布于辖区内的党政机关和企事业单位。三是自20世纪80年代改革开放以来因务工、经商等原因常住官渡区，但户籍不在官渡区的少数民族，分散在区内各街道办事处辖下的社区。四是来自省内州（市）和省外，离退休后到昆明居住、养老的少数民族，分散在辖区内新开发的单位性住宅小区和商业住宅小区。五是流动型少数民族人口，即在辖区内务工或暂住在辖区内、没有稳定的职业、没有户籍、具有较强流动性的少数民族流动人口，主要分布于辖区内的核心城市社区和城郊接合部转制型社区。

四　官渡区城市社区民族工作的新特点

（一）官渡区已进入城市型社会为主体的时代

昆明市实施现代新昆明建设十多年来，官渡区完成了从农村型社区到

---

① 政协昆明市官渡区委员会编《官渡区少数民族概括》，内部资料，2000，第104页。

城市型社区的转变，进入了城市型社会为主体的时代。2004 年，昆明市实施区划调整，官渡区辖区总面积 552.21 平方公里（不含滇池部分水域），总人口 517086 人，其中非农业人口 348570 人，农业人口 168516 人。非农业人口占总人口的比重虽然达到了 71.28%，但城区建成面积只有 51.21 平方公里，仅占辖区总面积的 9.27%。官渡区仍以农村型社会为主体，所辖关上、金马、吴井、太和 4 个街道办事处位于昆明市东南二环路两侧，基层居民组织主要为社区居民委员会，这是官渡区城市居民聚集居住的地方，也是官渡区的主体城市区。大板桥、小板桥、官渡 3 镇和小哨、矣六、六甲、阿拉 4 乡，位于城乡接合部及远郊，其中不少属于山区农村，所辖基层居民组织为村民委员会，所辖社区主要为农村社区，这是官渡区农业人口和世居少数民族的主要居住分布区。

2004 年以来，随着现代新昆明建设的推进，官渡区城市化建设发展迅速，城市面积不断扩大。许多城乡接合部、远郊农村社区在城市化规划和城市扩展中不断被征地、拆迁和改造。2007 年，官渡区所辖官渡、大板桥 2 镇和矣六、六甲 2 乡改为街道办事处。2008 年，阿拉彝族乡托管昆明市经济技术开发区。2010 年，撤销阿拉彝族乡，改为阿拉街道办事处，仍由经济技术开发区托管。乡镇改为街道办事处后，所辖基层组织——村民委员会被转制为社区居民委员会，俗称"翻牌社区"。2010 年 7 月，中共昆明市委作出提升全域城镇化建设的重大部署，官渡区全面、系统开展"农转城"农民转户工作。至 2013 年底，官渡区农村社区基层组织（村民委员会）已全部实现"村改居"，完成农业人口转户（"农转城"）160947 人，其中城中村农民转户 64381 人，征地农民转户 67744 人，未征地或未完全被征地农民就地转户 28675 人，农村籍大中专学生转户 115 人，农村籍退役士兵转户 32 人。全区农业人口仅剩矣六街道办事处宏仁社区 3 个居民小组 2800 人未转户，城市人口比重超过了 99%。即使抛开已转为城市户籍居民，但仍然部分或主要从事农业生产为生计基础的 28675 人，官渡区城市居民人口的比重也超过了 95%。全区 98 个社区，纯城市型社区达到了 63 个。官渡区已进入城市型社会为主体的时代。

（二）少数民族数量、成分增多，多民族性增强

官渡区是多民族边疆省会昆明主城的重要组成部分，20 世纪 80 年代，特别是进入 21 世纪以来，官渡区以其完备的基础设施、便捷发达的交通条件、充裕的可开发土地资源、无与伦比的区位优势，迅速成为现代新昆明建设的主阵地，也吸引着全国各地的少数民族。据 1982 年第三次全国人口普查资料反映，官渡区有少数民族 37 个，少数民族人口 28295 人，占全区总人口的 6.47%。20 世纪 90 年代后，随着市场经济的建立和官渡区城市化发展水平的提高，更多的少数民族从全国各地来到官渡区工作、创业、生活、定居，官渡区少数民族成分进一步增多。到 2000 年第五次全国人口普查时，官渡区民族成分增至 49 个，少数民族人口增至 124151 人，占全区总人口的 8.87%，少数民族人口比重增加了 2.4 个百分点。少数民族成分在 1982 年的基础上增加了保安族、东乡族、撒拉族、哈萨克族、柯尔克孜族、塔吉克族、俄罗斯族、鄂温克族、高山族、仫佬族、仡佬族、珞巴族等 12 个民族。

2004 年，为配合现代新昆明建设，昆明市主城的五华、盘龙、官渡、西山 4 区实施区划调整，官渡区所属世居少数民族的主要居住分布地——联盟、龙泉、茨坝、双哨、双龙、小河等乡镇划归盘龙区，官渡区民族成分数量和民族人口均有所下降。2010 年第六次人口普查数据显示，官渡区有少数民族 45 个，少数民族人口 87876 人。少数民族数量比第五次人口普查时减少了保安族、柯尔克孜族、鄂温克族、珞巴族 4 个，少数民族人口减少 36275 人。官渡区少数民族数量和人口的减少，除了区划调整因素外，2000 年起国家实施西部大开发战略，西部地区城市化进程大大加快，一些来自西北地区的少数民族返回原籍发展，也是一个重要原因。昆明市公安局官渡分局的统计数据显示，2014 年底官渡区辖区内有少数民族 44 个，比第六次人口普查时又减少了一个。少数民族成分数量虽有减少，但少数民族人口数量，尤其是各少数民族流动人口数量却呈增长趋势。辖区内民族关系的多民族特点越加显著。

官渡区城市少数民族数量、成分、人口增加的原因主要有 5 个：一是

城市化，随着城市的扩张和城市面积的扩大，导致城乡接合部和远郊农村不断被纳入城市规划、建设范围，很多被征地的农村失地少数民族农民转户为城市居民，还有在现代新昆明建设和提升全域城镇化进程中，辖区内的乡镇全部改为街道办事处，村民委员会转制为社区居民委员会，所属未征地或未完全被征地的山区少数民族农民也被转户为城市居民；二是世居街坊少数民族居民人口自然增长；三是因招工、招干、调动等原因进入城市党政机关、企事业单位工作的少数民族干部和各类专业人才增加；四是从省内外来到官渡区内务工、经商的少数民族人口；五是通过上学、参军、婚姻、随迁来到官渡区的少数民族人口。此外，还有一部分是从省内外离退休后到官渡区居住、养老的少数民族人口。

（三）民族居住格局发生变化，城市民族工作范围扩大

民族居住格局是特定区域内不同民族在空间上的排列与组合情况。它能够反映一个民族所有成员（不分性别、年龄、职业、教育等个人特征）在居住地点与另一个民族相互接触的机会。城市化作为农村人口向城市聚集的过程，必然伴随着民族人口传统居住格局的改变。各民族跨区域流动带来的居住格局变化，也必然会改变传统城乡民族工作的格局。民族居住格局的变化，就全国范围来说是农村、牧区、边疆的少数民族不断进入城镇，中、西部欠发达地区少数民族流入东部沿海发达地区。就官渡区而言，城市化发展与城市化水平的提高，打破了原先农村、街坊、单位的边界，少数民族人口大分散、小聚居的居住分布格局进一步消散。另外，外来少数民族的不断流入，也加速了少数民族与汉族、世居少数民族与流动少数民族、体制内的少数民族与体制外的少数民族分散混居分布格局的形成。多民族散杂居、混居的格局越加凸显。

城市化对城市民族工作范围的扩展主要表现在两个方面：一是城市民族工作的对象范围不断扩大。区划调整前，官渡区以农村社区为主，民族工作的重点在农村。城市民族工作对象主要是城市街坊世居少数民族及分布于党政机关、企事业单位的少数民族知识分子和少数民族代表人士，其中涉及少数民族知识分子和少数民族代表人士的民族工作主要由各有关单

位落实，城市世居街坊少数民族主要涉及回族，城市民族工作任务相对不是很重。区划调整后，一方面，和平街道办事处和东站街道办事处（后改为吴井街道办事处）两个主城区纯城市社区的划入，迅速提高了官渡区的城市人口比重，少数民族城市人口的数量也随之增长；另一方面，官渡区城市化的快速发展，吸引了省内外农村、牧区、边疆少数民族来到官渡区，少数民族成分和少数民族人口大幅增长。2014 年末，辖区内除彝族、回族、苗族 3 个世居少数民族外，户籍人口超过 1000 人的有白族、壮族、哈尼族、傣族、纳西族、满族 6 个民族，人口在 100 人以上 1000 人以下的有布依族、土家族、蒙古族、傈僳族、拉祜族、佤族、瑶族、藏族、侗族、朝鲜族、黎族、土族、仡佬族、布朗族 14 个民族。这些少数民族人口广泛分布于辖区内的党政机关、企事业单位以及各种所有制单位，散居在关上街道办事处、太和街道办事处、吴井街道办事处、金马街道办事处等主城中心城市社区及官渡街道办事处、小板桥街道办事处、矣六街道办事处等新建城市社区内。少数民族数量和少数民族人口的不断增加，特别是大量从事第二、第三产业的少数民族非农业人口的增加，使城市民族工作对象范围急剧扩大。他们中有的是自主创业的少数民族工商业者，有的是在不同所有制单位就业或从事第二、第三产业生产与服务的劳动者，有的还是少数民族和宗教界的代表人士。

二是城市民族工作的地域范围扩大。一方面是城市及城市近郊世居少数民族在城市发展中，随城市扩张、改造、拆迁等原因，原先相对集中的街坊、村落、单位居住格局被打破。在城市化建设的推进过程中，老旧的城市街坊社区、单位社区和城中村纷纷被改造、拆迁，原先位于远郊及城乡接合部的农村社区，不断在城市化的扩张中消失，代之而起的是成片的大型商住小区和集住宅、商业、金融、物流、文化、教育、医疗、休闲、娱乐于一体的混合型现代城市社区。被改造、拆迁的城中村农民和被征地的失地农民转为城市户口，城市社区面积不断扩大。除位于北部山区的大板桥街道办事处外，世居少数民族主要居住分布区金马街道办事处、小板桥街道办事处、官渡街道办事处、矣六街道办事处与老主城区已连成片，并且已高度城市化，所辖世居少数民族已完成了由农民到居民的身份转化。另一方面是市内、省内、省外少数民族向官渡区流动。以官渡街道办事处为例，至 2014 年末户籍人口在 100 人以上的少数民族有彝族、回族、白族、苗族、壮族、哈尼族、傣族、纳西族、满族 9 个民族，仅世纪城一个社区，就居住有少数民族户籍人口 2528 人，分属 35 个民族。其中只有回族是街道辖区内的世居少数民族，其他都是后来迁入的少数民族。又如彝族、回族、苗族 3 个世居少数民族的主要居住地大板桥街道办事处，2014 年末有少数民族人口 10827 人，除 3 个世居民族外，还居住有白族、哈尼族、壮族、傣族、纳西族、傈僳族、布依族等 21 个少数民族。城市化的快速发展、外来少数民族的流入，改变了原有的城乡民族居住分布格局，催生了多民族交互混居、散居格局的形成，使得外来少数民族与世居少数民族、少数民族与汉族的混居程度进一步提高。城市民族工作的实际地域范围，不仅涉及外来少数民族人口的流入地，还牵涉到外来少数民族人口的流出地。城市民族工作的地域范围比以往大大扩大。

（四）少数民族流动人口明显增多，民族工作难度加大

官渡区作为昆明主城的四大城区之一，作为现代新昆明建设的重要组成部分，以及联结昆明市老城区和新的行政中心——呈贡新区的重点区域，以其相对优越的承载力和承载空间成为少数民族流动人口流向的新选择。昆明市公安局的统计显示，截至 2010 年底，官渡区的流动人口达665367 人，占全市流动人口总数的 30.32%，流动人口在主城四区中位居首位。又根据昆明市民族宗教事务委员会提供的材料，2013 年底，全市有少数民族流动人口 28.2 万人，主要分布在官渡、五华、盘龙、西山四个主城区。官渡区少数民族流动人口究竟有多少？调查中我们未能获得一个确切的统计数据，原因是流动人口的高流动性使得人口数量随时处于变动中，很难统计确切。但据官渡区民族宗教事务局的同志介绍，辖区内的少数民族流动人口，据不完全统计，2014 年已达十多万，其总量已超过区内户籍或常住少数民族人口数量。少数民族流动人口已成为辖区内城市少数民族的重要组成部分，并已成为辖区内城市民族工作的重点对象。少数民族流动人口的逐年增加，也给城市民族工作增加了难度，主要体现在两

方面。

第一，少数民族流动人口流动性强，居住不固定。据官渡区民族宗教事务局的同志介绍，辖区内少数民族流动人口的民族数量多、来源广，涉及祖国的各个地区。在这些众多少数民族流动人口中，他们所从事的行业多为依靠付出体力的建筑、零售、餐饮、环卫、保洁、安保、物流以及拾荒、擦鞋、流动摆摊等技术含量低、收入低的职业为主，就业不稳定、不充分，使他们中的很多人随时都有可能更换工作、居住的地点，流动性很强，城市民族工作部门很难掌握他们的第一手信息。此外，也由于收入低，迫使他们只能选择环境差、房租低廉的老旧小区、城中村、城乡接合部居住，因而受城市规划的影响最大。城市老旧小区、城中村、城乡接合部乡村聚落的改造、拆迁以及房租上涨，极易导致少数民族流动人口脆弱的人际交流圈被打破，原有的归属感和社会支持系统被拆散，信息获得途径和信息交流机会更少。失去了依靠血缘、地缘（老乡）、业缘为基础的社会支持系统，分散进入常住人口社区的少数民族流动人口的社区融入更加困难，这在客观上加大了城市民族工作部门对少数民族流动人口的服务和管理难度。

第二，少数民族流动人口文化教育程度普遍偏低，城市融入能力较弱。在官渡区，据和平路社区、关上中心社区、子君社区等少数民族流动人口较多的社区居委会的调查访谈，辖区内的少数民族流动人口的文化程度普遍都较低，学历一般以初中为主，高中或中专次之，大专及以上较少。另外，少数民族流动人口中还有相当一部分人只具有小学学历，有的甚至没有上过学，这使得他们很难在城市中找到一份收入高、稳定、体面的工作。通常，流动人口的收入水平、工作稳定性与学历呈一定的正相关关系，少数民族流动人口也不例外。学历越高，越有可能进入党政机关、企事业单位，工作稳定，收入较高，城市适应和融入能力也最强。而那些低学历甚至没有学历的流动人口，则只能进入零售、餐饮、娱乐、安保、建筑、物流、环卫、保洁等领域或靠流动摆摊，甚至以拾荒谋生。这类少数民族流动人口的城市适应和融入能力最为脆弱。因此，对于城市民族工作，除了贯彻落实好党和国家的民族政策、民族法律法规，切实维护和保障好少数民族流动人口的合法权益外，帮助少数民族流动人口适应和融入城市已成为城市民族工作的一个重要方面。

（五）少数民族流动人口引发的城市社会问题增多，城市民族工作任务更加繁重

昆明市民族宗教事务委员会提供的一份材料显示，昆明市近几年所发生的影响民族关系和社会治安的大小事件，有 80% 涉及少数民族流动人口，其中属于管理不当而引发事端占 20%，属于不服管理而引发事端的占 47%，属于利益纠纷而引发事端的占 15%，属于社会治安及刑事犯罪的占 8%，属于不尊重少数民族风俗习惯而引发事端的占 7%，因新闻和文艺作品伤害少数民族感情而引发事端的占 3%。官渡区的情况基本类似。这些问题牵涉面虽广，但大体可以把它们归为两大类：一是少数民族流动人口带给城市社会的相关问题；二是少数民族流动人口进入城市务工生活遭遇的问题。其中"不服管理""社会治安及刑事犯罪"属于前一类问题，"管理不当""利益纠纷""不尊重少数民族风俗习惯""伤害少数民族感情"则可归为后一类问题。

官渡区的调查证实，涉及少数民族流动人口的城市社会问题以"不服管理"和"社会治安及刑事犯罪"较为突出，其原因主要还是少数民族流动人口的法律、法规意识淡薄，缺乏对城市管理制度及城市生活规则的认知。少数民族流动人口大多来自农村、牧区和边疆地区，受教育程度普遍不高，有的甚至没有上过学，其突出的特点是对国家法律、法规了解不多，对城市管理制度和城市生活规则缺乏认知。由于受教育程度低，他们中的不少人只能依靠小本经营谋生，违规从业、无证经营，不服管理的现象易发多发。

城市预期收入和城市生活向往，是吸引少数民族流动人口离开家乡，进入城市的重要拉力。与少数民族流动人口融入城市高度相关的生计、生存、生活以及计生、子女教育、医疗、养老等方面所遭遇的问题，也考验着城市管理者、城市常住人口的胸襟与包容度。少数民族流动人口来自全国各地，各个民族在语言、风俗、生活习惯、宗教信仰、伦理价值、行为

方式以及从业偏向等方面都具有更加显著的多样性和差异性。城市管理者和城市常住人口对他们缺乏足够的了解，在"接纳"少数民族流动人口过程中，难免出现"管理不当""不尊重少数民族风俗习惯""伤害少数民族感情"的现象而引发事端。此外，少数民族流动人口在城市工作、生活中最常遭遇的"同工不同酬""同城不同待"等也容易导致"利益纠纷"从而引发事端。由于文化教育程度不高，法治知识薄弱，少数民族流动人口在自身权益遭受侵害时，往往不能通过正常、合法、理性的渠道维权或解决，容易形成"抱团"，有时甚至会采取一些极端的方式来处理，把涉及民族个别成员的问题扩大化为本民族的问题，极易酿成群体性事件。而少数民族流动人口与本地居民之间，少数民族流动人口与少数民族流动人口之间，有的历史上甚至从未有过交集，对彼此的文化宗教、伦理价值、风俗习惯差异缺乏了解，在交往交流中也容易引发矛盾和冲突。

五　结语

昆明作为云南的省会城市，历史上就是彝族、白族、回族等少数民族居住生活的地方。新中国成立以后，在党的民族平等团结政策指引下，边疆各族干部、知识分子、学生开始进入昆明工作、读书、学习，民族成分逐渐增多。改革开放后，随着市场经济的建立和城乡二元分治的变革，大量乡村和边疆少数民族人口进入昆明务工、经商，而近年来云南作为中国面向南亚东南亚辐射中心的发展定位和昆明四季如春的宜人气候，也吸引着全国各地的少数民族到昆明工作、务工、经商、居住、养老。官渡区作为昆明的重要城区和现代新昆明建设的核心区域，迅速成为外来务工、经商少数民族人口重要聚集地，少数民族成分和少数民族人口数量不断增加。这些少数民族人口在为现代新昆明的建设和发展增添活力的同时，也使昆明城市民族关系变得复杂多样。民族工作范围扩大、民族工作对象多样、民族工作内容增多、民族工作难度加大、民族工作任务更加繁重成为新时期以来官渡区城市社区民族工作的新特点。

移动互联网视域下的西双版纳傣族村寨社会组织研究

徐何珊*

摘　要：互联网与社会的融合，带来了线上"群"与线上社会关系的研究，其与现实社会中既有的社会组织和社会关系有哪些联系和与区别，学者有着不同的观点。本文以研究傣族的微信实践为例，分析了傣族村寨既有社会组织的特点，呈现了傣族村民从现实社会交往到互联网社群交往的过程，认为傣族村民借助微信群实现了与村寨社会的并接，一方面，现实既有的传统社会组织与微信群融合在一起，另一方面在并接过程中产生新的线上社群和社会关系，交融与交织共同构成现实与虚拟交互的多元复杂的、流动的社会关系网。

关键词：社会交往　社会组织　并接结构　傣族

一　互联网社群交往的研究现状

综观历史，人们走过了从以口传、文书、视听媒介到互联网新媒体进行交流的历程，每一次沟通媒介的发明，同时也带来了社会的巨大变革。当前互联网与新媒体作为新的沟通媒介给人们带来空前的社交便利，也随

---

* 徐何珊，傣族，云南昆明人，云南省社会科学院民族学研究所副研究员，中央民族大学民族学博士生。

之涌现出社会交往与社会关系的新景象。在中国，尤其体现在以微信为代表的新媒体的广泛普及。在前微信时代，网络实践主体为青少年群体，对线上社群的研究也主要集中表现为与主流社会相对分离的亚文化的群体研究。而今微信已经迅速渗透到大众的生活中，据腾讯发布的 2018 年第一季报数据，截至 2017 年微信登录人数已达 9.02 亿，日均发送微信次数为 380 亿，微信俨然成为人们生活中必不可少的与社会连接的媒介，通过微信的朋友圈和群功能催生了许多新的社会关系和组织，这些以互联网和新媒体所产生的线上社交群与社交圈①，促使学术界兴起对于新"群学"的热烈研究。

早期学者通过研究手机通话、短信息以及微博、微信等通信手段，认为其能够有效地支撑社交网络的维系，并从中获得更好的私密性，在一定程度上，凸显了涂尔干所强调的"有机团结"。凸显出线上社交在社区团结的恢复和建构中的力量，将互联网看作是催生社会更加广泛合作及社会交往的重要工具。② 这种将线上社群和交往认为是泛合作的关系的观点，则自然得出"线上社区"的交往特点是格兰诺维特（Mark Granovetter）提出的"弱连接"（Weak Ties），即个体异质性较强，个体之间关系比较脆弱。③ 学者认为虽然"弱连接"不如"强连接"那么的坚固，却有着极快的、可能具有低成本和高效能的传播效率。④ 后来有观点认为，Web 2.0 时代线上的人际关系与社交网络的虽有弱连接与强连接，但明显有从强转弱的趋势。⑤ 相反，一些学者则认为，互联网媒介固然增加了媒介交往的机会，但是并不会显著地增加新的社会连接。也就是说，人们的线上沟通

---

① 学界对于以互联网所形成的社交群体没有统一的称呼，虚拟社群、网络社群、线上社群等等均可指代，由于"网络"一词具有多意性，"虚拟"一词与本文的所提出的观点有差异，故用"线上社群"以表达此意。

② 姬广旭、周大鸣:《从"社会"到"群"互联网时代人际交往方式变迁研究》，《思想战线》2017 年第 2 期。

③ M. Granovetter, "The Strength of Weak Ties," *American Journal of Sociology*, Vol. 78, 1973, pp. 1360 – 1380.

④ 郭建斌、张薇:《"民族志"与"网络民族志"：变与不变》，《南京社会科学》2017 年第 5 期。

⑤ 谢梦瑶:《"点赞"：社交网络平台中的弱连接》，硕士学位论文，湖南大学，2015。

还是基于现有的社交关系。① 线上的交往对象就是现实中拥有较为亲密关系的强连接关系。更有学者提出互联网社交带来的是 "网络个人主义"，即新的网络系统将人们从原有的紧密群体的限制中解放出来，人的角色更多的是作为连接的个人而不是作为嵌入群体中的成员，网络社交不仅仅是人们交往的手段，原有的社会关系也将发生转变。② 随着线上交往的日益频繁，个人作为 "网络人" 具有多重身份，将使得传统的本地团体开始碎片化，无论是社会还是社区，无论是家庭还是社会组织，最终重构了人际交往的格局。③

　　然而笔者认为，这些研究结论都过于绝对和简单化。这是因为他们将真实社会关系网和线上的社交作为割裂的两种对立的社交方式进行研究，因此结论非此即彼。究竟线上社交以及其形成的社群与现实既有社会关系网络和社群组织有什么关系，其特征是怎样的？笔者针对傣族的社会交往进行了长期线上线下相结合的参与观察，发现傣族将微信 "并接" 入现实社区，现实社区和线上社区的边界已经模糊，线上社会交往与既有的现实社会交往有重叠和融合的部分，也有各自不同的组织形式，线上社交以及网络社群呈现更为复杂和多元的状态。

二　西双版纳傣族的传统社会组织

　　英国人类学家拉德克利夫·布朗首次使用了 "社交网络"（Social Networks）的概念，他把社会关系看作是一种 "网" 或 "网络"。社会是以复杂的社会关系网络所联系的和组织起来的。在前互联网时代，传统的傣族社会从历史上傣族封建领主的勐曼制延续下来，形成以一个 "曼" 即村寨为社会管理的基层组织。每个村寨都有一套完善的组织系统和制度。早期

---

① H. Kim, G. J. Kim, H. W. Park, & R. E. Rice, "Configurations of Relationships in Different Media," *Journal of Computer-Mediated Communication*, Vol. 12, No. 4, 2007, pp. 1183 – 1207.

② Harrison Rainie, Lee Rainie, Barry Wellman, *Networked: The New Social Operating System*, Cambridge: The MIT Press, 2012.

③ 姬广旭、周大鸣:《从 "社会" 到 "群" 互联网时代人际交往方式变迁研究》,《思想战线》2017 年第 2 期。

的傣族实行寨内通婚，村寨就是一个庞大的亲属群体，其中村民小组领导班子、年龄组织、老人组织、寨老组织等多种组织和社群相互交织成网，构成了村寨社会严密而完整的整体结构。这些组织各司其职，发挥作用，以维系村寨的秩序和正常运转。

当下，传统的傣族村寨一般具备的组织叙述如下。

其一，政府设立的村干部组织。其主要构成为村民小组长、副组长、会计、妇女主任。村干部组织是村寨的行政管理，是傣族村寨权力的核心，也是国家最基层的管理，其构成了国家深入基层管理的代理机构与中间桥梁。

其二，民兵组织。从中青年村民群众中选拔出来的安保人员。可追溯至封建领主制事情傣族村寨的武装组织"昆悍"。他们不仅负责管理村寨的治安、协调纠纷，同时还是村干部的助手，接受村干部小组的管理，执行政府行政与村干指派的任务，还有组织和管理村寨青年的职能。

其三，年龄组。生活在村寨里的傣族按年龄 3~5 岁为界限，自然划分为出不同年龄层的组织。傣语称为年龄组伙伴为"郭秀"。郭秀有公共经费，有成员选出领头的组长，并组织集体活动。郭秀们从小一起读书一起长大，在生产生活中密切交往，经常在经济上换工、在生活上互相帮扶、在文化娱乐中聚集组织和参加活动。对于傣族来说，年龄组如同亲属关系一样，不仅仅是一种组织，更是一种与生俱来的身份角色，每个寨子的人从出生就有了这个组织，都有自己的"波秀"（他们用汉语称男老庚），和"咩秀"（汉语称女老庚）作为一辈子的朋友，自己的子女也认父母的同龄朋友的子女，叫其"波秀"和"咩秀"。而后来加入寨子的成员，也根据其年龄划属在不同的年龄组织中。比如，从别的地方嫁过来的妻子则跟随自己的丈夫加入其年龄组。郭秀是村寨中除了血缘家族之外最为亲密的社会关系。

其四，村寨老年协会。子女已经成家，且让渡了家庭经济管理权之后的老人则加入村寨的老年协会。这些约 50 岁以上的老人们的生活方式和生活目标重心有了迁移，从生产和家庭责任的重担中解脱出来，转向参加老人群体之间的交流与活动。协会有大家共建的公共经费，有的村寨还建有专门的老年协会文化活动室，由成员选出的老年协会理事长率领协会到各个村寨和乡镇进行文体娱乐活动和村寨间的交流。这是一种实现了老有所属、老有所乐的傣族民间组织。

其五，"西稍老曼"。傣语意义为四根顶梁柱，即四位寨老。他们是封建领主制时期傣族村寨的最高权威，1949 年后四位寨老主要管理有关傣族文化传统的事宜，傣族村寨传统文化的传承与发展离不开寨老制机制的支撑。虽然现在寨老的权威和管辖领域有了改变，但是对于整个村寨的管理与发展，寨老也具有一定话语权。他们与村干部组织共同进行村寨议事，制定村规民约，调解村民矛盾，并代表寨子出席村寨间的外交活动。

其六，寨子中的僧侣群体。西双版纳傣族村寨大多有本寨的专属的佛寺和供养的僧侣，他们大部分也是本村的村民，由佛爷主持带领一众小和尚生活在寨子旁边的寺庙，构成寨中的僧侣团体。

其七，"滚套帕豪"。傣语直译为白衣老人，他们是受戒守八种佛教戒律①的老人群体；各个地区和寨子的表现有些差异，德宏和勐海地区 60 岁以上的傣族老人约着自己的郭秀一起去受戒，而近几年景洪某些寨子信仰淡化，滚套帕豪出现了流失。

其八，寺庙管理。掌管村寨寺庙的财务、环境和僧侣生活的管理者，一般是 2～4 位出过家的男性老人。此外还有每个村寨必有的一位波章——一般从村寨还俗的佛爷中选拔任命。波章掌握宗教事宜，熟悉佛教教义和仪式，协助僧侣举行仪式活动。僧侣团体、佛寺管理人员、波章以及滚套帕毫是村寨举行宗教仪式和传承佛教文化主要的核心力量。

其九，"总辛"或"宛辛"②。这是以若干户联结组成的小组。过去"总辛"是为了傣族重要的宗教活动——3 个月入雨安居期间 12 次的"赕宛辛"仪式而设置的群组。从傣历年 9 月 15 日关门节至 12 月 15 日开门节这 3 个月期间，僧侣和信众潜心礼佛、村民忙于雨季的生产，对日常生活

---

① 八戒为不杀生、不偷盗、不邪淫、不妄语、不饮酒，上不卧坐高广华丽之床、不装饰打扮、不观听歌舞。

② "总辛"，傣语直译为 7 天组，"总"为组的含义，"辛"为七天的意思。"宛辛"，"宛"为听经诵经礼佛禅修等意思，"宛辛"指的就是这 7 天一次的仪式活动。傣族经常用"宛辛"来指代"总辛"这个组织。

和行为规范有一系列的限制和禁忌。其间每逢傣历初一、初八、十五、二十三日为一个"辛",僧团和"滚套帕豪"以及一些虔诚信众到佛寺里"赕宛辛",即听经诵经禅修斋戒,每天只吃一顿饭,而其他村民则依"辛"为组,轮流到缅寺听经赕佛、供养送饭。由此整个村寨的按户分为12辛组(人少的村寨分为11组或10组,首或首末两辛为全体村民共同参与),称为"总辛"。久而久之,"总辛"的功能逐渐扩大,超越了传统"宛辛"仪式的内涵,除了在入雨安居之外,在葬礼以及其他村寨集体活动中,也常常以"总辛"为单位分工安排事宜。"总辛"有其成员选举的组长叫"乃辛"。近年来地方政府看到了这个组织的作用,建立了"班户联建"的网格化服务模式,将"总辛"推作一个网格班,民主选举班长。从此村干部下达的任务分派到各个班中,村寨一切细小的事务和公共事务都细化分解到班。

其十,家族组织。傣语称家族为"耗滚",许多人认为西双版纳的傣族没有家谱和姓氏,也不上坟祭拜家族祖先,故而没有家族组织。其实他们也认定家族组织,只是这种组织较为松散,有一些傣族贵族确有族牒家谱。根据访谈了解到,西双版纳地区的傣族家族成员限于在世的亲属成员,多以在世最老的男性长者(族长)为基点向下推算家族,一般包括该长者亲兄弟姐妹及其配偶和子孙后辈(入赘或外嫁出去的家族成员也算,但其生育的后代不算),可以往下梳理3到5代人为家族成员。

以上这些组织是每个传统傣族村寨均具有的基本组织。除此之外,当代的傣族村寨还有许多形式各异的民间组织,以西双版纳勐罕镇的曼列村为例,该村在经济方面还有因业缘组成的养殖合作社、香蕉生产合作社以及建筑队。文娱方面有以兴趣结成的舞蹈队、傣武术队。

生活在村寨中的个体被整合到了各个群体组织中,使村民有所归属,参与社会公共事务。群体的成员身份相互交叉重叠。各群体有其一定的组织领导、公共经费、权利义务、规章制度,这些规章制度作为村寨的村规民约和礼仪规范,共同构成村寨的秩序,形成一套维系村寨运行的机制,保障村寨正常有序地运行,也是实现个体社会化的重要机制。正是因为村寨有着丰富的组织体系和运行机制为傣族文化传承做保障,传统文化不易

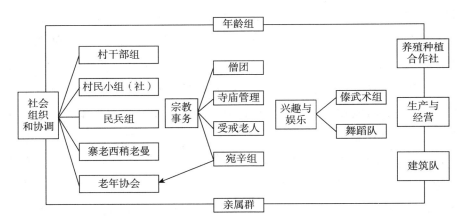

图 1　曼列村寨前网络时代的村寨社会组织

流失，因而至今在版纳还有着许多延续千年的傣族寨子也不为奇怪。

　　但许多学者忽略的一点是，其实这些村寨的社会组织也是村民与外界社会文化交往的重要桥梁。一方面，村民通过村寨组织互相帮助、通婚往来，巩固了熟人社会的强链接，夯实了村寨内部的组织基础。另一方面，在节日活动中，经常举行以组织为单位的村寨间的对外交往。以年龄组为例，在节日和农闲时分，他们经常聚在一起吃饭娱乐交流感情。成员会带各自在村寨外面认识的同龄朋友和本村的郭秀组织聚在一起，从而扩大了成员与村外同龄人的社交圈，姑娘小伙子交朋友、找对象很多都是通过这样的方式。又如老年协会组织，他们有自己的舞蹈队和排球队，经常到其他寨子进行文体交流活动。在一些村委会还举办一年一次的老年协会舞蹈交流会，促进各个村寨的老人交流沟通。老年协会还会组织全省乃至全国的旅游团，扩大了老人接触社会的范围。而僧侣团体也会组织进行村寨间甚至国际的交流活动。村民社会交往得益于傣族村寨的社会组织，它是构建村民个人与外界的沟通和交往重要渠道，搭建村寨内部与外部社会文化连接桥梁和中介。

　　这些丰富的村寨组织结构是傣族对内文化得以传承，对外能善于接受和主动吸取外界新事物，再吸收消化整合进入传统中。笔者认为，傣族及先民历经数千年社会文化变迁，在保持民族特色的同时又能源源不断获得发展动力，与其社会组织以及形成的制度和社会秩序有直接的关系。

三 微信与傣族村寨社会的并接

微信作为现代化的一个重要标志来势汹汹，傣族传统社区正在经历着空前轰烈的社会转型，这一轮信息革命，是否如一些学者所认为的传统社会结构将会被颠覆，人们的社会组织与社会关系形成线上与线下——传统与现代的二元对立呢。笔者以曼列寨的傣族村民以及周边傣族为例，进行为期一年的田野调查，得出结论却并非那么简单。

曼列寨是一个传统的傣族村寨，属西双版纳州景洪市勐罕镇曼法村委会，位于景洪以南的傣族聚居地橄榄坝腹地。曼列是一个历史悠久的傣族自然村，分为四个小组：曼列告、曼列迈、曼列贺那和曼龙董。后因连年水涝影响，地处低洼的曼龙董搬迁至曼列西北部地势较高的区域，1984年曼龙董分出单独的村民小组，有单独的行政组织，但两村仍共同供养和祭拜同一个寺庙和寨心，共同举行宗教仪式、节日和婚丧活动。下寨曼列（包括曼列告、曼列迈、曼列贺那）现有129户，682人。上寨曼龙董有51户，248人，两村人口90%以上均为傣族。

2017年政府统计数据，该村已实现每户拥有至少一台手机，且4G网络和WiFi全覆盖，笔者调查村民主要使用智能手机上网。笔者针对经常使用智能手机上网的村民发放了问卷，并进行了结构访谈。发放问卷210份/人，收回有效问卷206份/人，有效率为98.09%。调查显示，44.17%的人早在2013年以前就开始使用手机上网，33.01%的人在2014年、2015年间开始使用手机上网。在网络社交媒体中最常用的就是微信，占使用手机上网人数的100%，其年龄覆盖从上初中的青少年到50多岁的老人都在使用微信。可知生活在边疆地区的傣族村民使用微信等新媒体的时间与城市几乎是同步的。数据显示，他们使用手机上网的主要用途：有41.75%是与他人进行即时通信，有65.56%是习惯性地用手机查看朋友圈信息。而选择手机上网的其他功能，如查找搜索知识与信息21.45%、网购39.32%、玩游戏38.35%等均没有过半。通过访谈，许多人认为和朋友以及村里的父老乡亲主要采用的联系方式首先就是微信，面对面的交流都没有用微信次数多，即使要见面也要先在微信中进行联系再见面。微信群和朋友圈中发布的信息也是大家见面聊天的谈资。可见微信已经成为村民沟通交往的一个重要渠道。

通过结构访谈，许多村民都不约而同地认为，自有了微信就像重新活了一次。82%以上的村民均认为微信对以前的生活有了影响和改变，其中37.86%的人认为，完全改变了以前的生活。微信对于村民的日常生活产生了巨大的改变，但在其中，傣族并非被动地去接受新的外来事物，村寨结构也没有因此遭到瓦解。事实上，傣族村民将微信以并接的方式纳入了他们的社会组织之中。萨林斯（Marshall Sahlins）认为：在外界文化进入当地社会体系的时候，当地人以文化理性来实践，并通过实践，吸收和纳入自己的社会文化体系中。然而，这个并接后其产生的结果并非外来者和当地者所预想的，并接后的这些变化就是文化的再生产。

以微信为代表的新技术进入傣族的社会后，傣族积极接受，并开始实践微信功能，接受、吸纳微信的功能和特征，将其并接入村寨社会组织之中，辩证地纳入自身社会秩序中，用当地人自己的方式来理解和运用微信。通过数据和访谈，大多数村民表示欢迎和必须接纳微信，要跟上时代，不然就会变成老古董了。46.12%的人认为非常欢迎和喜欢现在有了微信的生活，其主要是年轻人。14.08%的人认为积极接受用微信后的生活，而只有不到10%使用微信的人表示勉强接受、正在适应或不能接受和适应。更有61.65%的人认为，不想回到没有微信过去的生活。之所以傣族能那么迅速适应并使用微信，这与他们的文化理性——社会组织与社会秩序有着密切的关系。

微信的群功能与傣族村寨的社会组织有着马克斯·韦伯所谓的选择性亲和的特点，微信进入村寨后，其群聊功能很快与村寨组织进行了很好的结合。村寨的传统社会组织除了寨老组织、"滚套帕豪"和寨子内部的僧团之外都建立了微信群。而这些组织在现实中仍然存在并正常运转。大家既是现实生活中的社群成员，又是线上的群成员，线上群里发布会议通知、组织活动，分享心得，在线下聚餐、互相帮助，线上线下形成联动，二者的社交群体和内容话题有交叉重叠和逐渐融合的趋势。

曼龙董和曼列的三个小组于2016年分别建立了父老乡亲群，村里的大小事务均通过微信通知。这四个父老乡亲群，每个群人数都在100人以上，覆盖了所有户。有了村小组群，村主任和会计、妇联主任等可以随时通知消息、布置任务，代替了村里大喇叭的功能。一次村里有老人去世，按村俗四个村小组都要为老人举办葬礼送葬。村主任用大喇叭广播了此事，然而波章算错了葬礼送葬日期，村主任和各小组长赶紧通过微信群通知四个小组的成员，利用微信群信息传达及时而不声张的特点缓解了这次乌龙危机。除了下达消息之外，群还有上传村民意见和信息的功能。村里因为大家忙于不同生产活动，要想聚齐也是不易。村主任需要统计户主身份信息，通知发到群里，大伙纷纷拍下自己的信息发到群里，不等到晚上开大会通知，身份信息就已经全部收到。这四个父老乡亲群是村里最活跃的群，每天信息可达数十条甚至几百条。

村寨也按年龄组建立了各自的微信群。曼龙董村社房落成典礼，妇女按年龄组分配了跳舞和做饭、打扫的任务，在年龄组微信群里，大家又进一步细化到个人的任务。选择缝哪种款式和颜色的傣裙跳舞是群里热烈讨论的话题，他们借助微信能够传播视觉信息的功能，将各自心仪的傣装图片发在群里，讨论统一出最终意见。除了在微信群里互相发线下活动通知消息之外，他们也经常在线上聊天，然后把线上聊天的内容，作为见面时候的话题。年龄组建立了微信群之后，线上线下的群组互动形成融合的强连接。

许多人认为西双版纳的傣族没有家谱和姓氏，也不上坟祭拜家族祖先，故而没有家族群体。其实他们也有较为松散的家族组织，甚至一些傣族贵族确有祖先家谱。根据访谈了解到，版纳地区的傣族家族多以在世最老的长者为基点，往下梳理其家族成员。家族成员一般包括该长者亲兄弟姐妹的家庭及其子孙后辈（上门或外嫁出去的家族成员，仅仅算该成员，子孙后代不算）为家族成员。由于村里由于过去鼓励村寨内婚，村里的成员几乎都是亲戚，加上组织甚多，因此难以从地缘以及其他社会组织中剥离出血缘家族。家族群体在进行传统的苏麻仪式①时，才凸显出其完整的

---

① 苏麻，傣语称对不起，具有道歉忏悔之意。源自南传佛教中僧侣与信众对佛祖的忏悔，如今苏麻仪式也是晚辈对家族老人、徒弟对恩师，举行的尽孝、忏悔、互相祝福、许愿的仪式。

组织构成与部分功能。有 70 岁以上老者的家族，在雨安居期间要举行苏麻仪式，此时在世的所有亲戚，包括第四、第五代小孩，都要到老人家里拜老人，随后全家族人一起做饭聚餐，届时也是家族聚会，加强亲族联系的一个重要场合。近年来，家族成员分散到各地，跨越地域亲属群的情况越来越多。自有了微信之后，许多家族纷纷建立起了家族群，家族成员通过微信群，将远在其他村寨的亲戚联系在一起，在微信群中经常联系，增强了家族群成员的感情。最近几年傣族村寨还掀起了举办家族聚会，拍家族集体照和晒照片的热潮。还有的家族亲戚远在国外，通过微信联系增进往来。甚至曼列村还有通过微信找回了失散多年的老挝亲戚的案例。随着当代傣族外出读书或打工就业的情况越来越多，家族群形成了超越村寨界限的社会组织，其线上家族群将原本不明显的傣族的家族群凸显了出来。

表现突出的还有老年群体，近两年村寨老年协会的老人们在年轻人的帮助下掌握了微信应用，他们建立了自己的哔秀老年协会群、波秀老年协会群，在群里用语音即时聊天，分享转发傣族舞蹈、小品和地方新闻。更有甚者，2018 年 7 月，镇里组织老年人进行免费的白内障摘除手术，叮嘱老人要休息半个月，但是一些迷上微信的老人只按照医嘱不干重活，却戴着墨镜玩微信。只因他们的微信群里发了不久前村里的老年协会去其他寨子老年协会交流跳舞表演的视频。虽然这个例子有点极端，但是可以看到村民对于微信的接受程度是非常高的，既有的社会组织与微信群的结合也很融洽。

从上述微信群与傣族既有社会组织的并接可以看到，傣族村民将现实存在的群复制到线上的微信群。传统的社会组织的功能没有被消解，组织领导、成员及其关系和功能依然存在。通过微信，他们的信息沟通更加频繁，没有削弱现实中这些社群的成员的关系，更没有打破其原有的社会基本结构，改变的是组织交往的时空与沟通的形式。反而因为微信的跨时空与即时沟通的特点，促进了组织成员更为密切的交往。访谈中很多人认为因为微信上的联系更多，使得原有的群成员关系更加紧密，线上的话题和信息丰富了线下组织成员们见面时候交流。线上发表的群成员共同的一些活动记录和信息分享，构成了共享的集体记忆，巩固了既有群体的社会关系。笔者通过数据访问有 64.08% 的村民认为自有了微信，村寨变得更加紧密。

由傣族村民的微信实践可见，傣族并没有因为微信或互联网而改变自己的社会组织及其功能，反而以文化理性，将现实既有的社会组织复制到了线上，形成并接，线上线下的社群边界已经被打破，进一步融合在一起，构成一种线上线下联动的强链接。由此可见，我们不应将传统与现代、线上与线下剥离开，以二元对立的视角孤立分析，更应将二者结合起来进行研究。此外一些学者认为的微信群会瓦解原有的社会组织，或是让人们变得更加个体化、原子化，或一味形成弱连接的关系是不准确的。

四　并接与再生产——复杂多变的新兴线上群组

萨林斯认为并接结构是一系列的历史关系，这些关系再生产出传统文化范畴，同时又根据现实情境给它们赋予新的价值。库克船长与夏威夷当地的历史事件在于说明，夏威夷文化会将自身作为历史再生产出来。当地人预想将欧洲人的到来包容于被建构的系统之中，从而将情景作为结构加以整合，将事件视为他自身的一种版本，但是在实践过程中，夏威夷人与欧洲人之间发展起来的交易综合体，即并接结构，建立起了预料之外的新意涵，这便是结构的转型，在实践中获取的价值，作为其范畴之间的关系反馈回结构。①

在微信群与传统的社会组织融合的同时，微信在傣族社会实践中虽然并没有像夏威夷社会一般，社会结构发生了强烈的转型，造成原有社会结构的瓦解，但也呈现出一些新的特点。表现为傣族社会与微信相互形塑，激发出微信的地方性意义。除了传统村寨既有的组织之外，村民们在线上还建立了很多其他的群。

基于对曼列曼龙董的观察，笔者根据新产生的线上群的交流内容类

---

① 〔美〕马歇尔·萨林斯：《历史之岛》，蓝达居、张宏明等译，上海人民出版社，2003，第 301 页。

别，与现实人际圈的联系，结合格兰诺维特人际关系强弱接连理论的四要素：交往的时间长短、情感交流的频率强度、以互相倾诉为基础的亲密程度和互惠支持①，进行大致分类，以梳理傣族社会涌现的新的线上群体（见表1）。

表 1　曼列曼龙董的微信群分类

交流内容类别	群成员主要来源范围	交往时间长短	情感交流频率强度	亲密程度	互惠程度	共同的话题或任务	曼列曼龙董村线上群表现
交友群	全国甚至跨国界	较短	不定	弱	弱	无	单身交友群、跨村界的各地郭秀群等
网游群	全国	较短	弱	弱	弱	有	英雄联盟群等
休闲娱乐群	本村寨及周边村寨	较长	强	强	中等	不定	喝酒烧烤群、兄弟联盟、发小群等
学习群	不定	中等	中等	中等	强	有	傣文学习群、学校家长群、种植合作社等
宗教群	东南亚各国南传佛教传播范围	较长	中等	中等	弱	有	诵经群、佛爷群
微商群	全国	较短	强	弱	强	有	化妆品牌推广群、日用品牌推广群
业缘群	乡镇	中等	强	中等	强	有	胶厂群、打工群、拖拉机群、货车群、香蕉合作社、养牛合作社、建筑队、金孔雀乐队等
村寨成员群	本村	较长	中等	强	中等	不定	女性户主群等
兴趣爱好群	州市	中等	强	中等	不定	有	斗鸡群、跳舞群、章哈群、制陶群、傣歌交流群等
政务群	乡镇	中等	中等	弱	弱	有	各村村主任群、美丽乡村建设群、各村妇女联合群、会议群
同学群	州市	较长	不定	弱	弱	无	小学同学群、初中同学群、职高、高中同学群
临时群	不定	较短	弱	弱	不定	有	演出群、做饭帮忙群等

---

① M. S. Granovetter, "The Strength of Weak Ties," *American Journal of Sociology*, Vol. 78, 1973, pp. 1360 – 1380.

有些新建的线上群是原来现实生活中没有的群组，比如单身朋友交往群。则是以互相加朋友进群的方式随机进入的，群里没有领导，也没有共同的话题和任务目标，群成员互不相识，甚至来自天南海北，不同民族。这个群就是仅存在于线上的群组。

有些群是基于现实中有一定的弱连接关系。如，2018 年 3 月为迎接州政府组织的傣历年演出，各村选拔了舞蹈演员，并组建了线上群，其超越了村寨地域范围，群主由镇妇联主任作为领导，虽然这个线上群至今仍没有解散，而且也是基于现实中存在的村舞蹈队，但是其实质是具有一定的时效性，演出过后，大家几乎不再线上群里说话了。

还有的群是原来在现实中交往紧密，但尚未结成现实组织的，因微信建立起线上的群。如，曼龙董村里的妇女们自发建立了女性群，而这个群实质是村里每一户的女性户主群。关门节，村里的妇女们会在群中喊话，组织统计户数凑钱杀猪。村里老人去世，这些活跃的女性户主们也在群里约着一起去帮忙，并凑份子钱。作为家里主要操持家务和经济事务的女主人，通过这个群和村寨集体连接在一起，具有团结村寨和加强管理村内事务的重要功群能。而这个线上的妇女群就是一种强链接。

还有些线上群是跨文化地域的，如微商群、游戏群、诵经群等。微信将群里原来不曾谋面的人，因业缘和兴趣聚集在一起形成新的社会连接。

这些新产生的群性质各有不同，群存在的时效、连接的强度、范围、组织的功能和制度等都各不相同，呈现出多元复杂性。调查发现，有近 9.71% 的人有陌生人的交友群，12.14% 的人有游戏群，12.14% 的人有微商群，还有 12.62% 的人选择莫名其妙被拉进去的，不知道的群。尽管在关于群的调查中，笔者已经设立了 15 类不同种类的群作为选项，但是还有很多人认为他们还有更多无法定义归属的群，填写在"其他"一栏的群占 9.71%。这类新生的线上群，大大超越了前微信时期局限于村寨及周边地区的社交范围，傣族村民的社会组织与社会交往圈子也从原来基于传统村落组织及其活动范围扩展到空前境地，跨地域、跨民族、跨文化交流越来越多。

微信在基层社会渗透发展的速度非常快，特别是近年来几乎每个月都涌现出与微信并接后产生的新景象新变化。而根据笔者一年的实时参与观察，以及对村民微信实践历程进行访谈回溯，发现人们有时因为微信走得更近，认识了更多的人，扩展了社会交往面，甚至找到了自己牵手一生的对象；有时因为微信而使原有的关系解体了，因微信而离婚、闹矛盾的家庭也时有发生；有时因为微信使迁徙到各地甚至不同国家的亲属关系从失联到复联和巩固。村民除了原有的社会身份中又增添许多网络化的身份，在不同的群组和关系中交织来回，编织成复杂多元的动态的社会关系网。

五 结语

本文观察与分析了傣族村民的微信实践，他们将微信并接入村寨社会体系中，在使用微信的过程中，傣族村民以文化理性，将村寨原有的传统社会组织与微信群功能选择性亲和地结合在一起，打破了现实和虚拟的边界，线下传统社会组织和线上群组融合在一起，形成线上线下互促互融的强连接。然而，并接不仅意味着结合还意味着变迁，村民利用微信再生产出新的具有地方特色的群组。这些新的线上群组呈现出复杂多样的、流动性的特征和意义，其与既有的现实村寨组织一起共同构成了网络时代的傣族村寨社会的人际关系，塑造了当下傣族村寨社会结构。

从傣族的微信群实践中，可看到互联网所带来的即不是原有社会组织的分崩离析，也不是一味巩固了社会的有机团结。人们在现实与虚拟、强接连与弱连接、稳定与流动的社会关系中穿梭，在多元复杂的群组中变换着多重身份。线下和线上的社会关系与组织形式，并不是割裂和对立的，而是既有重叠、融合和保留的部分，又有变迁、再生产与新生的部分。

参考文献

〔美〕马歇尔·萨林斯：《历史之岛》，蓝达居、张宏明等译，上海人民出版社，2003。

〔加〕罗伯特·洛根:《理解新媒介——延伸麦克卢汉》,何道宽译,复旦大学出版社,2012。

〔美〕尼古拉·尼葛洛庞帝:《数字化生存》,胡泳、范海燕译,电子工业出版社,2017。

姬广旭、周大鸣:《从"社会"到"群"互联网时代人际交往方式变迁研究》,《思想战线》2017 年第 2 期。

郭建斌、张薇:《"民族志"与"网络民族志":变与不变》,《南京社会科学》2017 年第 5 期。

Harrison Rainie, Lee Rainie, Barry Wellman, *Networked*:*The New Social Operating System*, Cambridge:The MIT Press, 2012.

H. Kim, G. J. Kim, H. W. Park, & R. E. Rice, "Configurations of Relationships in Different Media", *Journal of Computer—Mediated Communication*, Vol. 12, No. 4, 2007.

M. S. Granovetter, "The Strength of Weak Ties," *American Journal of Sociology*, Vol. 78, 1973.

缅甸罗兴伽人在瑞丽、昆明两地的流动[*]

陈春艳[**]

摘　要：文章主要将旅居于瑞丽、昆明两地的缅甸罗兴伽珠宝商人作为研究对象，以他们的流动路线："缅甸若开邦→瑞丽→昆明→瑞丽"作为主线开展田野调查，并在此基础上对其流动规律进行总结与归纳。

关键词：缅甸　罗兴伽人　穆斯林　流动

"罗兴伽人"（对应的英文单词是"Rohingya"），是缅甸最大的穆斯林群体。长期以来，绝大多数罗兴伽人无法获得缅甸公民身份，不能在政治、经济、宗教、文化等方面享有基本的权利。从20世纪70年代末开始，大批罗兴伽人开始陆续迁往孟加拉国、泰国、马来西亚等国家。早在20世纪80年代初，就开始有罗兴伽人进入中国云南境内生活，到目前为止，其人口数量已达数万之多，遍布云南的德宏、西双版纳、楚雄、昆明等地。自2013年底至今，笔者一直对瑞丽、昆明两地的罗兴伽人进行跟踪调查。结果显示，瑞丽的罗兴伽人主要聚居在瑞丽珠宝街的粮食局片区，大部分人依靠经营珠宝玉石为生。为了在中国各地拓展业务，部分人常游走于中国的北京、上海、广州等各大城市。因此，作为云南省省会城市的昆明逐

* 本文是2017年度国家社会科学基金西部项目"缅甸罗兴伽人向云南地区流动所带来的影响及其对策研究"（项目批准号为17XMZ060）和云南省社会科学院"哲学社会科学创新工程"云南民族团结进步示范区建设研究创新团队的阶段性研究成果。

** 陈春艳，女，汉族，云南省社会科学院民族学研究所副研究员，主要从事跨境人口流动研究。

渐成为罗兴伽人去往全国各地的中转站，每日在昆明流动的罗兴伽人少则不足 10 人，多则能达到数百人的规模，最终有少量罗兴伽人定居在昆明，他们一直在为暂居昆明的罗兴伽人提供着住所、食物、生意咨询，以及其他方面的援助。每逢瑞丽有亲朋好友新店开张，操办红、白喜事，以及伊斯兰教的节日庆典，如果没有特殊情况，这些昆明的罗兴伽人一般都会赶回瑞丽参加。另外，如遇昆明的生意经营不顺，濒临倒闭，他们又会再次迁回瑞丽生活。

一 扎根瑞丽：瑞丽罗兴伽移民社区的形成与发展

最为经典的社区的定义被公认为是由社会学芝加哥学派的帕克（R. park）提出的，他认为社区是占据在被明确限定了的地域上的人群汇集。他指出："被接受的社区的本质特征包括：按区域组织起来的人口；这些人口不同程度的完全扎根于他们赖以生息的土地；社区中的每个人都生活在相互依赖的关系中。"[1] 自 20 世纪 70 年代末缅甸政府在若开邦的布帝洞和孟都地区发动专门针对罗兴伽人的非法移民调查行动以来，就不断有罗兴伽人开始走出若开邦，去往缅甸的仰光、曼德勒等城市，或者直接离开缅甸，去往他国。同一时期的中国，正值改革开放初期，为了促进经济的发展，国家开始全方位地加大对外开放的力度，到了 20 世纪 80 年代初，中国的改革开放已初见成效，经济开始迅猛发展。同时，于 20 世纪 70 年代末从缅甸若开迁往仰光、曼德勒等地的罗兴伽人在经过几年的休养生息之后，已通过珠宝贸易积累下了一定的资本。中国经济的良好发展势头、宽松的投资环境，以及安定的社会氛围对他们来说具有很大的吸引力，于是他们辗转来到瑞丽继而从事珠宝贸易。在瑞丽的生活得以稳定之后，他们中的一些人开始把家人从缅甸接到瑞丽居住，并利用自己在瑞丽的社会关系帮助那些有意到瑞丽发展的同乡牵线搭桥，指引他们进入瑞丽，并资助他们走上珠宝贸易之路。这些人在瑞丽站稳脚跟之后，又继而

---

[1] R. Park, "Human Eeology", *American Journal of Sociology*, 1993, 17 (1), pp. 1 – 15.

开始帮助更多的同乡来到瑞丽发展，如此反复循环，经过 30 多年的发展，旅居于瑞丽地区的罗兴伽人一度达到了近万人的居住规模。目前，仍有 3000 多名罗兴伽人聚居在瑞丽珠宝街的粮食局片区，按照上述有关社区的定义和特征，可将其称为瑞丽罗兴伽移民社区。

（一）罗兴伽人进入瑞丽的历史追溯

缅甸罗兴伽人向瑞丽的流动，可大致分为如下三个阶段。

第一阶段，20 世纪 70 年代末。1978 年，缅甸政府在若开邦的布帝洞发动了代号为"龙王计划"的紧急移民调查行动，这期间，大批罗兴伽人开始陆续迁移至他国，其中，有 25 万左右的罗兴伽人进入了孟加拉国。在此项移民调查行动结束之后至 1982 年新的《缅甸公民法》颁布之前，罗兴伽人还拥有与其他族群一样的身份证，缅甸政府也还没有限制罗兴伽人自由流动的权利。在局势稍微稳定之后，一些罗兴伽人举家迁往了仰光、曼德勒等地，有人就此定居在了仰光或者曼德勒，然后开始学习珠宝加工，其中一部分人在仰光或者曼德勒生活了一段时间，并积累下了一定的资本之后，转而来到瑞丽寻求发展。

第二阶段，20 世纪 90 年代初。早在 20 世纪 80 年代到达瑞丽的罗兴伽人，到了 20 世纪 90 年代，都开始慢慢地变得富有起来，而在同一时期的若开，缅甸政府开始对罗兴伽人实施一系列高压政策。先是 1982 年通过颁布新的《缅甸公民法》限制罗兴伽人的公民权利。然后，1989 年底，又以强制手段在若开北部建立起了佛教徒定居点。接着，又于 1991～1992 年在若开地区对罗兴伽团结组织开展清剿行动，先后又有 25 万左右的罗兴伽人举家迁离若开，很多人在辗转流亡多个国家之后，最终得以在瑞丽落脚。

第三阶段，2012 年至今。在 2012 年 3 月和 6 月，以及 2016 年 10 月和 2017 年 8 月，在若开的佛教徒和罗兴伽人之间曾爆发过多场大规模暴力冲突，在冲突中，罗兴伽人伤亡惨重，很多人的房屋在冲突中被烧毁。冲突结束之后，缅甸政府不允许他们重建家园，很多人因此沦为难民，部分罗兴伽人在亲属和同乡的帮助之下来到瑞丽。

(二) 瑞丽罗兴伽移民社区的建立

瑞丽珠宝交易市场早在 20 世纪 80 年代中后期就开始形成，但由于国家迟迟没有放开珠宝玉石经营市场。在 20 世纪 80 年代，瑞丽的珠宝交易规模都比较小，档次也比较低。一些瑞丽人会到缅甸的木姐一带购买少量便宜、价值低廉的手镯、戒面、挂件等成品到集市上摆摊售卖。偶尔，边境地区的一些缅甸人也会携带珠宝玉石到瑞丽来销售。在 20 世纪 80 年代来到瑞丽的罗兴伽人，大多也都是从摆摊走售开始做起珠宝生意的。

到了 20 世纪 90 年代初，在国务院关于开展边境小额贸易的优惠政策和办法出台以后，到瑞丽进行投资的人员越来越多，一些私营企业和个体工商户纷纷开起了专营各类珠宝玉石的店铺，相关部门也开始认识到杂乱无章的珠宝贸易不利于当地社会稳定和经济发展。于是，瑞丽市委、市政府划出了一条街，委托瑞丽市工商局投资兴建专门的珠宝玉石交易市场。1992 年，瑞丽珠宝街建成，84 间铺面和 136 个摊位随即被珠宝玉石经营者订购一空，半公开、半隐蔽的珠宝市场也从此走向明朗化、规范化。不过，当时瑞丽珠宝市场基础仍比较薄弱，与其说是珠宝街，不如说是一条综合性摊位街，因为那条街上珠宝、服装、民间工艺品、饮食等各类商品一应俱全，当年经营户各自搭棚摆摊，场面十分拥挤、嘈杂、混乱，并没有体现出"珠宝特色"。1993 年以后，瑞丽市委、市政府接受工商局的提议，进一步放宽市场投资主体，通过多元化筹集资金，对珠宝交易市场进行改造、扩建。于是，由瑞丽民族家具厂利用其靠近珠宝市场的土地投资盖了铺面 45 间、摊位 56 个，由瑞丽市粮食局投资盖了铺面 37 间、摊位 16 个，由瑞丽市市场经营服务中心投资建成铺面 88 间、摊位 90 个。1994 年，瑞丽市宝玉石协会和珠宝鉴定中心成立，这代表着瑞丽的珠宝市场得到了进一步的规范和完善，同时也为各路商家创造了更加良好的投资环境，在这一时期，一些罗兴伽人及时抓住了机遇，迅速地成长了起来，为了扩大经营规模，有的人还将家人全部都接到了瑞丽生活。

从 2000 年起，为了将瑞丽打造成"东方珠宝城"，瑞丽市政府开始积极改善投资环境，并制定了一整套珠宝产业发展规划，2000 年 12 月，姐告玉成珠宝玉石毛料交易市场建成开业，2001 年 4 月，华丰集团瑞丽珠宝城建成开业，2004 年 1 月，新东方珠宝城建成开业。在此时期，那些于 20 世纪 70 年代末 80 年代初将家从若开搬至仰光或者曼德勒的罗兴伽人因常年从事珠宝玉石贸易，已经拥有了殷实的家底，同时，他们的后代也已经长大成人，瑞丽的投资环境对于他们来说具有很强的吸引力，他们的子女（通常是儿子）随即来到瑞丽以谋求新的发展。

2002 年，瑞丽市政府再次通过集资的方式在原址重建珠宝街，将珠宝街片区的几个零散的商业区块合并为一个大型珠宝交易综合市场，经过此次扩建之后，珠宝街的占地总面积已达到 90.2 亩，拥有大小铺面 450 间、摊位 240 个，建筑总面积达 4.2 万平方米，参与集资达到 4 万元的商户便可在珠宝街分配到一间商铺，随着珠宝市场逐渐成熟，瑞丽市政府以平均每间 30 万元的价格将全部的商铺出售给个体珠宝商户。到 2005 年，瑞丽市政府再次将瑞丽珠宝街片区粮食局珠宝街 7 间商铺，以每平方米 3.5 万元的价格向商户出售。在此期间，不少罗兴伽人也参与了政府的集资，并在后来成功认购下了其中的一些商铺，开始在瑞丽拥有了属于自己的家。

已经过上了富足、安稳生活的罗兴伽人，虽然身在瑞丽，但是心里依然挂念滞留在若开的家属和同乡，对于有意来瑞丽发展的人，他们就帮着办理入境手续，将其带至瑞丽，无偿地将自己店里的毛料、翡翠、玉石交由这些人去卖，并采取将所得利润赠予对方和与对方分红相结合的形式来帮助其维持生计。

MMN，男，50 岁左右，来自若开邦实兑镇，是于 20 世纪 80 年代最早到达瑞丽的一批罗兴伽人之一，他曾经帮助过不少想要来瑞丽发展的罗兴伽人，他说："我带了很多若开的人到瑞丽来，他们刚来的时候都没有钱，我就把我的手镯、戒面交给他们去卖，我不收他们的一分钱，他们卖了之后再给我钱，比如：我告诉他们说这个戒面最低要卖 1000 元钱，然后就看他们的能力了，他们可以拿去卖 1500 元、2000 元，甚至更多，不管赚了多少，都是他们的，他们只用给我 1000 元就可以了。但是，如果他们最后只卖了 1000 元，那么，我最后仍然会按照售价的 5% 来和他分钱，也就是说，最后他还是可以从我这里拿到 50 元的报酬。"①

很多刚到瑞丽的人很快就以这种方式获得第一笔创业资金，有些人甚至能借此迅速地立足于瑞丽，他们在获得成功之后，又继而开始以同样的方式去援助别人。现在的瑞丽珠宝街，每天都可以看到几十，甚至是上百个罗兴伽男子身上斜挎着一个包，来回穿梭、奔走于各条街道，向路人兜售珠宝，这群流动商贩自诩为"皮包公司"，但笔者认为基于他们的流动经营性质，用"游商"一词称呼他们更为贴切。一般情况下，初到瑞丽的罗兴伽人（通常是男子）基本上都是在亲属和朋友的帮助下从一名"游商"做起，逐渐积攒下钱财，然后慢慢地成长为能够独立从事珠宝贸易的商人，当他们的经济能力越来越雄厚时，又转而去帮助他人，族内互助机制由此形成，在这样一种互助机制之下，最终形成了瑞丽的罗兴伽男子基本上都是珠宝商人的局面。随之，以珠宝街粮食局片区为主要聚居地、居住规模一度达到近万人的瑞丽罗兴伽移民社区也逐渐建立和发展了起来。

二 人员流动：从瑞丽走向昆明

2014 年初至今，按照居住时间的长短，大致可将昆明境内的罗兴伽人分为两类，一类是短期暂住的流动人员，另一类是居住时间在 3 个月以上（包括 3 个月）的人员。经过观察，笔者发现，居住权限、语言和饮食习惯是致使罗兴伽人不能长期在昆明生活的原因，少部分人之所以能够长期定居昆明，是因为他们有着强于一般人的语言天赋、社交能力和适应能力。

（一）暂居昆明的流动人口

笔者在田野调查期间，曾遇到过一些在昆明生活了一段时间，最后又返回瑞丽的人，他们向笔者讲述了自己从昆明返回瑞丽的原因。

"我是 1997 年到的昆明，我记得昆明还举办过世界园艺博览会，那个

---

① 调查时间：2014 年 8 月 10 日，调查地点：瑞丽珠宝街。

时候我就在昆明了，我在昆明生活了 1 年多，1998 年，我又从昆明回到了瑞丽，在瑞丽，我们喜欢吃的东西全都可以买到，在昆明就买不到。"①

"我觉得在昆明很不方便，要是生病了，我去医院，人家说的我听不懂，我也不知道怎么告诉医生我哪里不舒服，在瑞丽，我可以说缅语，医生能听懂，所以我还是更喜欢瑞丽一些。"②

通过长期的调查，笔者认为，大部分罗兴伽人之所以只能作为流动人口暂住在昆明，主要是因为有如下三个因素的制约：居住权限、语言和饮食习惯。首先，随着中国对出入境管控的加强，无证者已很难在边境地区落脚，更不用说昆明这样的省会城市，目前在昆明生活的罗兴伽人，有店铺的人一般都申请办理商务签证，没店铺的人则想方设法托人办理学习签证，如果没有渠道办理到以上两种签证，只能凭旅游签证在昆明居住，每两个月要为办理续签手续在缅甸和中国之间四处奔走，非常麻烦，这是阻碍罗兴伽人进入昆明的首要因素。其次，昆明与瑞丽比起来，差别最大的是语言环境，在瑞丽，可以不学习中文，因为四处都是操着缅语的人，可以自如地用缅语和他人进行交流，而昆明则不同，如果没有很强的语言天赋，不能熟练地掌握中文，就无法和他人进行交流，最后自然也不能很好地融入当地的生活。最后，饮食习惯也是一个比较大的问题，罗兴伽人喜欢嚼槟榔，吃咖喱、油炸类的食物，槟榔的保质期有一个月左右，可以托人从缅甸或者瑞丽带过来，但是其他食物却很难在昆明买到，他们也可以从缅甸或者瑞丽带一些调料到昆明，然后自己在家里烹制，但是用他们自己的话说就是："这里（昆明）什么都没有，不像瑞丽，在瑞丽，我们可以天天吃自己喜欢吃的东西，在这里，我们只能从缅甸、瑞丽带东西来偶尔自己在家里做一下！"

正是基于以上一些原因，能够长期坚持在昆明生活的罗兴伽人并不多，对于大多数罗兴伽人而言，昆明只是一个中转站或者临时的居住地，

---

① 调查时间：2014 年 6 月 5 日；调查地点：昆明 SDJX 珠宝城；调查对象：AG，男，来自若开邦的实兑镇。

② 调查时间：2014 年 6 月 17 日；调查地点：昆明 SDJX 珠宝城；调查对象：RG，男，来自若开邦的实兑镇。

他们或者会不定期地携带一些货品到昆明售卖，或者以昆明作为中转站，途经昆明，然后去往其他地方，或者为了运送货物、业务往来而长期往返于昆明和云南的一些边境地区，或者为了访亲探友而临时来到昆明。以上各类人员的流动时间和人数不太固定，根据一名在昆明开珠宝店的罗兴伽人提供的账本数据，仅是长期持商务和旅游签证往返于昆明和云南的一些边境地区的珠宝商就大约有 200 人。另外，每逢昆明举办各类珠宝展，瑞丽市宝玉石协会缅籍分会都会提前将有意前往昆明参展的缅籍珠宝商人的名单汇总做成一份表格，然后将所有人的身份证收齐，由专人负责前往瑞丽出入境管理处办理入境昆明的手续，只有通过了位于昆明的云南省公安厅出入境管理局的审批，并拿到了盖有云南省公安厅出入境管理局公章的"外国人出入境证"之后，才能前往昆明参展（这种情况仅针对持"云南省边境地区境外边民临时居留证"在瑞丽生活的缅籍人员，持有签证和护照的缅籍人员不受这种限制，他们可以自由地安排出行计划）。例如，2014 年 10 月 16 日至 20 日，昆明举办"第四届中国云南－昆明国际珠宝展"期间，就总共有 56 名罗兴伽珠宝商在瑞丽市宝玉石协会缅籍分会的统一安排下前来昆明参展；2015 年 7 月 10 日至 17 日，瑞丽市宝玉石协会缅籍分会组织了 115 人到昆明参加"2015 中国昆明泛亚石博会"，其中罗兴伽珠宝商的人数约为 50 人。为方便管理，每次抵达昆明以后，瑞丽市宝玉石协会缅籍分会都会统一将所有人安排住进昆明站附近的上海沙龙，并规定每天的 21∶00 以前所有人必须赶回酒店，如果没有特殊情况，一律不允许私自外出。"外国人出入境证"是有时效的，所有人员必须在"外国人出入境证"有效期满之前返回瑞丽。例如，"第四届中国云南－昆明国际珠宝展"举办日期是 2014 年 10 月 16 日至 20 日，而获准前来参展的人员所拿到的"外国人出入境证"有效期的截止日期是 2014 年 10 月 26 日，他们必须在此日期之前返回瑞丽，瑞丽市宝玉石协会缅籍分会对他们负有监督的责任和义务。

（二）定居昆明的常住人口

2014 年初至今，在昆明居住时间超过 3 个月以上（包括 3 个月）的罗兴伽人一共只有 22 人，他们是：

SM、RM、MS 兄弟 3 人；LN、MZ 兄弟 2 人；BM 一家：包括 BM 夫妇 2 人及其侄子 OS，共 3 人；KW 一家：包括 KW 夫妇 2 人，以及他们的 3 个儿子、2 个孙女，共 7 人；MR 夫妇 2 人；娶昆明女子为妻的 MMW 和 JM 共 2 人；独户者：MM、RK、WJ 共 3 人。

这些人员在定居昆明以前，大多已在瑞丽地区经商和生活多年（其中一些妇女和儿童是被直接从缅甸接到昆明的），他们最后能够长期地在昆明生活，除了有极强的适应能力之外，部分人是因为娶了昆明的女子为妻，部分人是出于安全考虑，在昆明购置了房产之后，才离开属于边境地区的瑞丽来到昆明的。

KW，男，来自若开的孟都。他早在 2013 年就在昆明购置了商铺和住房，于 2014 年 8 月举家从瑞丽搬迁至昆明，在搬到昆明以前，他在瑞丽生活了将近 30 年。他搬家那天，笔者刚好也在瑞丽做田野调查，在将全部行李都打包并装车之后，他显得格外神采飞扬，离别之前，他对笔者说："我 14 岁零 4 个月就来到中国了，我算是在中国长大的，中国国家好，我的老婆、3 个小孩都在中国，我们不回缅甸了。我在昆明买了房子，以后有钱的话，我还想再去北京、广州那些地方买。跟你说，这个地方（瑞丽）好是好，但是它靠近缅甸，所以乱，我们要替自己的小孩着想嘛，是不是？"①

在定居昆明的罗兴伽人中，LN 是比较耀眼的一个，他是大家眼中的万事通，遇到什么困难大家总喜欢找他帮忙，在罗兴伽人当中积攒了很高的人气。

"他们什么事情都喜欢找我帮忙，大到办签证、买机票，去医院看病，小到买电话卡、电脑，然后电脑联网，反正样样事情都找我，都是老乡，只要我有空，都要帮他们的。"②

"LN 很厉害的，他学历高，会很多国家的语言，昆明的很多警察都经

___

① 调查时间：2014 年 8 月 5 日；调查地点：瑞丽珠宝街。
② 调查时间：2015 年 5 月 26 日；调查地点：TWDY 美食城；调查对象：LN。

常找他去帮忙，他年纪不大，但很能干，我们比他早到昆明很多年，但是都不如他懂得多，有时候我们遇到了麻烦都只能去找他，只有他能帮忙。"①

LN 是笔者最早认识的几个罗兴伽人之一，从 2013 年底开始，笔者就一直和 LN 有接触，经过长时间的观察，笔者发现，LN 虽然不是最早定居昆明的罗兴伽人，但他是罗兴伽人当中少有的，比较有才华、善交际的人。他于 1984 年出生在缅甸若开邦的布帝洞镇，在表哥的帮助下于 2009 年 10 月先到了瑞丽，在瑞丽生活了 9 个月之后又于 2010 年 7 月来到昆明，在昆明的 SDJX 珠宝城开起了一家珠宝店。因为经常要和中国人打交道，他很快便意识到了中文的重要性，他说得最多的一句话就是："我不想像他们那样，在中国生活了那么长的时间，连基本的发音都不标准，出去外面打车，和出租车司机说要去什么地方，说很多遍司机都听不懂!"于是，他开始四处寻找可以让他系统学习汉语的地方。最后，他选定了"东方语言学校"，从 2010 年底至今，他一直是该校的一名学生。因为他在学习中文以前，就精通英语、缅语、巴基斯坦语、印度语、孟加拉语、罗兴伽语共 6 种语言，凭借着自身的语言优势和极强的学习能力，他现在已经具备了较强的听、说、读、写中文的能力，用他自己的话说就是："我现在和中国人打电话，他们都听不出来我是缅甸人，等到见面了，他们一看，常常会说'唉，你原来是外国人啊?'"自进入东方语言学校学习以后，LN 的生活开始慢慢地发生了一些变化，他结交了来自不同国家的朋友，拓展了人脉和社交圈，解决了签证问题，以学生身份顺利地拿到了别人难以取得的学习签证。在和学校的老师们熟络了之后，他开始帮助罗兴伽朋友在学校办理学习签证，目前已有 6 人顺利拿到了签证（办理的方法就是按规定足额缴纳学费，注册成为该校的学生）。但是，除了 LN 以外，其他拿了学习签证的人并不是真正地想学习汉语，LN 说："他们一年都不去学校几次的，就是为了拿到签证留在昆明做生意，我们也知道拿着学习签证不能在中国做生意，但是办其他签证的话太麻烦了，有时候，公安局的人会把

---

① 调查时间：2015 年 5 月 29 日；调查地点：TWDY 美食城；调查对象：MS。

我们叫去调查，那些拿了学习签证又不怎么会中文的人就很害怕，一般在接到公安局的通知之后，我都会临时教他们几句中文，让他们说给警察听。"笔者在 2013 年底刚认识 LN 的时候，他的中文水平已经非常好了，从那个时候开始，就常听说他一直在帮助公安机关做翻译。LN 说："公安局、派出所的人在抓到了缅甸人、巴基斯坦人、斯里兰卡人、印度人以后会找我去做翻译，他们是要给我工资的，一般是一个小时 200 元。我现在很有名的，公安局、派出所的人都知道我。"

三　人员回归：从昆明返回瑞丽

定居于昆明的罗兴伽人原先都在瑞丽生活过，他们搬迁至昆明以后，依然和瑞丽的罗兴伽人保持着密切的联系。从瑞丽来的罗兴伽人暂居在昆明期间，定居在昆明的罗兴伽人一直在源源不断地为他们提供着各类帮助，而每逢瑞丽的亲朋好友新店开张，操办红、白喜事，以及到了伊斯兰教的节日庆典，定居在昆明的罗兴伽人也会在百忙之中抽出空来前去相聚。但最终能真正克服各类困难而定居于昆明的罗兴伽人并不多。2014 年初至今，罗兴伽人一共在昆明开办过六家珠宝店和一家餐馆，但是在 2015 年 6 月至 12 月，已有三家珠宝店相继关门歇业，他们中的一部分人再次变回了"游商"，继续留在昆明生活，一部分人最终无奈地返回了瑞丽。目前，仅有 11 名罗兴伽人定居昆明。

（一）暂时性地返回瑞丽

在 2014 年的开斋节前夕，笔者曾跟随昆明的报道人 LN、RK、WJ 前往瑞丽过节，对他们回归瑞丽以后的生活进行了调查。

按照中国伊斯兰教协会发布的伊斯兰教历，2014 年的开斋节是在 7 月 29 日，7 月 28 日凌晨 7∶05，笔者和 LN 等人在昆明的长水机场坐上了当日第一班飞往德宏州府芒市的航班，不到 8∶00 我们便到达了芒市，然后再从芒市打出租车去瑞丽。每次去瑞丽他们都是借住在朋友家中，这次他们借住的地方是一栋三层楼的民居，他们的同乡 KS 一家六口人租住在这栋民居的三楼，这是一个有着二室一厅、一厨一卫的套房。很显然，房间已经不能再容纳更多的人，于是，三人被安排在了客厅居住。他们到达的时候，女主人已经在客厅靠窗的一头为他们收拾好了睡觉的地方，一张宽大的暗红色毯子铺在地上，毯子上整齐地放着一床叠成方块状的被子，每床被子上放着一个枕头。三人轮番洗漱之后，盘腿坐到了毯子上和男主人聊天。大约半小时以后，见众人颇为乏累，笔者便起身告别。直到晚上 19∶00 左右，LN 给笔者打来电话，告诉笔者他约了中国朋友 ZLL 一起吃晚饭，五分钟后 ZLL 会开车来接笔者一起去见他。

ZLL 在接到笔者以后，将车开到瑞丽珠宝街附近的 XX 宾馆对面的路边停下，LN 已经在不远处等着我们，他带着我们从 XX 宾馆的前台穿过，径直到了三楼的一个屋子，这个屋子是一室一厅的，除了床没有任何的家具，一进门的客厅的一角摆放着一张床，里面带厕所的房间也摆放着两张床，RK 和 WJ 躺靠在床上，一人在玩手机，一人在用平板电脑看视频，见到我们之后，他们起身向我们问好。LN 边在前面引路边介绍："这个房子是我朋友租的，他去上海了，这两天很多人都回来瑞丽过节，其他地方住不下了，就有人来这里住，这里住着三个人，他们现在不在，有事出去了，我们今天晚上约了很多朋友过来玩，等一下会有人送饭过来给我们吃的。"众人脱了鞋进入房间，学着 LN 的样子盘腿坐在地上的一张毯子上。刚入座不久，便有人敲门，LN 起身去开门，原来是送饭的人到了，来者是一名年轻的男子，他手里提了一个不锈钢的保温盒，他径直走了进来，盘腿坐下，将咖喱牛肉、米饼、椰子冻等食物一一摆放在毯子上，然后起身告别，随后离开，LN 招呼众人吃东西。不一会儿，敲门声再次响起，这次来的也是一名年轻男子，他过来接 LN 等人去家里吃饭，众人匆匆吃完面前的食物，一起走到楼下，来接 LN 的人是骑电动车过来的，电动车最多能载四人，于是，ZLL 和笔者决定就此告别，LN 在临行前再三叮嘱笔者和 ZLL 在 29 日上午一定要来和他们一起过开斋节。

7 月 29 日上午，笔者很早就到了回族服务站，在礼拜厅的外面观察了穆斯林们开斋聚礼的整个过程。9∶40 聚礼结束，笔者在回族服务站的门口等到了 LN 等人，并和他们一起去了 ZLL 家。ZLL 热情地款待了我们，整整一下午的时间，LN 一直都在滔滔不绝地向大家讲述他和中国女友相恋的困扰，讲述他想要开餐馆的想法和计划，讲述他们罗兴伽人的处境。当我们准备回住处的时候，已经是下午 17∶00，ZLL 为不能留 LN 在家里吃饭而表示遗憾。次日，笔者和 LN 再次来到 ZLL 家，出于对 LN 宗教信仰的尊重，ZLL 早已备好了整套全新的厨房用品，众人一阵忙乱之后，品尝到了 LN 亲手烹制的缅甸风味餐食。

7 月 30 日下午，为了尽快赶回昆明处理珠宝生意上的一些事务，LN 一行人先笔者一步离开了瑞丽。

（二）永久性地返回瑞丽

自 2014 年初笔者刚开始与昆明的罗兴伽人接触时，就常有报道人向笔者反映："近两年珠宝生意不好做，卖不出去，赚不了什么钱！"当时笔者并没有太在意，仅下意识地觉得这种情况应该不会持续太久，等经济形势有所好转之后，他们的生意也许就会重新好起来。然而，到了 2014 年底，不但情况没有好转，反而有日益恶化的趋势。

为了扭转这一不良局面，部分人开始带着货物在中国各地四处推销，或者是频繁地参加在外地举办的各类珠宝展，他们用所得收入勉强地维持着珠宝店的正常运转。

SM 说："店里生意不好，一点钱都赚不到，像 BM 他们那种只会守在这里是不行的，是赚不到什么钱的，我们现在都是靠在外面卖货赚钱了，RM、MS，他们是我的弟弟嘛，我们三个人平时只留一个人在这里看店，其他人就跟着我们的叔叔 JM 在外面跑，JM 做生意的时间很长了，有十几年了，他在中国的其他地方认识很多人的，都是他的老客户，我们现在靠卖货给那些人赚钱。"[①]

LN 说："我想这里生意不好说不定其他地方的生意会好点，所以平时哪里要举办珠宝展，只要有空的话我都会去的，但是生意也都不怎么好，只能赚到一点点钱，上次我和一些朋友一起去广西参加东南亚博览会了，

---

① 调查时间：2014 年 12 月 22 日；调查地点：昆明 SDJX 珠宝城。

亏本了，连路费都没有赚到，以后我都不想去了，那么远，很辛苦，最后连钱都赚不到。"①

结果正如 SM 所预料的一样，没有在外地拓展业务的 BM 亏损日益严重，最终到了无法继续经营下去的地步，2015 年 6 月中旬，他率先关掉了珠宝店，带着妻子回了瑞丽，那时正好 LN 的店里缺人手，BM 的侄子 OS 选择留下来帮忙，每个月能从 LN 那里领到 1800 元的工资。

BM 说："昆明的生意太难做了，再这样下去还不知道要亏多少钱，我们先回瑞丽，先等等看，等情况好一点了，我们想在瑞丽再开个店，昆明嘛，暂时就不考虑了。"②

2015 年 7 月，SM 三兄弟也直接把位于 SDJX 珠宝城的店关了，一心跟着 JM 做外地的生意，在不用跑外地的间隙，他们又重新做回了"游商"，三兄弟各自背着包带着货物来回穿梭于其他罗兴伽人所开的珠宝店之间。

SM 说："我们像现在这样很好，不用管什么时候要交房租，也不用想生意不好没有钱了该怎么办，外地的客人想要货了会打电话给我们的，然后我们再带着东西去找他们谈，我们现在大部分时间都在外地，到处跑，比开店的时候赚的钱还要多，不用跑外地的时候，我们几个也会带着货去朋友的店里坐一下，看看能不能在昆明就卖掉一些货，有时候我们也会直接把货放在朋友的店里，让他们帮我们卖。"③

接着，LN 的情况也开始变得糟糕起来，2015 年 3 月，他在离 SDJX 珠宝城不远的 TWDNY 美食城开起了一家经营缅甸风味小吃的餐馆，开始用以店养店的方式勉强地维持着珠宝店的正常运转，但是好景不长，眼看着 2015 年的国庆黄金周期间珠宝店的业绩依然惨淡，LN 开始有了关掉珠宝店的打算，但是他仍然抱着再做 1 至 2 个月试试看的心态，因为珠宝店毕竟算是他在中国所拥有的第一份事业。2015 年 11 月 24 日，LN 通过微信告诉笔者他已经下定决心要关掉珠宝店了。等到 2015 年 12 月初笔者再去 SDJX 珠宝城的时候，LN 的珠宝店早已经人去楼空，店铺的外墙上贴着一

① 调查时间：2014 年 12 月 28 日；调查地点：昆明 SDJX 珠宝城。
② 调查时间：2014 年 6 月 17 日；调查地点：昆明 SDJX 珠宝城。
③ 调查时间：2015 年 7 月 2 日；调查地点：昆明正义路珠宝城。

257

张崭新的招租广告，笔者在整个楼层逛了一圈，发现已经很难再寻觅到半点罗兴伽人的踪迹，最后，笔者在 TWDNY 美食城见到了 LN，他在自家餐馆的厨房里和两位厨师一起张罗着客人们的餐食，忙完之后，他主动和笔者谈起了昆明罗兴伽人的近况，他告诉笔者，除了 JM、MMW、KW 一家（共 7 人），还有他和 MZ 以外，其他的罗兴伽人早就离开昆明回瑞丽了，他们在短时间之内没有再来昆明的打算。

四　余论

生活在云南境内的罗兴伽人已达数万之多，遍布云南的德宏、西双版纳、楚雄、昆明等地，而上文仅简略地对居住于瑞丽、昆明两地的罗兴伽人的流动规律进行了初步的概括，无法全面地反映出罗兴伽人自缅甸若开邦向中国云南地区流动，进而扩散至中国各地的全过程。此外，罗兴伽人在迁移至瑞丽、昆明两地之后，不仅处境发生了天翻地覆的逆转，其生计方式、生活状况、族群认同等各个方面也都产生了一定程度的变化，这种变化是否对缅甸、中国，以及对罗兴伽人自身产生了影响？他们是否会因为信仰伊斯兰教而成为影响云南社会稳定的不安全因素，进而改变云南多民族和谐共处的格局？为了避免以上情况的出现，相关管理部门又应该采取哪些措施？这些问题的答案都不得而知，有待进一步去开展更为细致和深入的研究。

宗教问题研究

西王母及中国女神崇拜的人类学意义[*]

施传刚^{**}

摘　要： 中国的传统文化性别体系和宗法制度相辅相成，以父系父权、男尊女卑为主要特征而著称于世。然而，尽管这些主要特征是准确的，它们却并不能概括中国传统文化性别体系的全部内涵。世代相传的神话传说和宗教信仰透露着人们对宇宙和自身的终极认识。中国女神崇拜中诸女神的神格、神功、神代关系及其演变的历史为我们提供了考察中国传统文化性别体系的另一个窗口，可以弥补我们对这一问题的认识偏差。本文通过对西王母、女娲、观音、妈祖等女神崇拜的分析，试图归纳出中国女神崇拜的独特性及其与中国社会发展的历史关联，并对比西方圣母崇拜的特点及西方女性主义思潮中的相关理论，指出中国女神崇拜这一课题的人类学意义。

关键词： 西王母　女神崇拜　圣母崇拜　女性主义

一

在"五四运动"以来的反封建、反传统、追求思想解放等思想浪潮的

---

* 承青海省社会科学院赵宗福院长邀请笔者以此文参与"2010 年青海昆仑文化与西王母神话国际学术论坛"，使笔者有机会关注这个从前未涉足过的题目。佛罗里达大学邢海燕和北京师范大学桂慕梅为本文提供了部分参考文献并为终稿的文字订正提出了宝贵的意见。笔者在此谨对以上各位表示诚挚的谢意。文中如有谬误之处，全部责任在笔者。

** 施传刚，美国佛罗里达大学人类学系博士生导师。

持续冲击下，中国传统文化中男性对女性的压迫被充分揭露出来，并受到了应有的批判。其结果是在人们的认识中，宗法制度及一夫多妻、殉夫、缠足等社会实践和男尊女卑、重男轻女、男主外女主内等价值观似乎就是中国文化性别体系的全部特色。"三从四德""女子无才便是德"等圭臬也就成了中国传统女性的典型概括。这些特征经过西方学者进行理论升华以后再返销到中国，被当代的中国知识精英接过来当作破旧立新的利器。在这一过程中，传统文化中的糟粕被越来越多的中国人认清并摒弃。这无疑极大地推动了中国社会文化的进步。但与此同时，也产生了对传统文化的认识偏差。

中国传统文化中的性别不平等固然是不争的历史事实，但上述特征并不能代表中国文化性别的全部内涵。我们必须了解，文化性别不仅仅体现在社会制度和社会实践中，它同时也体现在人们的观念和信仰中。世代相传的神话传说和宗教信仰透露着人们对宇宙和自身的终极认识。中国女神崇拜中诸女神的神格、神功、神代关系及其演变的历史为我们提供了考察中国传统文化性别体系的另一个窗口，可以弥补我们对这一问题的认识偏差。尤其通过对比中国和西方的女神崇拜，我们可以看出，女性在中国传统意识中的地位其实要高于女性在西方传统意识中的地位。同时，我们也不能把中国传统文化性别体系的特征理解为男性的绝对尊崇和女性的绝对卑微。

本文通过对西王母、女娲、观音、妈祖等女神的分析，试图归纳出中国女神崇拜的独特性及其与中国社会发展的历史关联。本文还对比基督教文化中的圣母崇拜并结合西方女性主义思潮中的相关理论，指出中国女神崇拜这一课题的人类学意义。

二

对母性的爱戴、敬仰和依赖是人类普遍具有的一种内在的心理需求。在人类社会形成的初始阶段，当先民们面对大自然的不可控性和生死吉凶的不确定性时，人们自然而然地把目光投向母性，希冀得到保护和于己有利的裁决。母性因此被赋予神性并受到膜拜。这就是女神崇拜的起源。人类学资料显示，女神崇拜不仅普遍存在于所有已知的文化中，而且普遍先于有组织的宗教（organized religion）出现。原初的女神或者单独存在，或者与男神并存。但无论情况如何，她们都拥有独立的神格和神功，并不从属于男神。很多文化中男神独尊的地位往往是后起的文化构造。在某些文化（如中国西南的摩梭文化）中，女神作为本文化最高守护神的地位则一直延续至今。

<h1 style="text-align:center">三</h1>

女神崇拜在中国源远流长，起源纷杂，神祇众多，信仰广泛。数其大端，最显赫的女神恐怕莫过于被四大名著之一的《西游记》散播得家喻户晓的西王母。西王母的研究价值不仅在于她给中国民间文化打下的深刻烙印，更重要的还在于西王母传说的起源和西王母崇拜的流布演变中透露的人类学意义。

有趣的是，《山海经》《穆天子传》等早期文字记载中的西王母并不是一尊面目清楚的女神。甚至这个名称所指代的究竟是神、是人、是地方还是部落都让后来的学者们莫衷一是。著名历史学家吕思勉经过考证后总结道："西王母古有两说：一以为神，一以为国。然二说仍即一说也。"[1]这一结论虽然没有终结学者们对这一问题的继续探讨，但认识的方向和界限已经被框定。后来的论述仍旧众说纷纭，但都同意一点，即不能对"西王母"的指代对象做狭义的、具体的理解。既然除了个体的神或人以外"西王母"也可能指代地方、部落或"国"，那么这个名称的性别又成了问题。也就是说，尽管有个"母"字，最初的西王母这一概念并不一定专指女性。从人类学的角度考察，更有趣的是西王母最初的神功主要是"司天之厉及五残"。[2]"厉"和"五残"都是主凶灾刑杀的星宿的名称。民俗学家

---

① 吕思勉：《西王母考》，《说文月刊》1939 年第 1 卷第 9 期。
② 袁珂：《〈山海经〉校注》，上海古籍出版社，1980。

赵宗福指出，既然西王母执掌"厉及五残"，她"必是主管刑杀的死亡之神无疑"。①如果说在《山海经》中对西王母的同一描述中出现的兽和鸟所司掌的"大穰"（丰收）和"大水"（洪涝）还能和一般意义上象征生殖力和护佑能力的女神对上号的话，②那么"主管刑杀的死亡之神"在其他神话中一般就不会以女性的面目出现了。这说明在创造西王母神话的中国先民的意识中，女性不必是柔弱温存的。此外，在神祇之间后来出现的性别分工最初也并不存在。早先的西王母神话中这种性别的模糊性和神功的非女性化是中国女神崇拜中第一个值得关注的特征。

随着历史的演进和以男性为归依的王权的强化，传说中的西王母的形象、神格和神功也不得不顺应人们意识的变化。在《穆天子传》、《汉武故事》和《汉武帝内传》等记载中，西王母逐渐个性化，其女性形象也越来越清晰。她成了世间的帝王交往应酬乃至追求的对象。此时的西王母虽然已不再处于高不可攀的主宰地位，至少人间的最高统治者已经可以和她对话，但她独立的神格和超然的地位仍然是不可动摇的。有关西王母和帝王之间互动的所有记述中，《汉武帝内传》中关于西王母下凡会见汉武帝的情节可以说是最为详尽生动的。③ 其中的西王母显然是颐指气使的尊长，而武帝则是对之礼敬有加的仰慕者。二者之间的尊卑之别昭若日月。东汉以后问世的典籍中出现了一位东王公作为西王母的配偶。隋唐以降，玉皇信仰日渐流行。在有的民间传说中王母娘娘（西王母的另一称号）又成了玉皇大帝的皇后。

按照中国社会夫为妻纲的传统伦理，不少学者把西王母配偶的出现视为其神格下降的指标。然而，青年学者刘勤最近指出，女神的地位是否下降得看她的神格是否独立，而不能以她是否有配偶而遽下结论。刘勤试图从东王公的出现对西王母的地位没有影响、东王公的形象塑造完全是仿照西王母以及东王公配西王母乃是神话传说为了适应阴阳学说而出现的产物等三个方面说明："东王公的出场远没有给西王母的独立构成威胁……反

---

① 赵宗福：《西王母的神格功能》，《寻根》1999 年第 5 期。
② 见《山海经》。
③ 《汉武帝内传》，载长春真人编纂《正统道藏》，台湾新文丰出版社，1985～1988。

而是东王公一直处于西王母的影响下很难升格。"①刘勤的论点当然不会平息争议。但毋庸置疑的是，西王母在中国的民俗信仰中始终保持了相对独立的神格。赵宗福根据实地调查写成《地方文化系统中的王母娘娘信仰：甘肃省泾川王母宫庙会及王母娘娘信仰调查研究》②一文，其中描述和分析的盛况不仅为我们提供了泾川地区西王母崇拜现状的一个生动写照，而且揭示了这一民俗信仰传承的方式和过程。该文所记述的民俗学资料同时也是西王母独立神格的一个富有说服力的注脚。

必须指出的是，西王母只是拥有独立神格的中国诸女神的一个突出代表，而不是拥有独立神格的唯一的中国女神。和基督教文化中的圣母相比，相对独立的神格是中国诸多女神的一个共同特点。限于篇幅，这里只能简要叙述影响最为广泛的几位女神。

和包括基督教文化在内的其他许多文化截然不同，中国神话中的创世主是位女神！她就是因补天、造人、发明陶器并创立婚姻制度而位列三皇③的女娲。数千年来，女娲"在官方祭典和民间百姓的神龛上一样歆享着人间的牺礼和烟火"。④民俗学家杨利慧的研究系统揭示了女娲的神格、神功和神代关系在漫长的历史过程中交错纠结的复杂变化。她精辟地指出："女娲的地位总的来说有所下降。但她的功能、职司则随着人们现实需求的扩大而不断丰富。"⑤更为重要的是，"无论女娲在神灵世界中的位置怎样变化"，她"依然是创造了人类的始祖和修补天体的英雄"。⑥如果把世界上各种文化中的所有女神拿来做一番比较，女娲的这两项丰功伟绩就足以让她俯视群神。

在从印度传入中国的佛教众神中，观音以其救苦救难、送子赐福的神功而拥有大量的信众，其影响甚至超过了佛祖。和本文的主题密切相关的

---

① 刘勤：《西王母的神格升降之再探讨》，《四川师范大学学报》2008 年第 35 卷第 3 期。

② 赵宗福：《地方文化系统中的王母娘娘信仰：甘肃省泾川王母宫庙会及王母娘娘信仰调查研究》，《民间文化论坛》2005 年第 6 期。

③ 三皇所指传说不一。"伏羲、女娲、神农"是众多传说之一。

④ 杨利慧：《女娲的神话与信仰》，中国社会科学出版社，1997。

⑤ 同上。

⑥ 同上。

是，观音在传入中国以前原本是男神，传入中国以后才实现了性别的转换。这个有趣的事实向我们揭示，在中国人的意识中女神有着男神不可替代的神性，当人们在男神身上看到了本该属于女神的神性时，他们不是改变对神性的认识，而是把男神的性别更换为女性。观音的性别被改换后，再生的女神并没有因此降低神格，反而成为香火最旺的神祇。观音崇拜的广泛性充分说明中国人对女神的需求高于对男神的需求。

另一位显赫的女神妈祖虽然起源较晚，但影响却很深远。从北宋至清，妈祖屡获历代帝王册封，并被列入国家祀典。在中国沿海诸省，妈祖至今仍是海员、渔民以及海上客商共同信奉的神祇。在台湾、福建一带信众更为广泛。尽管历代民间和官方给妈祖上的尊号中有"天后""天妃""夫人"等字眼，有可能引起妈祖的神格从属于男性的联想，但在妈祖传说中她的神格却是完全独立的。传说中妈祖的神性、神格和神功与任何男性都没有联系，完全来自她本身救急扶危、行善济世的嘉行懿德。

四

和其他文化中的女神相比，神格的独立性是中国女神最显著的特征。上述四位女神分别是不同地区的王母宫、娲皇宫、观音阁和天后宫等庙宇的主神。如果有男性神在这些庙宇中出现，都只能以配享的身份屈居下位。

除了上述中国女神的显著特点之外，我们还可以看到中国女神崇拜的其他一些特性，叙述如下。

第一，多样性和杂乱性。这是中国民间信仰普遍具有的特点，女神崇拜当然也不能免俗。这一特点的表现有三：一是起源纷杂，前述的四位女神的起源就各不相同。二是多神并存、互不排斥，后来的神祇加入原有众神的行列并不会损害原有神祇的地位。中国人大多是见神就拜，对神灵既不挑剔，也不死忠，一个人不会因为信奉了妈祖就不拜观音。三是神际关系含混不清，不同神话传说中的神祇往往被随意地和其他神话传说中的神祇扯在一起，而且各种说法互不搭界，令人无法厘清头绪。

第二，普遍性和地域性。这两个特性看似矛盾，却像一个硬币的两面，是相辅相成的。女神崇拜普遍存在于中国大地。虽然不排斥其他女神，但是，各地却往往会形成对某一女神着重崇拜的习俗并形成具有浓厚地方特色的信仰传统。前引赵宗福对甘肃泾川王母宫庙会的研究所要阐述的正是这一主题。在甘肃泾川，西王母是信众膜拜的对象。在河南西华，女娲则是最受人尊敬的"天地全神，""统领着观音、无极、广生等十二位老母，俨然是神祇谱系中的至尊者。伏羲在庙殿中的位置，恰是女娲的陪衬"。①

第三，民俗性。上述四位女神中，除了观音有着明确的宗教背景外，其余三位都不是随着宗教产生的。虽然道教给她们都上过封号，试图把她们纳入自己的宗教体系中来，但信众大多并不把她们和佛教、道教的教义教规联系起来。中国的女神崇拜有着十分明确而直接的功利性。信众朝奉女神并不是因为皈依佛教或道教的义理，而是期望得到神灵的护佑。这也是为什么大多数中国人不加区别地见神就拜的主要原因。因此可以说，中国的女神崇拜是民俗性的而不是宗教性的信仰。

五

为了衬托中国女神崇拜的特性，我们不妨观察一下基督教文化中的圣母崇拜。前面提到，对女神的崇拜是人类共有的一种内在的心理需求，而且普遍先于有组织的宗教出现。当基督教②兴盛之后，教会为了达到统一信仰的目的，决定用基督的母亲玛丽来取代各地原有的女神。权威的神学家们就如何给玛丽上正式的称号展开了激烈的辩论。君士坦丁堡大主教聂斯托里乌斯（Patriarch Nestorius of Constantinople，386—451）提出玛丽的称号应该是"Christotokos"（希腊文，意为"基督的生育者"），意在将玛丽

---

① 杨利慧：《女娲的神话与信仰》，中国社会科学出版社，1997。
② 为了行文方便，本文中用"基督教"一词泛指信奉耶稣基督的所有教派。

的角色限制为仅仅生育了基督的人性而没有生育基督的神性。亚历山德里亚教宗西里尔 （Cyril the Pope of Alexandria，376—444）则提出了与此针锋相对的意见。西里尔认为基督的人性和神性是密不可分的完美结合。如果这种完美的二重性被割裂，势必损及上帝化身的完整性，因此也就会损及上帝对人类的拯救。因此他提议称玛丽为 "Theotokos" （希腊文，意为 "神的生育者" 或 "圣母"）。公元 431 年在小亚细亚的以弗所举行的第三次全世界基督教大会上，这两种论点被付诸裁决。结果西里尔的意见被接纳，聂斯托里乌斯的意见被宣布为异端。圣母玛丽由此成为全世界信奉耶稣基督的各教派统一的女神。[①]

从圣母产生的前因后果及其称号背后的神学推理中，我们可以看出圣母完全没有独立的神格。她之所以在教会需要一位女性神灵来统一信仰时被推上神坛，完全是因为她为上帝生育了圣子。在造神过程中她连生育圣子的劳绩都险些被打了一个大折扣，这种尴尬的境地和自立自主的中国诸女神相比，差别自不待言。

北京科技大学的刘丽敏在她对中西女神的对比分析中干脆指出："圣母本质上不是神，神是唯一的，即天主。……圣母只是一个'旗手''典范'和'引路人'，她以自身的形象向人们彰显天主的'恩宠'，将人们引向天主，带领人们升天堂。"[②]此言看似极端，其实不无道理。刘丽敏接下来的分析说，圣母的神功只能通过劝诫信徒皈依天主来显现，神功的最终目的也是信仰天主。

反观中国的女神，她们不仅有独立的神格，而且有源于自身的神功。信众对她们的膜拜就是因为她们自身的神功而不是因为她们为了信仰更高的权威而树立的榜样。她们能给予信众的并不仅是劝诫和引导，而是直接的护佑和赐福。

---

① 虽然 "圣母" 的称号和含义被各教派共同接纳，但希腊语的 "Theotokos" 一词多为东正教及东方天主教各教派使用。罗马天主教、英国圣公会及一些基督教派则一般使用 "Mother of God" 一词。二者意思相同。

② 刘丽敏：《中西女神信仰辨异——以中国民间的女神信仰与天主教的圣母崇拜为例》，《桂海论丛》2008 年第 6 期。

六

中国女神崇拜的独特性及其与基督教圣母崇拜的差别有着宇宙哲学和社会历史两方面的深刻根源。

在宇宙哲学方面，中国上古时代就产生了阴阳这一对范畴来概括运动变化中的万事万物。按照阴阳的观念，宇宙间包括天地和人在内的一切事物无论巨细都有最基本的两方面的属性，一方面称为阴，另一方面称为阳。不仅一个体系中的不同部分有着不同的属性，比如宇宙体系中的太阳属阳，月亮属阴，而且同一个体中甚至同一个体的同一部分也同时具有阴和阳两种属性，比如生物体的生长（生命力的聚）属阳，死亡（生命力的散）属阴，又如一个人体内的脏器，如肾脏，也同时具有阴阳两面的属性。阴阳的消长和位置是不断变化、周而复始的。阴阳的配置如果符合其自身的规律，则它们所代表的体系或个体就会安康吉祥，如果阴阳失衡，则它们所代表的体系或个体就要出麻烦。阴阳的相互关系是阴中有阳，阳中有阴。阴和阳互相补充、互相依存，二者缺一不可。阴阳观是中国人认识自然和自身的基本思维方法。中国的所有知识体系无不以此为基础。阴阳的观念也体现在中国的文化性别体系中，男女两性的社会地位尽管不平等，但总的来说还是互相依存的关系而不是互相排斥的关系。在哲学层面上，阴阳两性之间并没有高低、贵贱、主次之分。值得注意的是，在阴阳这一对哲学概念中，象征天、上、高、光明、干燥、男性等的"阳"被放在象征地、下、低、黑暗、潮湿、女性等的"阴"之后。这和描述日常生活中可以观察到的天地、上下、高低、干湿、男女等二元对立现象的词汇形成鲜明的对比。这种独特的宇宙观为女神的自立自主提供了认识论的依据和存在发展的空间。

在社会历史方面，由于一套高度适应农耕社会的伦理规范和社会制度在中国成熟较早，在任何宗教都还没有机会觊觎政治权力的时候王权就已经强大到不可撼动的程度。宗教在其他社会中的功能，包括抚慰心灵、解答有关宇宙人生的终极问题、调节社会矛盾、稳定社会秩序等，都已经由一套完善的伦理体系和社会哲学来承担了。中国的封建统治者不需要借助宗教的力量来维持社会稳定。结果，在中国历史上尽管出现过某些帝王拜佛修道的个人行为并由此引起过官僚阶层和民间对佛教、道教的狂热崇拜，但从来没有出现过像基督教在欧洲那样的足以挑战王权的国家宗教。中国没有出现过统一的国家宗教，作为封建正统意识形态的儒家学说又"不语怪力乱神"，其间无意中形成的空白就给来自各方各面的形形色色的神怪和信仰留下了广阔的生存和发展空间。前面总结的中国女神崇拜的各种特点几乎都和中国社会历史发展的这一独特过程有直接的关联。基督教文化中圣母崇拜产生和发展的过程从反面证明，如果中国曾经出现过强大的国家宗教，女神的神性以及女神崇拜的特性就必然会被教会的权威纳入统一的规范中来。中国的女神就不可能保持独立的神格，中国的女神崇拜也就不可能呈现多样性、杂乱性、地域性和民俗性等特征。

七

早在 19 世纪，西方女性主义的先驱者就开始关注宗教信仰中的性别问题。由美国妇女运动的卓越活动家斯坦顿（Elizabeth Cady Stanton，1815—1902）领衔，共有 26 位妇女参与撰写的《妇女的圣经》① 分两部分于 1895 年和 1898 年问世。该书旨在挑战宗教正统观念中认为妇女应该居于从属地位的传统立场，并推动一场神学解放运动，以期实现强调自我发展的神学解放。这部离经叛道的著作问世以后立即激起轩然大波，引来教会、神学界和社会上其他保守势力的合力围剿。斯坦顿最初希望这部著作的学术水平尽可能高一些。但她却未能劝说当时有声望的圣经学者们共襄盛举。学者们继续对圣经中的性别歧视保持沉默。直到 20 世纪 70 年代第二波女性主义浪潮掀起之后，才由女性主义的后继者们接过了斯坦顿传下的薪火。半个世纪以来，在宗教学领域内一直有学者从事有关性别问题的研究。各

---

① Elizabeth Cady Stanton, *The Woman's Bible*, New York: Arno Press, 1972 [c1895-98].

种宗教中的女神由此受到前所未有的注意。如今女神研究在世界范围内方兴未艾。

第二波女性主义浪潮在人类学领域内取得了令人瞩目的成就。20 世纪 70 年代美国一批杰出的青年女人类学家对人类文化性别的特征进行了跨文化的理论概括，提出了公共与家庭（public versus domestic）①、自然与文化（nature versus culture）②、生产与再生产（production versus reproduction）③等一系列二元对立的认知模式来阐述文化性别的差异。这些研究成果直到今天还在继续发挥着影响，其中提出的理论是根据来自全球不同地区的民族志资料提炼出来的，但是它们却殊途同归地指向一个共识，即男性对女性的压倒性地位具有全人类跨文化的普遍性，当然这种现象是必须与之战斗并加以改变的。这一认识已经被广泛接受，因而已经成为人类学的固有智慧。

20 世纪 80 年代以前，亲属制一直占据人类学研究的核心地位。就在这一课题逐渐失去动力的同时，文化性别和其他一些课题在某种程度上取代了亲属制原先占据的位置。传统的中国文化恰好为新旧两个课题都提供了极佳的研究机会。正如本文引言中所提到的，在以往的人类学研究中，中国传统文化中的亲属制和文化性别几乎从头到脚都是被批判挞伐的对象。

然而，正如本文所展示，对中国女神崇拜的研究可以为我们提供一个从观念的层面考察中国传统文化性别的角度。尤其是和其他文化进行比较研究，这一课题可以使我们比贴标签式的研究更深入一步。在初步弄清文化性别在一个文化中不平等的大格局之后，还有更精微更生动的内容等待

---

① Michelle Zimbalist Rosaldo, "Woman, Culture, and Society: A Theoretical Overview," in Michelle Zimbalist Rosaldo and Louise Lamphere (eds.), *Woman, Culture, and Society*, Stanford, California: Stanford University Press, 1974.

② Sherry B. Ortner, "Is Female to Male as Nature is to Culture?" in Michelle Zimbalist Rosaldo and Louise Lamphere (eds.), *Woman, Culture, and Society*, Stanford, California: Stanford University Press, 1974.

③ F. Edholm, O. Harris and K. Young, "Conceptualizing Women," *Critique of Anthropology*, 3 (9 – 10), 1977, pp. 101 – 130.

我们去理解。在知道某两个文化都具有文化性别不平等的共性之后，我们也还需要了解各个文化中性别不平等的个性以及两个文化中性别不平等的差别。中国的女神崇拜为我们提供了从事这方面研究的极好机会。本文只是擦碰了冰山一角，还有大量的课题等待人类学、民俗学、神话学、宗教学、文学、历史学等诸多学科的学者们通力合作。

《维先达腊》本生经对傣族赕的影响：从关键文本、核心理念到实践品格*

刘　军**

　　摘　要：《维先达腊》本生经是南传上座部佛教大众信徒关于赕的教义知识的主要来源。它宣扬的"维先达腊理念"，是以佛陀为榜样，基于业报轮回逻辑，通过舍己利他布施行善来成就自己的利益，脱苦得乐。它的主要现实意义在于，倡导"从圣布施"而非人神献祭，也不是"献祭神佛"。本文结合文本研究和田野调查说明这一影响的形成机制及其现实作用，同时表明当代傣族的赕实为兼具布施、献祭等多重面向的宗教行为复合体。能否保持、弘扬舍己利他的实践品格，将对南传上座部佛教的发展产生独特影响。

　　关键词：维先达腊　本生经　南传上座部佛教　傣族　赕

　　云南同时拥有汉传、藏传与南传三大语系佛教，是佛教传入中国后在云南留下的三个珍贵地方样本。它们分别传承了不同的佛教理论，历经千百年与不同民族的社会文化进行整合，形成了个性鲜明的信仰特色与实践特色。其中，奉持巴利语三藏经典的南传上座部佛教在我国为云南独有。而赕，就是云南南传上座部佛教信徒最具代表性的日常佛教实践方式之一。

　　＊　本文是 2017 年云南省社会科学院"云南民族团结进步示范区建设研究创新团队"阶段性研究成果。
　＊＊　刘军，云南省社会科学院民族学研究所研究员。

"赕"（Dana）的本意就是布施。不过当代傣族现实中的赕，是既包含布施基质，又在本土化、民族化、时代化过程中衍生出多重面向的复杂的宗教行为复合体。傣族各地的赕，从仪式形态到仪式内容具有多样性。在相关研究中，作为普通信众关于赕的教义知识的关键来源——《维先达腊》本生经，无论是对田野调查还是理论分析，都具有难以替代的方法论价值。

一 《维先达腊》本生经与"维先达腊理念"

《维先达腊》本生经有众多译本，本文参考了其中的 4 个译本，分别是：北传的译本，三国康僧会译的《须大拏经》、东晋圣坚译的《太子须大拏经》；南传的译本，20 世纪 90 年代台湾元亨寺编译《汉译南传大藏经》中的《毗输安呾啰王子本生史谭》、2007 年傣族贝叶经《维先达腊》的汉译本《维先达腊——一部感动您一生的佛本生经故事》（下文简称傣族的《维先达腊》）。

（一）南传本生与《维先达腊》故事梗概

南传上座部佛教与佛本生有特殊历史渊源。本生（Jataka），是古印度在前佛教时期就已成型的文体，专门讲述前世故事。佛本生，就是佛陀的前世故事。公元前 3 世纪，摩晒陀到斯里兰卡传教时将零散的佛本生传至斯里兰卡。公元前 1 世纪，斯里兰卡大寺派整合巴利本生（偈颂）和本生经传（故事详解），辑于南传三藏的经藏之小部中的第 10 部，此为南传本生的最早定型，共辑录 547 则佛本生。其中最后一则，就是《维先达腊本生》（Vessantara Jataka）。维先达腊，在我国古代汉译文献中译作"须大拏"或"须大拿"。

南传本生在南传上座部佛教国家和地区广为传播，影响巨大。邓殿臣甚至认为，佛本生"实际上已成为普通信众的'佛经'"。[1] 其中，《维先

---

① 邓殿臣：《〈南传大藏经·佛本生〉初探》，《佛学研究》1992 年第 1 期。

达腊》又是流行最为广远、影响最大的一部，有学者认为它就是"西双版纳傣族社会'赕'（布施）思想最直接和最重要的文本来源"。①

《维先达腊》的故事梗概如下。维先达腊的母亲生性乐善好施，诸世都得以在天上和人间轮回，后嫁给某国国王，生下维先达腊。维先达腊也是自幼乐善好施，并誓愿舍尽一切。成人后，他承父位，娶娇妻，育有一双儿女。时逢某国旱魃为虐，民不聊生，遣使者来乞要能行云布雨的白色宝象，维先达腊悲悯为怀，欣然施之。然而此举招致举国愤懑，其父迫于压力不得不废黜其位并流放森林。维先达腊一家人毅然前行，行前举行了著名的"七百大布施"散尽一切钱财，沿途又尽施随身衣物、随从、车马，净身徒步来到大森林。在大森林中，他又忍痛把一双儿女施给老乞丐为家仆。为考验其布施决心，帝释天化为乞者来讨要其妻为奴，维先达腊慨然允之。帝释天知其已彻底断除执念贪爱，随现身点破实情。最后，老国王巧遇孙儿孙女，以重金从老乞丐手中为一双王孙赎身，祖孙团圆，又亲率军民迎接维先达腊夫妇回国。维先达腊苦尽甘来，重登王位，加倍布施，广泽天下。此后受万民爱戴，享天下盛誉，并在后一世投生为果大麻（即释迦牟尼）证悟成佛。

（二）"维先达腊理念"

借助这则本生故事，南传上座部佛教宣扬了由一个概念、一种逻辑和一个榜样构成的"维先达腊理念"。

第一，《维先达腊》信仰的核心概念就是布施波罗蜜，傣族依据巴利语读作"赕纳巴腊密"。南传上座部佛教的波罗蜜，是指"以大悲心和行善之方法善巧智为基础的圣洁素质、善行……而且这些素质必须不受渴爱、我慢与邪见所污染"。② 常以十波罗蜜为基础，包括布施、持戒、出离、智慧、精进、忍辱、真实、决意、慈与舍波罗蜜等，布施位列十波罗蜜之首。佛本生就是讲佛陀前世实践各种波罗蜜的事迹，每一个本生聚焦

---

① 姚珏：《傣族本生经研究——以西双版纳勐龙为中心》，《世界宗教研究》2006 年第 3 期。
② 〔缅〕明昆：《南传菩萨道》，比丘译，法物流通，2015，第 84 页。

一个波罗蜜。因这些行为体现了上述品格尤其是济苦救难、利益众生的大悲心，故也被称作"行菩萨道"。

　　南传上座部波罗蜜思想是具有很强哲理性的佛教理论体系，在本生文体中不做详述，只是点题并以人物品行、具体事迹来呈现概念内涵。

　　《须大挐经》道："以布施法为弟子说之，菩萨慈惠度无极行布施如是。"① "度"为波罗蜜的意译，汉传佛教常讲"六度"，即六波罗蜜，布施也位列首位。该经收录于《六度集经》之首，名为"布施度无极章"，意为至上的布施波罗蜜。《太子须大挐经》说："菩萨行檀波罗蜜布施如是。"② 菩萨即维先达腊，是指已觉悟但继续在轮回中践行波罗蜜修行、利益众生的修行者。"檀"即赕。傣族的《维先达腊》中，称太子"心甘情愿做布施，以圆满波罗蜜"。③《毗输安呾啰王子本生史谭》中，称赞太子"所行沙门之法，行布施之行，达到婆罗蜜之顶上"。④

　　《维先达腊》中展现的各种布施，都是舍己利他的给予，与任何神祇无关，也不具丝毫献祭色彩。对此借用北传译本的表述看得更清楚。《须大挐经》把太子誉为"布施上士"，言其立志大道，尚济众生，欲得衣食者应声惠之，金银众珍车马田宅无求不与，以至于令贫者皆富。《太子须大挐经》说道，太子愿令众生常得其布施之福，故此一向恣人所欲，不逆其意。总之，《维先达腊》中的布施，就是普济众生的人间行善。如印度学者詹姆柯德卡尔所言："须大拿本生之所以在佛教传说中十分重要，并非仅仅因为他在转生为救苦救难的释迦族悉达多王子之前世即已身为菩萨，还因为他成就过至臻至善的善业——布施。"⑤

　　第二，支撑布施波罗蜜思想的，是佛教轮回框架中的因果业报逻辑。

---

① 《须大挐经》，《大正藏》本源部 0171《六度集经》卷第二（一四），大藏经在线阅读，http：∥www. dzj. fosss. org/index. php/2014-01-15-14-49-53/02/175-0171。

② 《太子须大挐经》，《大正藏》本源部 0152，大藏经在线阅读，http：∥www. dzj. fosss. org/index. php/2014-01-15-14-49-53/02/156-0152？ showall = &start = 1。

③ 刀林荫主编《维先达腊——一部感动您一生的佛本生经故事》，刀正明等译，云南民族出版社，2007，第 118 页。

④ 台湾元亨寺主编《汉译南传大藏经》卷 42，河北省佛教学会印刷，2012，第 750 页。

⑤ 〔印〕詹姆柯德卡尔：《须大拿本生研究》，杨富学译，《敦煌研究》1995 年第 2 期。

南传上座部佛教的主要思想，是揭示一切皆为缘起，六道轮回中的苦乐生命，既非命定，也非神定，而是业报因果决定。今生种种都是前世之果；来世如何则取决于今生种下何因。因果业报机制的作用，就主要体现在南传上座部佛教三世两重因果、六道轮回的框架中。因此了悟因果才能通向解脱。解脱之道可分为两个层次。一是旨在追求超脱轮回的究竟谛层次，是佛陀对出家僧人所说，倡导彻底觉悟，讲求诸行无常、诸法无我、寂静涅槃。不再贪爱也不再造业，彻底打破轮回之辐，入不生不灭涅槃境界而彻底解脱。二是以脱苦得乐而非超脱轮回为主要旨趣的世俗谛层次，是佛陀面对世俗信徒所说，主要是要辨善恶、知业力、晓果报，从而生善心，作善业，积功德、累善因，这样就能死后在人界、天人界等善道中轮回享受快乐，免入地狱或投生恶道受苦受难。

在《维先达腊》中，善恶有别、因果业报的逻辑在主要角色身上都得到了呈现。凡乐善好施者都得到了好报，包括帮助过维先达腊的人们也是如此。而贪婪恶毒的老乞丐夫妇死于非命，不义之财转瞬即逝，还在地狱中备受煎熬。《毗输安呾啰王子本生史谭》这样总结道："布施难为布施人，彼等为此难为业，不善诸人难模仿，善者之法亦难从。然对善者不善者，死后种种有趣道，不善者应堕地狱，善者将成生天趣。住于林中施子等，而后又复妻为施，斯人无有堕落事，彼于天上得其果。"①

第三，《维先达腊》树立了一个因实践布施波罗蜜终成正果、得偿所愿的榜样，这就是维先达腊或者说佛陀本人。

在傣族地区流行的《十世轮回》经中，维先达腊被看作是佛陀以普通人的身份经历十次轮回的最后一世。佛陀在维先达腊这一世完成至上布施波罗蜜后，就彻底圆满了他的所有波罗蜜修行，下一世就成佛不再轮回了。所以，以维先达腊为榜样，就是以佛陀为榜样。不过，《维先达腊》借助本生的"前世"这一特殊语境，把佛陀身份转化为前世的普通人，从而对布施波罗蜜进行了世俗谛层次的阐释，让布施波罗蜜可以与施者实现其自利的愿望结合起来，其中甚至包括再世俗不过的愿望。

---

① 台湾元亨寺主编《汉译南传大藏经》卷42，河北省佛教学会印刷，2012，第571页。

　　傣族的《维先达腊》很细致地描写了这些愿望。首先如维先达腊的母亲普丽萨。普丽萨是第一章"十祷"中的主角。她在成为天王因陀罗妻子这一世，曾向天王祈祷"十愿"：一愿得嫁国王一生有福，二愿投生皇族丽质芳香，三愿得生贵子为万民王，四愿安康身体美，五愿救助犯死罪者不失性命，六愿吉祥如意，七愿美丽侍女如云，八愿生活富足美酒佳肴，九愿居于深宫大院，十愿有可信之人。这十愿，因其不吝施舍，所以在她死后投生为维先达腊的母亲这一世，一一得到了实现。普丽萨的故事深受傣族特别是妇女的喜爱，该章还单独成册，称作《十愿经》，广为流传。①

　　身为菩萨的维先达腊，也有"八愿"：愿父王臣民回心转意重登王位，愿救助死罪者免死，愿百姓丰衣足食，愿保持良善品德，愿儿子健康长寿也为世间王者，愿儿女相伴左右，愿今后得以继续布施，愿轮回转生不堕恶趣，终能悟道成佛为民解惑。这些愿望当然得偿所愿了。在其后一世，又实现了最高祈愿"修炼成一切知佛，有超群的智慧，成为导师，解救世间众生苦"。②

　　南传上座部佛教的僧人，以及修行究竟谛层次的修行者，也可以许愿，不过只应以证悟涅槃为唯一目标，他们许的愿都应该远离世俗欲望。显然"十愿""八愿"的旨趣与此大不相同，它们不仅没有拒斥世俗福祉与常人快乐，反而很好地回应了此类普通人的真切诉求，并因布施行善而如愿以偿。这意味着，《维先达腊》以本生形态宣扬的布施波罗蜜，是适用于俗众的世俗谛阐释。正是由于布施也可以与施者的自利取向相辅相成，或者说是相反相成，而不是截然对立，才令佛陀至上布施的榜样，也可以让普通人仿效，也更吸引普通人乐于仿效，因为普通信徒仿效佛陀布施行善的同时，还能以实现世俗利益、脱苦得乐为目标。为此，本文将《维先达腊》中呈现的更具世俗谛意味的布施波罗蜜称之为"维先达腊理念"。

① 张公瑾：《傣文〈维先达罗本生经〉中的巴利语借词——以〈十愿经〉第一节为例》，《民族语文》2003 年第 4 期。
② 刀林荫主编《维先达腊——一部感动您一生的佛本生经故事》，刀正明等译，云南民族出版社，2007，第 163~164 页。

傣族的《维先达腊》在结语写道："所以你们众信者，要坚持行善，不断行善，最终如愿以偿。"①

综上所述，"维先达腊理念"，就是让普通信徒以佛陀（维先达腊）为榜样，坚持布施行善，以成就自己的利益。这一路径，不妨称之为"从圣布施"，以此与"献祭神灵"相对。

二 《维先达腊》何以成为傣族普通信众关于赕的关键文本

普洱市景谷县既是《维先达腊》本土化、大众化程度最高的地区之一，也是崇尚赕白象风气最浓的地区之一。景谷案例较好地呈现了傣族借助《维先达腊》的本土化转译和仪式化呈现等知识传播手段，让《维先达腊》这一文本与相关仪式和日常实践紧密结合，相互促成，使其成为大众信徒形成赕的理念的关键文本，并对人们的赕的动机和实践都产生了真切影响。

（一）《维先达腊》文本的本土化转译和多渠道传播

巴利语佛经的傣语翻译，是南传上座部佛教教义在傣族地区跨文化传播的第一道门槛。《维先达腊》的傣语化，同样也是令其成为"大众佛经"之一的先决条件。

很难考证《维先达腊》漫长的傣语化的具体历史进程，不过姚珏的研究很好地呈现了本土化的逻辑步骤以及景谷傣族在其中的贡献。首先，《维先达腊》有四种傣译类型：直译型"沙卜"、意译型"沙乃"、注释型"沙板"和再创作型"斡哈"。巴利语在其中的保留比例从50%、30%、10%一直降到不足1%。其次，迄今为止有7个相互有继承关系的傣译本，最为流行的是景谷僧人翻译的傣语化程度最高（"斡哈"）的13册"勐豁

① 刀林荫主编《维先达腊——一部感动您一生的佛本生经故事》，刀正明等译，云南民族出版社，2007，第224页。

本（勐豁即勐卧，意为有盐的勐，为景谷古称）"，即景谷傣族俗称的《白象经》，它语言通俗易懂、朗朗上口，"是《维先达腊》本生经的傣族化、通俗化之佐证。"①

今天看到的 13 章《维先达腊》汉译本主要是从"勐豁本"脱胎而来。从该译本中不难看到，《维先达腊》的傣译发展过程中，既全面增强了文学渲染，还大量植入了民族化、本土化的内容，为跨文化传播提供了极佳文本。

例如，妻子在得知儿女被布施后昏厥过去，维先达腊以傣族方式为妻子叫魂，这一部分长达 3000 汉字，细腻至微、感人至深。而在元亨寺的译本中，他只是用清水激醒了妻子。再如，老国王迎接维先达腊夫妇归国时，沿途的村寨在路边插芭蕉、甘蔗，搭凉亭、摆台面，提供酒、肉、鱼、汤、菜、饭、剁生、米糕、米线，任人任意吃喝，还伴以歌舞弹唱。这些细节几乎就是傣族做赕场景的翻版。

本土化的文本，还需与多渠道的传播途径结合，才能更好地实现大众传播。在景谷《维先达腊》主要通过如下途径传播：一是赕寨心等集体大赕，最先念的经文就是《维先达腊》，赕寨心，通常每年一小赕，三年一大赕，各家各户都要有人参加；二是各家乔迁新居"进新房"也要念《维先达腊》，乔迁的全家和亲友都会参加，一起听经，仪式结束主人还会将经书挂在屋内作为吉祥物；三是雨安居期间中老年居士入寺修习，《维先达腊》是他们修习之余最爱请僧人念的一部经书；四是信众赕经书给佛寺（"赕坦"），《维先达腊》历来是人们最爱赕的一部经书，赕经书的仪式重点之一，就是念此经书。当然，《维先达腊》最重要、最有效的传播途径，莫过于当地最崇尚的赕白象仪式。

（二）《维先达腊》的仪式化呈现

景谷傣族的赕白象，是持续数日到十几日，花费少则五六万元，多则十多万元的大赕。仪式中最重要的"正赕"这天，有一个看似寻常但却非

---

① 姚珏：《傣族本生经研究——以西双版纳勐龙为中心》，《世界宗教研究》2006 年第 3 期。

常重要的环节，就是全体信众听僧人念《维先达腊》，13 章全部念完一般要 8 小时左右。通常在夜深人静后开始直到次日凌晨，通宵达旦持续不停。季羡林先生在 20 世纪 60 年代曾描述道："任何古代的书都比不上《佛本生故事》这一部书这样受到欢迎。一直到今天，这些国家的人民还经常听人讲述这些故事，往往通宵达旦，乐此不疲。"[①] 这一场景用在此时也非常贴切。景谷的傣族人一生中至少参与、经历数十次赕白象，也就意味着光是这一途径，他们就至少要听数十次《维先达腊》。

当然，赕白象不是简单地传播《维先达腊》的文本内容，借用特纳辨析仪式象征三层意义的方法，从仪式直接呈现、当事人阐释以及笔者解读这三种角度看，都可以说赕白象几乎就是《维先达腊》的仪式化展演乃至某种程度的直接践行。

第一，赕白象的仪式名称、主题象征乃至仪式情节都直接源自《维先达腊》。赕白象傣语为"赕章"，意为"施象"。仪式中的核心赕品是白象和《维先达腊》经书。白象，就是维先达腊布施的宝象。当然仪式中的白象是假的，人们用竹子编成真象大小的骨架，黏上雪白的棉花，给它披红挂绿，穿金戴银，再配以华盖、坐轿等华丽装饰，在各种配套赕品、赕具的簇拥中赕献至佛寺。在比较考究的赕白象仪式中，大队人马还走乡串寨"游白象"，还有人表演《维先达腊》的部分情节。笔者看过一个男子戴着凶恶的面具，拖拽、鞭挞着一双幼童，即是再现老乞丐讨要一对王儿的情景。赕白象的现场观感，与法显当年在斯里兰卡所见的佛牙舍利游行场面有几分相似，"作菩萨五百身已来种种变现，或作须大孥，或作睒变，或作象王，或作鹿、马。如是形象，皆彩画庄校，状若生人。"[②]

第二，赕白象"大而全"的结构构成，体现了《维先达腊》宣扬的彻底布施精神。赕白象被归类为"萨巴赕"，意思就是"样样都赕"。西双版纳类似的仪式叫作"赕玛哈邦"，意为"大而全的赕"，其意相同。作为个体赕中规格很高的大赕，按仪式要求赕品、赕具必须配套齐全。另外，又

---

① 季羡林：《关于巴利文〈佛本生故事〉》，《世界文学》1963 年第 5 期。
② （东晋）法显：《佛国记注译》，郭鹏注译，长春出版社，1995，第 129 页。

可以额外增加其他小赕，包括他人来参与的赕（"烘赕"）。因此每一场赕白象所赕的内容相当丰富，既有各种布施，也有各种献祭。以最简化的赕白象仪式流程来看，仪式之初是礼敬和供养三宝以及献祭诸迪瓦拉神灵，仪式中赕白象赕和各种赕品赕具，仪式结束时以滴水仪式回向功德给父母亡灵和诸有情。其中，涉及的对象以佛、法、僧三宝为主，神、鬼、人乃至众生兼及。使用的赕品、赕具、钱物有几十类，数量难计其数。此外，赕主还有一项大赕，即大宴宾客数日，其性质与献祭共食无关，就是赕主赕给所有人吃的寻常飨宴，该项开支常占到赕白象总开支的 5 成以上。

第三，赕白象的行为本身就是一次"维先达腊理念"的实践。动辄数万元到十多万元的高昂花费，对于普通傣族农户而言并非小数。因此常常是以老年男子为主，以毕生积蓄举全家之力来赕白象，如同以"千金散尽"式的大赕面向公众宣告："我像维先达腊一样彻底赕了。"不过，"千金散尽"只是对布施波罗蜜理念的"形似"，人们动机中对赕的因果业报逻辑的认同才是"神似"。"多赕多得、不赕不得"是傣族普遍奉持的核心信条之一，也是对人们如何理解《维先达腊》宣扬的布施波罗蜜理念的最好注解。傣族人解释道，今生之所以有能力、有机会做赕白象这种规模的大赕，是前世功德所致，是前世做赕的福报。同理，今生继续像维先达腊一样赕，那么来世也会更富足，更有能力赕。这是一种不舍不得、多舍多得的良性循环，是"千金散尽还复来"的"舍－得"辩证法。人们不是为散而散，而是为"复来"而散，这恰恰反映了人们对"维先达腊理念"和南传上座部佛教因果业报逻辑的深层认同。这种深层认同，对于强化人们的相关信仰至关重要。

三 景谷傣族日常赕实践中的"从圣布施"

傣语程度最高的"勐豁本"《维先达腊》的成型时间，按一般逻辑推论，应晚于其他三种翻译类型，大致形成时间可能在 19 世纪前叶。它的出现与景谷傣族热衷于赕白象究竟谁先谁后，也因缺乏证据而难以分辨。但有一点可以肯定，那就是两者之间有着深层的交互影响和相互促进，从而使"维先达腊理念"深入人心，并对人们赕的动机和实践产生实际影响。

这种影响在景谷傣族人的日常赕实践中得以呈现。在人们日常的赕中，清晰地保留着"从圣布施"、人间行善的性质。对此可以采用一个最简单的办法，就是看赕的对象。以下结合施主、施思、施物和受者这布施四要素，从受者角度，对景谷傣族最常做的几十种赕做一个粗略的分类。

第一类，赕给佛法僧三宝。赕给佛祖的，首先是钱、蜡条、糯米饭，但凡入寺，就要以此礼敬、赕献佛祖。其中，钱专用于修缮佛寺等公共开支，蜡条是表达身为信徒的敬意，糯米饭则属于献祭的食物，是赕献给人们心目中在天上的佛祖享用的。其次是各种仪式中赕的象征性和实用赕具物品，如白象、佛像披的袈裟等。赕给佛寺的，有钱、谷子、大米、董幡等。赕给僧人的，最常见的是日常供养，如轮流送饭到佛寺供养僧人，另外有仪式中赕钱、赕袈裟、赕僧具等。捐资修建、维修佛寺、佛塔等也属于赕给三宝的。第二类，赕给各路神灵"迪瓦拉"和亡灵鬼魂。赕给前者的主要是钱、蜡条、糯米饭，赕给后者的则是饭菜、食品、用具，或者"为死者搭桥"的某些特殊董幡等。第三类，赕给身后或来世的自己。如"卧帕萨"（白房子）以及附带的各种食物用具，在赕主死后可以保护其免遭地狱之火折磨，得吃得用。第四类，赕给集体。如为大家修水井、建凉亭、搭桥、修路、赕象脚鼓等。第五类，赕给特定人群。如一年一度雨安居期间"赕信"，村民赕饭食给入寺纳福的居士并提供各种后勤服务。第六类，赕给所有人。如泼水节、赕佛迹、赕白象等节庆或大赕中，赕饭菜、米线、凉粉、粑粑等食物给所有人吃。

上述分类实际上相当粗略，有诸多遗漏。不过已经不难发现，从赕的受者来看，上文中的第四、五、六类都是面对真实的人（包括集体）的布施行善，佛不是赕的唯一受者。从赕的性质看，既有礼敬、供养、布施，也有献祭等。从赕品看，有献给超自然对象的祭品，也有给普通人的自然之物。总之，面向普通人的人间给予、布施行善，是傣族赕的重要内容。事实上，在大多数傣族地区，每逢泼水节、赕佛迹、赕白象、佛寺庆典、高僧升座、做大赕或大摆等其他场合中，都常常会有傣族信众赕米线、凉粉、糯米团、糯米糕，这些食物都是人们亲手所做，专门拿来赕给所有人吃的。只要你需要，任何人都欢迎取食。"从圣布施"，在今天傣族地区普遍存在。

四　《维先达腊》在傣族赕研究中的方法论价值

综上所述，《维先达腊》是傣族普通信徒关于赕的教义知识的关键文本。"维先达腊理念"确立了赕的基质就是人间布施，体现的是通过舍己利他来成就个人佛教修行、实现自己利益的因果业报轮回逻辑。如果在大众信徒的信仰中，作为布施榜样的维先达腊（或佛陀）、作为基本逻辑的因果业报轮回、作为成就自己利益的布施还在，那么就不难找到"从圣布施"利他行善的成分。这就是《维先达腊》作为赕研究中的方法论工具的主要依据，当然，这并不代表它具有完全的普适性。

（一）把《维先达腊》作为研究工具要注意的若干问题

第一，把《维先达腊》作为"大众佛经"中的关键文本之一，只是在南传上座部佛教的一般传统和普遍共性层面上成立，并不意味着否认地方差异。任何知识的社会分布都难以绝对平均分布，《维先达腊》也一样。由于历史渊源、环境影响等原因，云南傣族各地的南传上座部佛教既有根系之同，也有枝叶之异。《维先达腊》在傣族各地的传播、影响肯定不尽一致。

第二，把《维先达腊》作为大众信徒关于赕的教义知识的关键来源，并不意味着否认傣族关于赕的教义还有其他的渊源。在景谷地区与赕直接相关的经典至少还有数十部"阿尼诵"，也是高度傣语化、大众化的文本，不过它们通常只是专门讲述赕什么物品（如袈裟、谷米、油灯等）会在来世带来什么样的功德福报，因此只能作为《维先达腊》的补充，不能代替其核心理念的地位。此外，很多其他教义也对人们的赕有间接但是也很重要的影响。至少人们很清楚，光靠做赕并不能完全实现关于来世的所有祈愿，还要持戒、禅修（"帕瓦那"）、听经等，从某种意义上可以说，还有戒定慧的基本理论框架的影响。

第三，傣族的赕还受到其他宗教观念甚至世俗观念的深刻影响。例如，传统民间信仰与佛教的糅合，几乎可以说是傣族佛教信仰的一个基本特质。在以赕为名的仪式中，傣族的占卜算卦、隔鬼撵鬼、禳解法术、献祭亡魂等行为几乎随处可见，尤其是献祭亡魂，基本上可以说存在于所有赕中，赕仪式结尾中的滴水环节，本身就是亡魂献祭的佛教化方式，就像人们熟悉的《沙替松毫》故事表明的那样。又如，佛陀形象的多面向。傣族信众心目中的佛陀，既有作为已故的导师、圣人的一面，也有不同程度加以神化的一面。人们常说的"赕佛"，既有献祭、纪念已故圣者之意，也有赕献给"神佛"借此祈求福佑的意思，此外也还泛指各种赕。顺带一提，即便是赕给佛祖，在景谷傣族的普遍理解中也不是佛祖而是某些"迪瓦拉"记录做赕的功德，并在来世兑现福报，佛祖本人并不是掌管众人来世财物的"大管家"或生杀予夺的主宰神。再如，世俗价值观的影响。景谷傣族普遍将赕过白象视作一生的荣耀，会专门撰文记录并流传后世，没有赕过白象会被视为人生一大遗憾。僧人基于更单纯的佛教尺度普遍认为，赕白象的功德远不如花几百元赕一部经书的功德更大，但他们难以左右民间对赕白象的热情。普通信众赋予赕白象的总体意义是远远高于僧人的，其中一个主要原因，是大众信徒的动机中，除了"维先达腊理念"外，还掺杂了世俗价值的尺度，比如，赕白象能大幅提升赕主的社会声望、改善社交网络，增进其社会资本等。①

总之，傣族的赕，尽管源自布施，深受"维先达腊理念"影响，但现实中的赕，几乎总是基于复杂的宗教信仰与世俗认知，内含各种主体寓意和不同宗教类型的复杂宗教行为。

（二）《维先达腊》作为研究工具的适用领域

把《维先达腊》作为研究傣族赕的一种理论工具，最主要的应用场

---

① 刘军、梁荔：《圣与俗——景谷傣族的南传上座部佛教》，云南人民出版社，2014，第213～215页。

域，是把它作为一个理论支点，来辨析赕的基本取向：布施取向还是献祭取向。

有学者根据西双版纳和德宏等地的田野调查认为，当代傣族的赕，仅限于人神之间，而且基本上就是献祭"神佛"。人们通过以财物献佛，表达虔诚、顺从、敬畏、祈愿之心，神佛则据此给人以恩赐庇护。[①] 人和佛之间就是一种"交换关系"。[②] 显然，这里所谓的献祭，并非本文前面述及的赕的某些类型或赕仪式构成中的献祭成分，而是作为赕的某种共通的基本属性。

基于前文讨论我们得知，从逻辑上讲，远离"维先达腊理念"是赕彻底异化为"献祭神佛"的前提。由"从圣布施"到"献祭神佛"，至少要经历这样一系列的变化：赕的受者只剩下佛，人们做赕再无须面对其他对象，尤其是现实中的活生生的人；作为唯一受者的佛，也不再有以身作则践行布施波罗蜜榜样的先圣属性，而完全变成接受献祭并据此左右人们祸福命运的神；信徒与佛陀间的凡圣、师徒关系完全变为人神关系，"从圣布施"再无从谈起；善恶有别、业报轮回的逻辑，完全被人神交换、神赐神罚的逻辑所代替；赕品也只有圣化的祭品，再没有普通自然形态的布施之物；赕的手段也只有圣化仪式一种方式，不再有无需任何仪式就加以圣化的赕米线、赕粑粑；日常生活中面对普通人的布施行善、积累功德不再重要。

我们不妨把"维先达腊理念"视为一个古老的南传上座部佛教理论锚点，它把傣族的赕拽向在现实生活中人对人的舍己利他，拽向行善积德，拽向自净其业，从而远离对神的献祭或人神交换，特别是与"神佛"的交换。它用佛教最基本的因果业报逻辑，把信徒的自利与舍己利他行为紧密连接起来，把追求宗教的神圣目标与切实去利益世俗人间紧密连接起来。这种连接，将有利于培育南传上座部佛教大众实践的利益人间的佛教品

---

① 褚建芳：《人神之间——云南芒市一个傣族村寨的仪式生活、经济伦理与等级秩序》，社会科学文献出版社，2005，第 40 页。

② 龚锐：《圣俗之间——西双版纳傣族赕佛世俗化的人类学研究》，云南人民出版社，2008，第 98 页。

格，也将有助于南传上座部佛教与世俗社会的共存共荣。"从圣布施"，还是"献祭神佛"，或许将是当代云南南传上座部佛教发展中的主要张力。傣族的大众佛教实践能否保持并弘扬"从圣布施"、舍己利他的品格，将对它的未来产生独特而重要的影响。

浅谈东巴教圣地东巴文化保护与传承

和红灿[*]

和红灿*

摘　要: 白地村东巴文化的传承,起源于特定的历史时期,通过当地村民自发地恢复传统节日,表达了对传统文化符号强烈的集体性认同,再通过学术话语体系,找到了东巴文化传承的合理性,在全球化进程中走向高潮,最后回归于文化传承之本——为传承而传承。这个过程既有村民们对本民族文化认同的渴望,也有地方文化精英与全球化抗衡的雄心,同时也包含了民间宗教信仰者和实践者把传统信仰和实践传承下去的心愿。

关键词: 东巴教圣地　文化　保护与传承

一　白地村的自然环境

三坝纳西族乡位于云南省香格里拉市东南部,总面积 870 平方公里,东以金沙江为界与丽江市大具镇相望,南接虎跳峡镇,西、北分别与大、小中甸,洛吉为邻,人口约为 18000 人,其中纳西族人口有 12200 多人。白地村委会位于三坝纳西族乡政府所在地。白地村委会平均海拔 2300 米,国土面积 8.26 平方公里,耕地面积 271 公顷,年平均气温 13℃,年降水量 800 毫米,耕地面积 5002 亩,人均耕地面积 1.36 亩。截至 2017 年,白

＊ 和红灿,云南省社会科学院民族学研究所研究人员。

地村委会有 900 户，人口 3888 人，有纳西族、彝族、汉族等 5 个世居民族。

白地村委会下辖 15 个村小组，分别是古都、波湾、水甲、吴树湾、恩水湾、恩土湾、补主湾、阿鲁湾、上火山、中火山、下火山、勋洞、陆家村、马家村和陈家村。其中古都、波湾、水甲、吴树湾、恩水湾、恩土湾、补主湾、阿鲁湾是纳西族村小组，聚居于白水台下狭长的河谷地带。河谷地形呈簸箕状，四面环山，西南高东北低，由西面称为"荷布"（$x\mu^{55} pv^{31}$）的山上发源出两条贯穿村落的河流——白水河和黑水河，最终流向东面的金沙江。

白地村委会出产水稻、玉米、小麦、高粱、燕麦、荞麦、黄豆、蚕豆、马铃薯等农产品，是香格里拉市的主要产粮区之一。

二　东巴教圣地的传说

东巴教中，故事和传说是仪式获得确立的重要标志，东巴在仪式中要念诵冗长的故事和传说，并反复强调：不懂得某事的出处和来历，就不要轻易去提它。白地村也流传着许多凸显该村圣地地位的传说和故事。

相传东巴教祖师阿明诞生在白地村委会的水甲村小组，当地还保留有阿明家族的老屋地基和一口以阿明命名的水井。水甲村北面的"勾旭韦"山上有一溶洞，传说是阿明修行的地方，被称为"阿明乃科"（$a^{55} mi^{31} na^{33} kh\mathfrak{o}^{33}$）（阿明藏身洞），也被称为阿明灵洞。溶洞分为左右两洞，左侧洞高约 1.5 米，洞口较大，分上下两层，相传是阿明藏经之处，右侧洞高约 3 米，直径 3 米，是阿明休息睡觉的地方。

在白地村调查期间，和志本东巴曾经给笔者观看他收藏的一本《加威灵》经书，其中有一段是关于阿明家族东巴世系的记录：阿明于勒（$a^{55} mi^{31} z y^{31} le^{32}$）→阿明可塔（$a^{55} mi^{31} kh\mu^{33} tha^{31}$）→阿明翁若（$a^{55} mi^{31} ue^{33} z\mathfrak{o}^{33}$）→阿明赤塔（$a^{55} mi^{31} tshi^{33} tha^{31}$）→阿明依端（$a^{55} mi^{31} z i^{33} dua\mathfrak{r}^{33}$）→阿明纳布甲（$a^{55} mi^{33} na^{33} bv^{55} t\varphi a^{33}$）→阿明拉若（$a^{55} mi^{31} la^{33} z\mathfrak{o}^{33}$）。该世系的最后一代东巴阿明拉若，汉名为杨树开，水甲村人，1940 年出生，至今

还在为水甲村民主持东巴仪式，从他开始往上推，阿明家族一共有七代东巴。和志本认为，东巴教的祖师应该是阿明家族最早的一代，即阿明于勒。但是，他具体的生活年代却不好推算，因为经书记录的是阿明家族的东巴世系，而不是阿明家族的世系，不能简单地用家族世系代数来替代东巴世系代数，学术界至今还没有发现直接的考古或文献记载。①

传说阿明灵洞是东巴教祖师曾经修行的地方，自古以来到此朝圣的各地东巴络绎不绝，香火不断，朝圣的一个重要内容是在灵洞前举行一个"汁再"仪式。

"汁再"（ndʑər³¹tsa⁵⁵），是专门为东巴举行的一种仪式，"汁"可以理解为威灵、法力，"再"有传、加之意。"汁再"意为通过加持方式使东巴获得法力，一般翻译为"加威灵"。仪式由一名大东巴主持，将各方神灵和历代大东巴的法力传给参加仪式之人。东巴教认为，法力不够的东巴主持仪式，是驱不走或压不住各种鬼怪的，甚至会被它们所左右，"择且鼓扣"（tsər³³tʂhər³³gv³³khə³³），讲的就是东巴被鬼怪折断板铃、撕破皮鼓的尴尬情景。因此，作为东巴，一生最梦寐以求的往往就是在阿明灵洞前，参加由白地大东巴主持的这个提升法力的仪式，这也是日后成为大东巴的重要资质。2012 年来自四川省木里县依吉乡的 32 名东巴，在白地村阿明灵洞前举行加威灵仪式，这是近年来东巴人数最多的一次朝圣活动。

白地村被誉为东巴教祖师的故乡，当地流传有许多关于阿明的民间故事，这些故事不仅表现了他的超高法力，也塑造了一位有血有肉，和凡人一样具有喜怒哀乐的阿明形象。

传说阿明小时候被北方僧侣抓走为他们牧马，但聪慧过人的他却趁此偷偷学会了不少佛教经典，学识甚至超过了那些专门学习的僧侣们。数年

---

① 和志武先生根据白水台摩崖木高题诗石刻中的落款"释哩达多禅定处"，认为"释哩达多"是东巴教中的丁巴什罗，"禅定处"指的是白地的阿明灵洞和白水台的烧天香处，"五百年前一行僧"，中的"一行僧"，指的则是东巴教祖师阿明，从明嘉靖寅年往上推 500 年即为宋代，由此推算阿明应该生活在 11 世纪的北宋时代。参见和志武《纳西东巴文化》，吉林教育出版社，1989，第 15 ~ 17 页。另，和志武先生还认为，阿明是白地村委会水甲村民小组"叶"氏族父子联名第九代，参见和志武《纳西东巴文化》，吉林教育出版社，1989，第 15 页。

过去了，阿明觉得学得差不多了，决心逃回家乡。他在牧马时有意识地训练那些马匹，让它们在跑到河边的一座桥时就会折返头跑回去，而阿明平日骑的那匹马却能够跨过桥一直往前冲。条件成熟了，阿明骑上马跑了，僧侣们发现后也骑上马追来，当到了桥边，僧侣们骑的马匹却都不会过河，纷纷调头折返回来，他们眼睁睁地看着阿明骑着马过桥飞一般地跑远了。

阿明逃回家乡白地村，担心僧侣们会找到他家里来，于是就躲藏在水甲村对面勾旭韦山（kə³¹çy⁵⁵ue³³）的一个山洞里修行。每当白天，勾旭韦山上有青烟升起，到了夜晚，有一个如灯笼般大小的火团亮着，那是阿明在山洞里修行。

数年过去了，僧侣们也没有再找来，阿明于是放心回到家里，过着日出而耕、日落而息的生活。直到有一天，阿明正在耕田，看见有两个僧人朝他走来，知道是来抓他的人来了，他不慌不忙地请僧人坐下，说犁完田就跟他们走。当阿明犁完田，僧人起身时却发现已经站立不起来了，他们意识到是阿明作的法，于是苦苦哀求，说以后不会再来找阿明的麻烦了，阿明点点头，僧人们"倏"地一下子又站了起来。阿明招待两个僧人在家里吃饭，安排他们住下。第二天一早，僧人们就离开了，再也没有回来找过他。

阿明从此安心为白地及附近村子主持各种仪式。随着主持的仪式越来越多，阿明越来越受到人们的尊重。丽江木土司听说有这么一个东巴，便将他请到丽江为其亡母超度。当阿明搭设好神坛，将捏好的神偶放上后，神偶居然一个个动了起来！木土司一看，阿明果然名不虚传，于是热情地招待了他。此事一传开，丽江人都争先恐后地招待阿明，阿明也更声名远播了。

随着阿明的声望越来越高，经常有金沙江对岸的丽江人请他过去主持仪式。没有渡船的时候，阿明就将他的法器皮鼓丢到江里骑着它渡过江去。有一次，阿明渡过江准备去给别人做仪式，走到半道觉得肚子有点饿，看见有几个牧羊人在吃饭，于是想向他们要一点东西吃，可牧羊人们一个个对他冷言冷语，表示出明显的不欢迎，阿明不吭声地走开了。后来，牧羊人发现他们的羊吃草时啃一点草就往前走好几步，回家时经常要费很大工夫才能找齐四处啃草的羊。阿明继续赶路。不远处，有一群放猪人在吃饭。没等阿明开口，放猪人就迎了过来，热情地邀请阿明和他们一起吃饭。从此，猪吃东西总是在一个地方东边拱拱、西边拱拱，不会四处走散，放猪人回家时再也不用到处去找它们了。

位于白地村西端的白水台是东巴教的另一处圣迹。白水台是由泉水中的碳酸钙积淀物堆积凝聚而成的方圆 200 多亩的台地，状似蓄满水的层层白色梯田，景色蔚为壮观，是村民心中众神降临之地和自然神"署"的栖息之所，长年香火不断。

民间流传有不少关于白水台的传说。传说当年丁巴什罗和玉皇大帝①打赌，如果在太阳刚照到居那什罗山顶时，谁先到达山顶谁就坐玉皇大帝的位子。第二天早晨，当太阳刚照到山顶时，玉皇大帝骑着阳光就到了山顶，丁巴什罗骑着他的法器大皮鼓也同时到达了，两人不分胜负。由于丁巴什罗没有赢得先机，玉皇大帝就跟他商量，替他找一个最好的地方修行。玉皇大帝选了山清水秀、气候温和的白地，从雪山上抓起一把雪扔到这个地方，这把雪幻化成层层叠叠、洁白无瑕的白水台。丁巴什罗来到白水台上修行，白地村也就成了东巴教的圣地。

还有的传说是这样讲的：古时白地村被一条毒龙所占据，整个白地坝都是一片湖泽。后来有一支纳西先民迁徙到这里，但由于这个美丽富饶的地方被水淹着，只能住在山林里过着狩猎的生活。有一天这个情景被天神看到，他放出五朵白云，五朵白云变成五个仙子。仙子们合力降服了毒龙，让毒龙将水退走，于是，白地坝出现，纳西人迁到坝子中，形成了今天的各个纳西族村落。土地有了，但人们不太懂耕作。五个仙子商量之后，让谷神做白水台的龙王。龙王便建造了梯田形状的白水台，并在白水台上蓄满了水。人们看到白水台后，按照它的样子开垦农田，渐渐地，白地纳西人过上了丰衣足食的日子。

---

① 一说是弥拉日巴。

三　白地村东巴文化的保护和传承情况

20 世纪 50 年代中期，随着移风易俗运动的兴起，东巴教的许多仪式开始受到冲击，祭天、祭村寨神等村落或集体性的仪式不再举行。恩土湾村祭天东巴世家的家名叫"阿八屋"ɑ³³bɑ³¹u³³，但出生于那个时代的当地村民没有见过他们家的东巴主持祭天仪式。随着移风易俗运动的深入，一些重要的人生礼仪也受到了影响，据说 20 世纪 60 年代初村子里有些人家已经完全采用新式葬礼了。当时的白地村民，在移风易俗的涤荡之下，已经对自己的传统文化表现出了不自信。

除政治因素之外，东巴教仪式活动的简化或者消失，还跟当时的经济条件有很大关系。东巴教的许多仪式，特别是丧葬仪式，过程烦琐，持续长，献祭的牲口、粮食等耗费巨大。20 世纪 50 年代末，白地村家庭经济普遍困难，已经无力再承担仪式的支出，有的人家甚至连祭祀逝者用的一碗米饭都拿不出。在这样的情形下，东巴教仪式的简化也势在必行。

（一）"二月八"节日的恢复和三坝东巴参加在丽江召开的东巴达巴座谈会

20 世纪 70 年代末，白地村的传统文化活动又渐渐复苏，其标志性事件是"二月八"传统节日在民间的自发恢复，以及三坝乡的部分东巴受邀参加 1983 年初在丽江召开的"东巴达巴座谈会"。

"二月八"是白地村最盛大的年度节日。在每年的农历二月初八，白地村的村民们都要登上白水台进行献祭、野炊和歌舞活动。这个节日最早来源于东巴教的祭"署"sv³¹仪式。署是东巴教中的自然神灵，掌管山林、水源、野生动物等一切自然资源。东巴经典中讲述了它和人类是同父异母的兄弟，由于人类滥砍滥伐，污染水源，捕杀野生动物，得罪了署，受到署的惩罚，使人类居无定所、食无来源，最后人类请东巴教大神丁巴什罗来评判。丁巴什罗派出了白肚大鹏鸟"休曲"çə³³tɕhy³¹降服了署。经调解，双方达成和解协议：大地上的人类，地不够住可以搬迁到高山上去；田不够种可以上山去开荒；家畜不够可以上山去狩猎。休曲在降服署的时候将它抓伤了，因此人类要给署疗伤，还要定期举行仪式偿还人类在利用自然资源时对、署欠下的债，并感谢署对人类进行的资源馈赠。白水台上有一口清冽的泉眼，被认为是署在白地村的栖息之所，每年的祭署仪式都要在这口泉眼旁举行。"文革"期间，"二月八"节日活动完全被禁止，村民们再也没有上过白水台过节。

20 世纪 80 年代初，部分村民在农历二月初八开始自发到白水台上过节，但方式仅限于野炊，没有东巴教的仪式活动。随着国家对民族民间文化政策的进一步放宽，到白水台过节的村民越来越多，三坝乡政府开始有意识地介入，组织相关活动来丰富节日的内容。"二月八"前夕，乡政府把整个白地村的东巴、民间艺人、村社长们召集起来开筹备会，详细制定节日的流程。群众喜闻乐见的民俗活动被禁止较长一段时期后，重新受到政府的鼓励倡导，民间艺人们自然是欢欣鼓舞，都积极参与到节日的筹备中来。1985 年到 1990 年这段时间，乡政府组织得比较成功，参与过节的群众人数也较多，据说有一年达到了上万人。民间歌舞是乡政府重点组织的内容，当时要求所有参与人员都要身着民族服装，通过这样的方式，纳西族传统服饰又慢慢穿回纳西人的身上了，另外，身着民族服饰的村民格外瞩目，往往成为外来摄影师们竞相追拍的目标，无形中提高了村民们对传统服饰的文化自信。对于组织得较好的村小组，乡政府也给予表彰和奖励，比如拨付给受表彰的村社一定数量的水泥、工分石等，优先满足他们对基础设施建设的需求。由于组织得力、群众参与度高，白地的"二月八"节还在当时的中甸县打出了知名度，吸引许多非白地籍的各族群众前来参加节日。

20 世纪 80 年代末，乡政府开始对节日中的东巴祭祀活动进行资助，包括祭天仪式所需的一头猪，祭署、顶灾仪式所需的两只鸡以及东巴和相关人员的补助等。这表明政府已经把民间宗教视为了传统文化中的重要组成部分。

按照传统，"二月八"节日的东巴教仪式由离白水台最近的波湾村小组的东巴主持，① 经过推选，该村的树银甲东巴担任主祭一职。在白水台进行除秽、祭天等仪式，是白地村自古就有的传统，据调查白地每个村小组的东巴要负责主持不同的仪式。"二月八"节日的恢复，把以前的传统都囊括进来，意义重大。

恢复节日中的东巴教仪式时还发生了一个插曲。在过去农历二月初八这一天，活动以波湾村民的东巴祭祀仪式为主，二月初九才是全白地的村民们在白水台烧天香、野炊和歌舞娱乐。由于乡政府节日公告没有说清楚，村民们参与的热情又很高，结果在二月初八这一天，白地村民全都赶到白水台过节。在不得已的情况下乡政府将错就错，把每年这个节日的东巴教祭祀仪式提前到了二月初七这一天举行，于是就有了后来的二月初七祭祀，二月初八过节的传统。

1983 年初，当时的丽江县（现已分为玉龙纳西族自治县和古城区）准备召开一个东巴达巴座谈会，拟邀请丽江地区（现已改为丽江市）及周边区县的东巴、达巴参会，丽江方面派出了兰伟和杨一奔前来白地做动员和邀请工作。"文革"结束不久，中央对民族民间宗教的态度并不明确，许多人对东巴教的认识还停留在封建迷信的阶段，对于参加这样的一个座谈会，白地的东巴们是有顾虑的。经过做动员，三坝乡最终有13 名东巴到丽江参加了会议。"东巴达巴座谈会"提出东巴文化是纳西族古代文化，研究这些古老的东西，为的是今天和明天，是为建设社会主义精神文明服务。② 参会回来的东巴们心里有了底气，不再把做东巴活动视为有政治风险的行为，逐渐在各种公开场合抛头露面，主持东巴教的各种仪式。

三坝乡政府出面主办"二月八"传统节日，支持东巴参加在丽江举办的"东巴达巴座谈会"，对东巴教在白地的复苏创造了必要条件，从此，一批本土知识分子和乡土专家为了振兴"东巴教圣地"，自发地进行了东巴教的保护和传承工作。

---

① "二月八"节日中，传统上是波湾村东巴主持仪式，吴树湾村民跳开场舞"阿卡巴拉"。
② 郭大烈、杨世光主编《东巴文化论集》云南人民出版社，1985，第 1 页。

（二）三坝乡文化站举办东巴文化学习班

1992 年，时任三坝乡文化站站长的和尚礼意识到三坝乡学识渊博的老东巴故去的越来越多，而薪火相传的年轻人却越来越少，为了保护和传承三坝乡的东巴文化，由政府出面举办一个东巴文化传承班已经是一件刻不容缓的事情，他把这个想法向三坝乡的党委和政府进行了汇报。经过党委和政府讨论决定，在 1992 年"二月八"节日前夕，举办一个为期一个月左右的东巴文化学习班，聘请三坝乡的习阿牛、和志本、和占元、树银甲 4 名大东巴担任授课教师，教授《开坛经》（$by^{31} ly^{33} khu^{33}$）、《鲁搬鲁饶》（$lv^{31} bər^{33} lv^{31} za^{31}$）这两本经书。自愿参加学习班的学员有 20 多人，大多是东巴的后代，乡政府给他们提供免费食宿。当时教师和学员吃住都在一起，学习和交流十分方便，学员学到的内容也就远远超出了两本经书的范围。比如习阿牛说他会跳 70 余支东巴舞蹈，于是大家请他逐一展示并教授学员。

这是三坝乡有史以来的第一个采取集中办班的方式传承东巴文化，过去一般是家庭、家族传承，或个别拜师，并且不脱离劳动生产。这种集中办学的方式比较贴合现实，对日后白地东巴文化的传承起到了示范性的作用，因而意义深远。这个班的 20 多个学员日后大多成了东巴，习尚洪、墨虎等学员则成了三坝乡代表性的大东巴。

和尚礼后来从乡文化站站长升任三坝乡乡长，对东巴文化的保护和传承更加重视，每年都要从办公经费中挤出部分资金，支持东巴文化的传承活动，逢年过节时还专程探望和慰问三坝乡的各位老东巴。

（三）和树荣的东巴文化传承之路

1997 年，时任白地完小校长的和树荣意识到三坝乡的大东巴越来越少，而年轻人没有一个很好的学机会，他与吴树湾村的老东巴和占元和村民和德明商议，在吴树湾成立一个东巴文化学校，由和占元担任授课教师，让年轻人在晚上免费学习东巴知识。东巴学校很快就办了起来，吴树湾村的年轻人们都很兴奋，许多人都报名学习。

　　个人义务办班的困难不少，首先需要解决的是场地问题。由于没有固定教学场所，和占元家里常常挤满了学员。考虑到这样会影响和占元家人的生活，和树荣把教学场地移到五保户和德军家里。白地村民比较忌讳在家里谈论丧葬仪式方面的内容，而丧葬仪式是东巴学校的主要课程，时间一长，和树荣也觉得在别人家里办学不是长久之计，于是自掏腰包买了两间老旧的木楞房，再向村小组申请了一块村头的空地，将这两间木楞房搭建在空地上作为教室，并安装了照明设施，配备了简易的黑板和桌椅板凳，一所简易的东巴学校就办了起来。

　　学校课程以教授丧葬仪式的经书为主，和占元老师先把一段经书抄写在黑板上，他念一句，学员们就跟着念一句，等大家都记住了，再在黑板上抄另一段经书往下学。第二天上课之前，和占元老师先带大家复习前一天教授的内容，之后再继续教授新内容。后来，丽江东巴文化研究院的和品正老师送给东巴学校一台复读机，学员们把授课内容录下来，课后还可以反复地听，学习效率大大提高，授课的进度也加快了不少。除了在课堂上学习东巴经书外，如果村子里有丧葬活动，和占元老师就带领学员们在实践中进行学习。和占元的尽心加上学员的努力，东巴学校培养出了以杨秀光、和树昆、和贵武、杨玉春、和庚丽等为代表的骨干学员。

　　和树荣传承东巴文化的事迹和东巴学校所取得的成绩，渐渐受到各方的关注，一些个人和社会机构对东巴学校进行了捐资。有了经费的支持，和树荣对本村东巴教的一些惯例进行了改革。以前办丧事的家庭要支付大量的酬劳给主持仪式的东巴，这些酬劳包括现金、粮食、肉类等，支付的方式贯穿于仪式的流程中。经过改革，只允许学员在"东巴含"（$tɔ^{33}\,pɑ^{33}$ xa^{31}）这个仪式中收取象征性的报酬（在出殡那一天的早上，东巴布置好仪式场地后，主人家会在麻布里缝上现金送给东巴，主祭大东巴多得一些，东巴助手少得一些），并且不论办丧事人家的家庭经济条件如何，每名东巴一律只收取一元七角。丧葬仪式结束后，东巴学校再按照实际天数给予学员补助（初一、十五以及鼠日、虎日、龙日不能出殡，出殡的日子还要避免与家庭成员的属日相冲突，因而不同家庭办丧事，家中停灵的天数也不尽相同）。和树荣的改革一方面减轻了办丧事人家的经济负担，另一方面又能将葬礼办得风风光光，推动了纳西族传统葬礼在村落中的推广。

有了经费的支撑，东巴学校的传承工作得以顺利开展。和占元老师倾尽所能，将自己掌握的全部知识教授给学员，并协助东巴学校在吴树湾村恢复了东巴教的许多传统仪式。最早恢复的是祭祀丁巴什罗仪式，东巴学校在村北面的林间草坪修建了一个烧天香台，这个地方纳西语称为"阿明赏览"（ɑ⁵⁵mi³¹sa³³la³¹），意为东巴教祖师当年修行时的书桌。每年农历二月初九，和占元带领学员们在这里烧香、跳丁巴什罗舞。

和树荣还在 2000 年成立了一个民间艺术团，成员有 80 人左右，都来自吴树湾村，进行传统歌舞、纺麻和服饰制作等的传承活动。和树荣规定东巴学校的学员必须参加艺术团，而东巴学校开展的一些公共活动，艺术团成员也要参加。有了人气，东巴学校的影响逐步在扩大，为进一步恢复东巴教中的集体性仪式奠定了基础。

2002 年，东巴学校在林间草坪修建了一块祭天场，恢复了吴树湾村的祭天仪式。祭天是最具民族性的仪式，素有"纳西祭天大""纳西祭天人"之说。仪式中东巴们吟诵追溯祖先荣光的经书，全体人员在一起享用圣餐，举行射杀共同仇敌的表演，通过仪式加强了民族的向心力和凝聚力。祭天仪式的恢复，意义在于让吴树湾的全体村民都参与到民族文化的传承中来，重拾对传统文化的兴趣。祭天仪式成功恢复后，东巴学校又相继恢复了吴树湾村的祭自然神、顶灾等公共仪式。

在东巴学校传承工作深入开展下去之际，和占元老师由于年老体衰，已经主持不了日常的教学工作。与此同时，经过东巴学校多年的培养，杨秀光、和树昆等学员开始崭露头角，特别是和树昆，除了全面掌握和占元教授的知识外，还经常拜访白地的其他大东巴，如和志本、树银甲，认真向他们求教，甚至不畏旅途辛劳，三番五次地去四川、丽江，拜当地东巴为师，极大丰富了他的学识。杨秀光因为各种原因，逐渐将重心放在了照顾家庭方面，不再参与东巴学校的活动。在这样的背景下，和树昆挑起了东巴学校传承工作的大梁，承担起教学工作的任务。

据和树昆的回忆，和占元在东巴学校授课期间教授的丧葬类经书有：

1.《斯步》（si³³ pv⁵⁵）、2.《木步》（mu³¹ pv⁵⁵）、3.《吉那哈》（ndʑi³¹ na³¹ xɑ³³）、4.《补补哈》（pu³³ bv³¹ xuɑ³³）〔也称为《吉盘化》（ndʑi³¹ phər³¹ xuɑ³³）〕、5.《日四》（ʐɯ³¹ si⁵⁵）、6.《班米志》（ba³³ mi³³ tʂi⁵⁵）、7.《阔目唠叨》（khɔ³³ mu⁵⁵ la³¹ ta³³）、8.《脱火劈》（thɔ³¹ xɔ³³ phi⁵⁵）、9.《阔德土》（khɔ⁵⁵ tɯ³¹ thu³³）、10.《只部》（tʂɯ³¹ pu⁵⁵）、11.《赤都》（tʂhi⁵⁵ dy³³）、12.《哈史》（xɑ⁵⁵ ʂi³¹）、13.《诺阿萨》（nɔ³³ a³¹ sa³³）、14.《余端拉》（ʐy³¹ tuɑ⁵⁵ la³³）、15.《班赤工受》（ba³³ tʂhər³³ ku³³ sə⁵⁵）、16.《艾菊次易斯》（a⁵⁵ tɕy³¹ tʂhi³¹ ʐi⁵⁵ si³³）、17.《高瓦高莋》（ka³³ uɑ³³ kɑ³³ ndzɔ³¹）、18.《贡日贡哈》（gu⁵⁵ ʐi³³ gu⁵⁵ xɑ³³）、19.《莋施吐古》（ndzɔ³¹ ʂər³³ thu³³ gv³³）、20.《补子吐》（by³¹ ndzi³¹ thu⁵⁵）、21.《阿次》（ɑ³¹ tʂhi⁵⁵）、22.《汁再》（ndʐər³¹ tsa⁵⁵）、23.《杆吐古》（ga³¹ thv³³ gv³³）、24.《木吐真》（mu⁵⁵ thv³³ tse³³）、25.《阔目唠叨》（khɔ³³ mu⁵⁵ la³¹ ta³³）、26.《班诵》（ba³³ su⁵⁵）、27.《能内书》（nei³³ nei³¹ ʂu³³）、28.《尼次》（ɲi³³ tʂhi⁵⁵）、29.《时务》（ʂi³¹ ŋv⁵⁵）、30.《本震》（bei³¹ tse⁵⁵）、31.《攒古铺》（tsa³³ gu³³ phu³³）、32.《贡补厄》（kv⁵⁵ bv³¹ ŋu³³）、33.《只志刹朵》（tɕər³³ tɕər⁵⁵ dɔ⁵⁵ dɔ³³）、34.《古吐姑》（gu³¹ thv³³ gv³³）、35.《阮给》（zuɑ³³ gɯ³¹）、36.《古白坎》（kv³³ bər⁵⁵ kha³³）、37.《米扣铺》（mi³³ khə³¹ phv⁵⁵）、38.《普老步》（phu³³ la³¹ pv⁵⁵）、39.《古莋日莋》（gv³³ ndzɔ³¹ zi⁵⁵ ndzɔ³¹）、40.《茹订》（ʐu³¹ dy⁵⁵）、41.《溃的土》（khue⁵⁵ dɯ³¹ thu³³）、42.《古莋日莋》（gv³³ ndzɔ³¹ zi⁵⁵ ndzɔ³¹）等。

和树昆在和占元老师处还完整地学习了除秽仪式的一套经书、退口舌是非仪式的一套经书、"次夸劈"tʂhi³¹ khuɑ⁵⁵ phi⁵⁵仪式的一套经书、祭天的一套经书、祭署的一套经书、顶灾的一套经书，以及掷海贝占卜和拉卡片占卜的两套经书。

2009年4月，经迪庆州文化局、民政局批准，在原有的吴树湾东巴学校的基础上成立了"迪庆州纳西东巴文化传习馆"，和树荣被推选为传习馆馆长，和树昆被推选为副馆长。传习馆的传承范围目标是覆盖到迪庆州境内的所有纳西族村落。截至2017年，已经在三坝乡、洛吉乡设立了13个传承点，传习馆聘请各传承点具有较高资历和学识的当地大东巴为教师，对他们给予适当补助，在当地开展东巴文化传承活动。

和树荣的东巴文化传承工作走过了 20 年的历程，以吴树湾为立足点，培养出了一批以和树昆为代表的东巴文化传承人，恢复了村落中的传统仪式活动，最为重要的是，让吴树湾的村民重新拾起了对传统文化的热爱和自信。

（四）杨正文的东巴文化保护与传承

1998 年 3 月，经迪庆州民政局批准，迪庆州纳西族学会正式成立，学会推举杨正文担任会长。2001 年 3 月，从迪庆州志办退休回乡的杨正文，在白水台下创办了"圣灵东巴文化学校"，先后聘请三坝乡和立军东巴、和志本东巴为教师。学员来自白地村委会的各个村小组，有的是大东巴的后代，比如东巴教祖师阿明的后代杨树开（纳西名叫"阿明拉若" $a^{55}mi^{31}la^{33}zɔ^{33}$）、大东巴久干吉的重孙和桂全，以及和志本的孙子和向东等。这批学员虽是东巴的后代，但起点并不高。和立军在担任了一段时间的任课教师后，因故离开，和志本成为东巴文化学校的唯一教师，风雨无阻地坚持每天给学员们上课。学校的授课内容主要是丧葬仪式的经书，上课时间固定在每天晚上的 7 点，一节课两个小时左右。和志本在黑板上写上一页经文，大家抄一遍，然后跟着念，等大家念得比较流畅了，再教下一页。另外，遇到和志本主持丧葬仪式时，学员们在旁边观摩或者充当他的助手，在实践中提高自身的学习。

据学员和桂全回忆，和志本教授的经书有：

1.《土荐》（$thu^{33}ndzɔ^{31}$）、2.《木厄绪》（$mu^{31}ɤɯ^{33}çy^{55}$）、3.《古收由受》（$ku^{33}sə^{55}zə^{31}sə^{55}$）、4.《务多务注》（$ŋv^{33}tɔ^{33}ŋv^{33}tsu^{55}$）、5.《老洒韦古补古受》（$la^{55}sa^{31}ue^{33}kv^{33}bu^{31}khu^{33}sə^{55}$）、6.《什罗萨》（$ʂər^{55}lər^{33}sa^{55}$）、7.《罗朵古姆》（$lɔ^{33}dɔ^{33}gu^{33}mu^{33}$）、8.《展古铺》（$tsa^{33}ku^{33}phu^{33}$）、9.《恒日皮》（$xe^{33}zi^{33}phi$）、10.《古重》（$ku^{33}tsu^{55}$）、11.《吕重》（$ly^{33}tsu^{55}$）、12.《满重》（$ma^{33}tsu^{55}$）、13.《汁再》（$ndʐər^{31}tsa^{55}$）、14.《董德》（$du^{33}tɯ^{33}$）、15.《艾菊荐本》（$a^{55}tɕy^{55}ndzɔ^{31}pei^{33}$）、16.《斯步木步》（$si^{31}pv^{55}mu^{31}pv^{55}$）、17.《阔目副》（$khə^{55}mu^{33}fv^{55}$）、18.《崇则

赤松》（tʂɔ³³ tse³³ tʂhər⁵⁵ su³¹）、19.《梦咨命》（mɯ⁵⁵ ndzi³³ mi⁵⁵）、20.《艾兹命》（a⁵⁵ ndzi³³ mi⁵⁵）、21.《鲁搬鲁饶》（lu³¹ bər³³ lv³³ tsɑ³¹）（这本经书主要是用于非正常死亡的仪式中，未成年结婚之人、无后之人，也用于祭风仪式）、22.《茨步由步》（tʂi³³ pv⁵⁵ ʐə³¹ pv⁵⁵）、23.《什罗工受》（ʂər⁵⁵ lər³³ ku³³ sə⁵⁵）、24.《阮给》（ʐua³³ gɯ³³）等。

除了东巴经书外，和志本还教授学员们东巴舞，种类有：

1. 萨阿韦登舞 sɑ³¹ a³³ ue³³ de³¹、2. 郎久敬久舞 lər³¹ ndʐə³¹ tɕi⁵⁵ ndʐə³¹、3. 嘎若班盘占舞 gɑ³³ zɔ³¹ bər³³ phər³³ ndza³³、4. 只子嘎老舞 tʂi³¹ ndzi³¹ gɑ³³ lɑ³¹、5. 夸子嘎老舞 khua³³ ndzi³¹ gɑ³³ lɑ³¹、6. 休曲舞 çɔ³³ tɕhy³¹、7. 命珠舞 my⁵⁵ ndzv³³、8. 生给舞 se³³ gɯ³³、9. 抗施尼久舞 kha⁵⁵ ʂər³³ n̠i³³ ndʐə³³（带着弓的神）等。这些舞蹈主要在东巴的葬礼、祭风和加威灵的仪式场合中跳。

和桂全回忆，和他一起坚持学习到最后的学员有：和崇武（水甲村）、杨树开（水甲村）、和松寿（水甲村）、杨文杰（古都村）、和玉喜（古都村，和志本的大儿子）、杨冠华（古都村，现已过世）、杨杰（补主湾村）、和卫（古都村）、杨丽东（古都村）、杨旭（古都村）、和向东（古都村，和志本的孙子）、梅志忠（古都村）、和志强（古都村，和志本的弟弟）等。学员们的年龄层次差别很大，年龄最大的 70 岁左右，最小的只有 10 岁左右。这批学员如今已经成为白地村东巴的中坚力量，有的成为丧葬仪式中的主祭东巴。

到了 2005 年前后，由于经费短缺等各种原因，杨正文的"圣灵东巴学校"没有再继续办下去。

除了进行东巴文化的传承，杨正文还以白地为立足点，开展东巴文化的研究和文艺创作，已公开出版的著作有《最后的原始崇拜——白地东巴文化》《东巴圣地白水台》《杨正文纳西学论集》《藏区东巴文化要览》《探寻东巴圣迹》《达古敖亨》《杨正文系列作品集》等。

杨正文还促成了东巴造纸技艺申报国家级非物质文化遗产保护名录。1978 年起，他说服和动员白地东巴和志本及其家人，恢复失传了近半个世纪的东巴造纸技术。多年来他不断研究东巴造纸工艺，先后撰写了多篇有关东巴造纸的调查报告和文章。2006 年底，东巴造纸正式列入国家级非物质文化遗产名录，2007 年，和志本被国务院认定为东巴造纸传承人。

（五）白地村东巴和普通村民的东巴文化传承

白地村的东巴和普通村民也为东巴文化的保护和传承进行过各种尝试。2010 年至 2011 年，和志本自发组织了一个东巴学习班，古都村小组为其免费提供了一间公共活动室。学员主要以古都村的村民为主，有些是原"圣灵东巴文化学校"的学员。但由于各方面的原因，学习班断断续续开了两年课之后没能再继续办下去。

1996 年前后，和学仁东巴在波湾村开办了一个东巴文化传承班，借用村小组的一间破屋子作为教室，免费为波湾村村民教授东巴文化知识。在传承班成立之初，有 11 名学员，大家的学习热情都很高，和学仁也曾向村小组争取过经费，但是没有结果。一段时间后，来上课的学员人数越来越少，最后只剩下和袁、和振武两人，集中办班的方式最后宣告失败。尽管传承班没能继续下去，但和袁、和振武两人一直跟随和学仁，在各种仪式场合充当助手，成为波湾村的主要东巴。

2004 年，水甲村小组的杨桂洪在村子里举办了一个东巴文化传承班，聘请杨玉清、杨树开、和崇武三名老东巴为大家义务讲授东巴知识。开班前杨桂洪在水甲村进行了广泛的宣传动员，前来参加传承班的学员有 16 人，坚持到 2016 年的还有 6 名。由于没有固定的教学场所，就轮流在三位老东巴家里上课。2011 年，杨桂洪在水甲村买了一块地和一间木楞房捐赠给传承班，资金不足的部分由水甲村在外工作的乡友进行捐款。传承班农忙时节停办，农闲时节晚上开课，授课的内容多为丧葬类的经书。由于水甲村的老东巴自己手中没有经书，传承班上课用的经书多是从外村东巴手中借来的，下课后又把经书还回去。水甲村的老东巴学识有限，杨桂洪有时不得不开车去请和学仁、和树昆等东巴给学员们授课，产生的费用都由杨桂洪自己承担。2016 年，白地村委会搬迁，原办公场所移交给水甲村民小组使用，东巴文化传承班分到了两间条件不错的房间作为教学和传承的场所。

四　结论

　　白地村东巴文化的传承，起源于特定的历史时期，通过当地村民自发地恢复传统节日，表达了对传统文化符号强烈的集体性认同，再通过学术话语体系，找到了东巴文化传承的合理性，在全球化进程中走向高潮，最后回归于文化传承之本——为传承而传承。这个过程既有村民们对本民族文化认同的渴望，也有地方文化精英与全球化抗衡的雄心，同时也包含了民间宗教信仰者和实践者把传统信仰和实践传承下去的心愿。

　　第一，保护传承的基础是广大村民对东巴文化的认同。白水台是村落中最重要的文化符号之一，承载着信仰、记忆与当地人深厚的情感，传统节日"二月八"正是村民对文化符号的集体性认知和表达活动。从农历二月初八在白水台"过节"这一行为中，当地人不仅获得了信仰体验，也获得了有别于其他地域、其他民族的集体身份的认同感。"文化大革命"结束不久，村民自发地恢复了"二月八"，成为东巴文化在民间保护传承的开端，这也是对"文化大革命"期间，新的文化符号并没有给当地民众带来新的认同感的回应。

　　第二，对传承人的合理性身份的认可是东巴文化传承的关键。长期以来，被视为封建迷信的东巴文化在民间禁止活动多年，使许多人失去真正接触和了解它的机会，因而对东巴文化缺乏理性的认识。东巴文化本质上来说属于民间宗教，在特定历史时期，大张旗鼓地宣传宗教文化的传承，具有一定的敏感性。传承东巴文化的争议之处就是对东巴身份如何定位。1981年5月，中共云南省委正式发文批准成立云南省社会科学院丽江东巴文化研究室。1983年丽江召开东巴达巴座谈会，邀请了丽江县（现划分为古城区、玉龙县）、中甸县（现更名为香格里拉市）、宁蒗县和永胜县的61名东巴、达巴，以及来自北京、昆明及云南省其他地州的社科、文化界的30多名代表参会。会议正式确认了东巴在文化上的地位，消除了人们长久以来对他们的偏见，开启了东巴文化研究、保护和传承的大幕。三坝乡政府组织创办的东巴文化学习班，正是在这样的背景下，以自上而下的方式肯定了东巴文化是纳西族传统文化的重要组成部分，宣告了东巴是传统文化的传承人。尽管办班时间较短，传承的内容有限，但它的意义却十分深远。

第三，全球化背景下的传统文化复兴，是对全球化的一种应对，也是全球化的重要内容之一。和树荣和杨正文创办东巴文化传承学校之时，正是丽江古城申报世界文化遗产成功，旅游业在云南开始兴起之际，世人的目光从对古城、纳西族的瞩目延伸到了对这个民族古老的文化——东巴文化上来，作为"东巴教圣地"的白地村，尽管与丽江仅一江之隔，却略显落寞，特别是村落中东巴文化的传承依然有断代断根的危险。通过复兴东巴文化，让白地这个小村落在全球化的浪潮中拥有自己的地位，彰显自身的价值，正是和树荣、杨正文等地方文化精英所追求的目标。

从他们的实践上来说，这种不离乡不离村的本土传承方式切实有效。从杨正文的"圣灵东巴文化学校"走出的许多学员，已成为白地村的东巴生力军。和树荣立足于吴树湾本村，在困境中长期坚持办学，培养出了一批东巴人才，恢复了村落中的许多仪式活动，将学习和实践相结合，得到了村民和外界的认可。

第四，东巴和普通村民自发组织文化传承，更能体现文化传承的本质。和志本、和学仁的身份不同于地方干部或文化精英，作为一名东巴，对东巴文化有着更深厚的信仰、更丰富的情感，传承东巴文化其实就是这种信仰、情感的传承，因而更能体现文化传承的本意——为传承而传承。

当然，作为一门职业，东巴之间也存在相互竞争的关系，这种关系有时延伸到村落与村落之间，表现为各村落中大东巴的能力的高下和东巴的数量的多少，和志本所在的古都村、和学仁所在的波湾村、杨桂洪所在的水甲村，均是白地村委会历史较悠久、人口较多的村小组，特别是水甲村，它是东巴教祖师阿明出生的村子，有很高的声望。传承东巴文化的背后，也蕴含着组织者复兴村落的希望。

民族地区宗教信仰与生物多样性保护

艾菊红[*]

摘　要：宗教信仰对于生物多样性的保护有着重要的影响，首先体现在信仰的观念中，反映的是人们对于自然和生物的认知。其次是在宗教信仰的仪式中体现着人们的这种认知，并强化着信仰中的生态观念。这些源于宗教信仰而产生的对于生物多样性的保护，有着深厚的文化基础，深刻体现着文化多样性与生物多样性之间的密切关系，是各民族深层次的文化内涵的体现，是各民族文化和历史不可分割的一部分。在全球化和生态退化的双重压力下，各民族因宗教信仰的缘故所形成的本土性生物多样性保护体系，以潜在的生态价值，丰富的文化内涵，与宗教、民族问题和区域经济问题紧密的联系，其地位和重要性反而显得愈加突出。

关键词：民族　宗教信仰　生物多样性　文化多样性

一　宗教信仰与生物多样性的关系概述

宗教对于人类社会的影响至深，几乎所有重大的社会制度都起源于宗教，也就是说人类几乎所有的社会活动都与宗教密切关联。[①] 这是一个令

---

[*] 艾菊红，中国社会科学院民族学与人类学研究所研究员。

① 〔法〕爱弥尔·涂尔干：《宗教生活的基本形式》，渠东、汲喆译，上海人民出版社，1999，第552页。

人们感到最为神秘也最为困惑的现象，宗教究竟是什么？为什么所有的人类群体都离不开宗教信仰？为什么它对我们人类社会的各个方面都起到了如此重要的作用？尽管对于宗教的定义至今也没有形成大家公认的标准答案，学者们也是见仁见智，但人们认可无论何种宗教都有一个共同的特点：相信宗教与不可冒犯的神圣事物有关。大部分宗教相信在现实世界之外存在超自然的神秘力量或实体，该神秘力量统摄万物，而且拥有绝对权威、主宰世界万物和人类的命运，从而使人对该神秘力量产生敬畏及崇拜，并引申出信仰认知及仪式活动。[①] 由此，宗教现象可以自然而然地分为两个基本范畴：信仰和仪式。这两个范畴的差别其实就是思想和行为的差别。[②] 说得更直白一点，就是信仰所反映的是认知，而仪式是认知之后所采取的行为。宗教信仰其实反映着人类群体对于宇宙、自然界以及人类自身的看法与观点，也形成了人们对待宇宙、自然界和自己的态度以及行为方式。

生物多样性就是"陆上生态系统、海洋及水生生态系，并包括这些生态系的复合体，所有各部分生物的变异性"。[③] 是一定区域内所有生命体及其所组成的生态系统和相关生态过程的总和，也是该区域内社会系统和自然系统长期相互作用的产物。生物多样性和文化多样性两者之间存在极为密切的关系。[④] 当人们越来越认识到不同人类群体的传统文化与生物多样性的关系时，就会发现作为传统文化中重要的组成部分——宗教信仰对生物多样性的影响不可小觑。尽管目前学界的研究早已对"环境决定论"提出了种种质疑与批评，但是不可否认，人类形成的对于自然的观点和态度

---

① 给宗教一个定义实际上是十分困难的事情，有些宗教相信超自然存在物，但在部分宗教中并没有超自然物的存在，如神或者精灵观念，比如说佛教或者一些部落宗教。对宗教现象和宗教的定义的论述，可参见〔法〕爱弥尔·涂尔干《宗教生活的基本形式》，渠东、汲喆译，上海人民出版社，1999，第 27～54 页。

② 〔法〕爱弥尔·涂尔干：《宗教生活的基本形式》，渠东、汲喆译，上海人民出版社，1999，第 42 页。

③ 龚辉文：《国际森林生物多样性保护概述》，《中南林业规划调查》1998 年第 1 期，第 60～63 页。

④ 罗鹏、裴盛基、许建初：《云南的圣境及其在环境和生物多样性保护中的意义》，《山地学报》2001 年第 4 期，第 327～333 页。

以及行为方式与其所生存的自然环境有着密切关系。人类学家几乎一致认为人们理解他们所处环境的方式来自他们利用环境和在其中生活的方式。[①]英戈尔德（T. Ingold）曾撰文论述依靠狩猎为生的猎人和饲养牲畜的牧人，他们对于动物的想法是截然不同的。猎人与他们的捕获物之间的互动以相互信任为基础，而牧民则控制着他们拥有的牲畜的生命。相应地，猎人把动物视为自己的同类，而牧民很可能把动物看成是人类主宰的物品。[②] 人类在与生态环境互动的过程中，形成了对当地自然环境的认知，在这种认知的基础上采取相应的方式去对待、利用和保护这些物种。这种对生物多样性的认知，以及由此而产生的对待生物物种的态度和方式，也自然反映在人们的宗教信仰当中。在各种宗教信仰中都有如何对待自然环境和自然界的各种生物的观念和方式。比如佛教认为"无情有性，众生平等"佛教徒在面对各种生物的时候，都抱有平等对待的观念。藏族的苯教信仰中信奉山神、水神等，把山神或者水神居住的地方当作神圣的境地来朝拜，对于圣地的一草一木都格外珍惜，这有效地保护了这些神山圣地的生物多样性。基督教的圣经中则记载，当上帝创造人类之后，告诉人类"……治理这地；也要管理海里的鱼、空中的鸟，和地上各样行动的活物"。[③] 我国西南地区各少数民族中普遍存在对自然神灵的崇拜，形成了神山、竜林[④]、风水林和坟林等，禁止人们进入这些神山神林，禁止砍伐里面的一草一木，有些民族甚至不允许拿走这些神树林中的枯枝败叶。各个民族中还普遍存在对一些动物的崇拜，比如图腾崇拜，人们认为这些动物或者植物是自己的祖先，或者他们的种族延续与该图腾对象有着密切的关系。因而在实际生活中不能，也不敢冒犯它们，甚至要保护它们。如蒙古族的图腾是

---

① 凯·米尔顿（Kay Milton）：《多种生态学：人类学、文化与环境》，载中国社会科学杂志社编《人类学的趋势》，社会科学文献出版社，2000。

② T. Ingold , From Trust to Domination：An alternative history of human – animal relation. in Aubrey Manning and. James Serpell, （eds.）, *Animals and Human Society：Changing Perspectives*, London and New York：Routledge, 1994.

③ 《圣经·创世纪》第 1 章第 28 节。

④ "竜林"也写作"龙林"或"垄林"，原本来自傣语对神树林称呼的音译，和我们观念中的"龙"并无关系，为了不引起歧义，本文中写作"竜林"。

狼，蒙古人认为狼曾经救过他们的祖先。因而他们对狼是极其尊敬的，不敢加以伤害，这种图腾文化也就使该物种得到了保护。壮族对花有格外的感情，农历二月十九日为花王节，花王是壮族的生育女神和儿童的守护神，壮语叫"花婆"。壮族人家生育子女后，就在产妇床头立花王神位，供以野花。壮族传说中男女孩童都是花王仙国中所种神花的花果。孩子病了，要向花王上供，为所供之花除虫淋水。这种对花的崇拜就促使了他们对各种显花植物的保护。[①] 由于信仰的缘故，人们在日常生活中形成了各种禁忌，有些禁忌逐渐演变成行为法规，这些观念深深植入在人们的头脑中，规范着人们对待自然环境，以及生物物种的行为方式。这些形式各异，教义也各不相同的宗教信仰对待生物物种的方式也不同，但都包含着如何合理地使用、保护以及开发这些生物物种的理念，有效地保护了生物物种的多样性。以云南为例，在云南的 105 处正式保护地（包括自然保护区、森林公园和风景名胜区）中，35% 以上是以宗教信仰所形成的这类神山神林为基础的。[②] 宗教信仰对生物多样性的保护作用，不只是对某些孤立的物种的保护，或只体现在物种水平（如神树、神兽崇拜）上，它通过圣地及圣地自然保护体系的建立和维护，在物种、群落、生态系统直至景观水平等多个层次上发挥着作用，对区域自然环境状况和生物多样性的管理发挥着综合和深刻的影响。当今社会，人们日益焦虑生态环境的恶化，在各种法律和规条不能制止人们对大自然疯狂掠夺的情况下，这种在宗教信仰基础上形成的珍惜自然、爱护自然的行为为我们提供了一个新的思路，也对我们保护、利用和开发生物多样性提供了一个可供借鉴的有效方式。

按照宗教研究者的分类，世界上的宗教分为两种形式：一是自然崇拜，这种形式的宗教崇拜的是自然现象，如风、河流、湖泊、太阳、月亮，或者是自然界中所存在的各种事物，如石头、植物、动物等；二是对于各种精神存在的崇拜，如精灵、灵魂、守护神、魔鬼以及严格意义上的

---

① 杨俊峰：《图腾崇拜文化》，大众文艺出版社，2000，第 107～108 页。
② 罗鹏、裴盛基、许建初：《云南的圣境及其在环境和生物多样性保护中的意义》，《山地学报》2001 年第 4 期，第 327～333 页。

神等。这两种形式的宗教信仰存在于任何人类群体中，尽管互有殊异，但却相互渗透并且紧密结合。在对生物多样性的影响上，这两种形式的宗教信仰同时在起作用，首先是在信仰层面上的影响，这体现在信仰的观念中，人们对于自然和生物的认知，其次是在宗教信仰的仪式中体现着人们的这种认知，并强化着信仰中的生态观念。

二 宗教信仰中的生态观念

20 世纪 90 年代以前的人类学界认为人与自然是割裂的，人是世界的主体，而自然是世界的客体，客体受控于主体。但后来的研究表明，在世界上很多社会中，人们并不认为人与自然是对立的，而是强调所有的生命形态及无生命物体的相互和谐与统一。在这种观念中，主体本身被忽略并变成了环境，即物质世界的一部分。其精神实质就是要使事物与人类活动成为一体，在主体与客体之间建立一种同一性（an identity）。[1] 也就是说人类和人类以外的世界是连续的。这在我国各民族的宗教信仰中也有深刻的体现，在一些神话传说、宗教典籍中，都有着鲜明的态度，认为人和自然界的各种生物有着共同的祖源，人并不是凌驾于各种生物之上，而是与这些生物一样，同是自然这一链条中的一环。

凉山彝族创世史诗《勒俄特依》中有雪族 12 子的传说。雪生 12 子，有血的有 6 种，无血的也有 6 种。无血的 6 种是：黑头草类、柏杨树类、杉林类、此兹（一种植物）类、蓑草类、勒伙（一种长在山崖中的植物）。有血的 6 种为：蛙类、蛇类、鹰类、熊类、猴类、人类。[2] 这种人与典型动植物雪族同源共生的观念表达了人与大自然和谐共存的信仰理念，既然这些生物与人同源，那么人就不可能比这些生物更高一等，人一定要用一

---

① 〔美〕爱德华·C. 斯图尔特、密尔顿·J. 贝内特（Edward C. Steward, Milton J. Bennett）：《美国文化模式：跨文化视野中的分析》，卫景宜译，百花文艺出版社，2000，第 156 ~ 157 页。

② 冯元蔚：《勒俄特依》（彝文版），四川民族出版社，1981，第 26 ~ 28 页。转引自马尔子《凉山彝族传统文化和宗教信仰对生物多样性的保护》，《原生态民族文化学刊》2010 年第 2 期。

种平等的观念来看待这些生物。这种雪族共生的信仰基础，产生了许多禁忌，制约着人们的思想和行为。凉山彝族基本上是禁捕禁食蛙、蛇、鹰、熊、猴等动物的，彝族人认为食了这些动物就是受了秽，不仅活着的时候被人嘲笑，即使死了不经过严格的解秽宗教仪式，其灵魂也是不能升天的，不能与祖灵们共享来世幸福。相应地从这些生物中又延伸出许多不能捕食的鸟和动物。不能捕食的鸟有各种鹰、鹞、雁、猫头鹰、乌鸦、喜鹊、麻雀等；不能捕食的动物有狗、猫、猴、豹、熊、虎、狐狸等。这种观念对现实生产生活都产生了深层次的影响，包括人们的思想意识、审美观念、思维和行为方式以及基本的风俗习惯等，都深深地留下"雪族十二子"的印迹。凉山民间有句这样的调侃话："鹰子怎能去捉鹰，熊子怎能去杀熊？"在这种信仰观念的支配下，凉山彝族认为山川河流，人和动物都有自己的灵魂。特别认为有血的动物都有灵魂附体，甚至人死后还可能转世投生为鹰、雁、熊、虎等。作为雪族的核心——人，应顺应自然、善待自然，不能过度贪婪，破坏生态，否则这些被伤害的动物的灵魂便会化作鬼怪作祟于人类，使人类生出病痛、遇上灾祸。[①]

东巴教是纳西族所信奉的宗教，认为世上万物皆有灵性，人与自然是兄弟，视大自然为"生命的最后归宿"，这种生死观促成了人与各种生物和睦如一家，人与日月星辰、山水森林、风云霓虹融为一体的"雪域山中灵界"信仰。在东巴教中司掌自然万物的超自然精灵，称为"署"。根据东巴经的记载，人类与署是同父异母的兄弟，后来分了家，人类分到的家财是田地和牲畜，"署"分到的家财是天地、江河湖泊、原始森林、野生动物等，人类和署守着各自的"家财"过着和谐的日子。后来由于人类欲望的膨胀，不断地侵害署的利益，人类与署产生了矛盾。署在震怒之下剥夺了人类的生存环境，人类只好到天上去请求东巴什罗神进行调解。在东巴什罗神的调解下，人类与署订立了条约，规定人类不得随意破坏山林，不得随意开辟耕地，不能随意滥捕动物，不能污染水源等属于署的财产。

---

① 马尔子：《凉山彝族传统文化和宗教信仰对生物多样性的保护》，《原生态民族文化学刊》2010 年第 2 期。

署则同意人类可以在家畜不够食用的情况下，到山上捕获一些动物，在薪柴不够用时，到林中砍伐木材，在耕地不足时，可以开垦一些山地。在"人与自然是平等的兄弟"这种观念的支配下，纳西族认为，人类对自然的额外索取，是对自然的借债。[①]

在佤族的观念中，佤族的先民来自森林，也居住在森林当中，森林是他们生活的依托。据佤族创世神话《司岗里》的记述，人类起源于"司岗"（意为石洞或葫芦），这个地方位于一座森林茂密、草木葳蕤的山林之中，佤族的创世英雄达摆卡木是一个"树人合一"的形象。史诗中反复吟唱道："我们的树尖，我们的树叶，我们的祖宗，我们的先辈……"在佤族观念中树木和祖先是一体的，没有树就没有人类。佤族先民从"司岗"出来后，不知道要住在什么地方，莫伟（佤族神中各种大神的统称）对岩佤说："凡有大榕树的地方就是你的住处。"大榕树就成为佤族的"神树"，村寨边的大榕树被认为能保佑平安，山川上的大榕树则能保佑生产。佤族有众多的鬼神，但他们最崇拜的就是居住在森林里的神"达梅吉"，它能保佑村寨平安、五谷丰登、人畜兴旺和繁荣安定。所以佤族新建一个村寨时，首先要由村中头人和老人选好神林神树和水源泉，这是最神圣和不可侵犯的地方，严禁在神树林中砍伐、放牧和大小便，这里的一草一木都是神圣的，甚至是一片落叶和一根枯枝也不能拿走，否则就会触怒神灵，遭到报应。[②] 在佤族创世神话中，还蕴含着人与自然万物平等的观念。不管是谁，无论大小强弱，大家都有自己的权利和义务。例如：小麻雀体型最小，但它却成了打开"司岗"的英雄之一；蚂蚁和蚯蚓在洪水泛滥期间做了自己应有的贡献；蟾蜍和马鬃蛇（蜥蜴）也在造平原、建山河中立了大功；谷神、棉神这些植物神都各司其职。"鬼神之间虽有大小之分，却无任何统辖关系，大者管大事，小者管小事。大家一样平等相处，友好相待。这是神话世界的社会风尚，实际上也是佤族现实生活之光的折射。"[③]

---

① 杨立新、赵燕强、裴盛基：《纳西族东巴文化与生物多样性保护》，《林业调查规划》2008年第 2 期。

② 《佤族文化大观》编写组：《佤族文化大观》，云南民族出版社，1999，第 160 页。

③ 赵富荣：《中国佤族文化》，民族出版社，2005，第 278 页。

这种平等的观念反映在现实生活中就是各种禁忌与规条，如"不可以虐待自己的牲畜，否则牲畜会跑，牲口会得病；获得猎物要与自己的猎狗分享肉食"。① 所以在佤族人的观念中，人与万物的生命价值完全平等，人与动物都是生命序列里的一个链环。在其所处的生态场中，人是以审慎和恭谨的态度来对待其他物类的。人类应该尊重自然万物的这种平等性，并且不打破由万物共同构筑的生态系统平衡运行的秩序。②

佛教强调"无情有性""众生平等"，从佛教的观点看来，众生与生存环境是相互依赖与转化的关系。佛教所说的众生是指三界六道中一切有情识的生命，三界即欲界、色界、无色界，生命以六种形式在此三界轮回，六道是指天、人、阿修罗、畜生、饿鬼、地狱一切有情众生在六道间永无止境地循环投生，就像车轮一样不停运转。轮回转世的实质是灵魂不灭论。在六道轮回中，天、人、阿修罗为三善道，或三善趣，畜生、饿鬼、地狱为三恶道，或三恶趣，有情众生投生何处取决于自身的业力，行善者得以进入三善道，行恶者只能投身三恶道，所谓善有善报，恶有恶报。只有断除一切欲望，通过修炼，悟"四圣谛"，修"八正道"和"戒、定、慧"三学，证得"涅槃"的境界，才能得到解脱，不再受生死轮回之苦。由于人们前世积的业力不同，所以也不可能来自同一道；由于人们今生修的业力各异，所以也不可能进入同一道。佛教这种轮回转世、众生平等的观念，显然赋予了自然与人类平等的地位，也包含了人类应对自然加以爱护的观念。既然众生平等，那么从"弃恶"的观念出发，佛教倡导不杀生。因为杀生犯根本戒，必遭恶报。《楞严经》中说佛弟子应爱护草木："清净化丘及诸菩萨，于歧路行，不踏生草，况以手拨！"佛教戒律规定不得随意砍伐树木，菩萨戒还规定佛弟子不得焚烧山林。由于这样的信仰理念，佛教在实践中，对自然环境和生物多样性的保护都起到了积极的作用。③

---

① 魏德明：《佤族文化史》，云南民族出版社，2001，第 232 页。

② 王孔敬：《佤族传统生态文化研究》，《红河学院学报》2008 年第 4 期。

③ 龚晓康：《"无情有性"与"众生平等"：佛教与当代生态伦理学的比较研究》，《自然辩证法研究》2008 年第 8 期。

在藏族人的传统观念中，一个人活着的时候，作为生命之本的灵魂是可以离开其身体的。离开身体的灵魂在自然界中游荡，遇到合适的自然物就会依附于其上。据说灵魂有了依附的自然物，此人的生命就有了一层保障，在多数情况下，一个人灵魂的寄托物不止一种。灵魂寄托物又叫寄魂物，与一个人的生命休戚相关，如果寄魂物受到伤害或毁坏，必将危及本人的健康乃至生命。在藏区人们的寄魂物多种多样，神山、神湖、岩石、动物、植物等均可以成为寄魂物。神山、神湖往往是某个或某几个部落的寄魂物，某一种或几种动植物往往是个人的寄魂物，位于西藏的羊卓雍措和纳木错湖则是整个藏民族的寄魂湖。因此，从这个意义上来说，既然神山、神湖、动物、植物等与人们的生命关系如此密切，那么保护自然万物就是保护人们自身。佛教传入藏区后，其"三界六道"的轮回转世观念逐渐为藏族人所接受，这也是藏传佛教中活佛转世的理论依据。因此藏族人普遍认为万物平等，一切生命都应受到尊重，从不肆意猎杀动物，毁坏林木，即便是昆虫草芥亦如此。① 无论是有生命的物质还是无生命的物质，都必须保持敬畏的态度，否则就会遭到大自然的报复，给人类带来灾祸。藏传佛教戒律中有一种仪轨，在每年夏令的两个月（雨季）里，僧众立誓将自己关在屋内勤求闻修，称为"夏令安居"。这是一种定期防止践踏野外无数幼苗、昆虫和防止毁灭其他生命行为的措施。这种仪轨还要求普通民众在此期间不能到寺院周边、草地和森林去干活或游玩。根据这一仪轨，藏族历代高僧大德常用多种巧妙的方法和途径进行封山禁杀、育林的活动。这样做的结果是使归寺院所有的山林和周边地区的动植物得到较好的保护，到处都能看到林影森森、松柏参天、郁郁葱葱的原始风貌和成千上万的野生动物群。②

在我国少数民族地区，各种宗教信仰中大多都包含着这类朴素的生态观念，认为人与自然处于平等的位置。人的理念是支配人类行为的根源，有了这样的生态观念，那么在对待自然界及其中的生物时，人们自然也就

---

① 张晓东：《浅谈宗教信仰对藏族生态伦理观的影响》，《阿坝师范高等专科学校学报》2009年第1期，第61～64页。
② 桑杰端智：《藏传佛教生态保护思想与实践》，《青海社会科学》2001年第1期。

以一种平等和爱惜的态度来规范自己的行为方式。

三　宗教仪式与生物多样性

宗教现象的另一个重要范畴就是仪式，既然在信仰中体现着人们的生态观念，那么作为行为方式的宗教仪式也必然体现着这种生态观念。宗教仪式中对天、地、日、月、星辰、山石、森林、树木和湖泊、河流等的崇拜和祭祀活动，充分体现了人对自然万物的尊重。另外，在宗教仪式中常常会用到一些被人们认为具有特殊神圣性，或者具有特别意义的生物物种，这些生物物种在被赋予神圣含义的同时，也被人们看重和刻意保护，或者加以人工培育和饲养。同时这些在仪式中所出现的动植物，也在不断强化人们认为这些动植物具有神圣性的观念，使宗教信仰中的自然观念不断在人们的头脑中得以强化。

（一）宗教仪式强化了宗教信仰中平等的生态观念

在每个佤族村寨附近都有一片长着参天大树的茂密林子，即"鬼林地"。人们不能乱闯进鬼林，不能动鬼林中的一草一木、一石一土，否则就会受到神灵的惩罚。至今，许多佤族村寨的鬼林还都保护得较好，有的成为风景林，有的仍作为禁忌场所。如果要砍伐大树制作木鼓（这是佤族重要的祭祀礼器），一共要去森林里三次。第一次去时先选好要砍伐的树，摆放祭品，并念祝词；第二次去要仔细观察选定的树是否被雷劈过，树干有没有空洞；第三次由老人、头人及村寨的青壮年男子一起去，先要杀鸡占卦，酹酒祝词，然后才能砍伐。[①] 佤族信仰大树鬼"腔秃"，砍伐大树时，不能忘记在树桩上置放一块石头，算是付给"腔秃"的代价，否则砍树者有被树压死的可能。[②] 这些仪式活动，都充分体现了佤族人对森林和树木的尊重，也是他们生态观念的体现。

---

① 陈卫东、王有明：《佤族风情》，云南民族出版社，1999，第 94~96 页。
② 全国人民代表大会民族委员会办公室编《云南西盟大马散佤族社会经济调查报告》，1958，第 133 页。

在凉山彝族地区，人们认为去捕不能捕的动物，是违背了生活的准则，犯下了大忌，需要举行赔偿仪式。赔偿，彝语叫"Zie"，意为"赔生命之债"。无论谁违背了禁忌，均得罪了天地，不请毕摩（彝族的巫师）举行赔偿仪式，天地就会降祸于这片土地。所以一定要请毕摩举行赔偿仪式，届时每户摊点钱，买些酒和举行仪式所需的牲畜，到野外进行咒和祭。咒的是伤害生物的人，祭的是被伤害的生物。赔偿的仪式比较多，包括赔雁、赔龙（一种不会害人的小蛇）、赔布谷鸟、赔大熊猫等。这些赔偿仪式使伤害动物的人得到惩罚，也就是咒，但整个地方的人都需要受到连带，需要出资举行仪式，这样的方式既赋予了这些动物相当程度的神圣性，也限制着人们的行为，不能去伤害它们。①

很多有神树林的民族都会定期举行祭祀神山或者神树林的祭祀仪式，这种祭祀仪式对于村寨来说是非常重要的集体活动。对于很多农耕民族来说，这种祭祀活动本身的主要目的是祈求山神或者居住在神树林中的神灵保佑农业生产的顺利进行，祈求风调雨顺、五谷丰登，但却深刻反映出人们认识到森林对于农业生产的重要性。比如傣族人认为"森林是父亲，大地是母亲，只有从父母亲那里可以得到食物"。② 人与自然的排列顺序是：林、水、田、粮、人，"有了森林才会有水，有水才会有田地，有了田地才会有粮食，有了粮食才会有人的生命。"所以人类应该保护森林、水源和动物。③ 因此，傣族人每年都会在固定的时间祭祀寨神和勐神，而这些寨神和勐神恰恰就居住在村寨周围的"龙林"中。表面上看是祭祀寨神和勐神，但实际上就是为了保证傣族稻作生产的顺利进行，也就是傣族所谓的"一月求雨，八月求晴"。实际上这种祭祀活动强化了人们对于森林的重要性的认知，进一步树立"龙林"在人们心目中神圣性的观念，也促使人们不敢去冒犯这些居住有神灵的森林，保证了这些森林中的生物物种不被破坏。这种定期的祭祀神树林的活动在藏族、佤族、苗族等民族中普遍

---

① 马尔子：《凉山彝族传统文化和宗教信仰对生物多样性的保护》，《原生态民族文化学刊》2010 年第 2 期。
② 祜巴勐：《论傣族诗歌》，岩温扁译，中国民间文学出版社，1981，第 93 页。
③ 刀国栋：《傣族历史文化漫谭》，云南民族出版社，1992，第 5、41 页。

存在。

（二）宗教仪式中使用的生物物种起到了保护生物多样性的作用

纳西族的东巴经是抄写在纳西族独特的纸张上的，这种纸被称为东巴纸，造东巴纸的原料是滇西北地区分布的野生荛花属植物，共有 6 种，主要以澜沧荛花（*Wikstroem ia delavayi*）和丽江荛花（*Wikstroem ia lichiangensis*）为主，纳西语称 "Rewaider" 和 "Guowaider"。因为这两种植物有微毒，造出来的纸能防腐耐虫蛀，所以在没有任何现代保存技术的条件下，东巴经可以完好保存至今。正因为东巴经的缘故，这两种植物也被纳西族认为具有某种神圣性，因而也受到人们的保护。[1]

傣族、布朗族等民族信奉南传上座部佛教，传统上佛经是用铁笔刻写在贝叶棕（Corypha-umbraculifea Linn）的叶片上的，因此南传上座部佛教的经卷又被称为贝叶经。把贝叶棕的叶片制作成贝叶经具有一套较复杂的工艺，而且还涉及其他植物材料。其制作方法是取贝叶棕的叶片，裁成一尺半长、四寸宽的形状，成捆投入锅内煮，并加酸角（Tamarindus indica）或柠檬（Citrus limon）的果子，使贝叶中所含的淀粉和糖分解，叶片因此变成白色，同时也保证贝叶不受虫蛀、不发霉。书写贝叶经用的是特制的铁笔，把经文刻写在制成的贝叶上。字刻好以后，用植物果油如膏桐（Jatropha curcas）拌锅黑，用布蘸涂在刻好字的贝叶上，再用干净的布擦去锅黑，这样凹下的文字便被染成黑色，十分清晰。南传上座部佛教的佛经也有抄写在棉纸上的。这种棉纸是西双版纳的僧侣们就地取材，用构树（Broussonetia papyrifera）的树皮纤维制作而成。这种棉纸洁白、韧性好，较耐保存。这样，在傣族佛寺的庭园中，常栽种有贝叶棕和构树，这两种植物也被傣族人民所保护，并加以人工栽培。[2]

这些特定的植物成为宗教典籍的载体，因而也就具有了不可替代的作

---

① 杨立新、赵燕强、裴盛基：《纳西族东巴文化与生物多样性保护》，《林业调查规划》2008 年第 2 期。

② 许再富、刘宏茂：《西双版纳傣族贝叶文化与植物多样性保护》，《生物多样性》1995 年第 3 期，第 174～179 页。

用，在人们心目中也就有了特殊的地位，从而特别受到人们的保护和利用。在宗教仪式中也常常会用到一些特殊的生物物种，这些生物物种在人们心目中或者具有洁净的作用，或者具有某种特殊的含义，因而也就在人们的心目中有了神圣的意义。笔者在甘肃陇南的藏族地区进行调查时，那里的藏族人有祭祀山神的仪式，这个仪式的主要目的是祈求山神护佑农业生产的顺利进行。在整个仪式中要使用到当地神树林里的主要植物品种，特别有意思的是这几种植物分别代表着神树林中的乔木、灌木、藤蔓类等，涵盖了神树林中所有的植物物种，这说明神树林中所有的植物都不能随意砍伐破坏。其中一些的植物还被赋予了特殊的神圣含义。比如杉树，就被当地人认为是神树，而加以特别保护。在笔者调查期间常见到有些高大的杉树上挂有红布条，被人们视为神树而加以崇拜、保护。另外一种具有特殊意义的植物就是木香，也就是香柏（*sinoaplina*）。宕昌藏族人认为这种植物具有驱邪除秽的作用，所以在很多宗教仪式中都会点燃香柏，以其烟熏表示洁净，因而这种植物也特别被宕昌的藏族人所看重，而加以特别的保护和使用。这样的例子非常多，居住在川滇交界地区的众多族群都认为高山杜鹃具有特殊的洁净功能，在各种宗教仪式中会点燃高山杜鹃的枝子，以烟熏表示除秽。傣族人认为槟榔具有特殊的洁净和医治功能。新生婴儿的洗礼仪式上人们会用槟榔煮水为婴儿洗礼，不仅代表着婴儿肉体的强健，也代表着孩子不受邪灵的侵扰。笔者在调查的时候，傣族的摩雅（傣语医生）还曾送给笔者一串槟榔，说如果感到头昏不适，可以用槟榔煮水洗澡，很快就会好转。

根据许再富等人的研究，南传上座部佛教要用到多种植物。根据佛经记载，在佛教历史上共有 28 代佛主，每一代佛主都成佛于一种树下。据研究，佛主的"成道树"共有 21 种，如毛野桐（*Mallotus barbatus*）、千张纸（*Oroxylum indica*）、聚果榕（*Ficus racemosa*）等。释迦牟尼是第 28 代佛主，他在菩提树（*Ficus religiosa*）下成佛，所以菩提树就是他的成佛树。而且释迦牟尼一生的几个关键时刻均与植物有密切关系：他出生于一株无忧花树（*Saraca sp.*）下，成道于一株菩提树下，80 岁时圆寂于两株婆罗双树（*Shorea sp.*）的中间。在西双版纳，佛祖的成道树——菩提树深受傣族的崇敬和保护。在他们的法规中规定，砍伐菩提树要与破坏佛寺、杀死僧侣一样，判处死刑，其子女罚为寺奴。在民间，通过谚语的方式，告诫人们："不要抛弃父母，不要砍菩提树。"在各种佛教仪式上也要用到多种植物，如点佛灯的油主要是铁力木（*Musua ferrea*）和石栗（*Aleurites molucca-na*）；男孩子入寺为僧，或者升佛爷都要用到樟树的一些种类如香樟（*Cin-namomum comphora*）、黄樟（*C. Ponecttum*）和云南樟（*C. glanduliferum*）等，用这些樟树的木材煮水沐浴。赕佛的鲜花主要有文殊兰（*Cirnum asiaticum*）、莲花（*N elumbo nucif era*）、姜黄花（*Hedychium coronerrium*）等，水果如槟榔（*Areca cathecu*）、香蕉（*Musanana*）、芭蕉（*M. sapientum*）等。植物除直接用于赕佛之外，许多赕佛物品也先需要用植物进行处理。如赕佛的食物需要用红木（*Bixa orellana*）染色；布料、袈裟等要用草棉（*Gossypium herbaceum*）手工织成，而且要用巴戟天（*Morinda angustif olia*）和栀枝花（*Gardenia jaminoides*）等植物所含的色素染色。①

　　哈尼族的宗教信仰活动中也会用到各种的生物物种。祭祀的牺牲主要以禽畜类为主，主要有鸡、鸭、猪、羊、狗、牛、猫等。根据祭祀的目的，各种牺牲有公母、数量和颜色的搭配。祭祀活动中用得最多的还是植物，大多是野生植物。常用的栽培植物有金竹、细黄竹、毛竹、棕树、槟榔、蓝靛、桃子、李子、梨、樱桃等，使用的时候，根据需要具体选择叶、杆、花、果等进行搭配组合。野生类植物有水冬瓜树、大杜鹃花、杉老树、臭油果树、锥栗树、毛木树、柳树、槐桃树、黄饭花树、蜂蜜花、松树以及一些其他的高大乔木，另外还有一些其他种类的植物如野芭蕉、山魔芋、藤子果叶、芦苇、蒿枝、野姜叶、车前草、尖刀草、菖蒲、蕨草及各种野刺树。此外，值得一提的是，哈尼族在祭祀的时候还会用到多种动物祭品，大多数为昆虫和鱼类，如小鱼、泥鳅、螺蛳、黄鳝、虾巴虫、蚂蚱、蛤蟆、蛇皮、鹰毛等。②一次哈尼族的祭祀活动，可以说就是一个

---

① 许再富、刘宏茂：《西双版纳傣族贝叶文化与植物多样性保护》，《生物多样性》1995 年第 3 期，第 174～179 页。

② 李期博：《哈尼族莫批文化对生物多样性的保护作用》，《蒙自高等师范专科学校学报》2003 年第 1 期。

哈尼族村寨多种生物的展台，充分展示了当地生物物种的多样性。

纳西族的东巴经中涉及许多植物物种，特别是他们传统观念中的那些神树。这些神树就是那些象征着长寿、富贵、健康、灵验的药、个人或家族保护神的树，也包括那些象征着疾病、灾难和鬼魂的树。这些植物共有18种，分属14科，16个属。在各种宗教仪式活动这些神树的不同部分分别代表着不同的寓意。具体情况见表1。[①]

正因为这些动植物被人们赋予了特殊的含义，所以在人们的心目中也就具有了特殊的意义和地位，人们对这些动植物也充满了敬意，通常不会随意砍伐或者损害这些动植物，在使用的时候也会采取合理适当的方式，也就为保护和合理使用这些生物资源提供了宗教信仰意义上的支持。

表 1   纳西族传统文化中的神树

纳西名	中文名	学名	使用部位	寓意
Doseeq	云南松	*Pinus yunnanensis*	枝、松针	祭天、喜庆、清洁、永恒
Seidogel	华山松	*Pinus arm andii*	枝、松针	祭天、喜庆、清洁
Xiuqbai	藏柏	*Cupresus funebris*	枝	祭天、祭祖
Xiugel	香柏	*Cupressus duclouxiana*	枝	祭天、祭祖
Lalbasheeq	黄栎	*Quercus pannosa*	枝	祭天、祭署
Muqgel	杜鹃	*Rhododendron*	枝	森林中的精灵、祭祖
Rergel	柳树	*Salix*	枝	避邪、祭祖
Leezerq	冷杉	*Abies*	枝	祭天、大地的象征
Beelnaq	蒿	*Artem isia*	地上部分	避邪

四 结语

民族地区的宗教信仰在生物多样性的保护上起到十分重要的作用，这样的保护并不是单纯的保护，而是在保护的基础上合理开发与利用。例如

---

① 杨立新、赵燕强、裴盛基：《纳西族东巴文化与生物多样性保护》，《林业调查规划》2008年第2期，第76~79页。

有些神林是绝对不能进入的，也不能砍伐里面的任何植物，对于生长在里面的动物也不能捕猎，但有些神树林是可以捡拾里面的枯枝败叶作为薪柴使用，有些可以进入里面采摘菌类，有些可以在里面适度捕猎等。这表明不同等级的树林是可以采用不同的方式对待的。对于某些被人们看作具有神圣性的生物，人们在利用它们的同时，也注意人工栽培或者人工饲养。如前面我们所提到的作为南传上座部佛教经文书写载体的贝叶，傣族人民就在佛教寺院周围种植贝叶棕。很多南传上座部佛教宗教活动中所使用的植物，傣族人民也都会在庭院及其周围种植，这些植物不仅美化了庭院环境，保证人们在宗教活动中对这些植物的使用，也保证了物种的开发和持续利用。

　　总之，这些源于宗教信仰而产生的对生物多样性的保护，有着深厚的文化基础，深刻体现着文化多样性与生物多样性之间的密切关系，是各民族深层次的文化内涵的体现，已经成为各民族文化和历史不可分割的一部分。在全球化和生态退化的双重压力下，这些在宗教信仰基础上保留下来的各种传统保护体系，以潜在的生态价值、丰富的文化内涵，与宗教、民族问题和区域经济问题紧密联系在一起，其地位和重要性更加突出。生物多样性的保护离不开传统文化的土壤，这是笔者近些年在生物多样性保护调研中所得到的深刻认识。

宗教对话视域下云南苗族民族
团结的建构[*]

朱佶丽 纳光舜[**]

摘 要： 开展宗教对话，其根本目的是增强各个宗教之间的相互交流和了解，改善宗教关系，增进不同宗教间的和谐共处，进而促进社会和谐。中国历史上的儒、释、道三教合一现象，为我们提供了不少可资借鉴的形式和做法。近年来国内开展宗教对话，取得了一定成果。认真总结和学习这些经验，根据云南苗族宗教信仰的特点，针对实际情况，在云南苗族信教群众中积极开展宗教对话，有利于促进苗族信教群众内部彼此理解和尊重，增进信仰宗教的苗族与其他民族之间的相互理解和尊重，促进苗族宗教坚持中国化方向，促进宗教和谐和民族团结。

关键词： 宗教对话 苗族 中国化

在党的十九大报告中，习近平总书记提出"要全面贯彻党的宗教工作基本方针，坚持我国宗教的中国化方向，积极引导宗教与社会主义社会相适应"。坚持宗教的中国化方向，根本要求是"政治认同"，主要途径是"社会适应"，基本保障是"文化融合"，而其重要前提是"宗教和谐"。

---

[*] 本文是 2017 年云南省社会科学院院级项目"云南苗族的多元宗教和宗教情势研究"的成果。

[**] 朱佶丽，博士，云南省社会科学院民族学研究所研究人员，研究方向为民族学、少数民族宗教文化；纳光舜，任职于贵州省民族宗教事务委员会，研究方向为宗教学、民族文化。

开展各民族宗教间的对话，有利于增进不同宗教间交流、理解和尊重，建立起良性互动关系，实现宗教间的和谐共处。因此，各个民族间的"宗教对话"也是促进宗教坚持中国化方向的一项重要举措。

一 宗教对话经验借鉴

（一）中国历史上的宗教对话

中国历史上的儒、释、道三教合一现象，为我们提供了一些可供借鉴的经验。儒释道三教由于历史背景和思想渊源不同，历来就存在矛盾和论争。但出于各自发展的需要，又互融互补，交流借鉴。但无论是论争还是交流，实际上都可以归结为"宗教对话"范畴。汉代，统治者大力提倡道家黄老之学，而佛教初传中土，为站稳脚跟，在宣讲教义和译经时，大量借用儒、道名词（如，解释佛教"空"、"三皈"和"五戒"时，借用了道教"无"的理念和儒学名词"三畏"和"五常"），并吸收儒家的心性论、中庸思想和道家的清静无为等义理。道教也吸纳和借鉴了佛教的一些教义，并仿效佛教的戒律仪轨等形式，使自己得以调适和发展。儒家在佛教影响下，其理论也有变化和发展（尤其是建立和发展形而上理论）。其后，东晋高僧慧远倡导"三教合一"，史料载其博综《六经》（即儒家《诗》《书》《礼》《易》《乐》《春秋》）对道家老子和庄子的思想也有很深的研究。[①] 隋朝名士李士谦认为："佛，日也；道，月也；儒，五星也。"虽有高下，但为一体。[②] 北宋道士张伯端说："教虽分三，道乃归一。奈何后世黄、缁之流，各自专门，互相非是，致使三家宗要迷没邪歧，不能混一而同归矣。"[③] 他认为"三教合一"的传统是被一些"黄、缁"（道士和僧人）各立门户，互相攻击，造成了混淆。苏辙以佛解老、释庄，又作《传灯录解》，和会三家之学。金元时期，王喆（王重阳）创立全真道时，

---

① （梁）《高僧传·慧远传》言："博综《六经》，尤善《老》《庄》。"
② 《隋书》卷七十七《隐逸传》。
③ （宋）张伯端《悟真篇·序》，《道藏》2 册，第 914 页。

主张"三教合一""性命双修",他认为"儒门释户道相通,三教从来一祖风"。① 明末清初名僧元贤提出"三教一理",他说:"理一而教不得不分,教分而理未尝不一。"② "三教合一"为开展宗教间对话,协调宗教矛盾,提供了一种范式。三教合一现象只是表明在中国传统文化这一博大深厚的文化体系下,宗教间在经过一定时期和某种形式的冲突和调和后,是能够实现和谐相处的。

在中国近代,基督教与佛教也有互动和对话。19 世纪末 20 世纪初,英国浸信会传教士李提摩太等西方传教士,在杨文会等发起的中国佛教复兴运动和康有为等弘扬佛教学说的影响下,开始研究中国佛教,与中国佛教界人士进行交流与对话,目的在于谋求减少基督教在中国传播的阻力,探寻适应于中国的传播路径。李提摩太曾与杨文会合作,将佛经《大乘起信论》译为英文并出版,目的是向西方,尤其是在华的基督教传教士介绍佛教文化。这个《大乘起信论》译本融入了不少基督教内容,还将一些佛教专有名词做了相应替换,譬如,把"阿弥陀佛"解释为"上帝"的代名词等。民国时期,挪威籍基督教牧师艾香德也曾学习佛经,到寺庙与佛教界人士交流,还在基督教组织设立中仿效过佛教的丛林制度。③

中国伊斯兰教与天主教、基督教的交流、对话始于明末清初。清代马注和马德新、民国时期达浦生等伊斯兰教学者研究过基督宗教。如,清代云南伊斯兰学者马注(1640—1711 年)在《清真指南》中对"天主"与"清真"进行了比较,认为"名同而实不同"。④ 同治四年(1865 年),云南伊斯兰教著名学者、经师马德新,读到天主教云南教区古若望司铎赠送的天主教书籍后,写了两封回函,分别阐述对天主教义理的"十不解"和"十可疑",以及伊斯兰教对真主、圣人和人之间关系的义理。同时,基督教也注重对伊斯兰教的研究。有的地方基督教与伊斯兰教间有另一形式的

---

① (金)王喆:《重阳全真集》卷1,《道藏》25 册,第 693 页。

② (清)《永觉元贤禅师广录》。

③ 孙亦平:《艾香德牧师与中国佛教——民国时期宗教对话的一个案例》,《世界宗教研究》2010 年第 6 期。

④ (清)马注:《清真指南》卷六"问答"。

平等交往。如在兰州，有的伊斯兰教人士会在礼拜天去基督教堂听讲道。不仅是兰州，远些的地方如宁夏回族自治区的伊斯兰教人士也会去听。他们主要是为了了解历史，因为《古兰经》与《圣经》密切关联。有时，阿訇还与牧师等进行交流。讨论教义上、历史上的一些疑问。①

天主教在中国的传播也受到佛教、道教及中国民间宗教及习俗的渗透或影响。明末，天主教传教士利玛窦来到中国后，努力学汉文，研究中国礼俗，探寻符合中国社会习俗的传教方式。譬如将孔孟的某些主张及中国孝亲敬祖的观念引入天主教教义阐释（如将"天主"解释为中国民众所崇拜的"天"或"上帝"等）。还仿效佛教立寺建殿的传教形式，把最初设立的教堂称作"仙花寺"，并请地方官员题写教堂名。在生活习俗方面适应中国社会，是天主教的一种传教策略，基督教也曾这样做过。1799 年 10 月 11 日，在四川的传教士李多林在一封信中讲到如何以变通的方式处理天主教与民间信仰的关系，譬如信徒葬礼中的"灵轿""灵马"和"引魂幡"等，"用天主教内容替代，用十字架或者圣画或其他基督徒名号的牌位替代灵牌；用一个'孝'的记号取代'灵'字，把它骑在马上称它为'孝马'；我将去除旗幡上面的迷信标志，放上我们宗教的十字架或祈祷经文，在游行队伍前面引路。"② 这种形式被今人称之为"习俗对话"。

（二）当代宗教对话

21 世纪初，中国也开始积极倡导宗教对话，在国家层面先后推出了"世界佛教论坛""国际道教论坛"等，努力推动国际间的宗教对话。③ 一些院校和团体也开展了促进宗教对话的活动。如：美国华裔学者杜维明在哈佛-燕京学社专门开辟了"回儒文明对话"的专门论坛，先后于 2002 年、2005 年、2006 年和 2010 年在南京的南京大学、银川的宁夏社会科学

---

① 陈声柏、聂红萍：《兰州市基督教现状的调查和分析》，载陈声柏主编《对话：中国传统文化与和谐社会》，中国社会科学出版社，2011，第 291 页。

② 〔美〕鄢华阳等：《中国天主教历史译文集》，顾卫民译，广西师范大学出版社，2010，第 71 页。

③ 张仕颖：《国际宗教对话组织和运动的现状研究》，《世界宗教文化》2017 年第 2 期。

院、昆明的云南大学和南京举办了四届"回儒文明对话";① 陕西师范大学主办的"佛教与基督教对话国际学术研讨会"（2003 年）；上海市基督教三自爱国运动委员会、上海市基督教教务委员会和上海市伊斯兰教协会举办的"和合共生——'上海基督教与伊斯兰教交流和对话'研讨会"（2006 年和 2013 年）；中国天主教爱国会、中国天主教主教团举办的"第四届中国天主教本地化暨中国化神学论坛"（2016 年）。这些活动，在推动我国宗教对话问题方面做了许多有益的工作。2016 年 10 月 12 日至 13 日，在北京举办的"第四届中国天主教本地化暨中国化神学论坛"上，与会者围绕"天主教的本地化暨中国化""基督信仰与宗教对话"的主题，各抒己见，阐述了天主教对宗教对话，以及宗教对话对于宗教和谐，对于天主教本身的意义。②

从总体上看，中国的宗教对话尚在探索阶段，无论是对话群体的广度、研讨话题的深度都有待扩展。在宗教义理的探讨方面，这些对话多停留在概念的一般性解释、义理的简单对比上；在影响层面上，还局限于部分宗教人士，对信教群体影响甚微；在国际间宗教对话方面，渠道比较单一，联系面也比较窄。如何扩展领域，扩大影响，值得认知探讨。

二 宗教对话的理论回顾

国内第一部全面介绍和论述宗教对话的著作是 2003 年王志成的《和平的渴望——当代宗教对话理论》，书中论及国外的各种宗教对话思想，书中第六章《走向一种整合的宗教对话之道》提出了以成长模式为核心的宗教对话理论观点。③ 2005 年，段德智在《宗教概论》中指出当前有关宗教对话的研究有一种忽视宗教对话的层次性从而把宗教对话平面化的倾向，西方宗教对话理论的缺失就在于其平面化，以一种片面性取代另一种片面性；进而提出从文化对话到宗教信仰层面对话的现实途径。④ 2006 年，

① 华涛、姚继德：《"回儒文明对话"论文选集》，云南大学出版社，2017，第 3 页。
② 《"第四届中国天主教本地化暨中国化神学论坛"成功举办》，《中国天主教》2016 年第 6 期。
③ 王志成：《和平的渴望——当代宗教对话理论》，宗教文化出版社，2003。
④ 段德智：《宗教概论》，人民出版社，2005。

黄超评论段德智的这一宗教对话理论"既立足于中西宗教对话的实践，又凸显了中国传统对存有层次性和统一性并重的文化特色，构建了一种融入了东方智慧的宗教对话模式。"接着，黄超从宗教对话的基本中介和现实途径进一步论述"从宗教文化层面入手，通过某些基本和普遍的中介开展宗教对话，逐步达到宗教信仰层面的间接对话，是宗教对话能够采取的唯一可行的对话途径。"① 这两位学者从东方文化"层次性"和"统一性"的特点入手，强调了"文化对话"和"对话中介"对宗教对话的重要性。2006 年，释见达在《宗教对话之介说》中阐释宗教对话的内涵需要围绕宗教"对话的背景和需求"、"对话的基础和原则"和"对话的目的和类型"等三个方面进行。宗教对话成功的关键是对话的主体和主题不可缺；宗教对话要根据不同的对话方式设定不同的对话目标，并推进宗教内的、宗教间的以及宗教与非宗教之间的相互同情、理解、沟通与合作。② 何光沪在《关于宗教对话的理论思考》中提出宗教对话要重视三个问题：第一，宗教对话的目标问题，和平共处、友好交往、有益世人这三个目标是适宜的；第二，宗教对话的关键问题是"认识"问题，理性和哲学在此可以发挥关键的作用；第三，宗教对话的语言问题，综观世界上所有的学科语言或符号体系，唯有宗教哲学符合宗教对话的标准。作者的结论是：其一，实际存在的各宗教都不能自视为绝对；其二，宗教的多元状态是正常的；其三，非绝对的各宗教当然就是可以相互比较、相互交流、相互学习的，是应该彼此开放并对其他思想开放的。③ 2007 年，孙浩然、冯瑞国进一步提出开展宗教对话的重要性，"有利于化解彼此之间的误会隔阂，有利于各宗教文化和平相处，以期达到一种宗教和谐，同时也是给民族和平、世界和平提供了一种理论导向。"④ 2009 年，张志刚的《宗教哲学研究——当代观念、关键环节及其方法论批判》以"理性与信仰的关系问题"作为

---

① 黄超：《探求宗教对话的东方模式》，《武汉大学学报》（人文科学版）2006 年第 4 期，第 421～426 页。

② 释见达：《宗教对话之介说》，《世界宗教文化》2006 年第 1 期，第 27～30 页。

③ 何光沪：《关于宗教对话的理论思考》，《浙江学刊》2006 年第 4 期，第 47～55 页。

④ 孙浩然、冯瑞国：《宗教对话与和谐理论的形成和发展》，《广东教育学院学报》2007 年第 2 期，第 13～17 页。

线索来反思宗教哲学研究的过程,把宗教对话这类当代热点问题予以高度的关注,并把宗教对话的主体或团体分为"宗教内的对话"、"不同宗教间的对话"以及"宗教和非宗教的对话"等三种。① 2011 年,郭慧玲认为当前宗教对话已迫在眉睫,她认为宗教对话的重大障碍是宗教保守派倾向于维护信仰核心的绝对性,同时其强势立场也辐射到对信仰生活边缘层面的态度,现有宗教对话理论和实践都未能完全解决信仰的排他性与宗教相容的需求之间的矛盾。在宗教对话理论的发展中,始终存在某种紧张关系。②

宗教对话对于全人类而言具有非凡的意义,综观最近十多年来中国学者有关"宗教对话"的研究成果,全人类应该加强宗教间的对话、促进宗教间的相互沟通已经成为研究者普遍的共识。从文化层面对话逐渐到宗教信仰层面对话,整个社会要有耐心培养对话的成长模式。一方面,宗教的多元状态是正常的,任何一个宗教都不能自视为绝对,因此非绝对的各宗教就应该相互比较、相互交流和相互学习;另一方面,我们必须要面对信仰的排他性与宗教相容的需求之间的矛盾这些问题。在宗教对话理论的研究过程中,需要看到始终存在某些紧张关系的同时,更要相信"宗教对话是人类文明得以平顺进展的关键,将为人类的福祉、心灵的提升和世界的和平带来广大的契机"③。

三　云南苗族的宗教对话

(一) 云南苗族的宗教信仰概况

云南是一个多民族的省份,全云南的苗族人口有 120 多万人,其中分布在文山州、红河州和昭通市的苗族约有 100 万人,曲靖市、昆明市和楚雄州的苗族人口有 10 万人左右,其余大理州、保山市、普洱市、临沧市、

---

① 张志刚:《宗教哲学研究——当代观念、关键环节及其方法论批判》,中国人民大学出版社,2009。

② 郭慧玲:《众神相争的诅咒——宗教对话的核心边缘模式》,《世界宗教研究》2011 年第 4 期,第 5~13 页。

③ 释见达:《宗教对话之介说》,《世界宗教文化》2006 年第 1 期,第 27~30 页。

丽江市和迪庆州等州市的苗族也有 10 万人左右。云南苗族按照语言划分，主要有讲苗语西部方言川黔滇次方言，自称为"Hmong"的白苗、青苗和花苗；讲滇东北次方言，自称为"A Hmao"的大花苗；以及少数既不属于"Hmong"也不属于"A Hmao"的苗族。"Hmong"支系的苗族分布较广，分散在云南所有有苗族的地区，并且从明、清开始经文山和红河等地迁徙到东南亚国家，"Hmong"支系主要信仰苗族的传统宗教，极少数信仰基督教和天主教。"A Hmao"的很大一部分人在 20 世纪早期皈依了基督教，因此形成了今天居住在云南东北部和中部地区很多苗族信仰基督教的情况。"云南是中国宗教类型最多、分布最广、宗教信仰颇具特色的省份；宗教在云南的传播有着悠久历史，而且各种宗教交叉存在。"① 云南苗族身处在这样的一个宗教生态环境中，也受到一定的影响，具有自己的宗教文化特征。总体来说，云南苗族在宗教信仰方面有四个特征：第一，云南苗族不同程度地保存苗族传统宗教信仰的诸多因素，苗族传统宗教信仰的特征明显，影响面最大；第二，云南苗族与省内的汉族、彝族、壮族、回族、哈尼族、纳西族、藏族、白族、布依族和傣族等民族杂居在一起，因历史上各地居住环境和同居共处的民族不同，宗教信仰不同程度地受到各种民族宗教信仰的影响，表现出各地不同的特点；第三，由于历史上基督教和天主教传播的原因，云南苗族形成了信仰外来宗教的几个区域；第四，随着近些年各民族交往、交流、交融的加强，苗族与其他民族通婚的影响，以及宗教的自然传播等原因，云南苗族中的极少数人信仰了佛教和伊斯兰教等其他宗教。以上这些特征表现出云南苗族宗教信仰呈现出一种多元的态势。

云南苗族宗教信仰的多元态势，构成了云南苗族文化多样性的一个方面，同时也增加了云南苗族群体内部开展宗教对话的难度，这些宗教对话的难度和复杂性主要表现在：第一，苗族群体内部，信仰基督教和不信仰基督教群众的对话少，缺乏沟通了解和交流；第二，信仰基督教的群众内部，由于教规教义、教会纪律、教会传统和信徒年龄代沟等的差别，造成

---

① 颜思久：《云南宗教概况》，云南大学出版社，1991。

彼此之间的误解和不包容，信徒之间缺少有效对话；第三，农村基层社交活动少导致信仰基督教的群众和信仰传统宗教的群众之间有隔阂，缺乏宗教对话；第四，苗族有信仰的群众或宗教组织与其他民族的宗教对话不够，平时与外界的交流交往多集中在发展经济方面，对基督教的神学、中国传统经学等方面的学习和交流缺乏对话；第五，无神论群众缺乏宗教知识培训和学习，对有宗教信仰者缺乏尊重和了解，造成对话障碍。

做好各个民族间的"宗教对话"是当前宗教工作的一个重要内容，是促进宗教坚持中国化方向的一项重要举措，不仅有利于增进不同宗教间交流、理解和尊重，还可以建立起基层群众的良性互动关系，实现宗教间的和谐共处和各个民族之间的和谐共生。因此，针对云南苗族多元化的宗教情势以及云南苗族宗教对话不畅的情况，有必要进一步探讨云南苗族宗教对话的途径问题。

（二）云南苗族宗教对话的途径

笔者通过对云南苗族宗教信仰的田野调查，就如何开展宗教对话途径问题，提出如下思考。

第一，重视宗教对话的研究和引导，发现和总结日常生活中有关宗教对话的个人经验，进行推广和宣传。在云南省禄劝县某一苗寨，有一个信仰基督教的年轻人，他大专毕业以后，凭着汽修的技能到昆明的一家汽修店工作。工作了 3 年之后，他被信仰佛教的汽修店老板的"大爱"精神深深打动。小伙子告诉笔者："以前我作为一名基督徒总是认为只要我信主，将来就会得救。做任何事情，总会觉得只要我信主，就能如何如何……我从来很少考虑别人，尤其是非基督徒。但自从我的老板不厌其烦地向我言传身教佛教的一些知识以后，我被这位佛教徒身上的某些言行举止打动，我开始学会要学习别人的长处，要了解其他宗教的优点。"① 这些日常生活的经验是开展宗教对话的基础和积淀，需要基层民族宗教工作者平时注意发现和整理，及时和群众沟通、交流，分享经验和心得。

_____

① 2017 年，禄劝县苗寨感恩节访谈录音。

第二，采取多种形式在群众中普及宗教知识，让群众了解宗教知识和宗教政策。宗教对话的目的是促进不同宗教信仰者之间思想上的沟通和交流，促使民族宗教矛盾的解决。不同宗教信仰者同处一地，要实现共存共荣，必须创造有和平相处的基础，这就是相互了解，相互尊重。这就要求信仰不同宗教的苗族群众，了解宗教政策和相关宗教基础知识，增进信教群众与不信教群众之间、信仰不同宗教的群众之间的相互了解和尊重，自觉运用政策和法规来规范、约束自己的行为，处理好彼此之间的相互关系。笔者在基层调研时发现：有的基层部门拍摄一些短小生动的小视频，宣传党的宗教政策；有的宗教事务管理部门，组织人员到宗教场所组织信教群众学习宗教政策；有的宗教团体和场所负责组织教育信教群众，尊重别人的宗教信仰，不要攻击或随意批评信仰其他宗教的群众。通过学习宗教知识和宗教政策，奠定了广大苗族群众在宗教信仰上互相尊重的基础，形成群众之间对话和交流的良好氛围。

第三，结合苗族的文化特征，开展多种形式的社会活动，调节苗族群众的基层社会关系，营造社区的和谐氛围，促进信教群众和非信教群众的对话。基层党组织要利用扶贫攻坚和发展经济等集体活动充分调动宗教界的积极因素，带领群众共同为实现中华民族伟大复兴的中国梦贡献力量；逢年过节，基层堂组织要善于组织各种联欢活动，通过文娱节目拉近两部分群众的关系，增进团结，加强对话。在苗族地区，花山节和圣诞节是走进这两部分群众的桥梁和纽带，利用节日慰问和联欢做好宗教对话的感情工作。只有各个宗教的信教群众在宗教文化及传统文化方面实现彼此理解和尊重，宗教对话才能成功。这是现今宗教对话较为薄弱的环节，是未来宗教对话的努力方向。

第四，宗教界的和谐稳定是实现中华民族伟大复兴的重要保障之一，开展宗教对话是促进宗教界团结和谐的重要方式，重视苗族民间交往的经验，通过各种交流促进各宗教的对话。与国际上因宗教引发的矛盾冲突频发相比，我国宗教间的矛盾和冲突要少得多。长期以来中国各宗教能够和睦相处，得益于中国各宗教优良的历史传统和中国共产党和政府正确制定和贯彻宗教信仰自由政策，也得益于宗教间的平等交往和对话。要积极引导苗族群众继承发扬这种优良传统，开展卓有成效的宗教对话。在云南寻甸的某个苗寨，一位苗族姑娘嫁给一户回族人家，结婚之后，婆家耐心地给新进门的媳妇讲解穆斯林有关日常生活中对"洁净"的认识。昭通的一位苗族男人娶了回族姑娘，这位回族女人成了苗族媳妇以后，让自己擅于经商的兄弟教苗族人做生意，帮着苗族的亲戚朋友致富。这种与日常生活密切相关的宗教边缘往往可以为宗教对话留下空间，可以在当前宗教对话实践中加以运用。通过积累这些老百姓喜闻乐见的交往经验，最终可以促进宗教间的对话，了解彼此的宗教文化差异，促进宗教和谐和民族团结。

第五，发挥苗族宗教界的积极性和主动性，通过开展宗教对话，促进宗教坚持中国化方向。习近平总书记在全国宗教工作会议指出，坚持我国宗教中国化方向，必须坚持用社会主义核心价值观引领，必须用中华优秀文化浸润，特别要强调发挥宗教界的积极性和主动性，使宗教界自觉推进中国化。在云南苗族群众中做好宗教坚持中国化方向的宣传和学习，让广大人民群众深入了解宗教中国化的几个内涵——政治认同、社会适应和文化融合。例如：在政治认同方面，要积极引导宗教界培育践行社会主义核心价值观，坚定地与社会主义社会相适应；在社会适应方面，要使宗教社会发展和时代进步同步，发挥宗教界在社会主义现代化建设的积极作用。文化融合就是要支持各宗教在保持基本信仰、核心教义、礼仪制度的同时，深入挖掘教义教规中有利于社会和谐、时代进步、健康文明的内容，对教规教义作出符合当代中国发展进步要求、符合中华优秀传统文化的阐释。笔者在楚雄做田野调查时，有位教徒提出这样一些问题：很多国家的基督徒都会用各种乐器来演奏赞美诗，为什么苗族的基督徒不能用自己的芦笙来演奏？很多国家的基督徒在获奖和获得荣誉的时候，都首先唱的是国歌，敬仰的是国旗，为什么我们苗族的基督徒不积极倡议这样做？这正是引导苗族宗教信仰者推进文化融合所要考虑的问题之一。

第六，推进苗族与其他民族宗教间的对话，有利于增进不同宗教间交流、理解和尊重，建立起良性互动关系，实现宗教间的和谐共处，也有利于苗族自身的进步和繁荣。根据云南苗族的多元宗教特点，今后应该在重视同一民族内部宗教对话的基础上，更要做好苗族与其他民族的宗教对话。通过宗教对话，学习更多的神学知识，了解中国的传统文化，认识世界的其他宗教，提高苗族群众对各宗教价值理念的交流和认识，促进宗教和睦，民族团结，进而共同推进社会繁荣。

四　结论

开展宗教对话，其根本目的是增强各个民族宗教之间的相互交流和了解，改善宗教关系，增进各民族和谐共处，进而促进社会和谐。中国历史上的儒释道三家由于历史背景和思想渊源不同，历来就存在矛盾和论争。但出于各自发展的需要，又互融互补，交流借鉴，为我们提供了不少可资借鉴的形式和做法。在中国，基督教与佛教有互动和对话，中国伊斯兰教与天主教、基督教均有交流，中国天主教也受到佛教、道教及中国民间宗教及习俗的渗透或影响。21 世纪初，中国也开始积极倡导宗教对话，在国家层面先后推出各种形式的宗教对话论和国际间宗教对话。要在认真总结宗教对话的经验和理论基础上，根据云南苗族宗教信仰的多元态势特点，开展积极有效的宗教对话，譬如：发现和推广信教群众中有关宗教对话的经验；采取多种形式在群众中普及宗教知识和宗教政策，营造宗教对话氛围；结合苗族的文化特征，开展多种形式的社会活动促进信教群众和非信教群众的对话；重视苗族民间交往的经验，通过各种交流促进各宗教的对话；推进苗族与其他民族宗教间的对话，实现宗教间的和谐共处。

史志问题研究

生存视角下云南回族村寨
历史文化的再思考[*]

李红春[**]

摘　要：学界对中国回族社会生存智慧的微观观察长期处于忽视状态，往往将回族政治环境、文化变迁、经济发展的历史微观过程视为一种自然而然的状态，忽视了回族主体性的能动性以及历史生存场域的特殊性。地处西南一隅的云南回族社会呈现出的文化多样性、政治危机的有效规避以及经济传统的调适都充分显现出生存智慧的文化内涵。

关键词：多样性　文化适应　生存智慧

区域性回族研究的传统研究范式中往往忽略了对生存智慧的关注，回族的社会演化与文化实践是一个文化适应、政治意识提升、经济模式调整的过程。文化多样性与和谐的族际关系是云南回族伊斯兰信仰历史的主线，由此显现了云南回族对于文化适应与生存智慧的完美统一。在学术界对云南回族生存智慧的研究还较为罕见，传统学界惯于对人物、历史、经济、民俗进行关注，而对于一个民族历史与生存密切相关的重大议题"生存智慧"而视之惘然。实际上云南回族呈现出的文化多样性、政治危机的

---

　*　本文为 2017 年云南省社会科学院创新工程"云南民族团结进步示范区建设研究创新团队"的阶段性成果。

**　李红春（1981～）男，回族，云南漾濞县人，云南省社会科学院民族学研究所研究员，主要从事回族研究。

有效规避以及经济传统的调适都充分显现出生存智慧的文化内涵。

一　云南回族简况

　　回族是"回回民族"的简称。云南是除宁夏、甘肃、河南、青海、新疆等省区以外，回族人口较多的地区之一。据 2000 年第五次全国人口普查统计，云南省回族有 643238 人。在区域分布上，云南全省各县（市、区）几乎都有回族居住。有 5000 以上回族人口的市县（区）为：滇东、滇东北的昭通、鲁甸、会泽、宣威、曲靖、寻甸；滇中的嵩明、西山、盘龙、五华、禄丰；滇南地区的个旧、开远、建水、弥勒、泸西、砚山、文山、通海、华宁、澄江、峨山、玉溪；滇西地区的巍山、永平、大理、腾冲、洱源等地。在分布特点上，回族有"大分散、小集中"和围绕清真寺"聚族而居"的显著特点，居城则聚为街区，居乡则自成村落。另外，和其他兄弟民族相比，云南回族主要居住在交通沿线、坝区、河谷（约占 75%）、城镇（约占 18%），居住在山区的云南回族较少（约占 7%）。云南回族主要以交通沿线为中心分布，在边疆多民族地区还形成了别具特色的新兴族群，如迪庆"藏回"、勐海县"傣回"（"帕西傣"）、大理"白回"、文山"壮回"等，同时回族分布还延伸至东南亚各国，泰国、缅甸北部多个省（邦）都有不少的云南籍回族村落，形成"秦和人"和"潘泰人"。

　　在长期的历史发展进程中，云南回族人民同各兄弟民族人民团结一道，开发边疆、建设云南、保卫祖国。在各方面都做出了重大贡献。《中华人民共和国民族区域自治实施纲要》颁布后，在回族人口相对集中的地方建立了寻甸回族彝族自治县和巍山彝族回族自治县，在杂散居地区成立回族乡（镇）9 个，与兄弟民族共建的民族乡 4 个。回族人民的政治、经济、文化和平等权利受到了尊重和保障。党的十一届三中全会后，在党的改革开放政策指引下，回族人民勇于开拓、善于经商、擅长种植经济作物和手工业的特点及优势在社会主义市场经济中得以大力发挥。回族地区的经济文化得到了迅猛发展，回族人民的物质生活和精神生活得到了空前提高。回族地区发生了翻天覆地的变化。

二 纳家营村回族的政治智慧

以往对民族村寨政治文化的研究主要集中于政治制度、政治行为、社会组织与控制方式等，而对于民族群体的传统生存理念和智慧的地方性解释较少关注。实际上少数民族自身缺乏政治体系和组织，面对外来政治压力时化解政治压力和转换危机往往源于自身群体生存理念的发挥，这样的情况在多元一体的中国历史与现实中是很明显的。云南纳家营村回族历史上曾屡次成功化解政治危机，展现了云南回族丰富的民族传统政治文化内涵，体现了其族际交往策略的丰富性及历史价值。

（一）纳村概况

纳古镇①位于云南省玉溪市通海县西北部，背靠狮子山，面临杞麓湖，南距县城 14 公里，北至昆明 110 公里，平均海拔 1800 米，气候宜人，四季如春，总面积 12 平方公里，由纳家营、古城、三家村 3 个自然村组成，2005 年末常住人口 8029 人，外来流动人口 12000 多人。② 纳古镇是一个以回族为主要民族的建制镇，有回族 6541 人，占人口比例的 81.5%，此外，还有汉族、彝族、哈尼族、傣族、壮族、拉祜族等多种民族。纳古镇是著名的侨乡和手工业之乡。纳家营村回族人口众多，民族文化历史悠久，成为目前滇南主要的回族聚居地及伊斯兰教文化重地。自近代以来，纳村历史上先后经历了多次时代性质的政治危机和地区紧张政治时刻。

（二）政治危机③

（1）回汉互保。"咸同事件"的起因是云南双柏县石羊矿回汉民众之

---

① 纳古镇的纳家营与古城两村相连，回族占绝大多数，而且两村在人口、经济、生产、生活关系密切，几乎成为一体，所以笔者在此文中纳村指涉及两村，以便叙述。

② 近年来，纳古乡镇企业迅速发展，吸引了云南各地及西南多个省份的外来务工人员。

③ 李红春：《云南纳家营回族生存智慧的政治人类学解读》，《云南社会科学》2011 年第 3 期，第 69~70 页。

争，事件发端为民族生活小摩擦，但是却因为清政府地方官员处理不当，迅速激化为回汉民族大规模的冲突。丙辰年（1856 年）四月十六日至十九日，云南巡抚舒兴阿制造了屠杀省城回民 2 万多人的大惨案。此时河西县（今通海县）回民纷纷起而自卫，讹言四起，回汉互相存疑，河西各地弥漫着回汉等民族仇杀的乌云。在这危急关头，东乡回汉双方乡绅和长者集议调解，倡导互保，联络东乡 36 营（今通海县四街镇辖 11 乡，其中 9 个汉族乡，1 个彝族乡和 1 个回族乡），达成互保协议。在河西汉回民族互相猜疑，仇杀不断之时，纳凤春和公孙烁相互协议保证"回族绝不杀东乡任何一个汉人"，"东乡汉人绝不杀任何一个回子"，从而消除了疑虑。在云南回民抗清斗争的过程中建水马如龙起义军领导阶层没有进行坚决的抗清斗争，反而被清廷招安转向协助清军剿灭云南各地"回乱"。1862 年，马如龙以改旗背叛义军，成为清军镇压回民起义的先锋，马如龙所率之部所到之地不分缘由地大肆杀戮百姓，汉族、回族、彝族等众多民族均遭杀害，顿时滇中、滇南又处于腥风血雨之中，各地汉、回及其他民族倍感恐慌。因为河西东乡回汉等民族的"回汉互保"协议的存在，使得东乡各族避免了一次大劫难。

（2）派系中立。纳村对派系斗争一直持中立态度，没有明确表明自己的政治立场来支持，也不反对攻击任何一派，村民几乎没有参加任何一派，而是"谁来谁万岁，谁来欢迎谁"，这成为纳村处理派系运动的一贯态度。例如，"文革"中玉溪一中的某位教师曾经组织学生成立了思想宣讲团来纳村进行宣传，到了邻近的四街时被另外派系的人阻拦不让进纳村，纳村知道后组织村民积极迎接宣讲团进村。此外纳村对其他的外来思想宣讲人员也一律积极支持、保护和配合，提供必要的帮助，为其宣传搭建舞台，配合好其组织的一切活动。"文革"派系斗争时期的纳村回族生活并未发生较大变化，生产、生活和人际关系几乎维持原有的局面。

纳村回族在获取民族生存空间的同时，还不断谋求生产生活、民族文化、宗教信仰的条件。"文革"期间，清真寺长期被关闭，纳村回族部分群众平常关注广播和各类中央领导人的讲话，对马克思主义和毛泽东思想较为熟悉，充分利用这些思想和文选中有关民族宗教政策的内容，通过贴大字报的形式来保护清真寺及村民的正常宗教活动,[1] 从而成功地打开了清真寺的门锁（之前被关闭），恢复了村民的宗教活动。此外，在改革开放前夕，纳村回族对中央转变经济模式的精神领悟很快，在没有结束计划经济体制时便私下发展私营经济，进行小商品的生产与交易。

三 洱源回族赕传统的经济智慧

"赕"是西南地区流传较广的一种民间融资互助的传统文化，参与者自愿组合成赕，定期拿出一定数量的"赕金"，由赕友们根据需要轮流使用，以达到解危济困，共渡难关的目的。其中以云南丽江纳西族"化赕"较为盛行和著名，如今纳西族社会中的赕演变为一种具有深刻文化内涵的小群体生活模式，成为纳西族一种对传统文化资源所进行的再生性改造。[2]邓川坝的"打赕"在历史上曾经较为流行于汉、白、回等民族社会，早期世居于大理邓川坝的白、回、汉等民族在农事、婚丧之时为缓解粮食、货币、劳动力不足而临时集结成赕。而如今赕确在士庞、鸡鸣和三枚三村回族之间流动盛行，发展为运用民间资金融资，进行货币信贷，发展交通运输业。在地方农业生产调整、经济产业结构变化的背景下，[3] 打赕这一民间经济形态和文化传统的形式、内容、运作、流行区域、主体对象、功能作用等方面都发生了一系列变化，呈现出打赕形式单一化、程序简约化、主体关系复杂化及功能经济化几个较为突出的变化。

---

[1] 如一些村民将《毛泽东文选》第三卷"论联合政府"中的有关"少数民族问题"的内容："中国共产党完全同意上述孙先生的民族政策。共产党人必须积极地帮助各少数民族的广大人民群众为实现这个政策而奋斗；必须帮助各少数民族的广大人民群众，包括一切联系群众的领袖人物在内，争取他们在政治上、经济上、文化上的解放和发展，并成立维护群众利益的少数民族自己的军队。他们的言语、文字、风俗、习惯和宗教信仰，应被尊重。"写成大字报四处粘贴。

[2] 和立勇、和少英：《"化赕与赈"：丽江古城纳西人社会整合中的文化自觉》，《思想战线》2007 年第 6 期，第 8 页。

[3] 改革开放以来，邓川坝地区的农业生产获得极大发展，土地承包、转租、流转等使得农业生产也较多与市场经济接轨。表现为现代化生产、雇工、出售，传统的民间生产互助已逐渐趋于次要地位。另外，在农业生产基础上，进行了现代交通运输、外出务工、服务业等产业调整。

经济属性是邓川坝民间打赕流行的首要原因。在打赕过程中互利互惠是建立赕的先决条件，每个赕头或赕子都能够从中获利或者享受赕金使用权。如今的打赕强化利息的合理性，打赕运行及收益的结果与现代经济学的一些理论相吻合，使得打赕彰显出经济特性与功能。另外，现今打赕在邓川坝回族村寨的盛行与有效运行又受到地方人际关系、传统道德、宗教规劝、民族认同等社会力量的制约，并非完全纯粹的货币交易。经济性是打赕的外在形式，而文化性和社会性则是打赕存在与发展的根本原因所在。打赕是经济利益诉求与地方文化实践的复合体。

现今邓川坝回族打赕呈现出民间金融信贷融资的发展特点，通过充分利用民间闲散资金进行融资发展，缴纳本金，轮转使用，附加利益。赕金从每月几百元至几万元不等，赕子的人数从十几人至几十人不等，总赕金每月数千元至几十万元不等，一般轮转期为两年半（30 个月）。赕金记账缴付，本金利息金额、轮转顺序清晰明了，完全符合现代金融经营模式。赕金使用上，第一次为赕头使用，只需缴纳当月本金，第二次使用的赕子也只需缴纳当月本金，之前使用过赕金的赕子从第三次开始缴纳本金与利息，利息交由下一个人使用，以此类推，直到轮转结束。以每赕每月交纳本金 1 万元为例，人数 30 人，利息为每月本金的 5% 来计算，如表 1。

表 1　赕金的计算

赕期	使用赕金者	个人缴赕金	周期缴纳利息	获得赕金
1 个月	赕头	1 万元	无	30 万元
2 个月	赕子 1	1 万元	29 × 500 = 14500	30 万元
3 个月	赕子 2	1 万元	28 × 500 = 14000	30.05 万元
4 个月		1 万元	27 × 500 = 13500	30.1 万元
……	……	……	……	……
28 个月	赕子 27	1 万元	3 × 500 = 1500	31.35 万元
29 个月	赕子 28	1 万元	2 × 500 = 100	31.4 万元
30 个月	赕子 29	1 万元	500	31.45 万元

由表 1 可知，赕运转中赕金使用顺序及收益的正比关系满足经济学中风险与收益关系。优先使用赕金的人必须附带一定利息为代价，较后使用赕金的人会获得一定利息作为补偿。①

打赕实现了地方经济的快速发展，还带动了民族文化和宗教教育的发展。据调查得知：士庞村目前成立了老年协会，修建了价值 20 万元的活动场所（室内门球场），自筹资金 10 万元；士庞村的清真寺每年的功德收入有 15 万~20 万元；清真寺设立有阿拉伯语课程，教授阿拉伯语及宗教知识，学生约有 40 人，所有开支均为村民个人自愿负担。另外，士庞村的地方民间力量对地方历史的修撰也颇有贡献，出版了《士庞概况》（1990年）、《洱源回族》（2005 年）、《士庞村志》（2011 年）、《鸡鸣村志》（2013 年）等，而周围其他经济相对落后的村寨还没有修史的事情发生。

四 多元族际交往中回族的文化共享智慧

任何一种外来文化能够在其传播的民族社会生活中长期存在，必然发生了一定程度的文化变迁，自身文化和外来文化因子重新组合成了二元或多元结构的文化，新兴文化往往是以身披本土文化外衣的形象进入民族文化生活之中的，即发生了本土化过程。

在区域分布上，云南全省各县（市、区）几乎都有回族居住；在分布特点上，回族有"大分散、小集中"和围绕清真寺"聚族而居"的显著特点，城镇则聚为街区，居乡则自成村落。另外，和其他兄弟民族相比，云南回族主要居住在交通沿线、坝区、河谷（约占 75%）、城镇（约占18%），居住在山区的云南回族较少（约占 7%）。其中居住在边疆民族地区的云南回族形成了文化特征别具特色的新兴族群，如迪庆"藏回"、勐海县"傣回"（"帕西傣"）、大理"白回"、文山"壮回"等，同时回族分布还延伸至东南亚各国，泰国、缅甸北部多个省（邦）都有一些云南籍回

---

① 李红春：《藏彝走廊邓川坝回族"打赕"的经济人类学解读》，《中央民族大学学报》（哲学社会科学版），第 74~75 页。

族村落，其族属被称为"秦和人"和"潘泰人"，呈现出多民族文化交融的特征，边疆多民族地区的回族因为文化变迁而形成了众多的回族新文化群体。云南边疆回族的现状成为边疆回族与周围其他民族兄弟和睦相处、文化互递的鲜活典范，在研究云南边疆民族关系领域中越来越成为一个极具说服力的生动案例。

从历史记忆与族源追溯来看云南边疆藏族、壮族、彝族、傣族等地区的回族多为清中后期才出现的，且多为咸同年间云南回民大起义后由大理、楚雄、玉溪、红河及陕西等地区逃难或迁移而来。而白族地区的回族早在元朝末年就已有史料记载，明清两朝不断延续和发展原有的移民规模。这些回族文化新族群的社会文化概况如下。

（1）迪庆藏族地区回族。整个云南迪庆藏区均有"藏回"分布，由于这些回族人都不同程度地受到了藏族文化生活的影响，因而在文化生活上大多表现为藏族特征，如日常用语中有一部分为藏族，饲养牦牛、喜吃酥油茶、着藏服、喜好藏族歌舞等，故被其他民族称为"藏回"，藏族则其称为"古格"（意思是"戴白帽的人"）。

（2）新平彝族地区回族。云南玉溪市新平县的扒枝里和高粱冲两个彝族村内居住着一部分回族人。这些回族人与周围彝族人的生活极为接近，讲彝语，住房为土掌房、服饰也与彝族完全相同，经济、生活几乎一致，大部分回族人仅保留了回族的认同，而养猪的禁忌早已打破，外界习惯称呼他们为"彝回"。

（3）勐海傣族地区回族。云南西双版纳傣族自治州勐海县的曼赛回与赛孪回两个村寨居住着衣着傣族服饰、住竹楼、说傣语的"帕西傣"，又被称为"傣回"。

（4）文山壮族地区回族。云南文山壮族苗族自治州文山市境内的务路（新寨和老寨）和母鲁白三个村寨居住着一些说壮语、着壮服、养水牛的回族人，他们的生活文化习俗接近壮族（侬支系），不食猪肉，不养猪，部分皈依伊斯兰教信仰，民族身份为壮族，被称为"壮族穆斯林"，追溯族源，这类"壮族"的祖先为清末云南回民起义失败后逃难至此的回族人，所以周围回族及学术界称呼他们为"壮回"。

（5）大理白族地区回族。云南大理白族自治州的大理市及洱源县境内的白族聚居区均有着大量的回族人居住，历史上回族与周围的白族在生产互助、生活往来、经济交换等方面关系密切，所以白族的住房、服饰、语言、习俗都在很大程度上影响了这一地区的回族人。因为具有白族与回族两个民族的文化特征，所以学术界称呼他们为"白回"。

五 结语

在中国西南民族传统政治文化中，民族村寨的传统政治组织、习惯法、宗教文化等成为民族政治文化的主要内容，这些方面的研究也长期成为学术界对民族政治文化研究的中心领域。但是，在历史及现实生活中作为地方力量的民族村寨往往因为外界文化及经济的介入而发生急剧的社会转型与文化变迁，当国家政治力量凌驾于民族社会之上时，传统的村寨政治组织与制度就会表现得软弱无力。在此状况下，民族社会的传统政治力量和组织因为其固有的松散、无力特性而难以化解政治危机，其结果不是民族群体完全屈从于强势力量，就是采取武力反抗的方式。尽管如此，脆弱的民族主体仍能在突如其来的政治危急时刻，充分运用民族智慧与地方文化传统与外来政治力量进行接触、对话、协调，寻求化解政治压力与危机的契机，这一过程无疑延续了民族政治文化功能的存在空间。同样，处于多元文化包裹的社会环境之中，回族群体采用了文化借用、文化涵化的形式实现了文化适应，形成文化多样性的回族文化新族群，"同而不化"的认同实践显现出回族群体的文化生存智慧。传统经济互助的賓并没有废弃，通过强化内部族群賓传统的经济属性，并以族群宗教文化、熟人圈关系网络来维系，实现了传统文化向社会经济的转换，最终强化了地方回族群体的经济生存智慧。

云南回族社会的政治、经济、文化历史与现实，充分展现了族群生存智慧的内容，我们应该看到在色彩斑斓的民族传统文化中一直蕴藏着自身对环境、社会、族群的一套思维方式与行为模式，并转换为推动民族自身与外界社会、他者之间进行政治经济、文化交往的政治意识、经济方式与文化模式。生存智慧作为民族群体处理与强势群体政治、经济、文化关系的重要产物，蕴含了民族群体对于自身历史记忆、社会经济、宗教文化传统与成果的珍视、认知、定位与抉择。从历史人类学视角来看，对民族生存策略的关注是更好理解民族社会演化与文化实践的一个途径。

参考文献

董建辉：《政治人类学》，厦门大学出版社，1999。

〔美〕格尔兹：《文化的解释》，纳日碧力戈译，上海人民出版社，1999。

马戎：《民族社会学：社会学的族群关系研究》，北京大学出版社，2004。

纳麒：《传统与现代的整合——云南回族历史·文化·发展论纲》，云南大学出版社，2001。

纳日碧力戈：《现代背景下的族群建构》，云南民族出版社，2000。

夏建中：《文化人类学理论学派》，中国人民大学出版社，1997。

《云南回族社会历史调查》（一、二、三），云南人民出版社，1985。

姚继德、肖芒主编《云南民族村寨调查之回族：通海纳古镇》，云南大学出版社，2001。

陈庆德：《经济人类学》，人民出版社，2003。

卡尔·波兰尼：《巨变：当代政治与经济的起源》，黄树民译，社会科学文献出版社，2013。

云南省洱源县志编纂委员会编《洱源县志》，云南人民出版社，1996。

杨振：《洱源县士庞村志》，云南科技出版社，2011。

《中国少数民族社会历史调查资料丛刊》修订编辑委员会（云南编委会）编《云南回族社会历史调查》（三），民族出版社，2009。

海南岛苗族瞒人研究文献总览[*]

黄贵权[**]

摘 要： 前明时期即有瞒人从广西十万大山等地迁居海南岛，但汉文史籍直到明末清初顾炎武撰写的《天下郡国利病书》才开始对海南岛瞒人有零星记载。1871年英国人斯温霍发表的《海南岛的土著》一书，开启了对海南岛瞒人的研究。至新中国成立前，涉及此研究领域的西方学者还有美国人香便文和孟言嘉法国人萨维纳、德国人史图博等，其中，尤以萨维纳的贡献最大。1933年由上海神州国光社印行，陈铭枢担任总纂、曾骞主编的《海南岛志》一书，或是中国人有关海南岛瞒人的最早研究成果。此后中国人有关海南岛瞒人的研究成果还有1948年王兴瑞的《海南岛之苗人》一书、1952年岑麟祥的《广东少数民族语言调查记略》一文、1957年中南民族学院少数民族文物陈列馆铅印的《海南苗族情况调查》一书、1959年中国科学院少数民族语言研究所主编的《中国少数民族语言简言·苗瑶语族部分》一书、1963年广东少数民族社会历史调查组编印的《苗族社会历史情况》一书等。20世纪80年代开始，有关海南岛瞒人的研究成果陡然增多，其中，海南岛瞒人出身的人士的研究成果也呈逐年增多之势，但多不为人所知。总之，目前虽已有葛翥月的《海南苗族研究综述》、向丽的《海南苗族文化研究评述》等文章，对以往海南岛瞒人的研究成果进行了梳理，但仍多有疏漏。因而，仍需对有关海南岛瞒人的研究成果进行更全面、细致的

---

[*] 本文系云南省社会科学院云南民族团结进步示范区建设研究创新团队成果。
[**] 黄贵权（1967~ ），男，瑶族，云南省广南县人，民革党员，国家"西部之光"计划人才，中央民族学院语言学学士，云南省社会科学院民族学研究所研究员。

了解，以便为进一步深入研究海南岛瑞人夯实基础。

关键词：海南岛　苗族瑞人　民族融合

瑞人，是指称自己的语言为"瑞话"或"瑞语"，自称"瑞"、"金瑞"、"金底瑞""黑尤瑞"或"尤瑞"，① 有着共同的语言、共同的方块文字、共同的宗教信仰、共同的传说和故事、共同的节日风习和生活习俗、共同的生计方式和生产习俗的人们共同体。居住在大陆的瑞人被识别为瑶族，在汉语、越南语、老挝语等语言里，他们有"蓝靛瑶""山子瑶""坝子瑶"等十多个称呼。居住在海南岛的瑞人被识别为苗族，汉语称之为"苗族""苗人"等。

各地瑞人基于彼此共同的语言文字、共同的文化的客观因素，主观上有很强的"自己人"的认同意识。汉语等外民族语言对瑞人的种种不同称呼，以及瑞人在中国被识别为瑶族和苗族两个不同的民族，总体上改变不了他们彼此之间这种"自己人"的认同意识。1989 年在云南省个旧市召开的国际瑶族学术研讨会上，海南岛瑞人、时任海南省政协副主席的李明天同志就曾对笔者说道："我们被叫作苗族，你们被叫作瑶族，那都是别人叫的。你做你的瑶族，我做我的苗族，并没有什么关系，反正我们都是'瑞'就是了。"笔者作为云南省土生土长的瑞人一分子，2016 年 6 月，当笔者到海南岛瑞人村寨开展语言学、民族学田野调查时，一路之上，亲身体会到了当地瑞人干部和群众把笔者当作他们"自己人"的同胞深情。② 这就是说，笔者到海南岛瑞人村寨，与笔者到大陆各地的瑞人村寨并没有

---

① 瑞人语言里"[mun^{22}wa^{44}]"的词语，译为汉语时，既可音译为"瑞话"，也可音译为"瑞语"。而以往的论著多把"瑞话"和"瑞语"分别音译为"门话"和"门语"。瑞人的自称"瑞"[mun^{22}]、"金瑞"[kiim^{22}mun^{22}]、"金底瑞"[kiim^{22}di^{34}mun^{22}]、"黑尤瑞"[hiiu^{22}mun^{22}]、"尤瑞"[jiiu^{22}mun^{22}]，在以往的论著中，多被分别音译为"门""金门""金底门""黑尤门""尤门"，其中，"金底瑞"的自称在海南岛苗族的知识分子中还常被音译为"金第们"等，以往一些论著还把广西金秀县瑞人（当地叫"山子瑶"）的自称"金底瑞"音译为"甘迪门"。

② 笔者 2016 年 6 月到海南省保亭县响水镇什赤村开展语言学、民族学田野调查期间，保亭县人大常委会原主任蒋明辉和保亭县原副县长邓运真等当地苗族老领导，什赤村（转下页注）

什么不同，受到的都是"自己人"的对待。同样，海南岛瑶人到大陆瑶人村寨，也会受到"自己人"的对待。21 世纪以来，海南岛瑶人组织几十人甚至上百人的代表团，前来大陆各地参加瑶族盘王节活动，已成常态，多个或一两个海南岛瑶人来大陆瑶人村寨串门，多个或一两个大陆瑶人到海南瑶人村寨串门，这样的双向民间交往也日益热络。可见，尽管盘王节是瑶族的节日，但海南岛被识别为苗族的瑶人老百姓也把盘王节当作他们的节日。尽管海南岛瑶人和大陆瑶人分别被识别为苗族和瑶族两个不同的民族，但其实他们自己彼此都很清楚，哪些人是"自己人"。此外，由于海南岛瑶人被识别为苗族，因而多年前当地政府曾把大陆苗族的花山节引入海南岛，但最终，由于海南岛瑶人一向没有花山节的节日，政府引进的大陆苗族花山节在海南岛瑶人老百姓中就出现了水土不服，当地政府随后只好放弃继续举办花山节，改为以各地瑶人共同的节日"三月三"作为当地瑶人的节日。

正因为大陆和海南岛的瑶人分别被识别为瑶族和苗族两个不同的民族，所以汉语等外民族语言对不同地方的瑶人也有不同的称呼，即使在学术界，瑶人的称谓也长期处于混乱之中，其结果是，老百姓和许多文化人甚至许多专家、学者，也误以为不同的地方有着不同外民族语言称呼的瑶人就是不同的群体。因此，为尽可能早地结束瑶人称谓的混乱状况以及由此引起的种种错误，把不同地方的瑶人统一称为"瑶人"，就显得十分急迫和必要。此外，由于大陆和海南岛的瑶人分别被识别为瑶族和苗族，将是在较长的一段时期以内无法改变的客观存在，因而，也可以把被识别为瑶族和苗族的瑶人，即大陆瑶族瑶人和海南岛苗族瑶人，分别统称为"瑶瑶"和"瑶苗"。

对以往关于海南岛瑶人的研究成果进行梳理，是研究海南岛瑶人最基础的一项工作。迄今，开展这项工作的，仅见葛熹月的《海南苗族研究综述》（载《法制与社会》2010 年第 3 期）、向丽的《海南苗族文化研究述

（接上页注②）的李杰夫妇、村民小组组长邓国平等村民，保亭县常务副县长盘仁进、保亭县民族宗教事务局副局长陈泽南，以及来自保亭县许多乡镇甚至陵水县等地苗族同胞，他们对笔者的工作都给予了叔伯阿姨和兄弟姐妹般的无私帮助和支持，在此，谨向他们表示衷心的感谢。

评》（载《北方民族大学学报（哲学社会科学版）》2013 年第 3 期）等文章，但很明显，这些文章对以往关于海南岛瑞人的研究成果的梳理，仍多有疏漏，无法让读者了解到以往海南岛瑞人研究成果的全貌。因此，对以往有关海南岛瑞人的研究成果进行进一步的梳理，仍属必要。

至于对以往有关瑶族瑞人的研究成果的梳理，笔者将另有题为《瑶族瑞人研究文献总览》的文章进行专述。

一　汉文史籍的记载

海南岛瑞人大致自前明时期开始陆续从广西等地迁居海南，但直到明末清初之后，才在一些汉文史籍中有零星的记载，在很长的一段历史时期里，外人对海南岛瑞人知之甚少。明末清初，由顾炎武撰写的《天下郡国利病书》载："万历四十一年冬，崖州黎抱由罗活等作乱，官军败绩，陷乐平营团，崖州总兵王鸣鹤督各路兵马并西粤狼兵讨平之。"成书于清光绪三十四年，由张嶲、邢定纶、赵以濂纂修的《崖州志》卷之七《经政志二·屯田》载："乐定营屯田，万历四十二年征平罗活贼，清丈黎田一百一十九顷四十二亩零。参将何斌臣议将三十顷与广西药弩三百名为屯田，每名十亩，岁抵月粮二两四钱。存田徐世琼、唐雄、胡天锡等承领，尚存七十七顷零，给与残黎耕食。"同书卷之十三《黎防志一·黎情》载："又有一种曰苗黎，凡数百家。常徙移于东西黎境，姑偷郎、抱扛之间，性最恭顺。时出城市贸易，从无滋事。盖前明时，剿平罗活、抱由二峒，建乐定营，调广西苗兵防守，号为药弩手。后营汛废，子孙散居山谷，仍以苗名，至今犹善用药弩。辫发衣履，与民人同。惟妇女黎装。皆能升木如猱，不供赋税，不耕平土，仅伐岭为园，以种山稻。黎人仿之。一年一徙，岭茂复归。死则火化，或悬树杪风化。善制毒药着弩末，射物，虽不见血亦死。兼有邪术，能以符法制伏人禽。最为生熟黎岐所畏服。"[1] 民国

----

① （清）张嶲、邢定纶、赵以濂纂修《崖州志》，郭沫若点校，广东人民出版社，2011，第140 页。

《感恩县志》载："又有一种苗黎，凡数百家，今加蕃盛散居，县境有之……盖前明时，剿平罗活抱由二峒，建乐安营，调广西苗兵防守，号为药弩手，后营汛废，子孙散居山谷，仍以苗名……不耕平土，仅伐岭为园以种山稻。"[①]

根据这些汉文史籍对海南岛瑞人的记载，再根据海南岛瑞人比较统一的说法，即自己的祖先是两广地区的瑞人，因避战乱而渡海来到海南岛，或许可以大致推定，海南岛瑞人来自内地的两广地区，一部分是从广西作为兵士被朝廷征调到海南岛驻屯，撤防后一些士兵落籍海南，另一部分是因为内地战乱，两广地区瑞人因躲避战争，在与海南岛瑞人取得联络后，经过艰辛跋涉，渡海来到了海南岛。

尽管明末清初，汉文史籍大致上就开始有了对海南岛瑞人的零星记载，但这些汉文史籍，与其他地方的大多数方志类汉文史籍一样，彼此之间存在明显的相互抄袭痕迹，并存在不求甚解甚至以讹传讹的通病。正如辛世彪对此类汉文史籍的记载所作评论："关于海南岛的民族，海南地方志历来辗转抄袭，对于听不懂其语言的民族，统称黎人，仅有'生黎''熟黎'之别，但后者内容非常宽泛。所谓的'琼山黎'、'临高黎'、'儋州黎'可能根本不是黎族。对'苗人'的称呼也是张冠李戴。"[②]

二 20世纪50年代以前的研究

最早涉及海南岛瑞人的研究论著，大致是英国博物学家斯温霍（R. Swinhoe），他从人类学、民族学的角度进行观察，于1871年发表了《海南岛的土著》一书。该书认为海南岛瑞人来自广西和贵州。

美国传教士香便文（Benjamin Couch Henry）于1882年10～11月在海南岛进行了为期45天的徒步考察。他从海口出发，经琼山、澄迈、临高，从儋州进入山区，沿黎母山西侧向南翻越白石岭，到达今琼中县的红毛

---

① 中南民族大学：《海南岛苗族社会调查》，民族出版社，2010，第244～245页。
② 辛世彪：《法国人萨维纳和他的〈海南岛志〉》，载〔法〕萨维纳《海南岛志》，辛世彪译注，漓江出版社，2012，第1～12页。

镇，后因受汉族商人蒙骗，只好改变原来的由北向南穿越海南岛的计划，不得不掉头向北，出岭门、下乌坡、走船埠，漂流到嘉积，返回海口。他这次考察旅行的见闻，都记录在他于 1886 年在伦敦出版的《岭南纪行》中。该书的第 11～17 章，中译本名为《海南纪行》①。然而《海南纪行》仅在题为《山苗》的章节有一小段文字简略记述了作者所看到的和所听到的有关海南岛疍人的简单情况。

　　第二位涉及海南岛疍人研究的人，很可能是 1915 年来到海南岛后曾任嘉积女校校长、教会会计及海南差会秘书，编辑差会文献《海南通信》，在海南教会中被称为"孟姑娘"的美国传教士孟言嘉（Mary Margaret Moninger）。她于 1917 年接手编辑原定名为《海南手册》的书，1919 年由上海商务印书馆出版时，取名《椰岛海南》。② 全书共 17 章，另有 1 幅海南岛地图、22 张海南岛生活及民俗图片，以及 3 张传教地点示意图。前 7 章讲的是海南岛概况，讲述了海南岛的地理、动植物、黎族、疍人、汉族、交通工具、贸易等，内容非常具体，都是她的亲身经历。书的第 4 章题为《永久的拓荒者》，专述海南岛疍人的民居、服饰、饮食、捕鱼、政治等，并对海南岛疍人妇女头帕上的符号进行解读。书的第 12 章题为《嘉积站》，讲了一些在海南岛疍人居住区传教的情况。

　　第三位涉及海南岛疍人研究领域，并取得很大成就的人，大致是法国传教士萨维纳（F. M. Savina）。1925 年萨维纳在法属东京地区（今越南北部）调查与传教，应国民政府之邀来到海南岛当翻译，并受河内的"法国远东学院"之托，调查海南岛的民族和语言。在 4 年多的时间里，他几乎走遍了海南岛各地，在此期间，他调查并编撰了《海南话－法语》《临高话－法语》《黎话－法语》三部词典。1928 年萨维纳向"河内地理学会"提交了长篇论文《海南岛志》，并于 1929 年作为《河内地理学会丛刊》第 17 册正式出版。此书内容分三个部分，首先是介绍海南岛概况，其次是以日志形式详细记录了萨维纳和同事们于 1928 年 10 月穿越黎族山区的行程，

---

① 〔美〕香便文：《海南纪行》，辛世彪译注，漓江出版社，2012。
② 〔美〕孟言嘉：《椰岛海南》，辛世彪译注，海南出版社，2016。

最后是黎语和法语的词汇表，并附有 12 张照片和一幅当时的海南岛地图。萨维纳在写作此书之前，已经在海南岛各地做了实地调查，因而，书中对当时海南岛生活的记述都是第一手资料，很有价值。萨维纳对越语文、汉语文以及越南北部各少数民族的语言文字很着迷，自他 1901 年到达越南之后，至 1925 年，他先后学会了的语言大致有：越南语，汉越语，越南永绥（Vinh-Tuy）、白辖（Pai-Xat）和莱州（Lai-Chau）的岱依人（Tay）语言，老街（Lao-Kai）和沙坝（Chapa）的苗人语言，同登（Dong Dang）和高平（Cao Bang）的侬人（Nung 或 Long）语言，芒街（Mon-Kay）和先安（Tien-Yen）的僈人（Mans）语言，中国云南和贵州的汉语方言；海南岛等地的福佬话（Hoklo——闽南话、海南话）。萨维纳依据他在越南芒街、先安等地对僈人语言的学习与研究，于 1926 年发表了《法语－僈语词典》（载《法国远东学院学报》1926 年第 26 期），这是已知的最早全面研究瑞人语言的科学论著，是瑞人研究领域最重要的奠基作之一。当时在越南被称作"僈人"的群体，其实就是如今在当地被识别为瑶族的瑞人。也因此，当萨维纳到达海南岛之后，既能用闽南语跟临高人沟通，也能用瑞语与海南岛瑞人交谈，因而，他是已知的第一个从语言的角度，把临高人从"黎人"中区分开来，并准确定位的人，也是第一个把海南岛瑞人正确认定为"僈人"的人。萨维纳在长篇论文《海南岛志》中还说，海南岛的僈人来自大陆的十万大山（Cent Mille Monts），只有几代，人数只有 5000～6000 人，他们把自己安置在中部山区，住在黎人中间，与其和睦相处。黎人和僈人都憎恶汉人（福佬人），并且对伐木开荒都很在行。但萨维纳又说："僈人来自大陆的十万大山，到这儿有些年头了。他们住在高坡上，毁林伐木，与住在谷底开垦山谷的黎人不相往来。这两种人都绝对独立于汉人之外，不交任何赋税。"[①]

1931 年至 1932 年，德国人类学家史图博（H. Stübel）两次到海南岛进行田野调查，并于 1937 年在柏林出版了德文著作《海南岛的黎族——为华南民族学研究而作》。该书的汉译本名为《海南岛民族志》，是 1964

---

① 〔法〕萨维纳：《海南岛志》，辛世彪译注，漓江出版社，2012，第 2～36 页。

年由中国科学院广东民族研究所根据 1943 年日译本《海南岛民族志》翻译而成。2016 年 3 月，在中共琼中黎族苗族自治县县委、县人民政府的支持下，王学萍编印了该书，作为内部参考资料。但该书仅附录部分记载了海南岛琼人的衣服、村落的构造与房屋建筑方法、民族性、教育、宗教、家族的习惯等 6 个方面的粗略情况。

　　国内较早对海南岛琼人进行一定科学性记述的，应当是 1933 年由上海神州国光社印行，陈铭枢担任总纂、曾骞主编的《海南岛志》。2004 年，这本《海南岛志》经过郑行顺校订，由海南出版社出版。[①] 该书着重于当时经济和社会发展状况的描述，以及地理环境和资源条件的介绍，旧志书通常有的官职、选举、人物、艺文等内容一律从略，也不在历史沿革方面进行冗长叙说。该书共 22 章，涉及名胜古迹、社会事业、卫生、贸易及金融、工业、水产、盐业、矿产、林业、农牧业、交通、宗教、教育、财政、地方团体、党务、警卫、司法、地方行政、人民、气候、土地等类目，并附有"建筑海口港计划"等 4 个附录，有插图 90 张。该书把海南岛的语言大致分为琼州语、儋州语、临高语、客语、艇家（即疍家——笔者注）语、海边语 6 种[②]。该书在第三章"侨情"的一节里，对黎族、琼人有较多描述。该节的"种族与地域"小节说："海南之有黎族，人多知之，实则黎族以外尚有苗族，与黎性习迥异……苗性喜山居，往往焚山而耕，既又弃而他徙，几于住无定所。儋州冯墟峒附近，乐会南茂峒，定安思河附近，临高番打、番陈、志远、东门四村，陵水大旗山谷中等处，皆为其火耕区域。其人数则远在黎下，故以下所述以黎为主，而苗事亦间及之。"[③] 该节的"生活状况"小节说："苗人屋宇则尽是竹墙茅顶，由檐下开门出入，与黎人屋式不同……苗人武器则多腰刀噏（'噏'，粤语，指撞针出现以前的旧式枪支的击发装置）枪，间亦有用毒弩者……苗人女子衣斜襟过膝，束腰，穿裙，戴绣花方巾。裙甚清洁，无文身俗也。女人生儿后，即以裙为襁褓，或以代摇篮……苗人则食槟榔者甚鲜……陆稻即旱

---

① （民国）陈铭枢总纂、曾骞主编《海南岛志》，郑行顺校订，海南出版社，2004。
② 同上书，第 123～125 页。
③ 同上书，第 136～137 页。

稻。凡无水之田，或山坡干亢之地，均适于栽种。居山小部落之黎人及一般苗人，则多种此。播种与水稻无异，惟分秧时则用锄锹撅穴栽之。间有焚去山坡之自然草木，就地播种，不再分秧，任其生长者，各山僻地均有见之。焚烧时浓烟烈焰，树木焦死。种稻至一二次，地味既尽，又弃而之他。经过其地，满目枯林，恍如北地冬时景象。五指山天然林木为黎苗摧残者已不少。旱稻有粳糯两种，以糯为多……玉蜀黍，黎苗人均栽之……薯芋……而苗人则多种之……乌豆则临、儋诸地黎苗种之尤甚……蓝，黎境到处有之。苗人染花裙，其法：用白布涂蜂蜡，绘成各种花纹，放入蓝缸；染后洗去蜂蜡，其纹即现……蔬菜一类，黎苗均鲜有栽种之者，故其佐餐罕用之。"[1] 该节的"风俗习惯"小节说："苗人则重生女，以其俗喜招婿，男人常被人招去，不能帮助父母，女子反得招婿助理其家，此其所以重视女子也。招婿必须得女子同意，父母不能相强。男子入赘后，须在岳家工作，必待岳父母身故后，始得驭妻他适。其俗喜唱情歌，男女相和，常终夜不辍。又结婚时，男子必手捧杯水诣女家，虽行动摇荡，水不令泄，以此表其诚敬。女家戚属于男子始至时，往往多方戏弄，使之倾泻，以为嘲谑之资。故男子于其时，必邀二三孔武有力者相偕行，维持杯水。女家验其水不溢，则款以熟烟，用告礼成……死丧……苗人则多用火葬者，均草草了事，葬后即置之不理矣……又苗人不若黎人之勤苦耐劳，故受雇者多黎佟而少苗也。"[2] 该节的"语言"小节说："至其东部之佟及苗人语言，则与黎族大异。海南苗族之发音组织，与广西苗人相合处甚多，其先大约经廉、雷南徙者。兹将本岛各属黎苗佟语言，举常用名物，标其语音，列表比照，以见异同。"[3] 总之，该书对于海南岛瓕人语言、文化的研究，有着相当重要的参考价值。

王兴瑞撰写的《海南岛之苗人》一书，对海南岛瓕人社会有较系统的记述，也对海南岛瓕人研究有重要的参考价值。1937 年春，国立中山大学

---

① （民国）陈铭枢总纂、曾蹇主编《海南岛志》，郑行顺校订，海南出版社，2004，第 139 ~ 148 页。

② 同上书，第 152 ~ 155 页。

③ 同上书，第 158 页。

研究院文科研究所及私立岭南大学西南社会调查所联合组成由中山大学杨成志教授任团长，王兴瑞、何元炯、江应樑等为成员的"海南岛黎苗考察团"，对海南黎族、壃人社会进行考察。王兴瑞、何元炯、江应樑等在保亭县大岐附近的部分壃人村寨进行考察，考察结束后，由王兴瑞整理资料，写成《海南岛之苗人》，1948 年由珠海大学编辑委员会印制。《海南岛之苗人》的章节具体是：第一章来源、分布及人口，第二章语言，第三章经济状况，第四章社会组织，第五章日常生活，第六章风俗习惯，第七章宗教迷信及其他，第八章歌谣传说，第九章汉、黎、苗诸族间的关系，附录考察日记。

三　20 世纪 50 年代至 70 年代的研究

新中国成立之后，随着中央访问团访问各地少数民族地区，并开展大规模的民族调查，有更多的学者对海南岛壃人的历史与文化开展了科学研究。

1952 年，中山大学语言学系的岑麒祥发表了《广东少数民族语言调查纪略》（载《科学通报》1952 年第 5 期），文中的第五部分专门讲述了海南岛壃人的语言。尽管该文对于广东瑶族和海南岛壃人的传统方块字的看法，现在看来是错误的，但仍具有重要的学术价值。

1954 年，受中南民族事务委员会的指派，中南民族学院严学宭教授带领中南民族学院的 8 名研究人员，与从广西民族学院、中共华南分局及广东省、海南行署等相关部门抽调的干部，组成"中南海南工作组"，对海南黎族、壃人的 20 多个村落进行调查，其中调查的壃人村落是保亭县第三区红沟乡牙南表村和琼中南县第二区南茂乡南茂村。调查结束后，写成《海南苗族情况调查》（中南民族学院少数民族文物陈列馆，1957）一书，作为《海南黎族情况调查》的姊妹篇，于 1957 年内部铅印。《海南苗族情况调查》从人口、历史来源、经济结构、社会组织、物质文化、精神文化等方面对牙南表和南茂两个村落进行了全面的记述，材料真实、细致、丰富，是海南岛壃人研究的重要参考文献。2000 年之后，中南民族大学成立了一个编辑组，对该书进行编辑、整理，冠以《海南岛苗族社会调查》的新书名，于 2010 年由民族出版社出版。

1959 年，中国科学院少数民族语言研究所主编的《中国少数民族语言简志·苗瑶语族部分》（科学出版社，1959）一书，首次公布全国少数民族语言普查材料时，根据语言、民族自称、风俗习惯、历史传说等方面综合考察研究的结论认为，海南岛瑶人就其语言来说，跟自称"金瑶"的瑶族相同。

随后，中国科学院民族研究所少数民族语言研究组瑶语小组于 1962 年发表的《瑶族语言概况》（载《中国语文》1962 年第 3 期）等论著，都承袭了《中国少数民族语言简志·苗瑶语族部分》的观点。

1963 年广东少数民族社会历史调查组将廖宝昀、陈丕交、钱榆圭等人 1958 年的调查资料编印为《苗族社会历史情况》的内部资料，对海南岛瑶人的人口分布、地理环境、历史来源、语言结构、经济结构和阶级关系、政治组织和革命斗争、物质和文化生活、风俗习惯、建立人民政权和实现民族区域自治、经济发展、文教卫生事业进步等情况进行了概述，并附有《琼中县会山大石田村苗族情况》《琼中县中平人民公社调查》的个案调查资料。该书于 2009 年被广东省民族研究所、中国少数民族社会历史调查资料丛刊修订编辑委员会收录进《广东海南少数民族社会历史调查资料汇编》中，由民族出版社公开出版，也是研究海南岛瑶人的重要参考资料。

四　20 世纪 80 年代至今的研究

20 世纪 80 年代，随着中国实行改革开放政策，语言学、民族学、社会学等学科得到恢复，相关高校恢复了相关学科的人才培养，那些在 20 世纪 50 年代末期开展民族大调查时获得的重要资料，也陆续公开出版。有关海南岛瑶人研究的新成果也不断涌现。

1982 年，中国社会科学院民族研究所民族理论研究室编印了《海南黎族苗族自治州调查报告暨资料汇编》一书。语言学家卢治常曾参加"中国

科学院少数民族语言调查第一工作队海南分队苗语调查组"，深入海南岛
瑀人山区进行实地考察，掌握了第一手资料。1987 年他公开发表了《海南
岛苗族的语言及其系属》（载《民族语文》1987 年第 3 期）一文，简略地
介绍了海南岛瑀人的语言，并通过语言对比，进一步阐明当年调查队所作
出的结论，即：海南瑀人，尽管他们未被识别为瑶族，但他们的语言是瑶
语支的语言。

　　20 世纪 80 年代研究海南岛瑀人的论著还有：1982 年李明天的《海南
岛苗族反抗国民党反动派大屠杀的斗争》（载《贵州民族研究》1982 年第
4 期）、1987 年费孝通的《海南岛民族地区开发问题漫谈》（载《瞭望周
刊》1987 年第 12、13 期）、1989 年李明天的《海南苗族民歌》（海南人民
出版社，1989 年）等。

　　进入 20 世纪 90 年代后，研究成果进一步丰富。

　　1995 年 8 月，海南省民族宗教事务厅到通什市南圣镇牙南上村和琼中
黎族苗族自治县中平镇南茂村进行为期一周的实地调查，考察结束后，于
1997 年出版了《海南苗族》（海南出版社，1997）一书，较为全面地介绍
了海南岛瑀人的地理环境、语言、历史、社会状况、社会经济、物质文
化、精神文化、历代人物等方面的情况。

　　20 世纪 90 年代发表的论著还有：1990 年王承权的《海南苗族的婚姻
家庭对本民族繁荣发展的影响》（载《广西民族研究》1990 年第 3 期）、
1990 年黄敬刚的《海南岛古代黎、苗建筑的初步研究》（载《东南文化》
1990 年第 5 期）、1994 年黎雄峰的《明朝黎族起义与苗族内迁》（载《广
西师范大学学报》（哲学社会科学版）1994 年第 S1 期）等。

　　进入 21 世纪以后，海南岛瑀人的研究成果出现了进一步增强的趋势。

　　2000 年马建钊《试论海南苗族与汉族的历史关系》（载《广西民族研
究》2000 年第 4 期）一文认为，海南岛瑀人大多数是从广西迁徙而来的
"苗民"后裔，历史上与汉族交往甚密，并深受汉族的影响。瑀人与汉族
在经济上有着不可分割的互相依赖关系，文化上瑀人深受汉族的影响，瑀
人不仅借用汉语读音、构词及句子，而且在瑀人聚居区使用和传播汉字，
汉族的民间文学对瑀人的民间文化也产生了深刻的影响。由此作者得出结

论：在海南岛，瑞人与汉族两者之间在历史上是友好往来、和睦共处的，这也是瑞人与汉族的民族关系的主流。

2002 年文海江的硕士学位论文《黎、苗、汉三元文化互动研析——海南牙南苗村、报隆村和市场黎村民俗调查》（中南民族大学，2002），根据对海南三个村落的语言、文字、信仰、岁时、巫术、占卜、服饰、婚姻、丧葬等的实地调查，分析了当地黎族、瑞人、汉族民俗文化的异同及相互联系，以此为切入点探讨三元文化互动的缘由及民族文化变迁的内涵，描述了五指山市南圣镇牙南上村瑞人的民俗。

2004 年王建成的《海南苗族历史的三部曲》（载《海南日报》2004 年 10 月 11 日）将海南岛瑞人的历史分为"移居海南""苦难岁月""定居定耕"三个阶段。

2004 年王建成的《海南苗族的婚恋习俗》（载《海南日报》2004 年 10 月 11 日）认为："海南苗族的婚恋习俗，是多姿多彩的，他们崇尚男女平等，同村不同姓或同村同姓不同祖的都可以通婚。20 世纪 50 年代前一般不与汉族、黎族通婚。现在苗族间的通婚范围大大放宽，与汉族、黎族通婚的现象也日益增多。"

2006 年昂·德威宏韬的《海南苗族宗教文化的演变与融合》（海南民族研究所编《越过山顶的铜锣声》，云南民族出版社，2006）认为："道教和基督教在苗族社会这个土壤里开花结果，反映了苗族社会文化的包容性。它说明苗族人民在外来文化面前不是拒绝、排斥，而是吸收、融合，把外来的文化和本民族的文化紧密地结合在一起，使之成为自己的东西，为我服务。道教早已'苗化'，为苗族人所掌握，并为苗族人'服务'。基督教也同样，经陈日光的改造，成了苗族自己的宗教——盘皇上帝，尽管它有些不伦不类，但却体现了苗族人对外来文化的一种态度，体现了吸收和创新的精神。包容、吸收、融合、开放、创新，这是苗族人民最为可贵的一种人文精神，也是苗族宗教文化的重要特征。"

2006 年初，"海南历史文化大系"工程启动，《海南苗族研究》是该课题"民族卷"的子项目之一。2007 年海南省民族研究所黄友贤、黄仁昌依据自己的第一手调查资料，结合前人研究成果，写成《海南苗族研究》

一书，于 2008 年由海南出版社出版。该书除了论述海南岛疍人的社会文化之外，还包括海南岛疍人手抄本经书、宗教图谱、印令等方面的内容。

21 世纪以来，更为可贵的是，继李明天这位土生土长的海南岛疍人干部于 20 世纪 80 年代开始即参与海南岛疍人研究工作之后，更多土生土长的海南岛疍人干部、知识分子也参与到海南岛疍人研究工作中，取得了可喜的成果。

邓运真等编著的《海南黎族苗族民俗与传说》（中国文联出版社，2010）一书分为三个部分：第一部分"民俗"收录了 15 篇有关疍人节日、饮食、婚姻、渔猎、风水、丧葬、服饰等方面的文章，还收录了 8 篇有关黎族节日、婚姻、饮食禁忌、礼仪、狩猎等方面的文章；第二部分"传说"，收录了 7 个疍人和黎族的传说；第三部分是一篇题为《浅谈苗族妇女服饰图案与苗族人的生活环境》的简短论文。

邓运真主编的《海南民间苗族服饰》（南方出版社，2012）大致囊括了海南岛各地疍人的服饰，包括成年男女服饰、男女儿童服饰等，通过服饰的表现，图文并茂地展示了海南岛疍人的社会生活，使读者犹如走进了海南岛疍人的社会，看到了海南岛疍人社会生活图景和浓厚的疍人风情。

廖国强的《海南苗族迁徙与现状》（内部资料，2013）一书分为"苗族的族称与族源""海南苗族迁琼历程""海南岛苗族传承盘古文化""海南岛内苗族迁徙与定居""海南岛苗族文字、方言、人口与高等教育"5 个部分，对研究海南岛疍人多有启迪。

这类成果还有：邓运真的《海南苗族传统节日》（载《椰城》2009 年第 2 期）、李爱金的《浅谈海南新编苗族民歌《噢噢呀》的艺术特征》（载《北方音乐》2015 年第 6 期）、李爱金的《试论海南苗族的歌舞艺术》（载《艺术探索》2015 年第 5 期）、蒋明辉编著的《苗谣古韵》（中国文联出版社，2010）、陵水黎族自治县民族宗教事务局编撰的《陵水苗族民歌选》（政协陵水黎族自治县，2009）、蒋明辉等搜集整理的《海南苗族民间祭祖歌》（内部资料，2016）等，均对海南岛疍人的研究具有重要的参考价值。

21 世纪以来，有关海南岛疍人的其他研究成果还有：陈立浩的《海南苗族古歌简析》（载《琼州大学学报》2000 年第 2 期）、赵全鹏的《海南黎苗民俗旅游资源的保护对策》（载《海南大学学报》（人文社会科学版）2000 年第 3 期）、廖逊的《海南岛生态环境与黎、苗族生态文化》（载《生态经济》2001 年第 6 期）、施云南的《黎族苗族民间信仰习俗文化浅析》（载《琼州大学学报》2003 年第 3 期）、胡亚玲的《海南苗族的独特服饰》（载《中国民族报》2005 年 6 月 24 日）、张渊媛的《海南省黎族和苗族传统知识对农业生物多样性保护的影响》（载《中央民族大学学报》（自然科学版）2008 年第 S1 期）、张交程等的《少数民族妇女本土就业现状及原因分析——以海南农村地区的黎族、苗族、回族妇女为例》（载《经济研究导刊》2009 年第 30 期）、刘玉梅的《海南黎族苗族的民间医药民俗文化》（载《中外企业家》2010 年第 Z1 期）、范明水的《建省办特区以来海南岛苗族地区社会变迁概览》（载《农业经济》2011 年第 5 期）、陈丽云的《海南少数民族文化产业发展的出路与前景——以海南苗族为例》（载《新东方》2011 年第 6 期）、吴晓东的《海南苗族盘皇舞的传承与保护调查》（载《广西民族师范学院学报》2012 年第 5 期）、周翔的《海南黎族、苗族"三月三"节日习俗演变及现状》（载《广西民族师范学院学报》2012 年第 5 期）、向丽的《海南特区建立 20 年来黎族、苗族关系发展研究》（载《广西民族师范学院学报》2012 年第 5 期）、罗晓海的《浅析海南苗族民歌的音乐形态》（载《黄河之声》2012 年第 15 期）、刘厚宇的《海南五指山市什拱村苗族民间音乐考察与研究》（载《琼州学院学报》2012 年第 1 期）、向丽的《经济特区背景下海南黎族与苗族的互动》（载《广东技术师范学院学报》2013 年第 4 期）、李勇的《黎族、苗族婚恋习俗对比研究》（载《中外企业家》2013 年第 20 期）、卞卡的《以海南黎族苗族传统节日体育价值为契机构建当地全民健身体系》（载《体育世界（学术版）》2015 年第 8 期）、曹方远的硕士学位论文《海南苗族服饰图案的艺术特征及其在包装设计中的应用研究》（海南大学，2016）、张欣欣的《海南省黎苗族传统武术的发展研究——以第 10 届全国民运会的视角》（载《体育科技文献通报》2016 年第 9 期）等。

五　结语

综观迄今为止所取得的有关海南岛㻌人的研究成果，虽然在数量上可以说是硕果累累，但研究的深度仍有所欠缺，特别是作为㻌人文化核心内容的宗教文化，对其进行深入、细致的调查和研究，并将之与瑶族㻌人的宗教文化进行比较，将是今后海南岛㻌人研究的重要方向之一。

方法论研究

民族学田野工作刍议

王清华[*]

摘　要： 田野工作是民族学（人类学）的重要标志，其工作方法，主要是参与观察、访谈、问卷等。其实，民族学田野工作除了它本身固有的一般性质和行之有效的方法外，还具有随时随地随人生长、扩展、推陈出新的性格特征。所以，深刻的民族学田野工作还应具有如下品质，即：1. "有准备" 的田野工作；2. "带着问题" 的田野工作；3. "融入生活" 的田野工作；4. "学习型" 的田野工作；5. "不失情感" 的田野工作，等。

关键词： 民族学　田野工作　哈尼族

田野工作是民族学（人类学）的重要标志，是获取民族学第一手资料、通达民族学认识世界、推动民族学理论创新的重要途径。马凌诺夫斯基说："民族志者在田野工作中面临的任务是提出部落生活所有的原则和规律，提出那些恒久而确定的东西，剖析他们的文化，描述他们的社会结构。"[①]民族学田野工作的方法，说起来似乎很简单：参与观察、访谈、问卷等，实则错综复杂，有只可意会者。本文为一则访谈修改而成，有很重的个人色彩，意在以亲身经历印证民族学田野工作的复杂多样性。

笔者是一个民族学者，对云南哈尼族及红河哈尼梯田进行过较长时间

---

[*]　王清华，云南省社会科学院民族学研究所研究员。

① 　〔英〕马凌诺夫斯基：《西太平洋的航海者》，梁永佳、李绍明译，华夏出版社，2001，第4页。

的调查。田野工作的实践使笔者认识到，民族学田野工作除了它本身固有的一般性质和行之有效的方法外，还具有随时随地随人生长、扩展，推陈出新的性格特征。所以笔者觉得，深刻的民族学田野工作还应具有如下品质。

1. "有准备"的田野工作

分为三个方面：一是调查资料准备。以笔者为例，在初次下乡调查之前对 20 世纪 50 年代民族大调查中关于哈尼族的调查资料，包括直到今天都没有完全整理出来的资料，基本上都读完了。二是文献资料准备。对历史文献中记载的哈尼族情况要基本都了解。由于哈尼族没有本民族文字，因而他们的历史和文化基本是以口耳相传、示范身教的方式来传承，在中国古代历史、通史以及地方志中对哈尼族的记载很少，一直到元代以后对哈尼族记载才开始多起来，这个情况笔者是清楚的。三是理论的准备。当时研究人员下乡调查以前，都要求学习马克思主义的民族学理论，这个理论笔者在上学期间已经学过并且牢牢地记住了。20 世纪 80 年代初期毕业的时候，西方一些民族学理论已经逐步引入中国，比如马林诺夫斯基的功能主义、列维·斯特劳斯的结构主义等都是要认真学习和准备的。再就是研究方法，如准备细致的调查提纲，采取人类学的参与观察法等。

2. "带着问题"的田野工作

例如，在读 20 世纪 50 年代的调查资料的时候笔者就发现，调查报告里提到，哈尼族种田不施肥、不选种，不施肥的原因是耕种粗放，不选种的原因是农技简陋，因此认为哈尼族的农业落后。对于这个问题持怀疑态度，哈尼族是个农业民族，历史文献、地方志记载这个民族从事了上千年的农业，维持着世世代代的生存繁衍及发展。这么一个历史悠久、创造了梯田农业的民族真的连施肥、选种这样的基本农业技术都不懂吗？笔者不信，所以就带着这样的问题去下乡调查。结果发现，原来 20 世纪 50 年代关于哈尼族农业的调查是粗浅的、不深入的，有的甚至是错。说哈尼族梯田不施肥，实际上是没有发现哈尼族有着非常好的利用高山流水施肥的系统，而且这个系统有别于所有民族、有别于内地，它是一种随着山水的运行来进行冲肥的施肥系统，是一种农业的特技。而且哈尼族梯田育种、选种有着较高的科技含量，拥有多样化的稻谷品种，而且这些稻谷少退化、少病虫害，品质直到今天还在引起农业专家的关注。再如，在过去的调查研究中说哈尼族居住在半山，笔者很奇怪，同样是水田农耕民族，哈尼族为什么要居住在半山而不像别的水田农耕民族傣族、白族一样居住在宜于水田耕作的河谷或平坝呢？带着这样的问题下乡调查，笔者认识到哈尼族居住在半山是和他们上千年的迁徙、对平坝生活的历史记忆，以及梯田农业的水资源掌控密切相关的。哈尼族是个很早就进入定居生活，从事农业，后来又经历过长途迁徙的民族。他们在从中国西北河湟地区一直向西南迁徙的过程中，一直在寻找一块平地从事农业，曾居住过云南从北到南的所有坝子（平坝），但始终没有站住脚，只好不断地迁徙。云南的坝子海拔大多在 800 米到 1300 米，这个海拔高度冬暖夏凉非常适宜居住生活。当哈尼族迁徙进入没有平地的红河南岸哀牢山区后，选择在半山区居住，这里的海拔等同于他们曾经居住过的平坝，冬暖夏凉，适宜居住生活，用哈尼族的话来说就是"要吃肉上高山"（打猎），"要吃粮下低山"，（种梯田），"要生娃娃在半山"（适宜生活）。另一个重要的原因是，哈尼族在哀牢山区从事梯田农业，水从山上来，田在山下，居住在半山非常有利于控制水资源。水是梯田的命脉、农业的命脉，有力地控制水、分配水是农业的头等大事。所以带着问题的田野工作，其调查就会比较深入，联系也较为广泛。

3. "融入生活"的田野工作

这是对民族学家的严格要求，融入生活就得与调查对象同吃、同住、同劳动，乃至同苦同乐、共谋发展。

其实，其中的每一样都不容易，举一个最简单的例子——吃，刚到哀牢山时笔者连哈尼族煮的饭都咽不下去。哈尼族的饭是用梯田所产红米做成的，叫"生撒"饭，硬得像石头，吃一口饭，下颌骨都嚼得酸疼，而且难以下咽，咽下去以后也难以消化。记得第一次吃饭，两天后肚子还是硬邦邦的。哈尼族之所以做如此硬的饭，是因为"经饱"，吃这样的饭才干得动梯田的体力活。生撒饭的做法是，先将谷子在脚碓中舂成红米，然后将红米用水泡，然后放到甑子里蒸，然后边蒸边洒水直到蒸熟。后来笔者吃这种米饭觉得非常香，不要菜都可以。再以喝酒为例，喝酒是当地人的一大快乐、一大美事，逢年过节、家有喜丧、朋友到来必定喝酒。用当地人的话说，就是无酒不成席，无酒不成快乐。哈尼族人不爱多说话，但爱唱歌，往往一喝酒就唱歌。这是一种特殊的情感和思想的交流，所以哈尼族有句精彩的话，说是"麂子是狗撵出来的，话是酒撵出来的"。所以，只有同吃，你才会深刻领会哈尼族的饮食文化、饮食特色，才能体会饮食对哈尼族生活、梯田农业以及思想情感交流的意义。总而言之，参加当地的一切活动，融入其生活，才能获得真知。

当然，要真正彻底地融入当地人的生活，还须做到两点。

第一点，把调查地变为你的第二故乡。关于这一点，也许需要某种特殊的缘分。以笔者为例，20 世纪 80 年代初，笔者第一次来到红河南岸的哀牢山区时，就感到这里真是又陌生又熟悉，看着雄伟高壮的群山、漫漫云海和梯田，笔者知道自己和这里已经结下了不解之缘，笔者暗下决心要将这里变为自己的第二故乡和一生的研究基地。笔者从一开始一句话也听不懂，到后来不说话也样样懂。生活从样样不习惯到处处都合适，今天想起来都觉得不可思议。

第二点，与被研究对象成为永久的朋友。还是以笔者为例，其实与哈尼族做朋友是件极开心的事，也是件极容易的事。因为哈尼族把所有的人都看成朋友。哈尼族经历过长时间的九死一生的迁徙终于定居哀牢山区，有了安定的生存环境。为了永保这个生存环境，哈尼族表现出三种性格特征：一是坚强性，他们什么都不怕，所以面对大山，面对森林，他们能够开出梯田来；二是热情性，他们对人特别是外来人十分热情，即使生人到家，他们也会邀你就坐，倒来茶水，拿来烟筒，然后与你聊天，你有需要他会尽其所能满足你，所以在哈尼族中搞调查是非常方便顺利的；三是忍耐性，他们什么事情都能忍，他们说只有能忍才能生存，因此，他们对人总是谦虚有礼，不占便宜，情愿吃亏。所以哈尼族自从进入哀牢山区直到今天，1300 年来没有和任何一个民族发生过冲突，没有和任何一个民族发生过战争。他们追求的就是安定团结，他们追求的就是和谐融融。他们不仅对人是这样，对山对大自然也是这样。比如说，某座大山因为下大雨坍塌了，或泥石流来了，这对哈尼梯田有相当大的损害。但是哈尼族会说没有关系，人会生病，山也会，它这次打摆子，它要抖的，它抖了以后就好了，然后我们再把它修好。对森林也是如此，把尊重放在第一位。哈尼族把森林都奉为神灵，同时也看成是自己的乡亲、父母、兄弟、姐妹，要好好相处，互相敬爱。这就是哈尼族。在哀牢山，他们把他们的故事讲给笔者听，他们把他们的生活展示给笔者看，不知不觉中笔者和哈尼族成为朋友，笔者开始融入哈尼族的生活，笔者的研究也和当地人紧密地联系在一起。

4."学习型"的田野工作

首先，在田野工作中，学习当地知识比迅速得到现成的资料更为重要，因为这种收获是永远的，铭刻在心的。这就得向研究对象学习。一是要学习民族语言，不然难以和他们沟通，有翻译也隔了一层，一旦学习了语言，哪怕只会说一点，就很容易与他们亲近，而且他们还会很敬佩你。二是学习当地民族的传统知识，这些传统知识是那样丰富多彩、与众不同。如农业知识、农业科技、自然生态，以及世界观、人生观、宗教观，甚至生活方式、情感表达、草医草药等。三是学习当地人的表达方式，它的精彩会让你终生不忘。例如，善用比喻，将一切都与梯田联系起来，如"梯田是小伙子的脸，大腿是姑娘的美"等。

其次，要根据研究的需要来学习其他学科的知识、理论和方法，以便拓宽视野，把握研究对象。

以笔者为例，笔者就"被迫"学习过农业学、生态学等方面的知识。在初期的田野调查中，笔者对哈尼族的历史情况、传说、迁徙、信仰以及各种现实生产生活都进行了非常系统的了解，特别对哈尼梯田调查得最多最细，从哈尼族迁徙游耕、建造梯田、维护梯田、农业技术、农耕经验等都进行了深入细致的调查。但尽管如此，当提笔来写关于梯田文化的文章时却写不下去。很长时间，笔者一直没有能力把关于梯田的文章写出来。在朋友聚会、小型学术会议以及接待外来学者的谈话中，笔者多次讲述自己的梯田调查和梯田研究，几乎所有的人都认为红河哈尼梯田是个非常非常好的选题。但是，笔者就是写不出来。对此，笔者进行了深刻的反思，笔者是民族学者，所学所运用的知识和理论是民族学的，梯田虽然包含了巨大的民族文化内涵，但它毕竟是农业的，要研究梯田首先必须要有农业的知识和理论，这正是笔者所欠缺的，这一短板必须补齐，于是笔者开始自学农业学，研读中国农业史，关注农田研究，了解农业科技，包括种子、肥料以及耕作制度、耕作程序、耕作技艺等方面的研究。另外，在田野工作中，笔者还发现哈尼梯田是在云南哀牢山区立体气候环境里的农业，它本身就是一个立体的、生态的农业，因此笔者又学习了生态学。

当笔者系统地学习了农业学和生态学后，笔者觉得哈尼梯田变成了另外一个世界，在笔者眼前展现出无比壮阔的景观，而它无比深邃的内涵亦呼之欲出。这时笔者再对哈尼梯田展开田野调查时，笔者发现，哈尼梯田真是很不简单，它是一种特别的农业生态系统，是与自然生态系统完全吻合一体的农业生态系统。它不是一般的种植稻谷的农业，它是哀牢山极端复杂地理环境中的多样化稻谷种植生态系统。在这种环境中，哈尼族早已形成了一整套农业生产经验系统、知识系统、技术系统。这是一个农业系统群，它具有很高的科学性。笔者举一个例子就可以看出哈尼梯田农业生态系统的复杂性和科学性。在哈尼族的梯田中，培育和使用着很多稻谷品种，仅元阳县就拥有 180 个当地品种，是稻谷品种多样性种植地。为什么要有这么多稻谷品种呢？这是因为梯田环境极为复杂多样，处于不同海拔等高线位置的梯田分为高山梯田、中山梯田和低山梯田，不同海拔的梯田需要不同的谷种，又由于山形地貌的关系，有的梯田在背阴面，有的则在向阳面，因此所需稻种也不一样，除此之外，还有因水土性质的不同而要使用不同稻种的原因。总之，仅稻谷品种一项，就有丰富的、系统的农业学和生态学知识、技术和理论。

另外，在学习新的知识和理论的同时，还要不断学习新的研究方法，如笔者当时所学的 PRA 方法（农村参与式评估）、传统知识系统运用、生态服务功能运用等现代研究方法。这些研究方法在学习、了解和解释当地传统知识方面收到了相当好的效果。

总而言之，整个田野工作就是一个学习的过程。随着这种学习型田野工作的深入，笔者发现在梯田农业的基础上形成了完整的哈尼族社会系统、文化系统等，这些系统又是和梯田农业生态系统完全融为一体的。正如笔者所著《梯田文化论——哈尼族生态农业》一书中所说："研究哈尼族的梯田文化，首先即会发现，梯田的发生发展，直接联系着哈尼族社会和历史的发展，实际上它就是哈尼族社会历史发展的缩影。其次，哈尼族的梯田文化，是哈尼族文化的核心；哈尼族的政治制度、经济变迁、文化形态，甚至其居住文化、饮食文化、服饰文化、文学艺术等等文化单元都是从梯田文化中生发出来，并为梯田文化所统系。再次，哈尼族梯田和梯田文化是哈尼族社会生活的轴心，所有的生活都是围绕着梯田这一文化实体而展开的，无论出生取名、谈情说爱、婚丧嫁娶、节日喜庆都与梯田息息相关，都打上了梯田文化的深刻烙印。"总之，哈尼梯田是一个巨大而完整的生态系统群。

在整个学习、调查及研究过程中，笔者真正领会到哈尼梯田确实需要更多的学科知识和更多的理论来笼罩它，来透视它，来研究它，才能得到一个完整的认识和理论架构。

5. "不失情感"的田野工作

笔者觉得民族学田野工作是与当地人情感交流互动的过程，这是非常令人难以忘怀的经历，其中有几种情感在民族学研究中和学术表达中都是不可丢失的。

（1）敬畏之情。这是对当地民族生存、创造、智慧的敬畏。笔者从当地民族对大山的敬畏、对梯田的敬畏、对神灵的敬畏、对其他民族的敬畏，以及最后对自己的敬畏中体会到了如何处理人与人、人与自然、人与超自然的关系。这是非常重要的，里面包含有非常深的敬畏感情。

（2）怜悯之情。在融入当地的生活之后，笔者深刻感受到这个民族生活的艰苦、劳动的艰辛。在雄伟壮丽而又险峻的哀牢山中，所有的生活都要比其他地方付出更多的代价，相比我们的城市生活及工作环境、待遇更是不可同日而语。因而，笔者心中时时产生深深的怜悯之情。这是良知的发现。当然，这种怜悯之情不是可怜他们，而是觉得他们的付出太巨大了，应该获得更好的生活回报。为此你会急他们之所急，想他们之所想，你会想帮助他们，这种情感其实正是民族学工作者的使命感，是在田野工作中被激发出来的。

（3）爱慕之情。有两个方面：一是对异质文化的爱慕，二是对人的爱。

对异质文化的爱慕产生在田野工作中，你会突然发现这是一种你从来没接触过的文化，它会立刻就深深地吸引你。仅仅如笔者所说的哈尼族对大自然和对人的态度就令人倾慕不已。再举一个能体会他们超然人生态度的例子，如果天下大雨了，一般人就会着急，这种鬼天气影响我出行啦！而哈尼族会说，你别急，老天爷和人一样，有时候他也要休息嘛，有时候他也有情绪，他也会生病，也许他今天生病了嘛，所以不要着急，要理解天，天有天的难处，人有人的难处。另外，泥石流来了，梯田被大片冲毁，一般人会觉得灾难来临了，而哈尼族则会告诉你，无所谓的，山有它承载不起的时候，人也有老死的时候，这片被冲毁的山也许到了"死"的时候了，死了才会再生，你不要以为人死了就没有了，人死了在另外的时间和地方又出现了，等雨停了以后我们去挖地，把梯田修起来，到时它又"活"了。这种豁达的态度，非常理解大自然也非常理解人。这种对我们来说是异质的，有时是不可思议的。然而正是这种人生态度使哈尼族过着随其自然，创造梯田，和谐安宁的生活。这种文化表现出的温和性、智慧性是可敬的、可爱的，会让人产生爱慕之情的。爱慕，使你离不开那个地方，让你长久地深深地眷恋。

对人的爱也产生在田野工作中。笔者觉得哈尼族人是可爱的，无论男女老幼都是天然而真实的。正因为如此，他们人与人之间的关系显得非常的大度，豁达，与人为善，与人为美。关于这一点，在前面已经说明过。然而，对人的爱不仅表现在你对他们的感情上，而且他们表达出来的对你的情感，更让你终生难忘。例如，他们表达出来的想念之情："天和地离得虽远，雨丝把它们相连；山和山离的虽远，云海把它们连成一片；你和我离的虽远，一想你就在眼前。"又如，他们表达离别之情："小河你把清泉带走，把石头留在后面，阿哥你把情爱带走，把难过留在我心头。……再见了，戴手表的阿哥。"表情达意，极为生动，夺人心魄。

（4）感激之情、感恩之心。长期的田野工作，会对当地和当地人产生深深的感激、感恩之情。虽然你是一个陌生人，一个外地人，也许来此以后就再也不会来了。可他们却认为你来到这里不容易，会提供给你住，提供给你吃，提供给你资料，提供你所有的要求，而且一点也不图你的回报。你只要需要，他只要有，他一定会提供给你，虽然物质的东西他们没有太多，但是可以完全提供给你。精神的东西也一样，你要了解某个问题，他会尽全部力量来给你解答，他解答不清楚他会带你去找另外的人解答，硬是要把这个问题帮你搞清楚为止。这种无私的，对你需求的满足，我们是要永远怀着感恩之心的。

在民族学田野工作中，我们还要感恩前辈民族学工作者。是他们的田野工作为我们的田野工作奠定基础。以笔者为例，哈尼族研究之所以深深地吸引着笔者，一个很重要的原因就是在笔者大学毕业刚进入云南历史研究所从事民族学研究工作时，借阅了所里留存的20世纪50年代有关哈尼族的田野调查资料，除了两本印成白皮书的内部资料外，其他全部是手写的，有的写在土纸上，有的写在课本上，有的甚至写在纸烟壳上。在书写方式上，这些资料有毛笔写的、有铅笔写的、有钢笔写的。这些调查令笔者感动，并引起了笔者研究哈尼族的极大兴趣。笔者看完这些材料以后就下乡了，直接来到了红河南岸哀牢山区，循着那些手写的调查资料的指引进入了哈尼族地区，这里是新中国第一代民族学前辈田野工作的地方。

在民族学田野工作中，我们还要感恩对我们工作的启示者和鼓励者。以笔者为例，笔者选定梯田文化作为研究重点就是当地朋友的提醒。第一个是元阳县文化馆的馆长杨叔孔，一个老革命，新中国成立之前就进入元阳，长期从事文化工作，对哈尼族很有兴趣，一直在搜集哈尼族的风俗习惯和民间文学艺术，曾经带笔者参加过许多哈尼族的活动，是笔者在哈尼族地区认识的第一个人，是他不停地在笔者的耳畔说梯田的重要性。另一个是元阳县文化馆的摄影师邵宇伯，他一生都在拍摄梯田，认为梯田是最值得研究的。正是他们的提醒和启示使笔者走上了研究红河哈尼梯田的道路。对于鼓励者，我们不能忘记，笔者一直在内心深处发出感谢。笔者难以忘记朋友段玉明当年每次见到笔者都催我快点下笔写梯田；邓启耀也常促笔者快写，说可以在他编的杂志上连载。在朋友的鼓励和追逼下，笔者一直盯着梯田进行调查和研究，终于一鼓作气写出了《梯田文化论——哈尼族生态农业》等专著及一系列研究论文。

所以笔者认为从事民族学田野工作要饱含着感情。田野工作中产生的感情是无比珍贵的，而且笔者觉得这种感情是永驻心头不会消失的。正因为如此，笔者认为民族学著作、民族学研究成果必须是具有科学内涵并饱含情感的，应该是在理论的观照下充满人性智慧的，应该是内慧外秀的科学美文。之所以如此，是因为它们来自充满人性光辉的民族学田野。

综上所述，田野工作是民族学（人类学）的重要标志，它的工作性质和方法是丰富多彩的，它因时而变，因地而迁，因人而异，但其不变的目的只有一个，那就是"认识世界、发现真理"。于是，我们可以说田野工作是民族学研究的灵魂。没有灵魂的民族学作品，随你怎样装扮，都显得内容空虚、无情无义、且表现出文字苦涩、枯燥乏味，久视则面目可憎。

有一次，在云南社科院与青年人座谈，有人问："民族学田野工作如何才是做到位了？"笔者的回答是四个字："刻骨铭心。"如果你对你所调查的地区和你所调查的民族有了切肤切心的感受，有了终生难以忘怀的认识和记忆，你就会得到这四个字的真义，当你真的有了这四个字的深刻感受以后，你的民族学文章和著作就下笔如有神了。

读图时代如何发挥民族影像的作用

毕　云*

摘　要：随着影像在互联网、移动互联网中的广泛应用，视觉影像作为一种传播媒介，渗透于新时代多元化的各类媒体中，已经成为人们认知方式的重要渠道，在科技的推动下，读图时代成为现实已是不争的事实。民族影像以其直观、形象、可视的特性，反映着不同少数民族社会生活的方方面面，读图时代下，如何发挥民族影像的作用，对宣传党和国家的民族政策、促进民族团结、弘扬民族文化都有十分重要的意义。

关键词：读图时代　互联网　移动互联网　民族影像

当影像的获取变得唾手可得，当信息与科技使得影像更便于传播并能及时展现于读者面前的时候，影像已经不是我们生活中可有可无的事情了，如同互联网对人类社会发展方方面面产生巨大影响一样，由于影像的介入和参与，在互联网海量信息元素中，影像当仁不让地成为构成信息最主要的内容来源之一，当今我们获取的信息知识很多就来自各式各样的影像。也因互联网在人们生活各个领域的广泛应用，随着现代电子传媒技术的高速发展和新的学习工具的产生，阅读已告别过去只限于纸质文本的形式，而是借助现代互联网数字化技术，将传统印刷媒介与新型电子媒体紧密融合，这其中，影像作为一种传播媒介，渗透于多样化的媒体中，表现

---

* 毕云（1959～），男，汉族，云南昆明人，云南省社会科学院民族学研究所副研究员，主要从事影视人类研究。

得尤为突出。

现如今，影像在多大程度上影响着我们的生活，虽然没有确切的调查和数字，但我们从手机人民网、新华网和新浪网等国内主要网站的首页不难看出，最显著的位置都被影像所占据，并以滚动的方式更新、呈现着不同内容的影像，不仅如此，文字标题也往往配有一幅图片，有的标题点开之后，内容主要是以图片或视频的形式呈现，而不多的文字只能成为影像的补充和注解。因互联网而兴起的网上购物也一样，网购现已成为许多人，特别是年轻人首选的购物方式，商家在介绍自己商品时，也应用影像的特点，通过图片和视频来展现商品，许多商家的影像制作精良，对消费者有极大的诱惑。随着现代生活节奏的不断加快，人们渴望在有限的时间内获得尽可能多的资讯，更倾向于直观、形象和简明扼要的相关信息，基于此，"读图时代"应运而生。因此，我们已从严格意义上的"读书"向多元的"读图"转变，通过屏幕和荧屏，影像更多地进入了我们的视野，以其直观可视改变和影响着我们的认知方式，丰富着我们的生活。

我国是一个统一的多民族国家，云南又是一个民族大省，各民族都有其悠久的历史和灿烂的文化，由于种种原因，民族之间的社会、历史发展极不平衡，民族文化呈多样性和丰富性，这些都是研究民族社会历史，继承和弘扬民族文化的宝贵财富。但长期以来，受科技发展水平的限制，我们在民族的理论研究、宣传教育、舆论报道等方面基本是以文字为手段来进行的。如今我们已身处互联网、移动互联网时代，信息的采集和传输、传播十分快捷和方便，影像理应成为宣传党的民族政策、促进民族团结、传播民族文化的重要手段，为各民族的共同发展和共同繁荣发挥应有的作用。

一　影像的产生与读图时代

本文所涉及的影像是指以现代科学技术成果为工具，借助各种感光物质材料，应用技术手段创作或制作产生的视觉形象，主要包括图片、电影、电视以及各种视频影像等，它与传统的绘画、雕塑"图像"的不同之处在于其制作过程、传播方式、欣赏方法等，能够满足大众多层次、多样化、个性化的需求。

1839 年 8 月，法国科学院和艺术学院举行了一次特别会议，在法国人达盖尔已经公布的摄影技术的基础上，正式将"达盖尔摄影术"公布于世，宣告了摄影的诞生。摄影的发明，是科技革命发展的产物，它的发明是人类社会文化生活里的一件大事，从此，影像就与人类的社会生活一直相伴而行。摄影从一开始就融入了社会生活中，在当时，摄影的出现立刻引起文化艺术界的轰动，特别是对绘画艺术产生的影响，以至于有画家声称"绘画完蛋了"。时至今日，绘画依然存在，只不过与影像相比，绘画在影响社会生活方面就显得相形见绌。可能连发明者本人都没有想到，这项发明会对今后人类的社会生活产生如此巨大的影响。

科技的发展不可能一蹴而成，影像的发展也是随着科学技术的不断进步而发展起来的，它对社会的影响也是循序渐进的。尤其在摄影的早期，由于技术和资金成本的原因，除了专业技术人员以外，能享用和消费摄影的人，要么是达官贵人，要么是富家子弟，一般百姓只能望尘莫及，加之受整体科技水平的限制，摄影技术发展的步伐是比较缓慢的，从摄影（静态影像）到电影（动态影像）的发展就经历了半个多世纪的时间。因此，在相当长的时期内，摄影对人类社会生活的影响有限，而影像作为一种传播媒介真正影响人类社会生活应该是从电影和电视开始的。

（一）电影、电视，影像影响人类生活的开始

电影使更多人聚集于电影院，电视走进千家万户，大众以"读图"的方式提高对世界的认识、增进知识、陶冶情操和感受冷暖人生。科学已经证明，人们对图形的注意度要远远高于文字，也就是说，视觉影像较文字更能抓住读者的眼球，影视以其综合性的特性呈现出一种时空相融的视听画面。当影像图像和声音形成一种传播媒介时，观众的注意力更愿意接纳直观、可视的影视图像，更愿意选择对视觉产生最强烈、冲击力最大的视觉影像。

1915 年，世界电影史上的经典影片，也是历史上第一部商业电影《一

个国家的诞生》在美国公映，标志着好莱坞引领世界电影的开始，该片公映时间长达 15 年，受众人数超过 1 亿，一部影片能长时间公映，有如此多的观众，已经预示着影像影响人们生活的开始，电影业在随后的发展过程中也充分证明了这一点。这一时期，作为商品，很多美国电影走向世界各地，为宣传和传播美国文化做出了重要贡献。

电视传播媒介虽然起步晚于电影，但它的发展之快、影响之大，却是电影所无法比拟的，1990 年底，被称为中国电视剧史上里程碑式的作品《渴望》在中国中央电视台播出，立刻轰动了整个中华大地，播出时家家户户都围在电视机前观看的情景，至今令人记忆犹新，那时，很多人的闲暇时间都在谈论《渴望》，就连主题歌也成为大众广为传唱的经典歌曲，不仅如此，《渴望》还创造了我国本土电视剧第一轮的收视高峰。从电影、电视开始，人们真真切切地感受到了影像带给他们的视觉冲击，展示了影像的巨大能量。电影与电视，在互联网尚未广泛运用之前，已经成为最大众化和最有影响的传播媒介。

值得一提的是，就在电影诞生后不久，电影就与少数民族生活结下了不解之缘。电影史上第一部真正意义上的纪录片《北方的纳努克》，就是以少数部落人群为拍摄对象，用我们的说法，就是少数民族。影片由美国人罗伯特·弗拉哈迪于 1922 年拍摄完成，记录了加拿大北极圈内因纽特人首领纳努克一家人一年多的日常生活，向人们展现了商品交换、捉鱼、捕猎海象海豹、灶火烹饪，以及建筑冰屋等场景，开创了影视人类学影像记录社会生活的先河，这部影片公映后获得了巨大的成功，被誉为"纪录片之父"。中国也在 20 世纪 50 ~ 60 年代，在国家层面上，有计划地拍摄了一批少数民族历史科学纪录片，这些影片，对民族研究、保护民族文化遗产有着十分重要的意义，也为我国影视人类学影片的开展奠定了坚实的基础。

（二）互联网的兴起，加速读图时代的到来

如果说在互联网出现之前，人们已从电影、电视中感受到影像给他们带来的欣喜，那么，互联网中所包含的视觉影像简直令人目不暇接。被誉为 20 世纪最伟大发明之一的互联网，对它的普遍认识，人们常常用"没

有做不到，只有想不到"来形容。

当代互联网技术的迅猛发展，在许多领域产生了革命性的成果，极大地推动了人类文明的进程，互联网技术的发展正在以不断加速的态势影响着社会发展、人类生活的方方面面，将一个新的世界图景展现在人们面前。互联网时代下，人们获取信息的工具更为丰富，信息的传播渠道更为多元，信息的受众更为细分，传统的大众传播受到冲击，新的信息互通迅速兴起。而影像作为最常用的信息载体与互联网高度融合，涉及社会生活的各个领域，无论是国家的政治经济大事，还是普通百姓的休闲娱乐生活，在互联网中都以视觉影像的方式出现，大大地提高了人们的认识范围，不但给工作、学习带来便捷，也为生活增添了不少乐趣。

所谓"足不出户，尽知天下事"就是对互联网时代的生动写照，互联网就像一个巨大的磁盘，将全球包罗万象的各种信息揽入自己的怀中，又通过新科技下互联互通的传输方式让更多的人分享这些信息。在这个获取信息的新渠道中，看电影不一定非要到电影院，看电视节目也无须按时守候在电视机旁，大部分影片和节目都能通过搜索各类视频网站而获得，过去那种按部就班的欣赏方式被时空转换所打破，人们有更多的自由度和选择权，并且还是免费的。

同时，互联网还是一个人们学习交流的平台，在影像技术高速发展的推动下，影像越来越多地出现在互联网中，并以惊人的速度发展，呈现的影像内容十分广泛，各种各样的图片、视频充斥着互联网。现在的互联网，无论是微博、聊天和私人空间，都已经形成了一个普遍现象，即大众习惯用影像记录、表达和分享生活，能用影像表达的，就尽量选择图片与视频。这样做的好处是方便快捷、一目了然。用影像来增强现场感和真实性，一方面是为了适应当今快节奏的生活，另一方面是为了满足人们以短平快的方式获取更多信息的需求，毕竟，形象可视的影像具备这样的功能。

（三）移动互联网，将读图时代推到极致

有的时候，社会的发展总是超乎人们的想象，令我们措手不及，当不少人还没有真正认识互联网时，互联网时代已经"过时"了，取而代之的

是现代移动通信技术与互联网相结合而产生的移动互联网时代。"读图时代"也一样，这一概念最早提出时，"图"所指的仅仅是图片，主要还是应用于纸质印刷物上，表现为大量图文并茂的书籍、画册，今天的"读图时代"，"图"所指的是图片、电影、电视和各种视频影像等，大量应用于互联网、移动互联网上，内容与形式已经发生重大改变。

移动互联网对人们生活方式的改变是颠覆性的，它突破了时空与内容的限制，真正实现了大众在移动过程中随时、随地获取信息的愿望。智能手机作为移动互联网最重要、最受欢迎的终端设备，在与科技和移动技术的融合过程中，已经不再像过去那样只具备简单通话的功能，而是集语音、影像与应用于一身向智能化方向发展。2017 年 8 月 4 日，中国互联网络信息中心在北京发布第 40 次《中国互联网络发展状况统计报告》，该报告显示，截至 2017 年 6 月，中国网民规模达到 7.51 亿，互联网普及率为 54.3%，我国手机网民规模达 7.24 亿，较 2016 年底增加 2830 万人，网民中使用手机上网的比例由 2016 年底的 95.1% 提升至 96.3%，手机上网比例持续提升。由此可见，今天的手机，不是用来打的，而是用来看的，不仅仅是物质的工具，还为人们提供了精神食粮。多少人因为出门没带手机而变得魂不守舍，一天不看手机就觉得生活缺少点什么，这些都说明人们对手机的依赖，手机给我们生活带来了日益广泛而深刻的影响。

特别值得一提的是，2011 年 1 月腾讯公司推出一款名为"微信"的手机应用软件，该软件通过网络快速发送语音短信、视频、图片和文字，具备支持单人、多人群聊等功能。短短几年时间，微信用户呈爆发式增长，是目前国内最重要的智能手机应用终端之一。微信开启了现代人沟通的新桥梁，智能手机功能的不断扩展，使拍摄图片和视频变得非常容易，只要愿意，人人都能通过"晒"或"秀"的方式将影像上传到微信里，没有内容、大小、主次之分和空间的限制，只有时间上的先来后到，我们不用怀疑它的受众人群，只要看看我们身边有多少人在使用微信就能判断出它所具有的影响力。科技的高速发展引发了视觉领域的大变革，在微信这个平台里，无论是朋友圈、群聊还是私聊，每天都传播着海量的信息，这些信息中，影像（图片、视频、影视作品等）所占比重越来越大，已成为被大众接受并喜爱的视觉语言,不夸张地说,微信已将"读图时代"推向了极致,生活影像化已经成为现实。

二 发挥影像在民族工作中的作用

利用影像记录社会生活的特点是直观、形象。民族影像不仅能够形象地记录和再现社会生活中的各种场景,反映不同民族的政治、经济和文化等各个方面,而且对抢救人类遗产、促进文化的传播与交流、普及民族知识以及提高民族素质等方面发挥着巨大的作用。同时,用影像记录民族生活,还是一笔巨大的精神文化财富,对人类文化研究和民族学研究都有十分重要的意义。因此,当影像已经成为当今使用频率最高的视觉要素时,如何发挥影像在民族工作中的作用,对增进民族团结,促进少数民族传统文化的保护和推广等方面就显得十分重要。

(一) 加强相关政府、职能机构的门户网站建设

信息披露和服务群众,是政府网站的基本功能,是各级政府联系群众和执政能力的体现。特别在少数民族地区,政府、职能部门的门户网站,应当成为宣传党和国家民族政策的重要阵地,服务的一项主要内容,就是及时、准确地发布最新的信息和政策,让少数民族感受到国家对他们的重视和关怀。

由于所具有的权威性,政府门户网站始终是人们了解各种信息的重要渠道,"读图时代"下,政府网站同样需要更新观念,在形式上下功夫,使之具备新媒体的特点,满足人们对影像信息的需求。然而,现实生活中,一些少数民族地区的政府门户网站在这方面还存在一定的不足,特别是县、乡一级的政府网站,主要表现在信息更新不及时、内容陈旧和形式单调上,缺乏时代气息。而新的政策和规定不能及时发布,容易产生误导,会直接影响当地民族工作的展开。考虑到民族聚集区一般而言都地处边远地区,群众文化水平相对较低,而网络覆盖和智能手机普及率又相对较高,所以在宣传的方式上,除文字外,应该制作一些有针对性的视频放

在网上，让影像说话，帮助人们在获取信息的过程中更容易接受和理解。

同时，民族地区各级政府的门户网站，还是对外交流和宣传自己的非常重要的窗口，本地区民族的经济、文化等资源都能通过网络传达给外界，而应用影视手段是最有效的方法之一，比如，以宣传片的形式介绍当地民族地区的经济发展状况以及取得的成就，以专题片的形式展现民族风貌、重大活动和风俗习惯等。通过这种主动的对外沟通方式，吸引外界的关注，为对外交流、往来提供更多机会，对本地区的经济社会都会产生非常积极的影响。

（二） 充分发挥新闻宣传部门的作用

新闻宣传工作是国家意识形态的喉舌，准确及时地宣传、报道党的大政方针、国家政治生活中的重大活动以及中央和地方各级党委、政府的决策部署是新闻宣传的首要任务，把握正确的舆论导向，是新闻宣传的核心和灵魂。在少数民族地区，新闻宣传工作应该始终把围绕中心、服务大局放在首位，并结合本地区的实际情况，凸显民族特色。

由于新闻宣传工作的性质，新闻工作者比一般人有更多机会接触各行各业的人和事，能贴近人民群众生活，倾听民众呼声，在报道形式上，要适应新时代媒体多元化的要求，加大影像采编的力度，利用新闻宣传部门报道覆盖面广、受众多的优势，通过传统媒体与现代媒体等多种渠道来展现多样化的民族生活。又如，民族生活丰富多彩，在一些重要的活动和节日庆典中，集中体现着一个民族的历史与传统文化，民族特色鲜明，非常适合用影像记录报道。又如，民族地区精准扶贫实施带来的各种变化，什么地方修了一条路、哪里盖了新房和谁家买了汽车等，一张图片、一段视频有时胜过笔下千言，避免了文字报道中的抽象和单调，又符合新媒体时代人们对形象、可视影像的需要。因此，在民族地区的宣传报道中，充分利用影像的功能往往能起到事半功倍的效果。

（三） 体现理论研究部门专业性优势

现在有一种说法，认为"读图时代"由于直接可视的影像对人类的想象空间有很大限制，人们把大量的时间消耗在读图上，很容易造成全民文化水平和思维能力的下降。虽然这种说法有一定的道理，但也不能一概而论，就像事物都有两面性一样，关键在于，如何让影像具备真正意义上的可读性。

随着影像影响生活的深入，人们对影像的需求在内容、形式上也有了新的要求。民族理论研究人员，具备一定的专业理论知识，熟悉自己研究的对象，凭借长期的田野与实践，形成了对少数民族比较客观和全面的认识。发挥理论研究人员的专业优势，使他们的研究对象以影像的方式出现在大众传媒平台上，既消除了"读图时代"造成的碎片化、浅表化、娱乐化等问题，又能满足受众在快节奏的生活中对少数民族深层次了解的需求。现在的网络媒体中，在对少数民族生活进行介绍时，如少数民族的节庆、宗教、建筑、服饰和饮食文化等，已有一些专业人士的记叙报道从内容的广度和深度入手，多采用专题与图文并茂相结合的形式，即使是视频，也经过认真思考，精心拍摄，使内容与形式更真实、形象和全面，与单纯的文字相比，影像更显得生动形象，信息量大。

（四）自媒体时代，做一个民族文化的传播者

互联网、移动互联网的高速发展孕育出许多新事物，在数字技术的推动下，为全球用户提供了一个公共信息平台，以微博、微信为代表的自媒体应运而生。自媒体以互联网为平台，最大特点是传播速度快，覆盖范围广，不受时空的限制，只要有网络，信息即可发布。自媒体下，主流媒体与专业媒体一统天下的格局被打破，信息传播方式更趋多样化、大众化，从而实现了信息共享，人们每天从互联网获取大量信息，同时，从自媒体的角度来说，每个人都在制作、传播各种信息，参与互联网生活。

随着经济的发展和人们生活水平的不断提高，旅游已成为人们的一种生活方式。民族地区的文化多样性，使许多民族地区成为旅游的热点，现在网络中的很多民族图片和视频，就出自游客之手。游客将所到之处、所见所闻的民族影像即时上传到网络，实现信息传播与互播的转变，打破了传统媒体信息的生产流程和价值观念。尽管这种通过旅游获取的民族影像

过于浅表，也没有太多民族学研究的意义，但它毕竟从一个侧面反映了民族生活中的文化现象，对传播民族文化、普及民族知识等还是起到了一定的积极作用。值得注意的是，自媒体交互性、自主性的特征，使得信息传播具有较高的自由度，由于个体认识上的参差不齐和发布时的随心所欲，极容易出现一些有失严肃、准确的影像传播，所以，个人在民族影像的传播过程中，要注意甄别、谨慎行事，避免有损民族形象、伤害民族感情的事情发生。

参考文献

〔英〕M. 兰福德：《世界摄影史话》，谢汉俊译，中国摄影出版社，1986。

彭吉象主编《影视鉴赏》，高等教育出版社，1998。

关于纪录片《独自存在》的
声音创作分析

和　渊*

摘　要： 本文以纪录片《独自存在》为个案，对目前国内纪录片声音创作现状进行分析，提出国内纪录片作者应该重视声音创作，通过加强声音方面的创作来推动纪录片的整体创作水平。

关键词： 纪录片　声音创作　同期声　《独自存在》　沙青

眼睛（一般来说）肤浅，耳朵深奥而有创意。

火车头的汽笛声把整个火车站的景象印在我们心上。

——罗贝尔·布列松①

在电影出现之前的很长时间里，声音在诗歌和文学中就已经是一个重要的表现元素。在古诗中，我们可以找到许多的例子，如杜甫《兵车行》的第一句："车辚辚，马萧萧，行人弓箭各在腰。"两个声音元素加若干个特写画面非常有电影感。而孟浩然诗歌中使用和调度的声音元素就更丰富了，陈贻焮选注的《孟浩然诗选》②共58首，其中有15首明确运用了声音元素。这些声音大多为自然界的声音，有风、雨、雷、潮水、泉水、竹

---

* 和渊，影视人类学研究人员，1975年出生在云南丽江，2001年从云南大学东亚影视人类学研究所毕业后进入云南省社会科学院工作至今。

① 〔法〕罗贝尔·布列松：《电影书写札记》，谭家熊、徐昌明译，三联书店，2001，第47页。

② 陈贻焮选注《孟浩然诗选》，人民文学出版社，1983。

子上露水的声音，还有猿猴、鸡、乌鸦、蝉、蟋蟀、草虫的鸣叫声。除了自然界的声音也有钟声、歌声（捕鱼人边敲打船舷边唱歌）和人的说话声这些人为的声音。这些声音的表现力在成就孟浩然诗歌风格方面发挥了重要作用。关于古代诗歌里的声音可以讨论的内容很多，这里就不展开了，我们仍回到声音与电影的话题。电影从诞生之后经历了一个短暂的默片时期就进入有声电影时代，正如罗贝尔·布列松所喻"影像与声音如人们相识路上而再无法分开"[①]。声音成为电影表达和叙事中与画面同等重要的元素，两者相互作用，各有特点。

笔者在 1999 年学习纪录片制作的时候，研究所有专门的录音课程，那是笔者唯一一次摆弄调音台。老师在课堂上反复强调的电影制作中画面与声音的重要性各占 50% 的说法被笔者抛到脑后。因为我们从开始学习和工作就处在同期录音的时代，便捷的数字摄像机在拍摄下画面的同时也会录制下同期的声音。有时候因工作条件的限制常常是一个人在拍摄，这时候人的精力更多放在画面上。同期录音的便捷性在我们身上产生了惰性，这样到了剪辑台上，声音成为画面的附庸，它的表现力被遮蔽了。2008 年笔者在韩国釜山电影节听到法国录音师丹尼尔（Daniel Deshays）呼吁对同期录音进行反思，他认为纪录片作者不必被同期录音限制，应该释放对声音的想象力，所有的声音都可以重新考虑。而我们这些数字时代的纪录片作者需要做的，就是从观念上在前期拍摄和后期剪辑工作中把声音独立出来考虑，之后再同画面合起来做剪辑。这也是 2009 年日本山形国际纪录电影节在古屋敷村为数字技术下成长起来的中日两国纪录片作者提供八毫米胶片摄影机做练习和 2011 年云之南纪录影像展请来日本录音师菊池信之做声音工作坊的初衷。

近些年来国内的纪录片创作中，在声音的录制和剪辑方面有意识地进行创作的作品很少。主要原因是很少有作者主动在这方面有意识地投入精力，还有一个原因就是一个人的拍摄给现场录音工作增添了障碍和难度。但 2016 年沙青完成的《独自存在》是目前国内纪录片中为数不多的突破

---

① 〔法〕罗贝尔·布列松：《电影书写札记》，谭家熊、徐昌明译，三联书店，2001，第 25 页。

单一运用同期声，并在声音剪辑方面有很多创造性尝试的一部作品，我们来看看他是如何做的。在进入正文之前我们有必要把电影中的声音做个界定。对声音做研究的学界通常把电影中的声音分类为对白、音乐和噪声。对白和音乐容易界定，而一般情况下在电影中被排除在对白和音乐之外的所有声音都被归为噪声。而在特定情境之下，特定的对白或者音乐也会转化为噪声，而特定的对白或噪声也能愉悦人的感官。在电影声音的这三个重要元素中，噪声成为一个最令人捉摸不定和最活跃的元素，米歇尔·希翁在《声音》一书中这样谈论噪声："随着录音出现，一些噪音保持着原状，另一些则因录音被固定、被当成物体看待，而且在表现最为突出的电影以及具体音乐中，这部分噪音成为表达与叙事的工具。"[1] 噪声在影片中参与的表达与叙事将是我们下面讨论的重点。

纪录片《独自存在》从整体上来看，整个影片基本无对白，即使有不多的在街边或者公园录下的对白，也可以把它们当成是噪声。对于内心独白部分的处理，作者选择使用字幕的形式，是无声的，所以整个作品显得沉默，这有些出乎笔者的意料。这些无声的字幕在电影早期的默片时代被普遍使用，但在今天这个手机视频拍摄都可以做到声画同期录制的时代，这些无声的字幕为影片增加了新意，它们感觉上是在叙事者内心久久徘徊的话语，无法被叙事者说出，它们成为叙事者头脑中不时波动的意识。

影片刚一开始作者就在声音上做了文章。影片开篇是一个黑白画面，一位老人独自担着两桶水，缓慢地在一个斜坡向下移动，这应该是一个冬天阴郁的早晨，路的两旁还有少许积雪。作者删去该画面拍摄时的同期声，与之相匹配的声音替换成下一个画面的环境声，我们能听到鸟叫声和轻微的机动车行驶声。第二个画面是一个带着窗帘的天花板画面，是一个叙事者早晨醒来躺在床上看的画面。这里作者用叙事者独自躺在床上听到的噪声匹配第一个画面，其要表达的是叙事者从睡梦中逐渐苏醒，也就是

---

① 〔法〕米歇尔·希翁（Michel Chion）：《声音》，张艾弓译，北京大学出版社，2013，第231页。

从梦境回到现实生活的过程，在这里，第一个画面通过这样的声音剪辑被处理成为一个梦境，而听觉提前登场。这样的剪辑非常符合一个人早晨醒来时候的视觉－听觉感受，一觉醒来人的听觉往往被提前打开。我们可以在古诗中找到相似的例子，比如孟浩然的《春晓》：

> 春眠不觉晓，处处闻啼鸟。
> 夜来风雨声，花落知多少。①

　　这首诗描述的是诗作者在春天的某个早晨醒来，听到鸟叫声，回想起昨夜恍惚听见的风雨声，想象屋外院中花落满地的画面。在这里，诗作者一觉醒来首先捕获到的是声音，而深夜半梦半醒捕获的也是声音。

　　接下来的这段内心独白影片作者选择了无声的字幕形式，让人感觉这是没有说出，但却是萦绕在叙事者内心里的话语。这是关于沉默的表达吗？

> 你为何而来
> 这世间苦多乐少
> 我记起多年前初次相遇
> 那时也曾这样问起

　　独白以字幕的方式播放时，我们能听到远处有隐隐约约的火车轰鸣声，火车的轰鸣声打开一个通道，叙事者把我们引入一段过去的时光。

　　冬天的小城这段叙事，影片作者基本采用同期声。这段环境声里有个持续的很轻微咕噜咕噜声，是这一空间－时间（拍摄现场）中特有的一个噪声或者是作者有意加上的。笔者想这应该是作者特意制作的噪声。这个持续的噪声将所有小城冬天的风景连贯起来，同时通过听觉造成一种疏离感。

---

① 陈贻焮选注《孟浩然诗选》，人民文学出版社，1983，第 64 页。

影片在 16 分 01 秒处是路边一个姑娘在打电话的对白①，给人的感觉她正跟一个小伙子说话，情绪有些激动，还有试探，或许一段恋情即将开启？这段姑娘打电话的对白完成了一个小的叙事。而此段对白的任务是完成叙事，还是仅仅作为一个噪声来处理，作者在剪辑的时候曾经犹豫过，我们可以查看作者的《编辑随笔》：

> 有些场景中，语言或许可以帮助我们扩展联想，譬如桥上测体重的报告声、打手机的女孩……这里有些微妙的，语言带来的改变。语言成为浑然一体的声响时，你会更关注对象的细节，但也存在因不解带来短暂分神的可能。当你在字幕帮助下完全明白了他的讲述时，一切变得确定下来。你会有想象，但这想象会被限定，应当是多数人依照经验所共同约定的那般。②

冬天的小城风景在 21 分 55 秒结束，短暂的黑场后画面和声音同时回到早晨叙事者独自居住的屋子，叙事者看着窗外，天色渐明，人们开始出门活动，这段也是采用同期声。下一个画面是昏暗的房间内部，画面中我们虽然看不到叙事者本人，但我们能听到厨房传来的声音——有人用茶壶从水龙头处接水声、接满水后盖上盖子声、拧开灶具阀门声，这是叙事者早上起床后在厨房烧开水。伴随烧水的噪声，第二段独白同样以字幕的方式播出。突然"嗒"的一声，桌上的台灯被叙事者关上，让人不明白发生了什么，或许是他刚结束在邮箱里搜索信件？这一段落中叙事是通过一连串的声音完成的，这些声音既完成了叙事，也开启了观看者的遐想。

独白结束的地方，突然响起一段急促而尖锐的鸣叫声，那是灶上的茶壶发出的声音，水开了。这个特别的声音是叙事者早晨起来活动片段的结

---

① "好像想说啥 又好像没说，不知道 不知道，不知道你在说啥 不知道，我觉得你刚好在说啥话，不知道 不明白 想不清楚，我昨晚不知做的啥梦，我刚醒时记得可清楚了，一会儿就啥也记不起来了。"

② 沙青：《编辑随笔》，《电影作者》总第十四辑，https：//max. book118. com/html/2018/0405/160101337. shtm，最后访问日期：2018 年 6 月 1 日。

尾，也如同之前远处火车的轰鸣声音那般，把我们带入另一个时间。

这是一个夜晚，叙事者看着对面楼房众多窗户里面各种人的日常生活碎片，随着叙事者目光的移动，诸多生活的碎片漂浮在观看者的眼前。此段也是采用了同期声。但是由于叙事者在自己窗前远距离观看对面楼房的窗子，所以声音是一个开阔的环境噪声，当叙事者看着一扇具体窗户内人的活动时，观看者听不到那些人活动所发出的噪声。例如我们看到一扇窗户内一位女子在熬中药，听到的却是从别处传来的口哨声，看和听产生了隔阂与错位，但这符合叙事者站在窗前的看和听的感觉。夜晚的窗户这段叙事基本由画面完成，声音变成了背景，仅在雷声处站出来，完成自己的一笔。

此段中我们可以听到在 30 分 08 秒处开始有一个清晰的下雨声，雨声持续到电闪雷鸣的时刻，雨声是作者有意为后面雷声出场所做的铺垫。之后下一个画面是窗子里一个老年男子躺在床上，他很瘦，感觉他的呼吸沉重，慢慢动了动脑袋，他努力地缓缓抬起右手，摸了摸嘴。这是一个临终的场景，隆隆的雷声在这里响起，雷声强调了死亡，也如同火车与茶壶的鸣叫声，雷声结束了这个有很多窗户的夜晚，带着我们回到叙事者的房间，因为隆隆声中我们看到窗外的闪电，而这扇窗户我们之前已经在叙事者房间的里看见过。雷声成为通道，带我们进入另一段时间。叙事者从睡梦中被惊醒，但仅仅很短的瞬间，一个男子练声的"啊啊"声把叙事者的思绪带回到那个看着很多窗户的夜晚。男子的"啊啊"声成为跨越两段时间的桥，叙事者再度跌入梦中。我们再度看到不同的窗户中爸爸给小姑娘辅导作业、面对电脑屏神情专注的男子、看照片的妈妈和她身旁的女儿、电视机前打毛线的女人、练拳的男孩……突然我们听到一对中年夫妇在争吵，[①] 这段争吵对应之前冬天小城路边姑娘打电话的对白，成为另一段由对白完成的小叙事。区别是画面中我们看不到这对争吵的中年夫妇。

夜晚窗子段落结束，叙事者屋内的窗帘告诉我们这是次日早晨。悠扬

---

① "'今晚是特殊情况 本来安排好了，路断了 桥断了 过不去，再安排时间就完了'，'至少该试试吧 就要到家门口了，我妈在等着我们回去，以后你自己过日子吧，一天到晚就是我的不对，你让我妈伤心流泪就对了'，'你说这话让我很生气，难道会死人吗？什么意思嘛 你想要我死啊……'"

的鸟鸣声后渐渐响起阵阵电钻撞击墙壁（或天花板）的恐怖声响，此处是这个影片声音叙事用得较为复杂的段落。电钻声、榔头声占领了房间，房间中的电视上播放着战争中血腥的屠杀场面，叙事者此时把邻居装修房屋的噪声比喻为野蛮的入侵者，从电视中视觉上感受到的暴力来表现自己此刻听觉上承受的暴力。持续的噪声中渐渐响起管风琴奏出的音乐，电视中出现教堂中一人演奏管风琴的画面，双手用力敲击琴键，以回击野蛮装修噪声的入侵，入侵的声音和反击的音乐在较量，音乐逐渐占据上风……叙事者再度进入睡梦中。此段关于噪声的入侵与《喧嚣》① 中卡夫卡面对房间外部噪声的情形十分相似。米歇尔·希翁在《声音》一书中讨论"听觉的自我中心主义"时候是这样评论的："（卡夫卡）既把自己视为那些折磨他的声音的接收者，同时也是这些声音的合作者、配器人，他将自己作为'所有噪声总司令部'的司令官，同时扮演着受害人与组织者两重角色……"② 而在《独自存在》这部影片里，叙事者被动地遭受噪声入侵之后通过音乐来做反抗，以期望获得片刻的安宁。

叙事者终于起身，他打开唱机放入唱片播放自己喜爱的音乐。这段音乐跟前面管风琴音乐一样都是有源的音乐，即观看者知道声音是从何处发出。

下面一段是夏季的公园，与冬天的小城街景和夜晚的窗户两个段落一样主要使用同期声。影片在 55 分 54 秒处公园里下棋的部分出现篇幅较长的对话，是一个观棋中年男子在一旁的喋喋不休，具体内容不再引述。加上前面街边姑娘打电话和夜晚中年夫妇争吵的两段内容，它们是整部影片出现的三段对白。它们完成了各自微小的叙事，抛开对白内容来说它们同时也作为噪声在听觉直观感受上引导观看者的情绪。

影片在 58 分 28 秒处公园出现喇叭放大了的喧闹歌声，这些公园的噪声让人烦躁不安，作者在其《编辑随笔》中对此段曾经有这样的思考：

> 翠湖雨景中的大合唱，真的令人崩溃的噪音，与那些静谧的画面

---

① 卡夫卡：《卡夫卡小说全集》卷三，高年生、韩瑞祥等译，人民文学出版社，2003，第 132 页。
② 〔法〕米歇尔·希翁（Michel Chion）：《声音》，张艾弓译，北京大学出版社，2013，第 32 页。

形成巨大反差。一直在困惑这些声音的处理，甚至想过补录相似的声音。然后，又来说服自己，正是要观者同我一样，勾起对那种静谧声音的渴望。也许，可以在一个长镜里抹除其中的一段声音，以帮助这种对比的鲜明性。

音效库里的声音可以使用吗？在真实感上会有多大折扣呢？孤军奋战！我们真的从未与电影的工业性有过瓜葛啊。

如何在烦躁的心情下找到原有的舒缓与平和？①

最终，叙事者在古琴声里找回宁静，而这段古琴是配上去的，我们不知道它是从哪里发出，它有别于前面两段音乐的运用方式。

公园一段结束后画面回到夜晚叙事者的房屋，之后很快进入黑白画面的冬季小城街上送葬队伍的段落。看着队伍中人们吹吹打打的动作，我们却听不到送葬现场的吹打声。此段同期声被取消，配以一个持续的呜呜风声和环境噪声，风声贯穿整个送葬段落，其渲染出的萧瑟感让人心生恐惧。送葬队伍远去，画面淡出后渐渐进入一个纯白色画面，叙事者第 4 次以字幕方式播出独白："这就是死亡吗"，画面配以无任何声音的寂静。这种声音和画面同时出现的空白强化了之前风声赋予的恐怖感。之后画面和声音回到叙事者的房屋，以字幕方式播出的无声的独白仍在延续，不多久画面转入黑场，字幕仍在播放，再次陷入无声的寂静中。之后当画面再次回到冬天的小城时候，无声的寂静延续过来，小城开阔的风景的同期环境声延迟数秒才进入。听觉相对视觉数秒的延迟令观看者产生如梦初醒，或者从遐想中被唤回的感觉。

如此谈论这部影片有肢解一首诗歌的危险，但是笔者很想告诉旁人，该影片的作者在声音上下的功夫一点都不比影像少，因为这是一部纯粹以感觉经验书写的纪录片，听觉方面的创作不可缺席。

---

① 沙青：《编辑随笔》，《电影作者》总第十四辑，https：//max. book118. com/html/2018/0405/160101337. shtm，最后访问日期：2018 年 6 月 1 日。

图书在版编目（CIP）数据

民族学人类学研究. 2018 年卷／郑晓云主编. －－北
京：社会科学文献出版社，2018.12
ISBN 978 - 7 - 5201 - 4119 - 2

Ⅰ.①民… Ⅱ.①郑… Ⅲ.①民族学 - 文集②人类学
- 文集 Ⅳ.①C95 - 53②Q98 - 53

中国版本图书馆 CIP 数据核字（2018）第 296942 号

民族学人类学研究　2018 年卷

主　　编／郑晓云

出 版 人／谢寿光
项目统筹／王　绯　黄金平
责任编辑／黄金平

出　　版／社会科学文献出版社·社会政法分社（010）59367156
　　　　　地址：北京市北三环中路甲 29 号院华龙大厦　邮编：100029
　　　　　网址：www. ssap. com. cn
发　　行／市场营销中心（010）59367081　59367083
印　　装／三河市尚艺印装有限公司

规　　格／开 本：787mm × 1092mm　1/16
　　　　　印 张：24.75　字 数：381 千字
版　　次／2018 年 12 月第 1 版　2018 年 12 月第 1 次印刷
书　　号／ISBN 978 - 7 - 5201 - 4119 - 2
定　　价／118.00 元

本书如有印装质量问题，请与读者服务中心（010 - 59367028）联系